© Guiziou Franck/hemis.fr



Le Routard

# Népal


Cofondateurs : Philippe GLOAGUEN et Michel DUVAL

Directeur de collection et auteur
Philippe GLOAGUEN

Secrétaire général
Gavin's CLEMENTE-RUIZ

Rédacteurs en chef
Amanda KERAVEL (France)
Benoît LUCCHINI (Étranger)

Directrice administrative
Bénédicte GLOAGUEN

Conseiller à la rédaction
Pierre JOSSE

Responsable voyages
Carole BORDES

Direction éditoriale
Élise ERNEST

Rédaction
Isabelle AL SUBAIHI
Emmanuelle BAUQUIS
Mathilde de BOISGROLLIER
Thierry BROUARD
Marie BURIN des ROZIERS
Diane CAPRON
Véronique de CHARDON
Florence CHARMETANT
Laura CHARLIER
Fiona DEBRABANDER
Anne-Caroline DUMAS
Éléonore FRIESS
Géraldine LEMAUF-BEAUVOIS
Olivier PAGE
Alain PALLIER
Anne POINSOT
André PONCELET


## 2020/2021

hachette

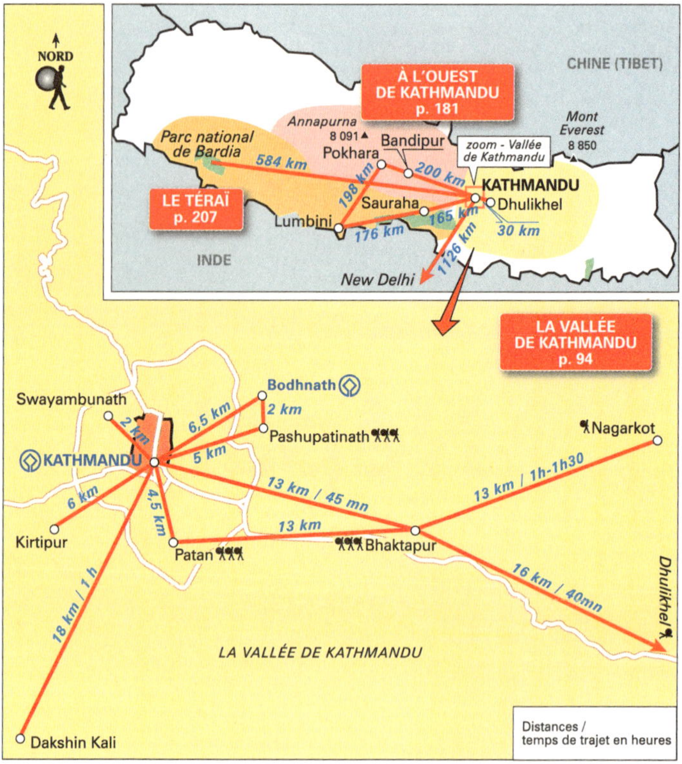

Un rhinocéros unicorne

## PRÉAMBULE


- La rédaction du *Routard* ... 6
- Introduction ... 11
- Nos coups de cœur ... 12
- Itinéraires conseillés ... 28
- Interview #experienceroutard ... 33
- Les questions qu'on se pose avant le départ ... 34


## ARRIVER – QUITTER ... 36


- Les lignes régulières ... 36
- Les organismes de voyages ... 36
- Quitter le Népal ... 48


## NÉPAL UTILE ... 51


- ABC du Népal ... 51
- Avant le départ ... 51
- Argent, banques, change ... 56
- Achats ... 58
- Budget ... 60
- Calendrier ... 61
- Climat ... 61
- Dangers et enquiquinements ... 63
- Décalage horaire ... 65
- Drogue ... 65
- Électricité ... 65
- Fêtes et jours fériés ... 65
- Langues ... 67
- Lexique ... 69
- Livres de route ... 70
- Poste ... 71
- Pourboire et taxes ... 72
- Rafting et canyoning ... 72
- Santé ... 74
- Téléphone et télécoms ... 77
- Transports intérieurs ... 78
- Trekking ... 81
- Urgences ... 92


## LA VALLÉE DE KATHMANDU ... 94


- Kathmandu ... 94


### LA VALLÉE ... 128


- Swayambunath (Swayambu) ... 128
- Pashupatinath ... 132
- Bodhnath (Bauda) ... 134
- Buddha Nilkantha ... 141
- Patan (Lalitpur) ... 141
- Kirtipur ... 152
- Pharping ... 154
- Dakshin Kali ... 155
- Bhaktapur (Bhadgaon) ... 156
- Changu Narayan ... 170
- Nagarkot ... 171
- Panauti ... 175
- Dhulikhel ... 178


## À L'OUEST DE KATHMANDU ... 181


- Gorkha ... 181
- Bandipur ... 183
- Pokhara ... 186


## LE TÉRAÏ ... 207

### LE TÉRAÏ DU CENTRE ... 208


- Le parc national de Chitwan ... 208


### LE TÉRAÏ DE L'OUEST ... 220

• Lumbini ........................................ 220
• Le parc national de Bardia .............. 226

## HOMMES, CULTURE, ENVIRONNEMENT ............. 231

• Actions humanitaires ....................... 231
• Boissons ........................................ 233
• Cuisine .......................................... 234
• Curieux, non ? .................................. 235
• Droits de l'homme ............................ 236
• Économie ........................................ 237
• Environnement ................................. 239
• Faune et flore .................................. 241
• Géographie ...................................... 241
• Histoire ........................................... 244
• Médias ............................................ 250
• Population ....................................... 251
• Religions et croyances ...................... 255
• Savoir-vivre et coutumes ................... 263
• Sites inscrits au Patrimoine mondial de l'Unesco ........................ 263

**Index général** ............................................ **269**

**Liste des cartes et des plans** ............................ **271**

**« OSONS LE PAS DE CÔTÉ »**

**Le surtourisme ?** Tous concernés. Et pourtant, à l'écart des grands flux touristiques, il existe plein de pépites méconnues, souvent oubliées des circuits trop encombrés. Ici un site ignoré ; là un quartier secret ; plus loin un village caché au charme discret, avec un troquet d'une autre époque. Il existe une infinité de lieux peinards que l'on a envie de mettre en avant avec ce pictogramme. Un vagabondage enfin calme favorisé aussi par les **visites aux heures creuses**. Vive le *slow trip* !

**#osonslepasdecote**

*Petit village au milieu des rizières*

Figuiers centenaires

# LA RÉDACTION DU ROUTARD

## (sans oublier nos 50 enquêteurs, aussi sur le terrain)

© R. Delalande et E. Dessons

Jean-Sébastien, Olivier, Mathilde, Thierry, Alain, Gavin's, Éléonore, Anne-Caroline, André, Laura, Florence, Véronique, Isabelle, Géraldine, Fiona, Amanda, Benoît, Emmanuelle, Bénédicte, Philippe, Carole, Diane, Anne, Marie.

**La saga du *Routard* :** en 1971, 2 étudiants, Philippe et Michel, avaient une furieuse envie de découvrir le monde. De retour du Népal germe l'idée d'un guide différent qui regrouperait tuyaux malins et itinéraires sympas, destiné aux jeunes fauchés en quête de liberté. 1973. Après 19 refus d'éditeurs et la faillite de leur première maison d'édition, l'aventure commence vraiment avec Hachette. Aujourd'hui, le *Routard*, c'est plus d'une cinquantaine d'enquêteurs impliqués et sincères. Ils parcourent le monde toute l'année dans l'anonymat et s'acharnent à restituer leurs coups de cœur avec passion.

**Merci à tous les Routards qui sont solidaires de nos convictions :** liberté et indépendance d'esprit ; découverte et partage ; sincérité, tolérance et respect des autres.

## NOS SPÉCIALISTES NÉPAL

**Isabelle Al Subaihi :** une émigration outre-Manche à l'âge de 4 mois, forcément, ça laisse des traces : un goût prononcé pour l'exotisme ! Depuis, elle cherche à transmettre sa passion du voyage. Ce qu'elle aime partager : un bon plat, des éclats de rire, l'émotion d'un paysage qui bouleverse. Et surtout une vision décalée grâce à des rencontres surprenantes.

**Benoît Lucchini :** corse, élevé au grain du 9-3, il a commencé avec une carte Interrail à 17 ans. Il arpente les terres chaudes avec passion 2 ans plus tard puis les mers froides comme pêcheur (illégal) de saumon sur un chalutier américain, avant un grand tour du monde. Son credo depuis 30 ans au *Routard* : multiplier les rencontres, s'émerveiller et écrire pour partager ses émotions.

**Amanda Keravel :** père indien, mère française… et, entre les 2 cultures, un pont : le *Routard* ! Depuis ses 1ers pas d'enquêtrice à la recherche de ses racines, cette historienne de formation roule sa bosse à l'affût de bons tuyaux. Gourmande et curieuse comme une chouette, elle prend la poudre d'escampette dès que possible en repassant toujours par la case France, son terrain de jeu favori.

## UN GRAND MERCI À NOS AMI(E)S SUR PLACE ET EN FRANCE

**Pour cette nouvelle édition, nous remercions particulièrement :**

- **Catherine Joriot, Raphaëlle et Amita,** de Glacier Safari Treks ;
- **Bernard-Pierre Molin, Gaël Grilhot** et l'Ifremmont.

### Pictogrammes du Routard

**Établissements**

- Hôtel, auberge, chambre d'hôtes
- Camping
- Restaurant
- Terrasse
- Boulangerie, sandwicherie
- Pâtisserie
- Glacier
- Café, salon de thé
- Café, bar
- Bar musical
- Club, boîte de nuit
- Salle de spectacle
- Boutique, magasin, marché

**Infos pratiques**

- Office de tourisme
- Poste
- Accès Internet
- Hôpital, urgences
- Adapté aux personnes handicapées

**Sites**

- Présente un intérêt touristique
- Point de vue
- Plage
- Spot de surf
- Site de plongée
- Recommandé pour les enfants
- Inscrit au Patrimoine mondial de l'Unesco
- Pas de côté

**Transports**

- Aéroport
- Gare ferroviaire
- Gare routière, arrêt de bus
- Station de métro
- Station de tramway
- Parking
- Taxi
- Taxi collectif
- Bateau
- Bateau fluvial
- Piste cyclable, parcours à vélo

## Important : dernière minute

Sauf rare exception, le *Routard* bénéficie d'une parution annuelle à date fixe. Entre 2 dates, des événements fortuits (formalités, taux de change, catastrophes naturelles, conditions d'accès aux sites, fermetures inopinées, etc.) peuvent modifier vos projets de voyage. Pour éviter les déconvenues, nous vous recommandons de consulter la rubrique « Guide » par pays de notre site • *routard.com* • et plus particulièrement les dernières ***Actus voyageurs.***


Le *Routard* est imprimé sur un papier issu de forêts gérées.


I.S.B.N. 978-2-01-787065-4

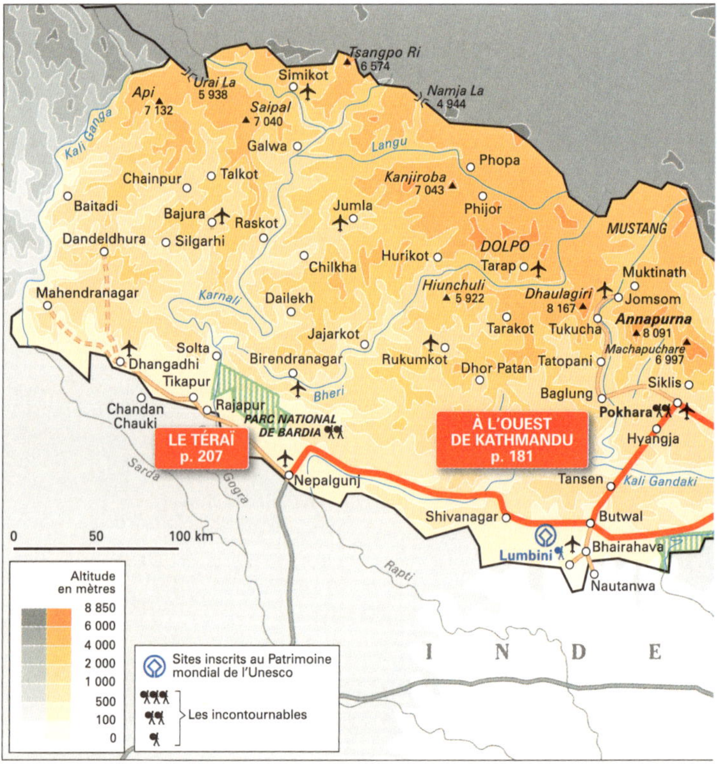
Tsangpo Ri 6 574
Simikot
Urai La 5 938
Api 7 132
Saipal 7 040
Namja La 4 944
Kali Ganga
Galwa
Langu
Phopa
Chainpur
Talkot
Kanjiroba 7 043
Baitadi
Jumla
Phijor
Bajura
Raskot
MUSTANG
Dandeldhura
Silgarhi
DOLPO
Chilkha
Hurikot
Tarap
Muktinath
Mahendranagar
Karnali
Dailekh
Hiunchuli 5 922
Dhaulagiri 8 167
Jomsom
Annapurna 8 091
Tarakot
Tukucha
Jajarkot
Machapuchare 6 997
Solta
Dhangadhi
Birendranagar
Rukumkot
Dhor Patan
Tatopani
Tikapur
Bheri
Siklis
Baglung
Chandan Chauki
Rajapur
PARC NATIONAL DE BARDIA
Pokhara
À L'OUEST DE KATHMANDU p. 181
Hyangja
LE TÉRAÏ p. 207
Sarda
Gogra
Nepalgunj
Tansen
Kali Gandaki
Shivanagar
Butwal
0
50
100 km
Lumbini
Bhairahava
Rapti
Nautanwa
Altitude en mètres
8 850
6 000
4 000
2 000
1 000
500
100
0
I N D E
Sites inscrits au Patrimoine mondial de l'Unesco
Les incontournables

NORD
CHINE
TIBET
Phung Chu
Gya La
5 601
Larkya La
5 216
Manaslu
8 163
Himalchuli
7 864
Ganesh
Himal
7 406
Langtang
Cho
Oyu
8 201
MONT EVEREST
8 850
Makalu
8 463
Gauri
Sankar
7 145
Kangchenjunga
8 586
Gorkha
Arughat
Helmu
Kodari
Bidur
Barabhise
Namche
Bazar
Lukla
Nagarkot
Bandipur
Dhading
Bhaktapur
Jiri
Phaphlu
Arun
Tamur
Taplejung
Bharatpur
Patan
Dhulikhel
KATHMANDU
Bhimphedi
Tumlingtar
Chainpur
Darjeeling
TÉRAÏ
Sauraha
PARC NATIONAL
DE CHITWAN
Hetauda
LA VALLÉE
DE KATHMANDU
p. 94
Bhojpur
Hill
Pashupatinagar
Khotang
Dhankuta
Ilam
Amlekhgani
Bhikna
Thori
Simra
Sindhulimadi
Sun Kosi
Birganj
Udaipur
Garhi
Dharan
Great Gandaki
RÉSERVE DE
KOSHI TAPPU
Kakarbhitta
Kalaiya
Raxaul
Janakpur
Hanumannagar
Rajbiraj
Bhadrapur
Biratnagar
Jaleswar
Jogbani
Sapt Kosi

# LE NÉPAL

Le temple de Swayambunath, Kathmandu

*« Au Népal, il y a plus de peuples que de rues et plus de fêtes que de jours dans l'année. »*
*Anonyme*

**Pendant des siècles, le Népal est resté comme un livre fermé.** C'est pourtant dans ce **petit pays de légendes,** enclavé entre 2 géants (la Chine et l'Inde), carrefour mythique sur la route du sel et de la soie, que naquit le Bouddha et que résident encore les dernières déesses vivantes de la planète, les *kumari.*
Royaume jusqu'à récemment, où le quotidien est encore fait d'histoires de rois, de reines et de princesses, de divinités qui se transforment en animaux, de serpents qui se changent en dieux, de géants, démons et sorcières. Le Népal, c'est aussi le **métissage de 2 religions,** la violente beauté de l'hindouisme tempérée par la sagesse du bouddhisme.
Et puis, ne l'oublions pas, on vient tout d'abord au Népal pour les fantastiques possibilités de **trekking** dans la mythique chaîne de l'Himalaya, qui culmine à 8 850 m avec le mont Everest, ou plus modestement faire une rando au pied de certains des sommets les plus majestueux du globe. Sans négliger la partie sud du pays, qui permet de côtoyer les éléphants et d'observer les crocodiles, les rhinocéros, voire, si Sa Majesté le permet, le tigre du Bengale.
Même si le pays a été durement touché par les **séismes de 2015,** le patrimoine de la vallée de Kathmandu est bien présent, dressant fièrement les toits multiples de ses remarquables temples toujours plus haut vers le ciel. Si certains sont encore en cours de restauration, la plupart sont debout et attendent votre visite. Car ici l'accueil n'est pas un élément de langage pour brochure sur papier glacé. C'est une réalité vécue par chaque visiteur, à tous les instants et partout.
Bref, le Népal reste un **endroit béni des dieux,** et l'on connaît peu de voyageurs qui en soient revenus déçus.

*Le Haut Mustang*

# NOS COUPS DE CŒUR

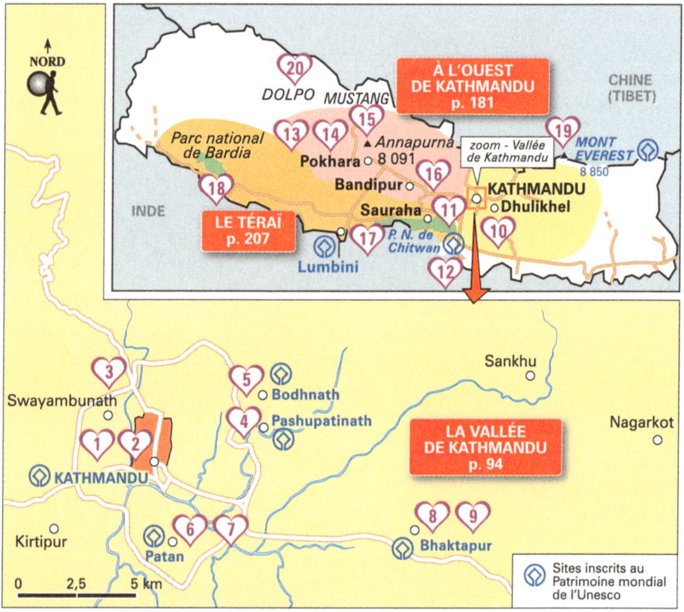


(1) **À Kathmandu, relier à pied Thamel à Durbar Square, via Asan Tole.** Un quartier hyper populaire et étonnant, avec ses bouchers, ses dentistes, ses vendeurs de fruits et légumes, de petit électronique, de casseroles et ustensiles, le tout ponctué par de petits et grands temples où la ferveur est quotidienne, quand ils ne sont pas logés au cœur même d'un pâté de maisons ! Après ce bain de foule lessivant, on débouche sur le fameux Durbar Square, la place mythique de la ville, qui malgré les séismes de 2015 conserve toute sa dignité et sa majesté avec son palais, ses pagodes et ses statues. *p. 121*

2 **Goûter aux cuisines traditionnelles népalaise, neware et tibétaine.**
Le plat national népalais est le *dal bhat,* une base de riz blanc sur laquelle on verse un bouillon de lentilles, accompagné d'un curry de légumes et d'achards, plus de la viande pour les non-végétariens, le tout servi à volonté (sauf la viande !) et, en principe… mangé avec la main droite. Le *dal bhat* newar est à base de pétales de riz séchés et aplatis, et de haricots secs qui craquent sous la dent. Enfin, la cuisine tibétaine décline à loisir les *momos,* raviolis à la vapeur ou frits (un délice), et les soupes de nouilles *(thukpa, thanthuk),* sans oublier le festin total, le gyacok. *p. 113*

3 **Faire un pèlerinage jusqu'au temple bouddhique de Swayambunath, surnommé Monkey Temple à cause des singes qui l'habitent.**
C'est le plus ancien stûpa de la vallée et sans doute l'un des 1ers de la planète : de là-haut, 15 siècles vous contemplent… Sa masse imposante abrite des reliques et des documents sacrés ; et, tout autour, une flopée de niches, moulins à prières, de sikhara et pagodons dans un joyeux désordre… sans oublier les maisons d'habitation ! Panorama imprenable sur Kathmandu et la vallée, de quoi méditer pendant des heures… *p. 128*
*Bon à savoir : compter 45 mn à pied depuis Thamel. L'occasion de prendre son temps et de traverser des quartiers populaires le long de la rivière Vishnumati.*

4 **Se recueillir sur les ghâts de Pashupatinath, centre de pèlerinage et de crémation le plus sacré du pays, au bord de la rivière Bagmati.**

Chaque jour, les ghâts accueillent les familles venues accompagner leurs défunts lors de la cérémonie de crémation, les pauvres d'un côté, les riches de l'autre, le tout au milieu des *sadhus,* hommes (ou femmes) vivant en ascètes. Si vous venez en février ou en mars, ne manquez pas leur réunion annuelle, le Shivaratri. En septembre, c'est le Teej, un rassemblement de milliers de femmes brahmanes toutes de rouge vêtues. *p. 132*

*Bon à savoir : il est intéressant de prendre un guide pour mieux comprendre les différentes étapes de la crémation, ainsi que les symboles et rituels hindous que l'on peut observer.*

© Marco Alessio/hemis.fr

5 **Au coucher du soleil, tourner dans le sens des aiguilles d'une montre autour du stûpa de Bodhnath.**

Centre spirituel réputé, où se sont réfugiés de nombreux Tibétains ayant fui la colonisation chinoise. Ressentir toute la spiritualité du lieu, surtout pendant une fête de la pleine lune, et observer les bouddhistes qui déambulent inlassablement en faisant tourner la multitude de moulins à prières. Visiter aussi le monastère de Shechen, où séjourne régulièrement Matthieu Ricard, ou randonner vers l'un des 50 monastères des environs. Et pourquoi ne pas y faire une retraite ? *p. 134*

*Bon à savoir : on conseille de passer une nuit à Bodhnath pour mieux profiter de l'atmosphère à la fois étrange et sereine qui y règne à l'aube ou à la tombée du soir.*

© Jon Arnold Images/hemis.fr

6 **À Patan,** **visiter le superbe patrimoine royal et religieux.**
D'abord, le merveilleux Durbar Square, avec son superbe temple de Vishnu et son Krishna Mandir. Mais surtout, l'ancien palais royal qui abrite de remarquables cours intérieures et le plus beau musée du pays, présentant des statues hindoues et bouddhistes (en bois, en bronze, en cuivre doré ou en pierre !), toutes plus belles les unes que les autres. À 2 pas, le Golden Temple, temple bouddhique où se recueillent aussi les hindous, et le Maha Buddha, le temple aux 9 999 bouddhas… *p. 148*

7 **À Patan, dormir dans une authentique maison neware, du nom de la communauté la plus ancienne de la vallée de Kathmandu, mais également la plus créative et la plus florissante du pays.**

L'architecture neware, ce sont avant tout ces magnifiques fenêtres sculptées, délicatement ciselées dans le bois sombre, qui ornent les façades des édifices en brique. Le revers de la médaille, étant donné la différence de gabarit entre Népalais et Européens, c'est que ces maisons sont généralement très basses de plafond… Alors, apprenez à baisser la tête et à vous asseoir en tailleur ! *p. 142*

*Bon à savoir : on conseille de passer une nuit dans une des maisons à proximité du Durbar pour profiter du lieu avant et après les visiteurs qui y viennent en nombre.*

© Morandi Tuul et Bruno/hemis.fr

8 **Séjourner dans l'ancienne capitale royale de Bhaktapur, la plus belle ville de la vallée de Kathmandu.**

Bhaktapur est une merveilleuse petite ville de paysans et d'artisans parsemée de palais, de temples, de superbes demeures, d'échoppes pittoresques. Il ne faut pas hésiter à loger sur place car, après le départ des visiteurs, c'est un ravissement de voir le soleil se coucher sur la ville et de profiter du calme de ses rues pavées de brique. *p. 156*

*Bon à savoir : l'accès à la ville est payant ; si le ticket d'entrée est un peu élevé, sachez que ces recettes sont utilisées pour restaurer les monuments touchés par les séismes de 2015.*

© Morandi Tuul et Bruno/hemis.fr

9 **Vivre les extraordinaires fêtes du Nouvel An népalais à Bhaktapur.**
En avril, pendant la semaine que dure Bisket Jatra (son nom népalais), les rues sont envahies par la foule des femmes newares en tenue traditionnelle rouge et noire, et par les fanfares locales qui passent de temple en temple… Mais le point d'orgue, c'est la rivalité entre les quartiers pour ramener sur leur territoire, en tirant sur des cordes, 2 grands chariots tout brinquebalants. On érige ensuite un mât de 25 m de haut, sur lequel grimpent les jeunes hommes, avant de le mettre à terre. La nouvelle année peut commencer et la fête continuer ! *p. 156*

**10 Rejoindre le Namo Buddha, un stûpa perché en pleine nature, au cœur de la vallée de Kathmandu.**

Une superbe balade d'une demi-journée, sans difficulté majeure, qui relie Panauti au monastère du Namo Buddha. On traverse une rivière par un pont suspendu, on surplombe les rizières, découvre un somptueux panorama sur la vallée depuis un hameau jusqu'à l'apparition du Namo Buddha, un beau stûpa dans les dégradés de jaune, avec son collier de moulins à prières. *p. 176*

***Bon à savoir :*** *logement possible sur place, une façon d'appréhender le lieu dans toute sa sérénité.*

© Dave Stamboulis/Age fotostock

11 **Descendre la rivière Rapti en pirogue, dans le parc national de Chitwan, pour tutoyer les discrets crocos et admirer les majestueux volatiles, réfugiés ici le temps d'une saison.**

Les pirogues sont creusées d'un seul tenant dans des fromagers, ces arbres aux racines larges et impressionnantes. Proche de l'eau, on observe les oiseaux et surtout les crocodiles des marais, ainsi que les gavials, qu'on croirait empaillés. Une balade d'une grande sérénité, sans doute l'une des plus sympa à faire dans le parc. *p. 216*

**Bon à savoir :** *tour de 1h obligatoirement accompagné d'un guide ou d'une demi-journée avec retour à pied pour découvrir le parc sous un autre angle.*

12 **Explorer le parc national de Chitwan, dans le Téraï, accompagné d'un éléphant.**

Au cœur du Teraï, cette étroite plaine fertile qui borde le sud du Népal, le fameux parc de Chitwan est très couru des touristes. Ses 932 km² de forêt tropicale, savanes et plaines marécageuses abritent rhinocéros unicornes, tigres du Bengale, éléphants d'Asie, singes, ours lippus, oiseaux en multitude. On l'explore en jeep, en pirogue ou… à pied en suivant la démarche chaloupée d'un pachyderme, façon la plus respectueuse d'approcher cet animal emblématique du parc. p. 216

*Bon à savoir : l'association StandUp4Elephants organise des marches avec les éléphants. Voir sa page Facebook. Mars, avril et mai sont les mois les plus propices à l'observation de la faune.*

13 **À Pokhara, se lever dès potron-minet pour se rendre à Sarangkot et assister au lever du soleil face aux sommets majestueux.**

Partir tôt, car le ciel est alors clair, mais il s'assombrit ensuite rapidement. Depuis la terrasse d'observation, formidable panorama sur le Machhapuchhare et le lac Phewa qui borde Pokhara. Inoubliable ! Redescendre ensuite à pied et à son rythme vers la ville en 2-3h. *p. 205*

***Bon à savoir :*** *commander dès la veille un taxi pour 5h du mat' environ (5h30 en hiver). En cas d'embouteillage, le taxi vous dépose au début de chemin ; il reste alors 30-45 mn de montée.*

14 **S'initier au rafting ou au canyoning ; le Népal possède un très grand nombre de gorges et rivières permettant la pratique de ces 2 sports à tous les niveaux. Et si vous voulez prendre de la hauteur, en avant pour le parapente !**

Les rivières les plus fréquentées sont la Trisuli (entre Kathmandu et Pokhara), la Sun Kosi (à l'est de la vallée de Kathmandu) et la Kaligandaki (à l'ouest de Pokhara), mais il y en a bien d'autres. Les expéditions peuvent durer d'une demi-journée à plusieurs jours. Une façon originale de découvrir le pays ! *p. 72*

***Bon à savoir :*** *oct-nov est la saison idéale ; il fait chaud et, après la mousson, le débit des rivières est important. Pour le parapente, c'est toute l'année.*

**15 Tenter le célèbre trek des Annapurnas, merveilleux pour la variété de ses paysages et jalonné de villages pittoresques.**

Le tour des Annapurnas est le trek le plus populaire du Népal. Il est réputé être l'un des plus beaux du pays en raison de la variété qui le caractérise : on passe de vallées tropicales à un paysage désertique, tout en profitant de magnifiques cascades et de vues splendides sur les montagnes. La balade est aussi intéressante culturellement puisqu'on traverse de nombreux villages d'ethnies différentes. *p. 88*

*Bon à savoir : c'est un trek sans grandes difficultés techniques, mais il exige une bonne acclimatation à l'altitude (passage d'un col à 5 416 m), ce qui nécessite de prendre son temps.*

© Image Source/hemis.fr

**16 À Bandipur, embrasser un panorama grandiose sur les sommets himalayens au coucher ou au lever du soleil.**

Ce vieux et merveilleux village typiquement newar est perché à plus de 1 000 m d'altitude sur une montagne enrobée de végétation luxuriante. Il abrite la superbe architecture des temples-pagodes et des maisons traditionnelles aux fines boiseries sculptées. À l'écart de l'axe principal, il règne encore dans sa rue unique un réel parfum du Népal, authentique. *p. 183*

*Bon à savoir : le village se trouve à 8 km de l'arrêt de bus sur la route Pokhara-Kathmandu. Des bus réguliers relient la route au village.*

© Leroy Francis/hemis.fr

17 **Imaginer la vie du Bouddha il y a près de 2 500 ans à Lumbini, et s'imprégner de la ferveur religieuse du site, de monastère en monastère.**

Capitale universelle du bouddhisme ainsi que l'a voulu l'Unesco à la fin des années 1960, Lumbini, ville natale du Bouddha, abrite désormais un vaste complexe religieux. Chaque année, un million de bouddhistes viennent en pèlerinage se promener autour du bassin sacré, se recueillir dans le temple de Mayadevi (III$^{e}$ s av. J.-C.) et assister aux prières des moines dans l'un des nombreux monastères édifiés ici depuis les années 1990. *p. 220*

*Bon à savoir : pour assister aux prières des moines, venir très tôt (5h30-6h30) ou en soirée vers 18h30-19h.*

**18 Apercevoir un tigre du Bengale dans le parc national de Bardia, après l'avoir pisté pendant des heures.**

Cette ancienne réserve royale de chasse se visite à pied, à dos d'éléphant, ou en jeep. C'est un des rares endroits du sous-continent indien où l'on a de vraies chances de croiser un tigre du Bengale ; mais aussi des rhinocéros unicornes, des dauphins d'eau douce, des léopards, des hyènes, des ours paresseux, des éléphants, des gavials, des singes, des cerfs, des sangliers, des cobras et une importante avifaune. *p. 226*

***Bon à savoir :*** *on visite le parc accompagné d'un guide. La meilleure saison s'étend de septembre à mai, avec une période optimale à partir de mars.*

19 **Faire l'un des treks peu fréquentés dans l'ouest du Népal. L'occasion de découvrir le pays tel qu'il est, ou presque, depuis des siècles !**

Il existe de nombreux circuits, moins fréquentés que les treks classiques (dans l'Annapurna et l'Everest), car dans des zones retirées, mais tout aussi beaux : dans le Mustang, le Dolpo, le parc national de Kangchenjunga… Ils nécessitent souvent des permis spéciaux et une logistique importante qui impose de passer par une agence. Cela revient donc assez cher. Pour ceux qui ont du temps, de l'argent et de bonnes gambettes ! *p. 92*

***Bon à savoir :*** *octobre, novembre, mars et avril sont les meilleurs mois pour faire un trek : le ciel est dégagé, et les températures sont douces.*

20 **S'aventurer à pied jusqu'au camp de base de l'Everest et, de là, titiller du regard le plus haut sommet de la Terre.**

Sur les 14 sommets de notre planète dépassant les 8 000 m, 9 sont situés au Népal ou sur ses confins. Culminant à 8 850 m d'altitude, l'Everest, ou Sagarmatha en népali, est le plus haut et le plus célèbre. Faire un trek jusqu'au camp de base est un must pour ceux qui veulent se retrouver au cœur des géants himalayens et, bien sûr, admirer de près le mythique mont. *p. 90*

***Bon à savoir :** le trek le plus courant démarre de Lukla ; de là, on atteint le camp de base en 7 jours de marche.*

© Aurora/hemis.fr

Le palais aux 55 Fenêtres

# ITINÉRAIRES CONSEILLÉS

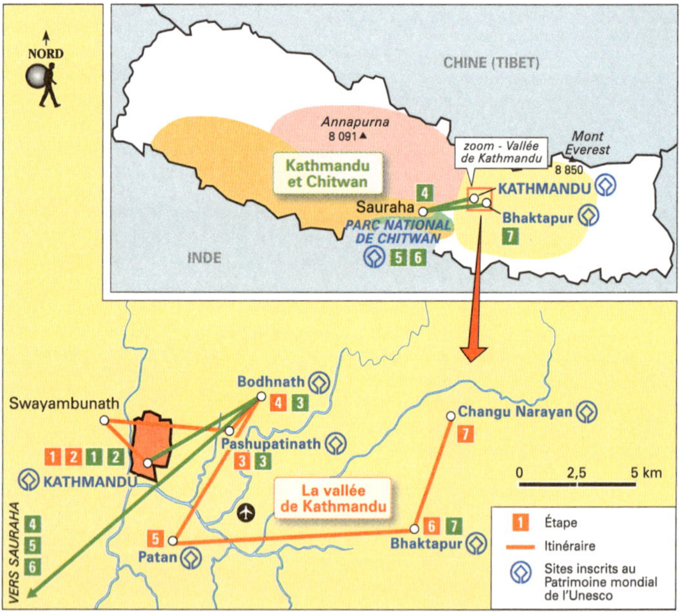


La plupart des voyageurs viennent au Népal pour effectuer un trek, mais il est tout à fait possible de prévoir un périple sans marche, le pays offrant suffisamment de centres d'intérêt pour satisfaire les plus curieux. On peut aussi alterner, au cours de son voyage, balades de quelques heures dans la vallée au sein d'un environnement déjà très beau et visites culturelles, un bon compromis en somme.

Pour les trekkeurs : compter au moins 10-12 jours pour le tour des Annapurnas, au départ de Pokhara, et au moins 14 jours pour celui du camp de base de l'Everest, depuis Kathmandu. Mais il y en a bien d'autres, plus ou moins longs (voir la rubrique « Trekking », dans la partie « Népal utile »). Ensuite, selon le temps dont vous disposez, voici ce que nous vous suggérons.

## Une semaine : la vallée de Kathmandu

Après un trek, on peut facilement consacrer une semaine à Kathmandu et sa vallée. **Kathmandu (j. 1-2) :** balade à pied jusqu'à Durbar Square, via les quartiers populaires d'Asan Tole, d'Indra Chowk et de Makhan Tole. Shopping à Thamel. Bus ensuite jusqu'au stûpa de Swayambunath, avant de se rendre à **Pashupatinath (j. 3)** et ses incroyables bûchers de crémation. Voir aussi le Golden Temple. En fin de journée, se rendre à **Bodhnath (j. 4),** de préférence un peu avant le coucher du soleil, pour profiter de l'atmosphère qui règne autour du stûpa le soir, mais aussi au petit matin après avoir passé la nuit sur place (nombreux hébergements). Le lendemain, visiter aussi le monastère de Shechen. En taxi ou en bus via

Kathmandu, on relie **Patan (j. 5),** ancienne ville royale, à ne pas manquer pour son Durbar Square et son magnifique musée, mais aussi les autres temples de la vieille ville, les anciennes maisons newares et les artisans. Même transport jusqu'à **Bhaktapur (j. 6),** la plus belle ville de la vallée avec, là encore, son vaste Durbar Square et ses temples, le palais royal, le Musée national (peintures et thangkas), Dattatraya Square, les autres temples et places de la ville, le tout empreint d'une atmosphère exceptionnelle. Y loger et faire une excursion le lendemain jusqu'à **Changu Narayan (j. 7)** et son temple classé par l'Unesco. Puis retour vers Bhaktapur.

## Une semaine : Kathmandu et le parc de Chitwan

Cet itinéraire, après un trek, permet déjà d'avoir un bel aperçu du pays : **Kathmandu (j. 1-2)** et ses environs proches, comme **Pashupatinath** et **Bodhnath (j. 3),** par exemple, où l'on peut loger, puis rejoindre le **parc national de Chitwan (j. 4)** en bus (environ 6h de route) ou (plus rapidement) en avion. Séjourner 2 jours pleins sur place pour découvrir la faune du parc à dos d'éléphant ou descendre la rivière à bord d'une pirogue **(j. 5-6),** avant de remonter, jusqu'à **Bhaktapur (j. 7),** pour parcourir les ruelles de la plus belle ville de la vallée, puis reprendre l'avion, l'aéroport étant plus facilement accessible depuis Bhaktapur que de Kathmandu

*Durbar Square, Patan*

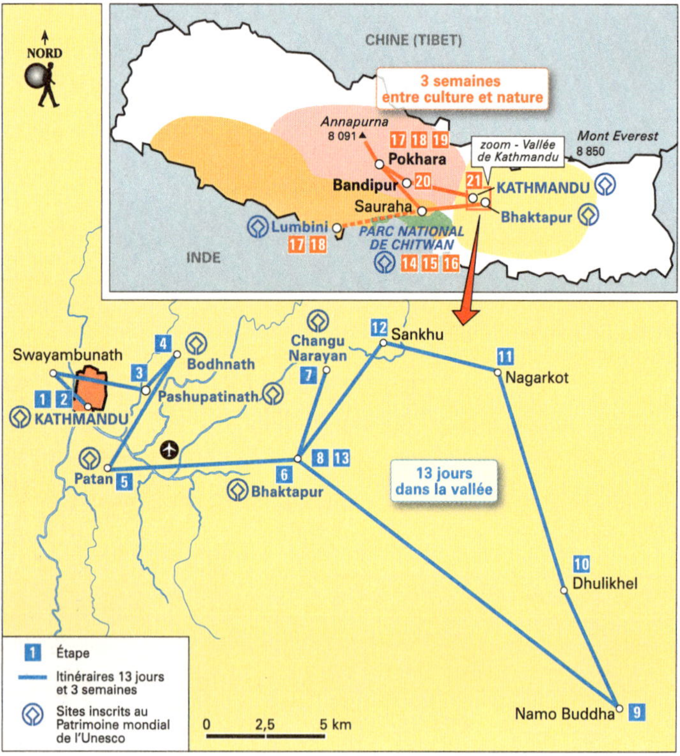


## 13 jours dans la vallée

**Voici 2 itinéraires avec de petits treks** pour ceux qui ne prévoiraient pas de grandes marches dans l'Himalaya, mais qui souhaiteraient tout de même randonner dans la région.

Reprendre l'itinéraire d'une semaine dans la **vallée de Kathmandu** en prolongeant d'une journée la visite de **Bhaktapur** pour mieux en profiter **(j. 8),** puis pousser au sud-est jusqu'à l'ensemble religieux de **Panauti** avant d'effectuer **la randonnée du Namo Buddha (j. 9).** Compter 6h de marche aller-retour, ou continuer vers **Dhulikhel (j. 10),** même durée. Pause bien méritée dans cette ville connue pour ses panoramas sur la chaîne de l'Everest. Départs ensuite pour **Nagarkot (j. 11)** soit à pied en 5-6h, soit en bus via Bhaktapur. C'est un des rares endroits d'où l'on a une chance d'admirer la chaîne de l'Everest en période de mousson. De là, randonnée possible vers **Sankhu (j. 12)** ou **Changu Narayan.** Retour vers la capitale ou, depuis Changu Narayan, à pied vers **Bhaktapur (j. 13),** moins polluée que Kathmandu.

## 3 semaines entre culture et nature

Reprendre l'itinéraire de 13 jours, puis retourner à Kathmandu et descendre en bus (ou en avion) vers **Chitwan (j. 14).** Séjourner 2 jours pleins sur place pour découvrir la faune du parc à dos d'éléphant ou descendre la rivière à bord d'une pirogue **(j. 15-16).** De là, 2 options : soit un bus vers **Lumbini** (compter 4h30 de trajet), berceau du bouddhisme, où naquit Siddharta Gautama (le futur Bouddha), et y passer 2 nuits **(j. 17-18),** le temps d'explorer le complexe religieux qui accueille chaque année 1 million de bouddhistes en pèlerinage ; soit un bus vers **Pokhara** (5-6h de route), pour pratiquer du rafting, parapente, VTT… Sans oublier les nombreuses possibilités de balades de quelques heures ou à la journée dans les environs, ou en 3 à 5 jours vers les Annapurnas **(j. 17-18-19).** Retour ensuite vers la capitale en bus via **Bandipur (j. 20),** un joli village newar accessible en bus depuis la route principale et y passer la nuit avant de rejoindre la capitale **(j. 21).**

*La rivière Narayani, parc national de Chitwan*

© Jon Arnold Images/hemis.fr

## SI VOUS ÊTES PLUTÔT…

**Culture :** à Kathmandu, Patan et Bhaktapur, ne manquez pas les temples et musées des places principales (Durbar Square), classés au Patrimoine mondial de l'Unesco : Pashupatinath, pour se familiariser avec les rituels hindous ; Bodnath, pour la ferveur bouddhiste qui circule autour du plus beau stûpa du pays ; le temple hindou de Changu Narayan, également classé par l'Unesco. Plus à l'ouest, le vieux village de Bandipur ; et Lumbini, lieu de naissance de Bouddha.

**Sport :** treks accessibles dans la vallée de Kathmandu, comme la balade du Namo Bouddha, fréquentés (le sanctuaire des Annapurnas) ou éloignés, tout dépend de vos disponibilité et niveau d'entraînement. Pokhara offre aussi pléthore d'activités (parapente, canyoning, VTT, rafting ou kayak).

**Animaux sauvages :** le parc national de Chitwan à dos d'éléphant, pour surprendre rhinos unicornes, daims et singes, ou en pirogue pour apercevoir les discrets crocos. Le parc national de Bardia, pour avoir une chance de croiser un tigre du Bengale dans une jungle encore peu fréquentée.

Femmes prenant de l'eau à Bhaktapur

## Interview #experienceroutard

**Par la rédaction du *Routard***

### Pourquoi choisir particulièrement cette destination ?

Pour les montagnes, pardi ! Puis, une fois sur place, d'autres arguments prennent le relais. Si bien peu de gens tutoieront vraiment les sommets, tout le monde aura accès à l'une des plus grandes richesses du peuple népalais : son sourire et sa bienveillance. Puis il y a les temples, où le style architectural newar s'exprime dans toute sa splendeur. Autour de ces temples, à toute heure, on ne se lasse pas d'observer l'animation qui y règne et l'étrange alchimie des rituels qui s'y opèrent. Changement de programme du côté de Pokhara : place aux sports de nature ! La rando, évidemment, mais aussi le raft, le kayak et le parapente qui permet de découvrir les montagnes sans trop se fatiguer, mais sans rien perdre en termes d'émotion.

### Un moment à partager ?

Rien de tel que de s'asseoir, le soir venu, avec les anciens (et parfois les plus jeunes), sur la terrasse surélevée d'un temple de Durbar Square, que ce soit à Bhaktapur, à Patan ou ailleurs, pour passer un moment à écouter les musiciens réunis autour de modestes candélabres pour jouer et chanter des mélopées lancinantes dans les lumières vacillantes, en échangeant des regards complices. Un moment unique, empreint de simplicité et de vérité.

### Un souvenir de voyage particulier ?

Début octobre, *Dasain,* fête nationale. Arrivée tardive à Patan. Un petit tour tout de même du côté de *Durbar Square,* au cœur de la vieille ville. Et l'on comprend pourquoi les ruelles du vieux centre sont vides. La ville entière s'est donné rendez-vous sur la place. La foule est énorme. La population a revêtu ses plus beaux atours, les femmes sont maquillées, les hommes ont sorti leur costume traditionnel, on tape sur des tambours et à tour de rôle on grimpe sur une plateforme pour faire résonner l'énorme cloche de la place... en gardant la tête à l'intérieur ! Soudain, sortant d'un palais, apparaît la grande statue d'une divinité (on ne l'a pas reconnue !) que les jeunes portent à bout de bras pour la faire défiler dans les rues. Une soudaine ferveur s'empare de la foule, toujours bon enfant, s'étonnant avec plaisir de voir encore 2 touristes, bien seuls, partager ces moments de grâce et de joie populaire. À 2 pas, un gamin fait voler son cerf-volant. Un échange de sourire, il nous tend la ficelle et opine du chef comme pour dire : « Vas-y, essaye, c'est facile, c'est *Dasain* ! »

# LES QUESTIONS QU'ON SE POSE AVANT LE DÉPART

## ➢ Quels sont les documents nécessaires ?

Le ***passeport*** doit être valable encore au moins 6 mois après le retour. Un ***visa*** est nécessaire. Il s'obtient soit avant le départ, dans son pays d'origine, soit à chaque poste-frontière et à l'aéroport de Kathmandu (prévoir un peu d'attente). Le visa vous autorise à circuler partout où il y a des routes ou des pistes. Néanmoins, un ***droit d'accès*** dans certaines zones (Mustang, Dolpo, Manaslu...) est nécessaire, et un ***permis de trek*** toujours demandé (voir la rubrique « Trekking » dans « Népal utile »), sauf pour les petites randos. La réglementation de ce permis est souvent modifiée. Il est donc nécessaire de se renseigner sur place.

## ➢ Quelle est la meilleure saison ?

D'octobre à avril, la saison sèche. Pour les trekkeurs, il vaut mieux éviter de grimper en haute altitude entre décembre et février, à cause de l'enneigement.

## ➢ Quel budget prévoir ?

Tout est assez bon marché (sauf certains droits de visite et permis de trek, plus, bien sûr, les hôtels chic et les déplacements en avion). À 2, en se contentant d'un confort simple, on peut se débrouiller avec 15-20 € par personne et par jour, pour les repas et l'hébergement, en n'étant pas exigeant sur le logement. Attention, certains accès aux villes sont payants : Bhaktapur détient le record avec 1 500 Rps (soit près de 13 €).

## ➢ Comment se déplacer ?

Avec les bus touristiques, du moins entre Kathmandu, Pokhara, Sauraha (parc de Chitwan) et Lumbini. Ailleurs (où les bus touristiques ne vont pas), il y a bien les bus locaux (souvent bondés), mais seulement pour des courtes distances. Sinon, l'avion est une bonne formule si vous avez peu de temps. Le taxi (pas toujours bon marché, mais valable à plusieurs) permet de rallier des sites pas trop éloignés.

## ➢ Y a-t-il des problèmes de sécurité en général ?

En dehors du risque sismique difficilement prévisible (mais rare), il faut être vigilant sur le transport : l'état des routes (ou des pistes) est le plus souvent déplorable. Que ce soit en voiture, plus encore en bus, c'est assez stressant. Choisir des compagnies de bus réservées aux touristes, plus chères mais dont les équipements sont plus modernes. Concernant les treks, partez avec une agence reconnue et souscrivez une bonne assurance avant le départ qui couvre le risque « montagne » avec évacuation par hélicoptère. C'est important.

## ➢ Quel est le décalage horaire ?

Quand il est midi à Paris, il est 16h45 au Népal en hiver et 15h45 en été.

## ➢ Quel est le temps de vol ?

Compter minimum 12h de vol avec au moins une escale (pas de vol direct).

## ➢ Côté santé, quelles précautions ?

Respecter les règles d'hygiène élémentaires (se laver souvent les mains, ne pas boire l'eau du robinet, éviter les laitages et légumes crus...), partir équipé d'une bonne trousse médicale avec un traitement contre la turista, être à jour de ses vaccins, se protéger des moustiques. En cas de pépin, préférez les cliniques privées aux hôpitaux publics que l'on ne conseille pas. Enfin, attention à la pollution de Kathmandu et dans toute la vallée, et au mal des montagnes en altitude.

### ➢ Peut-on y aller avec des enfants ?

Compte tenu des précautions sanitaires, partir avec de jeunes enfants n'est peut-être pas l'idéal. En revanche, des ados sportifs et/ou curieux apprécieront toutes les activités aventure à découvrir notamment du côté de Pokhara et le riche patrimoine d'un pays aux mœurs et religions bien différentes de nos contrées.

### ➢ Quel est le taux de change ?

Début 2020, pour 1 €, on obtenait environ 120 Rps (roupies).

### ➢ Quelles langues parle-t-on ?

En plus du népali, langue officielle, on y parle le newari et le tibétain. Et la plupart des Népalais ont un bon niveau en anglais.

### ➢ Qu'y a-t-il à voir au Népal ?

Les plus hautes montagnes du monde, rien que ça ! On vient au Népal pour faire un trek dans des vallées superbes, au pied de pics enneigés. Et puis il y a la multitude de temples, située au cœur des *Durbar Square,* grande place à l'animation incroyable dès le matin. Côté faune, les enfants adoreront grimper à dos d'éléphant à Chitwan et les grands pister à pied le tigre à Bardia. Et tout simplement la vie rurale, si différente et toujours passionnante.

### ➢ Faut-il être entraîné pour faire un trek ?

Pour les treks de niveau facile-moyen, on peut se contenter d'une bonne condition physique. Seuls les treks plus difficiles (au-delà de 4 000 m d'altitude et de plus de 2 semaines) exigent d'être physiquement et moralement bien préparé. La montagne, ça se mérite !

### ➢ Peut-on pratiquer d'autres activités que le trekking ?

Certainement ! Le Népal constitue aussi un terrain idéal pour le rafting, le canyoning, le VTT, le parapente... mais aussi pour des balades tranquilles qui n'ont rien à voir avec un vrai trek en haute montagne. La région de Pokhara est particulièrement bien adaptée à la pratique de tous ces sports.

### ➢ Et le yeti finalement, il existe ou non ?

Les scientifiques ont tranché... Aïe ! L'abominable homme des neiges représenté dans *Tintin au Tibet* n'est qu'une chimère. Toutes les caractéristiques rapportées depuis près de 2 siècles par les chercheurs sur une prétendue créature simiesque hantant les cimes enneigées appartenaient à différentes espèces d'ours locaux. Heureusement, il nous reste encore le monstre du loch Ness...

# ARRIVER – QUITTER

## LES LIGNES RÉGULIÈRES

### ▲ QATAR AIRWAYS

*– Paris : 64, rue La Boétie, 75008. ● qatarairways.fr ● Ⓜ Saint-Philippe-du-Roule. Lun-ven 9h-17h.*

➢ Qatar Airways propose 2 vols/j. entre Roissy-Charles-de-Gaulle et Kathmandu avec d'excellentes connexions à Doha. Des départs sont également possibles de Nice, Genève, Bruxelles et des 19 villes en France proposées grâce au programme TGV AIR. Franchise bagages de 30 kg en classe éco.

### ▲ ETIHAD AIRWAYS

*Rens et résas au ☎ 01-57-32-43-43. ● etihad.com/fr-fr ● Lun-sam 8h-19h.*

➢ La compagnie des Émirats arabes unis assure 2 vols/j. au départ de Roissy-Charles-de-Gaulle, terminal 2C, à destination de Kathmandu via Abu Dhabi (avec changement d'appareil).

### ▲ OMAN AIR

*– Paris : 65, rue de Prony, 75017. ☎ 01-47-64-21-50. ● omanair.com ●*

➢ La compagnie dessert quotidiennement Kathmandu au départ de Roissy-Charles-de-Gaulle, via Mascate. Départ possible de Bordeaux, Lyon, Marseille, Montpellier, Nice et Toulouse grâce à un accord de pré-acheminement avec Air France. Oman Air, plusieurs fois récompensée sur le plan international, propose à tous ses passagers un service à bord haut de gamme.

### ▲ TURKISH AIRLINES

*Infos et résas au ☎ 0825-800-902 (service 0,15 €/mn + prix appel). ● turkishairlines.com ●*

➢ La compagnie propose des vols vers Kathmandu au départ de Paris-CDG, Nice, Lyon, Marseille, Strasbourg, Toulouse et Bordeaux. Les vols font escale à Istanbul.

## LES ORGANISMES DE VOYAGES

### En France

### ▲ ALLIBERT TREKKING

*– Paris : 37, bd Beaumarchais, 75003. ☎ 01-44-59-35-35. ● allibert-trekking.com ● Ⓜ Chemin-Vert ou Bastille. Lun-ven 9h-19h, sam 10h-18h.*

*– Agences également à Chamonix, Nice, Chapareillan et Toulouse.*

Née en 1975 d'une passion commune entre 3 guides de montagne, Allibert propose aujourd'hui des voyages aux 4 coins du monde. Découvrir de nouveaux itinéraires en respectant la nature et les cultures des régions traversées reste leur priorité. Pour chaque pays, différents niveaux de difficulté. Allibert est le 1er tour-opérateur certifié Tourisme responsable.

### ▲ ALTIPLANO VOYAGE

*☎ 04-57-09-80-00. ● nepal@altiplano-voyage.com ●*

*– Annecy (Metz-Tessy) : Park Nord, Les Pléiades nº 35, 74370. Agence ouv lun-ven 9h-13h, 14h-18h.*

Osez l'inédit ! Avec Altiplano Voyage, agence spécialiste des voyages sur-mesure en Asie, découvrez ce petit royaume himalayen. Des plaines luxuriantes du Terai au toit du monde, profitez d'une expérience inédite, unique et inoubliable sous le regard bienveillant de Bouddha. Les spécialistes Népal chez Altiplano partagent avec vous leurs conseils et astuces pour créer un voyage à votre image et avec le degré d'autonomie souhaité (en liberté avec chauffeur, avec guides aux étapes ou avec guide accompagnateur). Cette

agence est experte en circuit multi-destinations (Bhoutan, Inde, Tibet...). Écoute et créativité semblent être les maîtres-mots de cette équipe de passionnés !

**▲ ASIA**

*• asia.fr •*

*– Paris : Asia, 1, rue Dante, 75005. ☎ 01-44-41-50-10. Ⓜ Maubert-Mutualité. Lun-ven 9h-18h30 ; sam 10h-13h, 14h-17h.*

*Agences également à Lyon, Nice, Marseille et Toulouse.*

Asia est leader des voyages en Asie et propose des voyages personnalisés en individuel ou en petits groupes, entre autres au Népal. Dans chaque pays, Asia met son expertise au service de ses clients pour réaliser le voyage de leurs envies. Connaissance du terrain et du patrimoine culturel, respect de l'environnement et authenticité, c'est au plus près des populations et toujours dans l'esprit des lieux qu'Asia fait partager ses créations « maison ».

**▲ CERCLE DES VACANCES**

*– Paris : 4, rue Gomboust (angle 31, av. de l'Opéra), 75001.*

*☎ 01-40-15-15-18. • cercledesvacances.com • Ⓜ Pyramides ou Opéra. Lun-ven 9h-20h, sam 10h-18h30.*

Le vrai voyage sur-mesure, à destination de l'Asie et notamment du Népal. Cercle des Vacances propose un large choix de voyages adaptés à chaque client : circuits avec guide et chauffeurs, voyages en groupe, croisière, combinés de plusieurs pays, voyages de noces... Les experts Cercle des Vacances partagent leurs conseils et leurs petits secrets pour faire de chaque voyage une expérience inoubliable. Cercle des Vacances offre également un service liste de mariage gratuit. Les petits plus qui font la différence : cours de cuisine, rencontre avec les éléphants, balade en train local, tour en pirogue...

**▲ COMPTOIR DES VOYAGES**

*• comptoir.fr • Lun-sam 9h30-18h30.*

*– Paris : 2-18, rue Saint-Victor, 75005. ☎ 01-53-10-30-15. Ⓜ Maubert-Mutualité.*

*– Bordeaux : 26, cours du Chapeau-Rouge, 33800. ☎ 05-35-54-31-40.*

*– Lille : 76, rue Nationale, 59160. ☎ 03-28-04-68-20. Ⓜ Rihour.*

*– Lyon : 10, quai Tilsitt, 69002. ☎ 04-72-44-13-40. Ⓜ Bellecour.*

*– Marseille : 12, rue Breteuil, 13001. ☎ 04-84-25-21-80. Ⓜ Estrangin.*

*– Nice : 62, rue Giofreddo, 06000. Ouv courant 2020.*

*– Toulouse : 43, rue Peyrolières, 31000. ☎ 05-62-30-15-00. Ⓜ Esquirol.*

En plus de 30 ans, Comptoir des Voyages s'est imposé comme la référence incontournable du voyage sur mesure en immersion, avec plus de 90 destinations sur les 5 continents. Ses conseillers-spécialistes construisent des voyages uniques en s'adaptant à votre budget, vos goûts et vos envies. Pour favoriser les rencontres et l'immersion dans la vie locale, ils privilégient des hébergements typiques et des expériences authentiques. Sur place, des *greeters* francophones partagent avec vous conseils et bonnes adresses le temps d'un café. Sur votre smartphone, l'application mobile Luciole vous informe sur le déroulé de votre voyage et vous guide grâce à un GPS hors connexion. Comptoir des Voyages est membre d'Agir pour un tourisme responsable depuis 2009, labellisation ATR renouvelée par Ecocert Environnement en 2019.

**▲ ÉTAPES HIMALAYENNES**

*• etapes-himalayennes.com •*

Contactez Étapes himalayennes, une agence locale de confiance, pour organiser votre voyage sur mesure au Népal, au Bhoutan, au Tibet, ainsi qu'au Ladakh et au Sikkim. Ses conseillers, fins connaisseurs du terrain et de la réalité du pays, vous accompagnent dans la préparation de votre voyage, en couple, en famille ou en groupe d'amis. Vous avez ainsi accès à un service personnalisé en bénéficiant d'un prix accessible. Membre de *bynativ*, la communauté des agences de voyages locales, Étapes himalayennes propose un maximum de garanties et de services : règlement de votre voyage en ligne, possibilité de souscrire à une assurance de voyage et de bénéficier de garanties solides en cas d'imprévu. De quoi voyager de façon authentique et en toute tranquillité !

### ▲ NOMADE AVENTURE

*☎ 01-46-33-71-71. • nomade-aventure.com • Lun-sam 9h30-18h30.*
*– Paris : 40, rue de la Montagne-Sainte-Geneviève, 75005. ☎ 01-46-33-71-71. Ⓜ Maubert-Mutualité.*
*– Lyon : 10, quai Tilsitt, 69002.*
*– Marseille : 12, rue Breteuil, 13001.*
*– Toulouse : 43, rue Peyrolières, 31000.*
Nomade Aventure propose des circuits inédits partout dans le monde, à réaliser en famille, entre amis, avec ou sans guide. Également la possibilité d'organiser, hors de groupes constitués, un séjour libre en toute autonomie et sur mesure. Spécialiste de l'aventure avec plus de 600 itinéraires (de niveau tranquille, dynamique, sportif ou sportif +) faits d'échanges et de rencontres avec les habitants, Nomade Aventure donne la priorité aux expériences authentiques à pied, à VTT, à cheval, à dos de chameau, en bateau ou en 4x4.

### ▲ NOSTAL'ASIE

*– Paris : 19, rue Damesme, 75013. ☎ 01-43-13-29-29. • ann.fr • Ⓜ Tolbiac. Lun-sam 10h-13h, 15h-18h.*
Parce qu'il n'est pas toujours aisé de partir seul, Nostal'Asie, un tour-opérateur indépendant, propose de véritables voyages sur mesure en Asie, notamment au Népal, des lieux les plus connus jusqu'aux contrées les plus reculées, en individuel ou en groupe déjà constitué. 2 formules au choix : *Les Estampes* avec billets d'avion, logements, transferts entre les étapes, ou *Les Aquarelles* avec en plus un guide et une voiture privée à chaque étape. Vous trouverez sur le site internet des idées d'itinéraires que vous pourrez ensuite personnaliser et adapter selon vos envies avec Ylinh, la chaleureuse directrice, grande connaisseuse de l'Asie, et son équipe de jeunes passionnés qui vous donneront des conseils avisés pour réussir votre voyage.

### ▲ ROUTE DES INDES ET DE L'ASIE (LA)

*– Paris : 7, rue d'Argenteuil, 75001. ☎ 01-42-60-60-90. • lesroutesdelasie.fr • Ⓜ Palais-Royal ou Pyramides. Lun-jeu 10h-19h, ven 10h-18h, sam sur rdv.*
La Route des Indes et de l'Asie s'adresse aux voyageurs indépendants et propose des voyages individuels organisés, sur mesure, à travers l'Asie du Sud-Est et l'Extrême-Orient, adaptés au goût et au budget de chaque voyageur. Les itinéraires sont construits par des spécialistes après un entretien approfondi. La librairie offre un large choix de guides, de cartes et de littérature consacrée à l'Asie du Sud-Est et à l'Extrême-Orient. Des expositions sont régulièrement organisées dans la galerie photo et des écrivains sont invités à venir signer leurs ouvrages.

### ▲ ROUTE DES VOYAGES (LA)

*• laroutedesvoyages.com • Agences ouv lun-jeu 9h-19h, ven 18h. Rdv conseillé.*
*– Paris : 10, rue Choron, 75009. ☎ 01-55-31-98-80. Ⓜ Notre-Dame-de-Lorette.*
*– Angers : 6, rue Corneille, 49000. ☎ 02-41-43-26-65.*
*– Annecy : 4 bis, av. d'Aléry, 74000. ☎ 04-50-45-60-20.*
*– Bordeaux : 19, rue des Frères-Bonie, 33000. ☎ 05-56-90-11-20.*
*– Lyon : 59, rue Franklin, 69002. ☎ 04-78-42-53-58.*
*– Toulouse : 9, rue Saint-Antoine-du-T, 31000. ☎ 05-62-27-00-68.*
25 ans d'expérience de voyage sur mesure sur les 5 continents ! Cette équipe de voyageurs passionnés a développé un vrai savoir-faire du voyage personnalisé : écoute, conseils, voyages de repérage réguliers et des correspondants sur place soigneusement sélectionnés avec qui ils travaillent en direct. Son engagement à promouvoir un tourisme responsable se traduit par des possibilités de séjours solidaires à insérer dans les itinéraires de découverte individuelle. Elle a aussi créé un programme de compensation solidaire qui permet de financer des projets de développement locaux.

### ▲ SHANTI TRAVEL

*– Paris : 17, rue Galilée, 75116 Paris. ☎ 01-82-28-92-28. • shantitravel.com • Également des bureaux à New Delhi, Colombo, Bali, Rangoun, Kathmandu, Siem Reap et Hanoï.*
Une agence de voyages francophone qui façonne des itinéraires de voyage

et des treks sur mesure à travers l'Asie depuis 2005. Fort de ses 14 années d'expertise, Shanti Travel fait découvrir de l'intérieur 18 destinations en Asie dont le Népal.
Selon vos désirs, vos disponibilités, et votre budget, vous pouvez choisir de partir sur mesure en créant votre itinéraire, étape par étape, avec un expert voyage personnel ; partez où, quand et avec qui vous voulez. Soit en petit groupe sur un des programmes thématiques, à des dates fixes mais variées, en bénéficiant de prix imbattables. Profitez également d'un accompagnateur francophone gratuit à partir de 6 participants.

### ▲ TERRES D'AVENTURE

*☎ 0825-700-825 (service 0,15 €/mn + prix appel). • terdav.com •*
*– Paris : 30, rue Saint-Augustin, 75002. Ⓜ Opéra ou Quatre-Septembre. ☎ 01-70-82-90-00. Lun-sam 9h30-19h.*
*– Agences également à Bordeaux, Grenoble, Lille, Lyon, Marseille, Nantes, Rennes, Rouen, Strasbourg et Toulouse.*
Depuis 1976, Terres d'Aventure, spécialiste du voyage à pied, propose aux voyageurs passionnés de marche et de rencontres des randonnées hors des sentiers battus à la découverte des grands espaces de notre planète. Voyages à pied, à cheval, en bateau, à raquettes..., sur tous les continents, des aventures en petits groupes ou en individuel encadrées par des professionnels expérimentés sont proposées. Les hébergements dépendent des sites explorés : camps d'altitude, bivouac, refuge ou petits hôtels. Les voyages sont conçus par niveaux de difficulté : de la simple balade en plaine à l'expédition sportive en passant par la course en haute montagne.
En province, certaines de leurs agences sont de véritables *Cités des Voyageurs* dédiées au voyage. Consulter le programme des manifestations sur leur site internet.

### ▲ TERRE DES INDES

*– Paris : 28, bd de la Bastille, 75012. ☎ 01-44-32-12-88. • terre-des-indes.com • Ⓜ Bastille. Lun-ven 9h-18h30, sam 10h-18h.*
Terre des Indes redessine les contours, les territoires et les beautés de l'Inde et des pays voisins (dont le Népal) pour une découverte teintée d'émotion. Pour tous les voyageurs qui attendent d'une échappée lointaine plus qu'une simple visite mais au contraire une véritable connaissance et un apprentissage responsable des différentes cultures indiennes en totale immersion, Terre des Indes est le spécialiste qu'il leur faut. En groupes ou en individuel, Terre des Indes fait la part belle aux voyages sur mesure, à l'authenticité... et au juste prix !

### ▲ VOYAGEURS DU MONDE – VOYAGEURS EN INDE ET DANS LES HIMALAYAS

*• voyageursdumonde.fr •*
*– Paris : La Cité des Voyageurs, 55, rue Sainte-Anne, 75002. ☎ 01-42-86-16-90. Ⓜ Opéra ou Pyramides. Lun-sam 9h30-19h. Avec une librairie spécialisée sur les voyages.*
*– Également des agences à Bordeaux, Grenoble, Lille, Lyon, Marseille, Montpellier, Nantes, Nice, Rennes, Rouen, Strasbourg et Toulouse. Ainsi que Bruxelles et Genève.*
Parce que chaque voyageur est différent, que chacun a ses rêves et ses idées pour les réaliser, Voyageurs du Monde conçoit, depuis plus de 30 ans, des projets sur mesure. Les séjours proposés sur 120 destinations sont élaborés par leurs 180 conseillers voyageurs. Spécialistes par pays et même par région, ils vous aideront à personnaliser les voyages présentés à travers une trentaine de brochures d'un nouveau type et sur le site internet, où vous pourrez également découvrir les hébergements exclusifs et consulter votre espace personnalisé. Au cours de votre séjour, vous bénéficiez des services personnalisés Voyageurs du Monde, dont la possibilité de modifier à tout moment votre voyage, l'assistance d'un concierge local, la mise en place de rencontres et de visites privées et l'accès à votre carnet de voyage via une application iPhone et Android. Voyageurs du Monde est membre de l'association ATR (Agir pour un tourisme responsable) et a obtenu

«Rejoignez nous pour **rompre le cycle de la pauvreté et de l'illettrisme** en offrant service et éducation.
**Participez à la récolte de fonds** pour la construction d'une école et **devenez bénévole sur le chantier**.»

*«Une action concrète, une aventure humaine à la rencontre de nos concitoyens du monde.»*

L'association «**l'école du futur**» soutient l'ONG buildOn en France.

Pour en savoir plus :
www.ecoledufutur.eu
Gwénaëlle au 06.23.19.50.22

sa certification Tourisme responsable AFAQ AFNOR.

> Voir aussi au sein du guide les agences locales que nous avons sélectionnées.

***Comment aller à Roissy et à Orly ?***

Toutes les infos sur notre site *• routard.com •* à l'adresse suivante : *• bit.ly/aeroports-routard •*

## En Belgique

**▲ CONTINENTS INSOLITES**

*– Bruxelles : rue César-Franck, 44A, 1050. ☎ 02-218-24-84. • continents-insolites.com • Lun-ven 10h-18h, sam 10h-16h30 sur rdv.*

Continents Insolites, organisateur de voyages lointains sans intermédiaire, propose une gamme étendue de formules de voyages détaillées sur leur site internet.

– *Voyages découverte sur mesure :* à partir de 2 personnes. Un grand choix d'hébergements soigneusement sélectionnés, du petit hôtel simple à l'établissement luxueux et de charme.

– *Circuits découverte en minigroupes :* de la grande expédition au circuit accessible à tous. Des circuits à dates fixes dans plus de 60 pays en petits groupes francophones de 7 à 12 personnes. Avant chaque départ, une réunion est organisée. Voyages encadrés par des guides francophones, spécialistes des régions visitées.

**▲ PAMPA EXPLOR**

*– Bruxelles : av. du Parc, 1060. ☎ 02-340-09-09. • pampa.be • Lun 13h-19h, mar-ven 10h-19h, sam sur rdv 10h-18h.* Spécialiste des voyages « à la carte », Pampa Explor propose plus de 70 % de la planète bleue, selon les goûts, attentes, centres d'intérêt et budgets de chacun. Pampa Explor privilégie des découvertes authentiques et originales. Pour ceux qui apprécient la jungle et les Pataugas ou ceux qui préfèrent les voyages de luxe, en individuel ou en petits groupes, mais toujours « sur mesure ».

**▲ TERRES D'AVENTURE**

*– Bruxelles : chaussée de Charleroi, 23, 1060. ☎ 02-543-95-60. • terdav.com • Lun-sam 10h-19h.*

Voir « En France ».

**▲ VOYAGEURS DU MONDE**

*– Bruxelles : chaussée de Charleroi, 23, 1060. ☎ 02-543-95-50. • voyageursdumonde.com •*

Le spécialiste du voyage en individuel sur mesure.

Voir « En France ».

## En Suisse

**▲ ALTIPLANO VOYAGES**

*– Genève : pl. du Temple, 3, 1227 Carouge. ☎ 022-342-49-49. • altiplano-voyage.ch • Agence ouv lun, mar, jeu, ven sur rdv.*

Voir texte « En France ».

**▲ ASIA**

*– Genève : c/o Fert et Cie Voyages, rue Barton, 7, CP 2364, 1211 Genève 2. ☎ 022-839-43-92. • asia.fr •*

Voir « En France ».

**▲ L'ÈRE DU VOYAGE**

*– Nyon : Grand-Rue, 21, 1260. ☎ 022-365-15-65. • ereduvoyage.ch • Mar-ven 8h30-12h30, 13h30-18h ; sur rdv en dehors de ces heures.*

Agence fondée par 4 professionnelles qui ont la passion du voyage. Elles pourront vous conseiller et vous faire part de leur expérience en Asie (au Népal, entre autres). Des itinéraires originaux, testés par l'équipe de l'agence : voyages sur mesure pour découvrir un pays en toute liberté en voiture privée avec ou sans chauffeur, guide local et logements de charme.

**▲ HORIZONS NOUVEAUX**

*– Verbier : rue de Medran, 6, CP 196, 1936. ☎ 027-761-71-71. • horizonsnouveaux.com • Lun-ven 9h-17h, sam sur rdv.*

Horizons Nouveaux est le tour-opérateur suisse spécialisé dans les régions qui vont de l'Asie centrale à l'Asie du Sud en passant par le Népal. Horizons Nouveaux organise principalement des voyages à la carte, des voyages culturels à thème, des trekkings souvent inédits et des expéditions.

### ▲ JERRYCAN VOYAGES

*– Genève : rue Sautter, 11, 1205. ☎ 022-346-92-82. • jerrycan-voyages.ch • Lun-ven 9h-12h30, 13h30-18h.*

Tour-opérateur de la Suisse francophone spécialisé dans l'Afrique, l'Asie (dont le Népal) et l'Amérique latine. 3 belles brochures proposent des circuits individuels et sur mesure. L'équipe connaît bien son sujet et peut vous construire un voyage à la carte.

### ▲ ROUTE DES VOYAGES

*☎ 022-552-34-46. • ch.route-voyages.com • Rdv par tél.*

Voir texte « En France ».

### ▲ TERRES D'AVENTURE

*– Genève : 19, rue de la Rôtisserie, 1204. ☎ 022-518-05-13. • geneve@terdav.com • Lun-ven 10h-19h, sam 9h30-18h30.*

Voir texte « En France ».

### ▲ VOYAGEURS DU MONDE

*– Genève : 19, rue de la Rôtisserie, 1204. ☎ 022-519-12-10. • voyageursdumonde.com • Lun-ven 9h30-19h, sam 9h30-18h30.* Le spécialiste du voyage en individuel sur mesure.

Voir le texte « En France ».

## Au Québec

### ▲ CLUB AVENTURE VOYAGES

*– Montréal : 759, av. Mont-Royal, H2J 1W8. ☎ 514-527-09-99. • clubaventure.com •*

Depuis 1975, Club Aventure développe une façon de voyager qui lui est propre : petits groupes, contact avec les populations visitées, utilisation des ressources humaines locales, visite des grands monuments, mais aussi, et surtout, ouverture de routes parallèles. Ces circuits ont reçu la griffe du temps et de l'expérience ; ils sont devenus les « circuits griffés » du Club Aventure.

### ▲ EXOTIK TOURS

*Rens sur • exotiktours.com • ou auprès de votre agence de voyages.*

Exotik Tours offre une importante programmation en été comme en hiver. Dans la rubrique « Grands Voyages », le voyagiste suggère des périples en petits groupes ou en individuel au Népal.

### ▲ EXPÉDITIONS MONDE

*• expeditionsmonde.com •*

Expéditions Monde est à l'avant-garde du voyage d'aventure, de découverte, de trekking, de vélo et d'alpinisme sur tous les continents. Les voyages en petits groupes facilitent les déplacements dans les régions les plus reculées et favorisent l'interaction avec les peuples locaux pour vivre une expérience authentique.

### ▲ EXPLORATEUR VOYAGES

*– Montréal : 328, Ontario Est, H2X 1H6. ☎ 514-847-1177. • explorateurvoyages.com • Lun-mer 9h-18h, jeu-ven 9h-20h, sam 10h-15h.*

Cette agence de voyages montréalaise propose une intéressante production maison, axée sur les voyages d'aventure en petits groupes (5 à 13 personnes max) ou en individuel. Ses itinéraires originaux, en Amérique latine, en Asie, en Afrique et au Moyen-Orient, se veulent toujours respectueux des peuples et des écosystèmes. Ils sont guidés par un accompagnateur de l'agence. Intéressant pour se familiariser avec ces différents circuits : les soirées Explorateur (gratuites), avec présentation audiovisuelle.

### ▲ KARAVANIERS

*– Montréal : 4035, rue Saint-Ambroise, local 220N, H4C 2E1. ☎ 514-281-0799. • karavaniers.com • Lun-ven 9h-18h, sam 10h-15h.*

L'agence québécoise Karavaniers du Monde a pour but de rendre accessible des expéditions aux quatre coins de la planète. Toujours soucieuse de respecter les populations locales et l'environnement, Karavaniers favorise la découverte d'une quarantaine de destinations à pied, en petits groupes accompagnés d'un guide francophone et d'un guide local, avec hébergement en auberge ou sous la tente.

# QUITTER LE NÉPAL

***Attention,*** sachez que les conditions météo sont souvent mauvaises en période de mousson, soit entre juin et septembre. Donc, éviter de prendre un vol intérieur en provenance d'un aéroport de montagne (comme Lukla ou Jomsom) à cette période si le temps est incertain, ce peut être dangereux. Quoi qu'il en soit, ne prenez jamais un vol la veille du retour à la maison, car ils sont parfois annulés pour les mêmes raisons. Et il s'agit de petits appareils prenant à bord peu de passagers... Mieux vaut prévoir une marge de plusieurs jours.

– S'il vous reste des roupies népalaises, vous pouvez obtenir 10 % de la somme changée lors de votre séjour contre des dollars au bureau de change de l'aéroport. Pour cela, il faut montrer les bordereaux de change délivrés par les banques.

## Vers l'Inde

Pour les formalités d'entrée en Inde, se reporter aux *Routard* correspondants.

### *En avion*

C'est la meilleure solution.

➢ ***Pour Delhi :*** par *Nepal Airlines, Jet Airways, Air India,* vols tlj. Durée : 1h45. Demander un siège sur la gauche de l'appareil pour voir les montagnes.

➢ ***Pour Varanasi (Bénarès) et Kolkata (Calcutta) :*** par *Air India,* plusieurs vols/sem. Durée : respectivement 1h et 1h30.

➢ ***Pour Darjeeling :*** 2 vols/j. avec *Yeti Airlines* pour Bhadrapur. De là, louer une jeep pour faire les derniers 122 km de piste (environ 4-5h).

### *Par voie terrestre*

Il existe une dizaine de postes frontaliers entre l'Inde et le Népal, mais la moitié est fermée pour des raisons de sécurité. Bhairahava (le plus pratique), Kakarbhitta, Nepalganj, Dhangadhi et Mahendraganar, eux, sont en principe toujours ouverts. ***Cela dit, attention : renseignez-vous avant de vous déplacer en raison des tensions politiques récurrentes entre les 2 pays.***

S'adresser aux agences, qui vendent des billets de bus et train pour toute destination en Inde, avec réservation couchette. Elles fonctionnent sérieusement si l'on s'y prend au moins 3 ou 4 jours à l'avance. Le billet de train est fourni à Kathmandu même. Sinon, par un contact à la frontière. Ce qui évite de rester bloqué plusieurs jours dans une ville indienne, faute de place en couchette, en particulier pour Mumbai (Bombay) et Madras, pour lesquelles les trains sont pris d'assaut.

Depuis le poste-frontière de Bhairahava (Népal)-Sonauli (Inde), on peut rejoindre, entre autres, Vanarasi (Bénarès) et Delhi. Attention, des lecteurs continuent de nous signaler les ***agissements frauduleux d'une bande organisée à Sonauli,*** qui détourne les voyageurs de la vraie gare routière pour leur revendre des billets de bus plus chers, puis les rackette une fois à bord pour les bagages.

***Bhairahava*** est accessible depuis Kathmandu en bus de *New Bus Park (hors plan d'ensemble Kathmandu par B1),* à Gongabu. Prévoir 8h de trajet. De Pokhara, les bus partent tôt le matin pour Bhairahava (compter 8-9h de trajet) de la *Tourist Bus Park (plan d'ensemble Pokhara, B3,* ***1****).*

➢ ***Pour Vanarasi (Bénarès) :*** en principe, on passe la nuit à Sonauli (ville-frontière indienne pas folichonne), avant de prendre le bus direct le matin pour Bénarès. Compter 7h de trajet entre Sonauli et Bénarès.

Éviter de prendre le train car il faut changer 3 ou 4 fois.

➢ ***Pour Delhi :*** en principe, 3 bus directs/j. l'ap-m de Swayambu (ouest de Thamel) avec la compagnie *Loyal Travels & Tours* (☎ *(01)426-78-90 ;* • *loyaltours.com* •). Compter 24-26h de voyage. Sinon, bus ttes les heures de Sonauli (ville frontière) à Gorakhpur (arrivée après 15-16h de trajet), puis en train.

## Vers le Tibet

### *Formalités*

Prévoir un voyage au Tibet est souvent compliqué. D'ores et déjà, préférer

l'avion, car les séismes de 2015 ont endommagé les routes... De plus, en temps « normal », la Chine ferme les routes au moment des dates anniversaires et autres commémorations tibétaines. En principe, on ne peut s'y rendre entre mi-février et fin mars (compter plutôt mi-avril, le temps d'effectuer les démarches). Sans compter que les formalités changent assez souvent... Voilà ce qu'on peut dire à l'heure où nous bouclons ce guide, mais renseignez-vous impérativement avant le départ.

Un visa chinois obtenu en Europe ne vous sera d'aucune utilité. En effet, il faut passer par une agence pour pouvoir aller du Népal au Tibet, et il faut être au minimum 2 personnes pour obtenir les papiers indispensables (attention, cela peut changer aussi !). Prévoir 12-15 jours de démarches administratives, effectuées par l'agence avec copies du passeport, puis 2 à 4 jours supplémentaires après la remise du passeport original à l'ambassade de Chine (voir coordonnées dans les « Adresses utiles » de Kathmandu). Pour les régions plus reculées, comme le lac Manasarovar, prévoir un délai plus long (minimum 15 jours). Pour le mont Kailash (Tise, en tibétain), ne pas écouter la méchante rumeur qui dit que celui-ci serait interdit aux ressortissants français, sans d'ailleurs que l'on sache pourquoi, et prendre vos informations auprès d'une agence sérieuse.

Le visa coûte autour de 85 $ et permet un séjour de 20 jours, 25 maximum. Aucune prolongation n'est possible sur place. Pour ceux qui veulent ensuite continuer sur la Chine, ça se complique.

– ***Agences basées à Kathmandu qui organisent des voyages au Tibet :*** *Glacier Safari Treks ; Nepal Trekking & Expeditions ; Mandala Trekking.* Pour plus de détails sur ces agences, reportez-vous à la rubrique « Adresses utiles » de Kathmandu.

### *En avion*

Le moyen de transport le plus facile. Du ciel, la vue sur l'Himalaya est magnifique. Environ 1 vol/j. avec *Air China, Tibet Airlines, China Eastern* et *Sichuan Airlines* depuis Kathmandu. Pour les raisons expliquées plus haut (problème des visas), il faut s'adresser à une agence spécialisée.

### *Par la route*

***En raison des importants dégâts causés par les séismes de 2015, la frontière terrestre par le Friendship Bridge a fermé. Depuis fin 2017, une nouvelle route par Kerung (au nord de Kathmandu) a ouvert (mais les autorités chinoises peuvent décider à tout moment de la refermer ; renseignez-vous avant).*** Elle nécessite au minimum 3 jours de voyage, mais ce serait dommage de ne pas prévoir 5 ou, mieux, 8 jours de périple.

Les agences de Kathmandu peuvent organiser des séjours à la carte, avec moins d'une semaine de délai (3 jours minimum). C'est assez onéreux, mais moins cher qu'à partir de votre pays d'origine. La route est fatigante à cause de l'altitude, et poussiéreuse quand elle devient piste. Le passage de 3 à 5 cols autour des 5 000 m peut occasionner le *mal aigu des montagnes.* Prévoir le nécessaire (voir la rubrique « Santé »). Attention, les inondations de la saison des pluies (juillet-août) ou la neige en hiver (janvier-février) peuvent interrompre ou ralentir singulièrement le trafic.

➢ Suggestion d'itinéraire sur 8 jours : Kerung, Tingri, Shegar, Sakya, Shigatsé, Gyantsé et Lhassa.

# NÉPAL UTILE

## ABC du Népal

- ***Nom officiel :*** République démocratique fédérale du Népal.
- ***Capitale :*** Kathmandu.
- ***Superficie :*** 147 180 km².
- ***Point culminant :*** le mont Everest (8 850 m aux dernières mesures).
- ***Population :*** 29 500 000 hab. (2016).
- ***Densité :*** 204 hab./km².
- ***Religions :*** hindouisme (81 %), bouddhisme (11 %), islam (4 %), autres (4 %).
- ***Monnaie :*** roupie népalaise (Rp).
- ***Langues :*** népali (officielle), maithili, bhojpuri (dialectes hindis), newari, etc.
- ***Chef de l'État :*** Mme Bidhya Devi Bhandari (depuis 2015).
- ***PIB moyen par habitant :*** env 812 $ par an (en croissance régulière depuis 10 ans).
- ***Indice de développement humain*** (espérance de vie, éducation, niveau de vie) : 0,57. Rang mondial : 149 sur 189.
- ***Revenu mensuel moyen :*** 9 000 Rps (75 €).
- ***Nombre de trekkeurs ayant gravi l'Everest en 2018 :*** 807 (du jamais-vu !) et un record de détritus !
- ***Record absolu :*** en 2019, le sherpa Nirmal Purja a gravi les 14 sommets de plus de 8 000 m en 6 mois et 6 jours.

# AVANT LE DÉPART

## Adresses utiles

### *En France*

■ ***Ambassade et consulat du Népal :*** *45 bis, rue des Acacias, 75017 Paris.* ☎ *01-77-16-52-57 ou 01-46-22-48-67.* • *fr.nepalembassy.gov.np* • Ⓜ *Charles-de-Gaulle-Étoile ou Argentine. Service des visas lun-ven 10h-13h.* Le consulat ne délivre qu'un visa touristique à entrées multiples mais à durée de validité variable : pour 15 jours, compter 30 € ; pour 30 jours, 50 € ; et pour 90 jours, 115 €. Payable par chèque ou en espèces. Apporter une photo, votre passeport valable encore au moins 6 mois après la date de retour du Népal, plus un formulaire à remplir sur place (ou à télécharger sur leur site). Délai d'obtention : 3 jours ouvrables, en principe, ou le jour même en cas d'urgence. Envoi possible par correspondance. Le visa peut également être obtenu à l'aéroport de Kathmandu et aux postes-frontières terrestres (voir plus loin la rubrique « Formalités »). Noter que les visas autres que touristiques (et officiels) s'établissent à l'arrivée au Népal.

■ ***Consulat honoraire du Népal :*** *BP 40257, 76004 Rouen Cedex 2.* ☎ *02-35-07-18-12.* • *consulat.nepal@wanadoo.fr* • *consulat-nepal.org* • *Mar 18h-20h. Délivrance de visas quelle que soit la nationalité.* L'obtention du visa sur place est immédiate et prend 15 jours maximum par correspondance (sauf problème postal). Établir un chèque à l'ordre du consulat du Népal d'un montant de 40 € pour un séjour de 1 à 15 jours, de 60 € pour un séjour de 16 à 30 jours et de 125 € pour un séjour de 31 à 90 jours. Tous les visas sont à « entrées multiples ». Pièces à fournir : passeport (valide au moins 6 mois après la date de retour), un formulaire de demande de visa, une photo d'identité et une enveloppe affranchie en timbres au tarif « recommandé sans avis de réception » pour le retour. Possibilité de télécharger les formulaires de demandes de visa et la procédure d'obtention par correspondance sur le site internet (assez complet sur le pays, notamment sur les recommandations sanitaires).

#### *En Belgique*

■ ***Ambassade du Népal :*** *av. Brugmann, 210, Bruxelles 1050.* ☎ *02-346-26-58.* • *be.nepalembassy.gov.np* • *Facebook « Nepal in Benelux ». Service consulaire lun-ven 9h30-12h30, 14h-16h.* Pour l'obtention du visa, apporter une photo, un formulaire à télécharger sur le site ou à remplir sur place, le passeport (plus une copie avec les pages de renseignements personnels) valable encore 6 mois minimum après la date de demande de visa. Retrait du visa 24h après ou possible le même jour en cas d'urgence ou de longue distance ; dans ce cas, mieux vaut prévenir avant. Il coûte 30 € pour 15 jours, 50 € pour 30 jours et 115 € pour 90 jours (entrées multiples dans tous les cas). La demande de visa peut aussi se faire par correspondance, par lettre recommandée ; ajouter alors environ 10 € aux prix indiqués pour un passeport (ou une enveloppe en recommandé). Téléphoner au préalable pour se faire confirmer les documents à envoyer. Voir également plus loin la rubrique « Formalités ».

#### *En Suisse*

■ ***Ambassade du Népal :*** *rue de la Servette, 81, 1202 Genève.* ☎ *022-733-26-00 ou 21.* • *gva.nepalmission.gov.np* • *Service consulaire lun-ven 9h-13h, 14h-18h.* Le visa (à entrées multiples uniquement) coûte 40 Fs pour une validité de 15 jours, 70 Fs pour 30 jours et 140 Fs pour 90 jours. Prévoir une photo, un formulaire à remplir sur place, le passeport valable encore 6 mois après la date d'entrée dans le pays et les billets d'avion aller-retour. Sur rendez-vous, le visa peut être délivré immédiatement ; sinon, compter une semaine. Envoi par correspondance possible.

#### *Au Canada*

■ ***Ambassade du Népal :*** *408 Queen St, Ottawa (Ontario), K1R 5A7.* ☎ *613-680-5513.* • *ca.nepalembassy.gov.np* • *Lun-ven 9h-17h (16h en hiver).* Visa à entrées multiples uniquement. Prévoir une photo récente, le passeport valable encore 6 mois après la date d'entrée dans le pays, une enveloppe timbrée à son adresse en cas de demande par correspondance, 45 $Ca pour un visa de 15 jours, 70 $Ca pour 30 jours et 180 $Ca pour 90 jours. Paiement par mandat postal ou chèque bancaire certifié. Le formulaire peut être téléchargé sur leur site. Délai d'obtention : environ 1 à 2 jours ouvrables.

## Formalités

Un ***visa*** est nécessaire, et le ***passeport*** doit être valable encore au moins 6 mois après le retour (ou après la date de demande de visa ou d'entrée dans le pays, selon les nationalités ; voir plus haut les « Adresses utiles »). Le visa s'obtient ***soit avant le départ*** dans son pays d'origine (ou à l'ambassade du Népal à Delhi), ***soit très facilement à chaque poste-frontière et à l'aéroport de Kathmandu*** ou encore par agence (lire plus bas). Sur place, compter 30 $ pour le visa de 15 jours, 50 $ pour celui de 30 jours et 125 $ pour celui de 90 jours (entrées multiples pour tous les visas). Payable en dollars ou en euros. Gratuit pour les enfants de moins de 10 ans. Prévoir de l'attente en haute saison (mars-avril et octobre-novembre).

*Un tuyau pour gagner du temps :* un peu avant le départ (moins de 15 jours avant), télécharger le formulaire sur • *nepalimmigration.gov.np* •, imprimer le reçu avec le code-barres, et une fois à l'aéroport de Kathmandu, le présenter au comptoir de paiement du visa. Ce système ne fonctionne qu'à l'aéroport de Kathmandu, pas aux frontières terrestres.

Le visa touristique permet un séjour maximum de 3 mois. Il peut être ensuite prolongé chaque mois jusqu'à un total de 150 jours de présence cumulée dans le pays sur une année civile. Pour obtenir une extension, rendez-vous à l'*Immigration Office* de Kathmandu ou de Pokhara (voir la rubrique « Adresses utiles » de ces villes). Infos sur • *nepalimmigration.gov.np* • Faites toutes vos démarches par vous-même et refusez fermement toute aide que pourraient vous proposer (moyennant finances, bien sûr) certaines personnes pour que vous obteniez votre visa plus rapidement.

Le visa vous autorise à circuler partout où il y a des routes ou des pistes. Néanmoins, un ***droit d'accès*** dans certaines zones (Mustang, Dolpo, Manaslu...) est nécessaire, et un ***permis de trek*** toujours demandé (voir la rubrique « Trekking »). La réglementation de ce permis est souvent modifiée. Elle peut encore changer, on aura donc intérêt à se renseigner sur place.

Les ***mineurs*** doivent être munis de leur propre pièce d'identité. Pour l'autorisation de sortie de territoire lorsque les enfants ne sont pas accompagnés par un de leurs parents, chaque pays a mis en place sa propre régulation. Ainsi, pour ***les mineurs français,*** une loi entrée en vigueur en 2017 a ***rétabli l'autorisation de sortie du territoire.*** Pour voyager à l'étranger, ils doivent être munis d'une pièce d'identité (carte d'identité ou passeport), d'un formulaire signé par l'un des parents titulaire de l'autorité parentale et de la photocopie de la pièce d'identité du parent signataire. Renseignements auprès des services de votre commune et sur • *service-public.fr* •

Pensez à scanner passeport, visa, carte bancaire et *vouchers* d'hôtel. Ensuite, adressez-les-vous par e-mail, en pièces jointes, avec votre billet électronique. En cas de perte ou vol, rien de plus facile pour les récupérer. Les démarches administratives en seront bien plus rapides.

■ ***Action-Visas.com :*** *10-12, rue du Moulin-des-Prés, 75013 Paris.* ☎ *01-45-88-56-70.* • *action-visas.com* • Ⓜ *Place-d'Italie (sortie « bd Blanqui »). Lun-ven 9h30-12h, 13h30-18h30 ; sam 9h30-13h. Prix du service entre 26 et 49 € selon destination plus les frais consulaires. Réduc de 8 € /pers pour nos lecteurs pour chaque destination : lors de votre commande, prendre alors l'option paiement par chèque et déduire directement sur le total indiqué cet avantage en indiquant « routard » sur votre bon de commande.* Cette agence sérieuse s'occupe d'obtenir votre visa pour toutes destinations. Délais rapides, traitement immédiat du dossier dès réception (aucune attente) et service fiable. Pour la province, demandez le visa par correspondance quelle que soit la destination. Les commandes de visas peuvent s'effectuer sur le site internet qui est actualisé quotidiennement et vous recevrez directement les formulaires et la liste des pièces à fournir. Réception d'un courriel sur votre messagerie à chaque étape du processus d'obtention du visa. Par ailleurs, Action-Visas prélève 1 € de sa marge commerciale pour financer un projet humanitaire qui peut être suivi en direct sur leur site internet. La tendance étant aux E-visas, Action visas propose ce service d'obtention du visa en ligne et en français avec un paiement en euros sur banque française, sur de nombreuses destinations, en simplifiant de plus la procédure.

■ Également ***Rapide Visa*** : *7, rue La Boétie, 75008 Paris.* ☎ *01-84-17-88-88.* • *rapidevisa.fr* • Ⓜ *Miromesnil. Lun-ven 9h-12h30, 14h-18h.*

## Ariane, pour votre sécurité, restez connecté

Avant de partir en voyage, ayons les bons réflexes !

Vous pouvez enregistrer votre voyage sur le service Ariane du ministère de l'Europe et des Affaires étrangères. Ce service gratuit vous permet, lors de vos voyages personnels, touristiques ou professionnels, de recevoir des consignes de sécurité sur le pays dans lequel vous voyagez.

La fiche Conseils aux voyageurs, consacrée à votre pays de destination, vous donne des informations utiles liées à la sécurité, aux formalités de séjour, aux démarches de santé et aux lois et coutumes du pays dans lequel vous voyagez. Elle est consultable sur le site • *diplomatie.gouv.fr* •

## Vaccinations

Se reporter plus loin à la rubrique « Santé ».

## Assurances voyage

■ ***Routard Assurance par AVI International :*** *40, rue Washington, 75008 Paris.* ☎ *01-44-63-51-00.* • *avi-international.com* • Ⓜ *George-V.* Enrichie au fil des années par les retours des lecteurs, *Routard Assurance* est devenue une assurance voyage référence des globe-trotters. Tout est inclus : frais médicaux, assistance rapatriement, bagages, responsabilité civile... Avant votre départ, appelez *AVI* pour un conseil personnalisé. Besoin d'un médecin, d'un avis médical, d'une prise en charge dans un hôpital ? Téléchargez l'appli mobile AVI international pour garder le contact avec *AVI Assistance* et disposez de l'un des meilleurs réseaux médicaux à travers le monde. *AVI Assistance* est disponible 24h/24 pour une réponse en temps réel. De simples frais de santé en voyage ? Envoyez les factures à votre retour, *AVI* vous rembourse sous une semaine.

■ ***AVA Assurance Voyages et Assistance :*** *25, rue de Maubeuge, 75009 Paris.* ☎ *01-53-20-44-20.* • *ava.fr* • Ⓜ *Cadet.* Un autre courtier fiable pour ceux qui souhaitent s'assurer en cas de décès-invalidité-accident lors d'un voyage à l'étranger, mais surtout pour bénéficier d'une assistance rapatriement, perte de bagages et annulation. Attention : franchise pour leurs contrats d'assurance voyage.

■ ***Pixel Assur :*** *18, rue des Plantes, BP 35, 78601 Maisons-Laffitte.* ☎ *01-39-62-28-63.* • *pixel-assur.com* • *RER A : Maisons-Laffitte.* Assurance de matériel photo et vidéo tous risques (casse, vol, immersion) dans le monde entier. Devis en ligne basé sur le prix d'achat de votre matériel. Avantage : garantie à l'année.

## Sites utiles

• ***routard.com*** • Le site de voyage n° 1, avec plus de 800 000 membres et plusieurs millions d'internautes chaque mois. Pour s'inspirer et s'organiser, près de 300 guides destinations actualisés, avec les infos pratiques, les incontournables et les dernières actus, ainsi que les reportages terrain et idées week-end de la rédaction. Partagez vos expériences avec la communauté de voyageurs : forums de discussion avec avis et bons plans, carnets de route et photos de voyage. Enfin, vous trouverez tout pour vos vols, hébergements, voitures et activités, sans oublier notre sélection de bons plans, pour réserver votre voyage au meilleur prix.

• ***welcomenepal.com*** • En anglais. Le site officiel du *Nepal Tourism Board.* Assez complet, attractif et bien fait. Des infos claires et bien remises à jour. Jolies photos. Classement par thèmes et par région géographique. Pratique.

• ***explorenepal.com*** • En anglais. Moteur de recherche à l'ancienne et pas très rigolo. Liens vers des sites sur l'actualité, le sport, l'environnement, la culture, la cuisine, les loisirs, l'économie, le climat, les hôtels, les treks, agences de voyages, etc.

• ***namaste.thanaka.org*** • En français. Site sur la culture népalaise, et asiatique en général : des conseils sur le savoir-vivre et les comportements à adopter, ainsi que des infos sur la cuisine, les transports, etc. Également une remarquable collection de photos.
• ***photoslagarde.com*** • En français. Reportages photo de Michel Lagarde sur différents pays, dont le Népal (paysages, fêtes, etc.).

## Associations humanitaires

■ ***Association Samdo Avenir :*** *rue du Barri-Lincel, 04870 Saint-Michel-l'Observatoire.* • *samdoavenir.org* • Association loi 1901 et ONG au Népal, Samdo Avenir a pour principale mission le développement économique, éducatif et sanitaire des communautés villageoises himalayennes. Le projet a commencé en 2007 au village de Samdo, à 3 800 m d'altitude, au pied du Manaslu. Le développement économique passe par le tissage et la vente de l'artisanat local. Au niveau éducatif, l'école de Samdo a pu être reconstruite avec des classes de niveau primaire, tandis que les plus grands continuent leurs études secondaires à Kathmandu. Par ailleurs, après le séisme de 2015, Samdo Avenir s'est engagé dans le soutien aux villages tamangs de Kanigaon et Magarsalu dévastés, assurant une aide d'urgence, ainsi qu'une aide à la reconstruction. Un certain nombre d'enfants sont également scolarisés. Le village de Magarsalu accueille aujourd'hui des touristes en maisons d'hôtes. Contactez • *samdoproject@gmail.com* • (voir aussi plus loin « dans les environs du Namo Buddha », dans la vallée de Kathmandou). Vous pouvez soutenir les différents projets grâce à des parrainages « collectifs », dons, adhésions et toutes actions bénévoles en faveur de l'association.

■ ***Planète Enfants & Développement :*** *53, bd de Charonne, 75011 Paris.* ☎ *01-53-34-86-32.* • *planete-eed.org* • Cette petite ONG française consacre depuis 1997 ses efforts à protéger les enfants du Népal contre les violences, et plus spécifiquement contre le trafic à des fins de travail forcé ou d'exploitation sexuelle. Connaissant parfaitement le pays, elle prend en charge des enfants très défavorisés dans des maternelles, par exemple, tout en mettant en place des actions pour que les Népalais agissent eux-mêmes contre ce fléau : émancipation des femmes, création de réseaux de bénévoles pour informer et secourir les victimes, formation des pouvoirs publics, etc. Depuis quelques années, elle développe aussi des programmes pour favoriser l'égalité des chances en travaillant avec les familles et les écoles pour la stimulation et la protection des jeunes enfants (avant 6 ans). Après le tremblement de terre d'avril 2015, elle a apporté de l'aide d'urgence, mis en place des centres d'accueil pour enfants et reconstruit 2 écoles. Une large part de ses ressources provient des dons des particuliers, et elle en a désespérément besoin.

■ ***Association Népal Avignon :*** *18, rue du Languedoc, 30133 Les Angles.* ☎ *04-90-85-63-03.* • *a.nepal.avignon.free.fr* • Cet organisme met en œuvre de nombreux projets en vue d'un développement harmonieux et loin de toute assistance. Il parraine, dans une région montagneuse, plusieurs villages népalais (canton de 8 000 habitants). L'association a financé la construction d'un dispensaire et d'une salle d'accouchement, elle en assure le fonctionnement grâce aux adhésions et aux fonds collectés lors des différentes manifestations : randonnées, expositions, conférences, repas népalais... L'association a aussi contribué à ouvrir et équiper des écoles primaires ; grâce à un parrainage collectif, elle assure également le fonctionnement de l'école secondaire. Elle s'est engagée dans un programme agricole qui doit permettre le développement économique du canton. Un journal, destiné aux adhérents, est édité tous les 3 mois. L'association ne recrute pas, même des bénévoles. Tous les emplois sont occupés par des Népalais.

■ ***Assistance médicale Toit du Monde (AMTM) :*** *81, av. du Maréchal-Joffre, 92000 Nanterre. ☎ 01-47-24-78-59. • amtm.org • facebook.com/amtm.org • Bus 258 barré, station « Bd National ».* Créée en 1992, Assistance médicale Toit du Monde a effectué ses 1[res] missions pour répondre à l'appel des Tibétains réfugiés au Népal et en Inde (sur le plan sanitaire et culturel), puis a étendu son action auprès des populations défavorisées de ces 2 pays. AMTM intervient selon 3 axes : l'action médicale (des équipes médicales se rendent plusieurs fois par an sur le terrain, afin d'apporter médicaments et vaccins et d'assurer une meilleure prévention) ; l'aide au développement (l'absence d'eau potable étant la cause de sérieuses pathologies, AMTM installe des filtres à eau et soutient des travaux de réfection et de construction) ; les parrainages (plus de 1 000 enfants et adultes, laïcs et religieux en bénéficient ; l'argent et les courriers sont remis en mains propres au filleul ou à l'adulte responsable du site). Afin de poursuivre sa mission, AMTM recherche sans cesse de généreux donateurs. Alors on fait passer le mot.

# ARGENT, BANQUES, CHANGE

## Monnaie, change

La ***monnaie*** est la *roupie népalaise* (Rp), différente, bien sûr, de la roupie indienne. Début 2020, pour 1 €, on obtenait environ 120 Rps, et environ 100 Rps pour 1 US$. Les hôtels d'une certaine catégorie, les billets d'avion, les permis de trek et les prestations des agences de voyages se calculent en dollars US. On paie soit en roupies (normal), soit en euros (calculé sur le cours du jour de la roupie), soit en carte de paiement. Inutile de prévoir des dollars pour vos dépenses.
Aucun problème pour ***changer*** vos euros en roupies népalaises, on trouve de nombreux bureaux de change et des banques dans tous les endroits touristiques, à commencer par Kathmandu et Pokhara. N'acceptez pas de billets troués ou déchirés. En revanche, si vous partez en trek, mieux vaut changer suffisamment pour toute la durée de ce dernier car, bien sûr, en montagne, vous ne trouverez pas de bureau de change et certains services seront à payer sur place (compter environ 1 000 Rps par jour de trek). Le taux des *money changers* est grosso modo le même que dans les banques, la queue et les tracasseries en moins. Les bureaux de change sont ouverts tous les jours, avec des horaires plus étendus (souvent 9h-21h) que ceux des banques. Dans les banques, prévoir le passeport pour la transaction. Partout, on vous remet des reçus qu'il faut conserver car, à la sortie du pays, s'il vous reste des roupies, vous pourrez les rechanger contre des euros en présentant vos bordereaux. Les roupies népalaises ne sont pas négociables en dehors du Népal, et surtout pas en Inde.

## Cartes de paiement

**Avertissement**

Si vous comptez effectuer des retraits d'argent aux distributeurs, il est **très vivement conseillé d'avertir votre banque avant votre départ** (pays visité et dates). En effet, **votre carte peut être bloquée dès le 1er retrait** pour suspicion de fraude. C'est de plus en plus fréquent. Bonjour les tracasseries administratives pour faire rentrer les choses dans l'ordre et l'on se retrouve vite dans l'embarras !

Les banques de Kathmandu et sa vallée, ainsi que celles de Pokhara sont généralement ouvertes de 10h à 16h en hiver (15h en été) et ferment à 15h le vendredi. Elles possèdent toutes ***des distributeurs de billets*** en façade, acceptant les cartes *Visa* et *MasterCard*. Ailleurs, n'en attendez pas ! Afin d'éviter les frais lors de chaque paiement ou retrait en dehors de la zone euro, certaines banques offrent la gratuité des retraits dans leurs propres distributeurs (DAB) dans le monde entier (comme HSBC, pour ses clients) ou dans les banques avec qui elles ont un accord selon les pays (se renseigner avant le départ). Les néobanques comme Max, My French Bank, Revolut ou N26 proposent des cartes gratuites qui ne facturent aucune commission pour les paiements et retraits. Les banques en ligne, Boursorama et Fortuneo proposent elles aussi ce type de cartes gratuites (carte Ultim et carte Fosfo) permettant à la fois de payer en devises et d'en retirer sans frais. Renseignements sur le site internet de chaque banque.
Attention, si vous n'êtes pas concernés par les situations évoquées ci-dessus et que vous n'avez pas souscrit de formule internationale auprès de votre banque, vous serez prélevé d'une ou 2 commissions à chaque retrait, une commission locale et/ou une de votre banque (ce qui revient cher à la longue !) ; dans ce cas, mieux vaut donc retirer une grosse somme d'un seul coup que de petits montants tous les 2 jours.
Bon à savoir, on peut aussi régler sa note avec une carte *Visa, MasterCard* ou *Amex* dans les hôtels un peu chics, quelques agences de voyages et magasins. ATTENTION toutefois aux cas d'arnaque possibles dans certaines boutiques de Kathmandu. Ne pas quitter le vendeur des yeux lorsque vous lui confiez votre carte ; et conservez votre facturette.
– Avant de partir, notez bien le numéro d'opposition propre à votre banque (il figure souvent au dos des tickets de retrait, sur votre contrat, ou à côté des distributeurs de billets), ainsi que le numéro à 16 chiffres de votre carte. Bien entendu, conservez ces informations en lieu sûr et séparément de votre carte. N'oubliez pas aussi de VÉRIFIER LA DATE D'EXPIRATION DE VOTRE CARTE BANCAIRE avant votre départ !

Petite mesure de précaution : si vous retirez de l'argent dans un distributeur, utilisez de préférence les distributeurs attenants à une agence bancaire. En cas de pépin avec votre carte (carte avalée, erreurs de code secret...), vous aurez un interlocuteur dans l'agence, pendant les heures ouvrables du moins.

## Besoin urgent d'argent liquide

Vous pouvez être dépanné en quelques minutes grâce au système ***Western Union Money Transfer*** présent dans les supérettes *7-Eleven* et les bureaux de change *Forex*. L'argent vous est transféré en moins d'une heure. La commission, assez élevée, est payée par l'expéditeur. Possibilité d'effectuer un transfert auprès d'un des bureaux *Western Union* ou, plus rapide, en ligne, 24h/24 par carte de paiement (*Visa* ou *MasterCard*).
Même principe avec d'autres organismes de transfert d'argent liquide comme ***MoneyGram, PayTop*** ou ***Azimo***. Transfert en ligne sécurisé, en moins d'une heure. Dans tous les cas, se munir d'une pièce d'identité. Toutefois, en cas de perte/vol de papiers, certains organismes permettent de convenir d'une question/réponse-type pour pouvoir récupérer votre argent. Chacun de ces organismes possède aussi des applications disponibles sur téléphone portable. Consulter les sites internet pour connaître les pays concernés, les conditions tarifaires (frais, commission) et trouver le correspondant local le plus proche :
• *westernunion.com* • *moneygram.fr* • *paytop.com* • *azimo.com/fr* •

# ACHATS

Les Népalais sont un peuple d'artistes, mais le tourisme a un peu nui à leur production, passée du stade artisanal à une fabrication « en série » souvent bâclée. En sachant bien choisir, vous trouverez cependant des objets originaux et bien travaillés. Attention, il est interdit d'exporter des objets certifiés de plus de 100 ans. Comparez toujours avant d'acheter, et n'oubliez jamais de marchander âprement et avec le sourire, cela fait partie du jeu.

– ***Les khukuri :*** couteaux souvent employés comme serpes et que l'on voit quelquefois à la ceinture des Népalais. Vous en trouverez de magnifiques, surtout parmi les anciens, très onéreux. Ceux utilisés par l'armée possèdent deux minicouteaux insérés dans l'étui. Une petite rigole est généralement creusée sur la lame pour éviter que le sang ne se répande sur le manche durant le sacrifice... Cependant, il vaut mieux éviter d'acheter tout ce qui ressemble à des antiquités, car vous avez de forts risques de vous faire avoir. À Kathmandu, éloignez-vous de Durbar Square et de Thamel, allez plutôt dans les boutiques d'Asan Tole qui en proposent de fort beaux et réellement utilisés par les habitants. De plus, vous les obtiendrez à des prix très abordables. Un véritable *khukuri* est assez peu décoré, autant le savoir. Si vous allez à Pokhara, vous pourrez en acheter un « vrai » directement au *Gurkha Memorial Museum,* dédié aux célèbres soldats népalais. Ils sont lourds, dotés de lames de qualité et certifiés. On en trouve aussi dans les campagnes, les jours de marché, mais c'est plus hasardeux. Les *khukuri* décoratifs se reconnaissent à leur lame collée et à leur poids, relativement léger.

– ***Les sarangis :*** petites violes dont jouent les chanteurs ambulants. Elles sont taillées dans le même morceau de bois et comportent quatre cordes en boyau de chèvre. L'archet, très court, est fait en crin de cheval. Vous entendrez peut-être des paysans descendus de leurs villages en jouer. Parfois, ils vendent leur instrument. Bon, si vous n'êtes pas musicien, il est difficile d'en jouer correctement. Ça fait vite crin-crin.

– ***Les moulins à prières :*** attention, ceux que l'on vous proposera comme anciens sont toujours faux. Possibilité d'en acheter de belles copies fabriquées de façon artisanale. Vérifiez juste qu'ils contiennent bien les textes sacrés à l'intérieur et apportez-les dans un monastère pour que les prières soient entendues, selon la croyance des Népalais.

– ***Les bols chantants*** tibétains sont vendus dans la plupart des bazars du Népal. Envoûtant ! Achetez-les de préférence dans un magasin de musique. Certaines boutiques proposent même des *healing therapy,* censées vous réharmoniser à partir des sons et vibrations émis par ces *singing bowls.* On croit à ce qu'on veut après tout. Les bols sont censés être en alliage de plusieurs métaux, mais en l'absence de certificat et de connaissance, vous en aurez rarement la certitude.

### AVEC DU BOL... VOUS TROUVEREZ LE VÔTRE !

*Les bols chantants tibétains sont constitués d'un alliage de 7 métaux représentant 7 astres du système solaire. Ils produisent un tintement sec quand on les frappe, puis une résonance impressionnante lorsqu'on effleure leur bord avec un morceau de bois. Chaque bol possède un son de base, soit une note. Il faut toujours les « faire chanter » avant de les acheter, le son étant très différent d'un bol à l'autre.*

– ***Les tapis :*** ils sont en pure laine et les couleurs sont à base de teintures végétales. Ils sont chers et difficilement négociables. Voir à Patan, dans le quartier de Jawalakhel. Reproductions de modèles anciens de grande qualité. Attention, vous n'avez le droit d'entrer en France qu'avec un tapis par personne, les excédents sont taxés...

– ***Les bijoux :*** de toutes formes et à tous les prix, ce ne sont pas les boutiques qui manquent ! Dans certaines, vous pourrez vous composer votre propre collier. Les

Népalaises comme les Indiennes aiment se parer, elles créent un heureux alliage d'or et de bijoux fantaisie. Le plus grand choix de colliers traditionnels se trouve à Indra Chowk, à Kathmandu. Les femmes s'y bousculent pour acheter leurs bracelets et colliers multicolores. Ce ne sont pas des pierres précieuses mais des perles en plastique ou en verre fabriquées au Japon. Un cadeau néanmoins original et très apprécié. Il faut simplement éviter de payer le toc au prix des pierres précieuses.

Les bagues et colliers en argent ne sont pas chers, mais il faut se méfier des poinçons, certains sont trafiqués. Achat délicat tant l'arnaque règne. Préférez les boutiques sérieuses et demandez les certificats. Difficile cela dit de faire la part des choses.

Pour les adeptes du piercing, même si les règles d'hygiène se sont améliorées (notamment à Thamel, à Kathmandu), la prudence s'impose toujours. Mieux vaut acheter ses bijoux, mais se faire percer en Europe.

– ***Les pierres :*** proposées à partir de 1 $ le carat et jusqu'à 100 $ (et plus). La plupart des pierres semi-précieuses (aigue-marine, tourmaline, etc.) proviennent du Népal. En revanche, corail, turquoise et lapis-lazuli viennent d'Inde et du Tibet. Les pierres synthétiques (souvent très jolies) sont quasi impossibles à détecter.

– ***Les vêtements de tous les jours :*** on en trouve partout, à des prix défiant toute concurrence. Attention à la finition, pas toujours parfaite. Les tailleurs népalais, très habiles, peuvent vous en confectionner sur mesure dans des délais très courts. Des modèles originaux et fonctionnels sont repris par tous les tailleurs. On ne peut résister aux tee-shirts brodés à la machine sur commande d'après des modèles exposés. Les « Tintin in Nepal », « I love Mo : Mo » ou encore « Yak-Yak-Yak » ont beaucoup de succès ! Les pantalons de coton sont très agréables quand il fait chaud. Grand choix de pulls avec des motifs originaux tricotés. Pas idéal pour le trek, autant le savoir. Prendre la meilleure qualité car le poil de yack... ça gratte terriblement ! On trouve bonnets, gants, moufles et chaussons dans la même laine.

Les châles appelés ***pashminas,*** en duvet de chèvre provenant des régions d'altitude, sont vendus à tous les coins de rue à Kathmandu. Il existe trois qualités différentes : 70 % *pashmina* et 30 % soie, 50 % *pashmina* et 50 % soie, et 100 % *pashmina.* Mais ceux qu'on essaiera de vous vendre seront plutôt proches de 0 % : viscose, laine, coton, soie, tout y passe avec toutes sortes de matières indécelables. Il faut être doué pour démêler le vrai du faux. Sachez que les *pashminas* purs, beaucoup plus chers, ne se trouvent que dans certaines boutiques de luxe (voir la rubrique « Achats » de Kathmandu).

– ***Les vêtements de treks :*** très large choix de vêtements de trek à Kathmandu et Pokhara, mais pas ailleurs. Dans Thamel, 1 boutique sur 3 vend l'équipement complet du bon marcheur. Toutes les marques sont des copies (attention à la douane en rentrant). Les tissus en Gore-Tex viennent de Corée et de Chine, mais la confection, elle, est réalisée au Népal. Vérifiez l'étanchéité en versant un verre d'eau dessus. Seules les coutures, véritables maillons faibles, ne sont pas imperméables. Les coupe-vent, moufles et blousons sont de bon rapport qualité-prix, tout comme les sacs de couchage en polaire.

Mais attention, bien se faire conseiller par votre agence de trek concernant les duvets et les gants notamment. Ne pas dormir à cause du froid ou avoir les bouts des doigts gelés en cours de trek est un problème souvent sous-estimé par les marcheurs. Vêtements polaires de bonne qualité et bon marché. On peut par ailleurs acquérir de vrais vêtements et autres équipements dans les boutiques officielles *The North Face* et *Mountain Hard Wear* ; également la marque *Sherpa,* 100 % népalaise et d'excellente qualité (voir la rubrique « Adresses utiles. Trekking » à Kathmandu).

– ***Les masques en bois :*** sur Durbar Square à Kathmandu, à Patan et dans de nombreuses boutiques à Bhaktapur. Ils sont réalisés de manière artisanale mais rarement anciens.

– ***Les bronzes, cuivres, étains, laitons à la cire perdue :*** les plus beaux et les moins chers se trouvent chez les artisans de Patan (autour du temple de Maha Buddha). Pour marchander, prendre votre temps car les commerçants sont durs en affaires. Avec humour et persuasion, on peut obtenir de belles réductions.
– ***Les thangkas ou paubha :*** plein de boutiques (pour touristes), mais les vraies peintures artisanales sont à commander. Plusieurs écoles de peinture se visitent, notamment à Bhaktapur. Passionnant !
– ***Les papiers népalais :*** on les appelle à tort « papiers de riz », car il s'agit en fait de papiers élaborés à partir de l'écorce d'un arbre *(daphné).* La majorité de ces papiers est fabriquée à Bhaktapur. D'autres peuvent être issus de matériaux bien plus insolites, tels le jute, le chanvre ou bien encore l'ortie. On en trouve absolument partout. Cahiers, carnets, albums photo, calendriers, sacs, autant de cadeaux légers et faciles à emporter. De même les objets peints en papier mâché, boîtes, animaux, coupes. Décoratifs et bon marché.
– ***Les épices et thés :*** la demande est croissante et de nouvelles boutiques s'ouvrent en permanence. Vous trouverez les mêmes produits à un prix très inférieur, mais pas sous plastique, dans les boutiques d'Asan Tole et Indra Chowk à Kathmandu. Véritable safran (sous forme de stigmates) importé bien souvent du Cachemire et conditionné obligatoirement dans de petites boîtes de plastique scellées, gingembre, noix de muscade, badiane, cardamome, etc.
– ***Les timbres :*** en devanture de nombreuses boutiques, en provenance du Népal bien sûr, mais aussi du Bhoutan, du Tibet, etc. Pour information, le plus vieux timbre du Népal date de 1907. Auparavant, l'acheminement du courrier (essentiellement royal) était assuré par des messagers.
– ***Les pièces de monnaie :*** si vous êtes numismate, vous ne serez pas déçu, on en propose aussi un peu partout. En cherchant bien, il est possible d'en dénicher des périodes *licchavi, thakuri, malla,* ainsi que de l'époque *shah.*

# BUDGET

## Hébergement

Nos fourchettes de prix s'entendent ***pour 2 personnes*** partageant une chambre double ***en haute saison,*** c'est-à-dire, en gros, de fin septembre à avril, mais surtout en avril, octobre et novembre (la pleine saison touristique). Le reste de l'année, les prix sont revus à la baisse et souvent négociables, même en haute saison si vous sentez que l'hôtel n'est pas complet. Les voyageurs en solo peuvent s'attendre à payer un peu moins que ce qui est indiqué ci-dessous.
Le petit déjeuner n'est presque jamais inclus pour les hôtels pas chers, mais l'est la plupart du temps dans les plus chics. À noter aussi, les tarifs, dès que l'on sort de la catégorie « Bon marché » ou « Prix moyens », sont toujours annoncés en dollars US, ce qui n'empêche pas de payer en roupies (ou en euros) si on le souhaite.
Nous vous indiquons, sauf exception, les prix ***taxes incluses*** car elles sont assez élevées (lire plus loin la rubrique « Pourboire et taxes »). Mais il est important de se le faire préciser à la réservation, car ces infos ne sont pas toujours clairement spécifiées.
Nombreux aussi sont les établissements proposant des chambres de plusieurs catégories, donc à des prix très différents. Dans ce cas, nous les plaçons dans la catégorie correspondant à la majorité des chambres qu'offre l'établissement.
– ***Très bon marché :*** moins de 1 000 Rps (environ 8,50 €).
– ***Bon marché :*** de 10 à 20 $ (8,50-17 € environ).
– ***Prix moyens :*** de 20 à 50 $ (17-42 €).
– ***Chic :*** de 50 à 80 $ (environ 42-67 €).
– ***Plus chic :*** de 80 à 120 $ (67-100 €).
– ***Très chic :*** plus de 120 $ (plus de 100 €).

## Restos

Un peu difficile d'établir des catégories précises, la plupart des restos proposant en fait une large gamme de plats à prix assez variables. Les prix que nous vous indiquons sont ceux d'un ***plat unique,*** souvent assez copieux néanmoins pour pouvoir se passer d'autre chose.
– ***Très bon marché :*** moins de 300 Rps (2,50 €).
– ***Bon marché :*** 300-500 Rps (2,50-4 €).
– ***Prix moyens :*** de 500 à 800 Rps (4-6,50 €)
– ***Chic :*** plats au-dessus de 800 Rps (6,50 €).

## Sites et treks

Dans la vallée de Kathmandu, l'accès à certaines villes est payant, entre 350 et 1 000 Rps, le record étant détenu par Bhaktapur avec 1 500 Rps par personne (12,50 €) ! Assez cher, donc, en espérant que cet argent serve concrètement à la reconstruction du patrimoine. Si vous séjournez plusieurs jours dans une ville ou si vous revenez plus tard au cours de votre voyage, vous pouvez faire valider votre billet pour la semaine (avec votre passeport) ou même pour la durée de votre visa. Dans ce dernier cas, apporter en plus de votre passeport 1 photo d'identité et votre billet d'entrée.
Pour les permis de treks, se reporter plus loin à la rubrique « Trekking ».

# CALENDRIER

Il existe plusieurs calendriers au Népal, établis en fonction de la lune.
Toujours en usage, le calendrier newar *(Nepal Sambat)* remonte à la fondation de Bhaktapur et commence en 879.
Le calendrier officiel *(Vikram Sambat)* est, lui, utilisé dans toutes les administrations. Il débute en 57 av. J.-C. En avril 2020, le Nouvel An népalais *(Bisket Jatra)* nous fait entrer en l'année 2077. Comme en Europe, ce calendrier comporte 12 mois, dont la durée varie de 29 à 32 jours. Chaque mois est divisé en 2 quinzaines ; la quinzaine claire correspondant à la période de la lune montante et la quinzaine sombre à la lune décroissante. La pleine lune (*purnima,* en népalais) est chaque fois l'occasion d'un festival.
Le tableau ci-dessous devrait vous aider à mieux vous y retrouver.

| Mois européens | Mois népalais | Saisons népalaises |
|---|---|---|
| Avril/mai | *Baisakh* | été |
| Mai/juin | *Jeth* | été |
| Juin/juillet | *Asar* | saison des pluies |
| Juillet/août | *Saun* | saison des pluies |
| Août/septembre | *Bhadra* | premier automne |
| Septembre/octobre | *Ashwin* | premier automne |
| Octobre/novembre | *Kartik* | second automne |
| Novembre/décembre | *Marg* | second automne |
| Décembre/janvier | *Push* | hiver |
| Janvier/février | *Magh* | hiver |
| Février/mars | *Phalgun* | printemps |
| Mars/avril | *Chaitra* | printemps |

# CLIMAT

Le climat du Népal permet des séjours presque en toute saison. Mais pour voir les montagnes et s'y balader à pied, il faut impérativement y aller entre octobre et avril, correspondant à la période sèche et ensoleillée. Les meilleurs mois sont

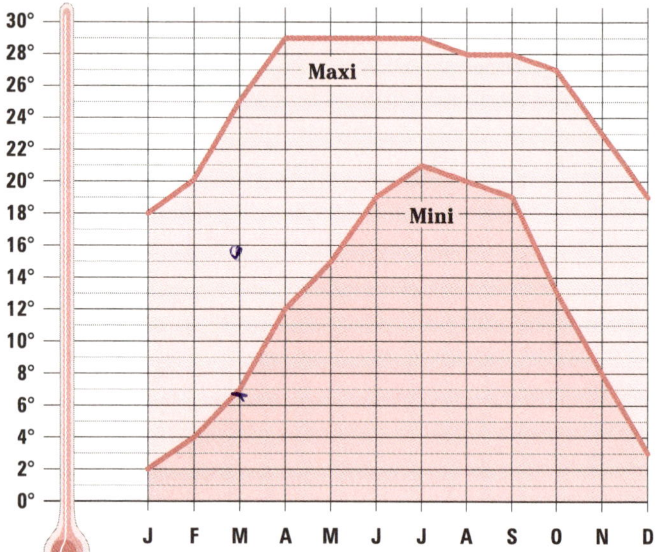


Moyenne des températures atmosphériques

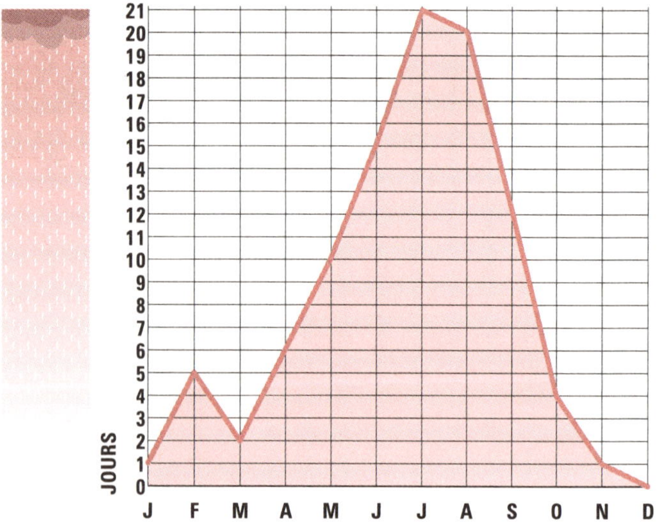


Nombre de jours de pluie

**NÉPAL (Kathmandu)**

en fait ***octobre et novembre (l'automne),*** lorsque le ciel est particulièrement bien dégagé et que les températures sont encore clémentes. De plus, comme la saison des pluies vient d'avoir lieu, les pâturages sont bien verts. Viennent ensuite ***mars et avril (le printemps).*** Là, les rhododendrons sont en fleur et le soleil toujours bien présent. ***De décembre à février, c'est l'hiver*** et il peut faire très froid. Du coup, à cause de la neige, certains cols sont fermés, de même que la plupart des *lodges* en altitude. Enfin, c'est ***la mousson de juin à septembre*** surtout (mai n'est pas encore très pluvieux, quoique déjà assez nuageux). Celle-ci peut perdurer jusqu'en octobre. Elle coiffe en permanence les sommets de nuages et amène des pluies fortes et violentes, particulièrement en juillet et août, sans compter les milliards de sangsues qui se promènent dans les herbes. À noter que tous les climats sont présents au Népal et changent avec l'altitude : tropical dans les jungles du Téraï, tempéré dans les vallées, et polaire en haute montagne. Sachez aussi qu'avec le changement climatique mondial, il y a toujours des exceptions imprévisibles. Enfin, un petit rappel : la météo en montagne est rarement simple à prévoir et jamais garantie. Soyez prudent ! En altitude (on ne parle pas des treks), toujours penser à un pull et un imperméable pour les soirées frisquettes et un bon sac de couchage pour la nuit, même en été.

## DANGERS ET ENQUIQUINEMENTS

Comme partout, il convient de prendre certaines précautions.

– Donnez une préférence aux ***compagnies de bus*** officielles délivrant des billets de transports en bonne et due forme. Cela est d'autant plus vrai que rouler sur une route défoncée, dans un bus bondé à la maintenance aléatoire, n'a rien de rassurant. Il est toujours préférable d'acheter ses billets de bus par le biais d'une agence sérieuse, avec une compagnie présente sur le circuit depuis plusieurs années (on les indique).

– Il est conseillé aux ***trekkeurs*** de ne pas partir seuls et de passer par une agence reconnue, notamment sur certains treks où des cas d'agressions ont été rapportés. Vérifier absolument les dernières infos et réglementations sur le site de l'ambassade de France (● *ambafrance-np.org* ●) et du ministère des Affaires étrangères (● *diplomatie.gouv.fr* ●). ***Leurs recommandations sont sérieuses, basées sur la collecte d'informations que les touristes ne peuvent pas toujours obtenir.*** De plus, n'oubliez pas de vous inscrire sur le portail *Ariane* (lire plus haut). N'emportez avec vous en rando que des copies de vos documents (passeports) et laissez les originaux en sécurité à l'hôtel.

– ***Le vol :*** globalement le Népal est un pays très sûr. Malgré cela, avec l'accroissement du tourisme, la tentation du vol est réelle. Ne pas la provoquer en laissant son sac sans surveillance. Des larcins se produisent parfois sur les toits des bus. L'idéal est d'avoir un sac cadenassé ou fermé par un collier de serrage en plastique (en apporter un petit paquet). Dans les hôtels, toujours fermer portes et fenêtres et laisser les objets de valeur à la réception. Attention aussi sur certains treks, même si c'est rare, des randonneurs ont déjà été dévalisés. En règle générale, soyez discret avec votre argent, surtout lorsque vous effectuez un achat ou sortez de la banque, le portefeuille bien plein. En cas de mésaventure (vol ou autre), adressez-vous à la *Tourist Police* (*à Kathmandu : ☎ 424-70-41 ; à Pokhara : ☎ 46-27-61 ; ou, en cas d'urgence : ☎ 100*).

– Respectez le mode de vie et les coutumes locales, c'est le garant que l'on vous respectera en retour.

– Enfin, méfiez-vous de certains ***bijoutiers*** qui vous demandent de transporter des bijoux en Europe ou qui vous proposent carrément une association. Arnaque assurée et problèmes à la douane garantis !

– ***Les inondations :*** en période de mousson, évitez de pique-niquer sur les berges des rivières. Un torrent d'eau et de boue peut rapidement se former en amont et tout emporter sur son passage. Des accidents se sont déjà produits.

– ***Le risque sismique :*** annoncés par les scientifiques, les séismes de 2015 ont malheureusement confirmé les prédictions les plus alarmistes (lire la rubrique « Géographie » dans la partie « Hommes, culture, environnement »).

– ***Les coupures de courant :*** elles peuvent durer jusqu'à 6h par jour en saison sèche, un grand progrès par rapport aux 20h de coupure auxquels les foyers devaient encore faire face jusqu'en 2015 ! Lorsqu'il pleut, le niveau des barrages augmente, et les coupures sont moins fréquentes. La plupart des hôtels possèdent un générateur (bruyant si votre chambre est dans les parages) ou des batteries qui pallient l'absence d'électricité pendant les heures de pointe (en principe le soir) pour assurer un éclairage minimum et la connexion Internet (mais pas les prises de courant !). Certains ont aussi des installations solaires. Mais mieux vaut recharger les batteries de ses appareils dès que c'est possible. En revanche, dans les rues, pas toujours d'éclairage public et souvent, dès 20h, c'est la nuit noire. Moralité, n'oubliez pas votre téléphone, lampe de poche ou frontale, très utile même dans des villes comme Kathmandu ou Pokhara. On trouve très facilement des piles.

## COURT-JUS

*Il peut paraître surprenant que la gigantesque réserve hydroélectrique du Népal ne soit pas suffisante pour ce petit pays ! La raison est simple : le Népal dispose de plusieurs barrages construits avec l'aide de l'Inde. Mais celle-ci récupère plus de la moitié de la production, cela en fonction de vieux accords qui perdurent. Voilà pourquoi le Népal est tenté de se tourner désormais vers la Chine pour négocier de meilleurs contrats. À suivre...*

– ***La drogue du violeur :*** faits assez récents et rares (mais en augmentation tout de même) qui touchent le plus souvent les filles seules, à Thamel (Kathmandu). Une drogue mise à leur insu dans un verre ou une bouteille d'alcool (d'où les effets décuplés) annihile toute résistance, désinhibe et entraîne une amnésie partielle chez les victimes. Il est donc conseillé de ne jamais laisser son verre sans surveillance et de toujours se faire ouvrir une bouteille ou une canette devant soi. Dans le cas contraire, refusez gentiment la boisson que l'on vous offre.

– ***La blanchisserie :*** évitez de donner du linge fragile, si vous ne voulez pas qu'il vous revienne déformé ou passé de la taille S à XXL (ou l'inverse)... Dans les bons hôtels, le repassage est rarement effectué (demandez le *ironing*). À Thamel et Pokhara, les laveries avec machines se développent. Prix au kilo vraiment bon marché. Mais c'est plus sympa de filer du boulot aux petites laveries manuelles. Toujours prévoir un délai d'environ 2 jours.

– ***Les contrefaçons :*** comme dans la plupart des pays asiatiques, vous trouverez des copies de toutes les grandes marques mondiales. Vêtements et articles de trekking, mais aussi montres, matériel électronique, etc. Le prix peut être attractif, la qualité beaucoup moins. Concernant les montres, une chose est sûre : elles vous donneront l'heure exacte 2 fois par jour, guère plus ! ATTENTION : rapporter des contrefaçons en Europe peut vous coûter très cher (confiscation pure et simple des produits à la douane et forte amende). Alors, réfléchissez-y à 2 fois !

– ***Les geckos :*** sorte de lézards, aux petits cris aigus qui décroissent doucement, comme un ressort qui se déroule. Vous en apercevrez sans doute à un moment ou un autre dans votre chambre. Ne les tuez pas, ce sont de précieux alliés contre les moustiques. De plus, ils ne viendront jamais vous déranger car ils sont très craintifs.

– ***Les araignées :*** certaines sont très étranges, avec une forme de disque ou de soleil. Leurs piqûres, sans être dangereuses, peuvent occasionner de fortes démangeaisons. Leur chasse est difficile parce que, très plates, elles se faufilent dans des endroits inimaginables. De plus, elles sautent et résistent aux insecticides. Une seule solution : un bon gros bouquin comme votre *Routard* !

# DÉCALAGE HORAIRE

L'heure officielle est en avance de 5h45 sur celle du méridien de Greenwich, et de 15 mn sur l'heure indienne. Quand il est midi en France en horaire d'hiver, il est 16h45 au Népal et 16h30 en Inde. Et respectivement 15h45 et 15h30 en heure d'été.

# DROGUE

Finie la période des babas cool et des hippies qui partageaient leur temps entre Goa et Kathmandu, ce qui leur conférait un mode de vie de lords anglais : Nice l'hiver, Deauville l'été. La drogue est interdite depuis 1973. De nombreux dealers continuent cependant à en proposer aux touristes, surtout dans les quartiers de Thamel à Kathmandu et de Lake Side à Pokhara. Il s'agit de hachich ou d'herbe de mauvaise qualité, et les vendeurs sont, pour la plupart, des indicateurs. On vous proposera parfois à Pokhara des champignons hallucinogènes à déguster dans des omelettes. Refusez gentiment... mais fermement. Sinon, attention là encore aux conséquences...
La drogue fait des ravages auprès des Népalais. Ils ne se contentent plus de fumer quelques joints mais sont désormais dépendants des drogues dures importées, ou se rabattent sur la colle. Des contrôles sont dorénavant effectués dans les bus et sur les sentiers de trek. Les sacs peuvent être fouillés par la police aux différents *checkpoints*. Soyez vigilant. Les prisons népalaises n'ont pas vraiment bonne réputation... Lire l'effrayant récit qu'en fait Charles Duchaussois dans *Flash ou le grand voyage* dans la rubrique « Livres de route ».

# ÉLECTRICITÉ

Le courant est en 220 volts. Pour recharger vos appareils électriques, un ***adaptateur de voyage*** peut s'avérer nécessaire. Cela dit, dans une chambre, il y a souvent plusieurs types de prises et souvent une qui correspond à votre matériel. Conseil : se munir d'une prise multiple pour brancher tous vos appareils. Le gros problème reste les coupures de courant. Rechargez votre téléphone dès que possible et prévoyez une lampe de poche.

# FÊTES ET JOURS FÉRIÉS

Le Népal est souvent en fête. On dit même qu'il y a plus de fêtes que de jours de l'année... L'office de tourisme de Kathmandu édite chaque année un calendrier très complet des festivités. Nous ne vous signalerons donc que les principales. Vous en découvrirez des tas d'autres liées à la position de la lune, aux équinoxes, aux anniversaires des divinités et selon l'humeur du moment. Notez que le samedi correspond à notre dimanche : il est toujours chômé. Cela concerne toutes les administrations, mais aussi quelques commerces, sauf dans les zones touristiques. Parfois certains musées.

## Les principales fêtes

Seul le calendrier de l'année en cours est disponible au Népal.
– ***Losar*** *(janvier-février)* **:** le Nouvel An tibétain, célébré également par les Sherpas, Tamangs et Gurungs. À découvrir absolument à Bodnath et Swayambunath. Occasion unique de voir des lamas en grande tenue, portant des drapeaux et des portraits du dalaï-lama.

– ***Fête nationale*** *(février)* **:** célébration de l'avènement de la démocratie suite à la révolution de 1951 et au renversement du régime Rana. Parades, défilés, flonflons et feu d'artifice le soir. Cela ne vous rappelle rien ?

– ***Shiva Ratri*** *(février-mars)* **:** très spectaculaire à Pashupatinath, avec une concentration exceptionnelle de *sadhu,* mendiants aux cheveux longs et couverts de cendre venus honorer le dieu Shiva. Amis photographes, à vos appareils !

– ***Holi Purnima*** *ou* ***Fagu Purnima*** *(février-mars)* **:** comme en Inde, c'est la fête des couleurs ! Cette fête termine l'année à la pleine lune du mois de *phalgun.* On se jette de la poudre et de l'eau colorée partout. Kathmandu devient un champ de bataille incroyable. C'est le prétexte à certains abus et il est préférable d'éviter le centre-ville ce jour-là, sauf si vous vous sentez de taille à participer. Évitez de porter des vêtements auxquels vous tenez car ils auront des couleurs psychédéliques à la fin de la journée. Irrécupérable au lavage, autant le savoir.

– ***Nayabarsa*** *ou* ***Bisket Jatra*** *(avril)* **:** Nouvel An népalais. En avril 2020, le Népal est entré dans sa 2 077e année. À Bhaktapur, ce festival dure une semaine et l'atmosphère y est vraiment extraordinaire. 2 imposants chariots, de taille différente (mais aux roues gigantesques), sont de sortie pour y recevoir, dans le 1er, les dieux Bhairav et Betal et, dans le 2nd, Ajima. Une rivalité est alors engagée entre les équipages de quartiers différents, ceux-ci tirant sur les cordes des 2 chariots pour les rapporter dans leur fief. Puis on les fait dévaler jusqu'à la rivière. Un mât haut de 25 m est alors érigé et, le soir même, les hommes grimpent aux cordes attachées au mât pour prouver leur vaillance. Le lendemain, la compétition recommence pour abattre ce mât. Lorsqu'il est à terre, la nouvelle année débute. En 1997 et 1998, le mât s'est brisé en 2, signe de mauvais présages pour l'année nouvelle. Les nombreux maux dont souffre le Népal sont volontiers attribués à cet événement. Cette célébration donne lieu à de sérieux excès. L'alcool y coule à flots : jets de briques, batailles rangées le soir avec la police sont devenus une habitude. Nous conseillons un peu de prudence ce jour-là après la tombée de la nuit.

– ***Buddha Jayanti*** *(mai)* **:** c'est l'anniversaire de la naissance du Bouddha. À Patan, Bodnath, et plus encore à Swayambu, on expose des *thangkas* et des mandalas rares et précieux, habituellement conservés à l'intérieur des monastères. Danses particulièrement colorées des lamas.

– ***Janaï Purnima*** *(août)* **:** pendant la pleine lune, la foule se rend au temple de Kumbeshwar à Patan. Pour les brahmanes, les personnages de haute caste, c'est le jour du changement du cordon sacré qu'ils portent en travers du torse. À Pashupatinath, les gens font bénir par les prêtres un petit cordonnet qu'ils se nouent au poignet. Il est considéré comme un porte-bonheur. Tous les étrangers présents sont invités à faire de même.

– ***Gaï Jatra*** *(août)* **:** fête de la Vache, qui dure 8 jours. Ceux qui ont perdu un enfant pendant l'année défilent déguisés en vache dans les rues. Pour ceux qui ont perdu un proche adulte, on érige une pyramide de bambou, parfois très haute, recouverte de coton et avec la photo du défunt. Le tout est porté par la famille sur un brancard. En commémoration d'une très ancienne légende, cette fête revêt l'aspect d'un véritable carnaval, avec les personnalités politiques comme cible privilégiée. C'est merveilleux. À ne pas manquer.

– ***Krishnastami*** *(août-septembre)* **:** anniversaire de la naissance de Krishna. On vous recommande chaudement une visite à Patan ce jour-là. Autour du temple de Krishna, la foule des dévots, des femmes en particulier, arborant leur plus beau sari rouge de cérémonie, vient apporter ses offrandes. Plus tard, elles chantent et dansent en l'honneur du dieu.

– ***Teej*** *(septembre)* **:** c'est la fête des Femmes, elle dure 3 jours. L'occasion des retrouvailles entre les femmes de la famille et de faire la paix avec sa belle-mère ! L'apothéose se déroule à Pashupatinath. Y aller le 3e jour, de préférence tôt le matin, chants et danses accompagnent le bain rituel. Vraiment magnifique. Attention toutefois, les hommes n'y sont pas admis et doivent patienter en dehors de l'enceinte.

– ***Indrajatra*** *ou* ***fête de la Kumari*** *(septembre-octobre)* **:** fin de la mousson. On fête Indra, le dieu de la Pluie. La mythologie hindoue raconte que ce dieu avait l'habitude de descendre sur terre pour y voler ses fleurs et légumes favoris. Les villageois, las de voir leurs récoltes constamment pillées, le capturèrent et l'attachèrent solidement. Ils ignoraient alors que c'était un dieu. Vous verrez dans toutes les villes des croix avec une représentation du dieu en leur milieu rappelant cette légende. Pour cette occasion, de nombreuses danses masquées sont exécutées. Durbar Square à Kathmandu est transformé en théâtre. Le 3e jour de la fête est le plus important : c'est là qu'on sort la ***Kumari*** de sa maison. La *Kumari* est une déesse vivante, une petite fille impubère qui incarne la déesse Taleju, enfermée dans une maison et qui n'apparaît que quelques fois par an, notamment lors de cette fête. Elle doit consacrer le roi en lui apposant la *tikka* sacrée sur le front. Très spectaculaire.
– ***Dasain*** *(septembre-octobre)* **:** fête nationale du Népal. Dès la fin septembre, les 1ers cerfs-volants font leur apparition dans le ciel. Le 9e jour, les Népalais sacrifient des béliers, boucs et buffles, coqs et canards. Les non-hindous n'ont pas le droit de pénétrer dans les temples où ont lieu les sacrifices... Mais ne vous inquiétez pas, on suit les animaux égorgés à la trace (de sang). Ensuite, ils bénissent, au moyen d'offrandes, tous les objets essentiels à la vie quotidienne : livres pour les étudiants, par exemple, mais surtout les véhicules, tracteurs, vélos, motos et avions compris ! Les statues des divinités sont recouvertes du sang des animaux sacrifiés. Les dieux ainsi rassasiés d'hémoglobine n'ont plus besoin, paraît-il, de provoquer des accidents... Durant cette période, tous les gens de la ville rentrent dans leur village pour faire la fête. Les administrations marchent au ralenti ou sont carrément fermées. La veille des grandes fêtes, Kathmandu est en pleine effervescence.
– ***Tihar*** *(Diwali en Inde ; octobre-novembre)* **:** fête des Lumières. Elle marque la nouvelle année pour les Newars et dure 5 jours. On honore dans un 1er temps les corbeaux, les chiens, les vaches, les taureaux. On leur appose le *tikka* (la marque de couleur sur le front), les affuble de colliers de fleurs et ils reçoivent une nourriture améliorée. C'est ensuite le jour de *Laxmi Puja* en l'honneur de la déesse de la richesse Laxmi. Chaque habitant dessine devant la porte de sa maison et de son échoppe un *rangoli,* un dessin à base de poudre colorée. *Baïtikka* est le jour des frères et sœurs. Les enfants passent de maison en maison pour chanter, danser en échange de gâteaux, d'argent et d'une bénédiction. C'est la fête pour tout le monde, des guirlandes lumineuses pendent partout des toits et les gamins lancent des pétards. Dans certains endroits, les Occidentaux deviennent des cibles privilégiées, il est préférable de ne pas être cardiaque. On observe aussi une célébration propre à Bhaktapur, avec une procession d'enfants, le matin et le soir, portant des lampes à huile à la main, sur les épaules et la tête. Le tout accompagné de musiciens. Spectacle de toute beauté. Le dernier soir, les habitants, souvent les plus anciens, réalisent des « tableaux » faits de différentes graines en face de chaque temple et autel, et dont ils sont souvent la réplique parfaite. Un peu plus tard vient l'apothéose avec l'allumage de milliers de lampes à huile à travers la ville.

## LANGUES

Il y a, au Népal, autant d'idiomes que d'ethnies, et presque autant de dialectes que de villages. La langue officielle est le *népali,* d'origine indo-européenne, assez proche de l'hindi, la langue indienne. Il existe toutefois 2 autres langues parlées qui bénéficient d'une grande tradition écrite et littéraire : le *newari,* qui n'a strictement rien à voir avec le népali, et le *tibétain.*
Le népali n'est pas une langue très difficile à apprendre. Essayez de baragouiner quelques phrases, les gens en seront très flattés. Pour avoir quelques

notions, procurez-vous *Parlons népali,* de Pascal Chazot (éd. L'Harmattan) ou, plus sérieux, si vous comprenez bien l'anglais, *Basic Course in Spoken Nepali,* tous 2 en principe disponibles à la librairie *Pilgrims Book House* de Kathmandu (voir les « Adresses utiles » dans cette ville).

### *NAMASTE À TOUTES LES SAUCES*

*On l'entend partout, mais qui connaît le sens exact de namaste ? Cela veut dire aussi bien « Bonjour », « Heureux de vous rencontrer », « Au revoir » ou encore « À bientôt ». À prononcer mains jointes levées (plus elles sont hautes, plus on montre du respect) et en s'inclinant très légèrement.*

## Prononciation

– Les voyelles sont tantôt brèves tantôt longues : a-aa ; i-ii ; u-uu (se prononce « ou ») ; e-ai (se prononce « aï ») ; o-aou.
– Les consonnes se prononcent comme en anglais : ch, « ts » ; chh, « tch » ; j, « dj ».
– Les r sont roulés.

Quelques mots et formules usuels pourront se révéler utiles au cours de votre voyage.

## Les nombres

| | | | |
|---|---|---|---|
| Un | *Ek* | Dix | *Dosse* |
| Deux | *Doui* | Vingt | *Biss* |
| Trois | *Tin'* | Trente | *Tiss* |
| Quatre | *Tchar* | Quarante | *Tchalis* |
| Cinq | *Pantch* | Cinquante | *Patchas* |
| Six | *Tcha* | Cent | *Ek sé* |
| Sept | *Saat* | Deux cents | *Doui sé* |
| Huit | *Aath* | Mille | *Hajar* |
| Neuf | *Naou* | Deux mille | *Doui hajar* |

## La famille

| | | | |
|---|---|---|---|
| Père | *Bua* | Fils | *Tchora* |
| Mère | *Ama* | Fille | *Tchori* |
| Sœur aînée | *Didi* | Sœur plus jeune | *Bahini* |

## Le temps

| | | | |
|---|---|---|---|
| Aujourd'hui | *Aja* | Nuit | *Raat* |
| Hier | *Hijo* | Matin | *Bihana* |
| Demain | *Bholi* | Après-midi | *Diuso* |
| Après-demain | *Parsi* | Soir | *Beluka* |
| La semaine prochaine | *Arko hapta* | Maintenant | *Ahilé* |
| Jour | *Din* | Quand ? | *Kahilé ?* |

## Le trekking

| | | | |
|---|---|---|---|
| Carte | *Naska* | Rivière | *Khola* |
| Guide | *Sirda* | Village | *Gaon* |
| Porteur | *Kulli* | Pluie (eau) | *Pani* |
| Chemin | *Bato* | Soleil | *Surhya* |

| | | | |
|---|---|---|---|
| Montagne | *Pahar, himal* | Lune | *Chandrama* |
| Forêt | *Jangal* | Chien | *Kukur* |
| Sangsue | *Tsuga* | | |

## Quelques expressions usuelles

| | |
|---|---|
| Bonjour, bonsoir, au revoir | *Namaste* |
| À bientôt | *Féri vétaula* |
| Quelle heure est-il ? | *Koti badjé ?* |
| Oui | *Ho* |
| Non | *Hoïna* |
| D'accord | *Huntcha* |
| Pas d'accord | *Hundeïna* |
| Merci | *Dhanyabad* |
| Il y a | *Tcha* |
| Il n'y a pas | *Tchaïna* |
| Peut-être | *Hola* |
| Je ne parle pas népali | *Man népali boldeïna* |
| Je ne comprends pas | *Man boudjeina* |
| Quel est votre nom ? | *Tapaïko naam ké ho ?* |
| Je m'appelle | *Mero naam... ho* |
| Où habitez-vous ? | *Tapaïko ghar kahanho ?* |
| Comment allez-vous ? | *San tché tcha ?* |
| L'addition SVP | *Krepaya bill dinous* |
| Combien ? | *Kati vayo ?* |
| C'est bon | *Mitho tcha* |
| Épicé, fort | *Piro* |
| J'ai faim | *Malaaï boglagyo* |
| J'ai soif | *Malaaï tirkha lagyo* |
| Où allez-vous ? | *Tapaï kahau januhuncha ?* |
| Quelle route ? | *Kun bato ?* |

L'anglais est enseigné aux enfants dès l'âge de 5 ans (mais avec une efficacité toute relative pour les écoles publiques) et demeure assez bien parlé par tous les Népalais en contact avec les touristes.
Le français n'est guère pratiqué, excepté par quelques Népalais qui travaillent en partie avec des touristes francophones ou qui ont décidé de prendre des cours à l'Alliance française. Nous vous signalons le plus possible les agences et services où le personnel parle notre langue.

# LEXIQUE

*Arak :* alcool à base de pomme de terre ou de céréales.
*Chapati :* galette de farine de blé.
*Chowk :* cour d'un palais.
*Damaru :* petit tambour.
*Hiti :* citerne ou fontaine creusée dans le sol.
*Jhad :* bière à base de riz.
*Juga :* sangsue.
*Mandapa :* sanctuaire népalais.
*Momos :* raviolis à la vapeur (parfois frits) fourrés à la viande ou aux légumes.
*Pipal :* banian, arbre sacré souvent entouré de cordelettes blanches (offrandes aux dieux pour une guérison).
*Saranghi :* petite viole à 4 cordes souvent présente dans les boutiques de souvenirs.

*Sikhara :* tour en forme de pain de sucre couronnant parfois des sanctuaires.
*Sudra (shudra) :* la plus basse classe des castes.
*Thangka :* peintures qui servent, en principe, à la méditation.
*Vajra :* objet rituel aussi bien dans l'hindouisme que dans le bouddhisme formé par une boule située au milieu de 2 sceptres. Aux lignes convexes. Symbole d'Indra, il est censé détruire toutes les ignorances.
Voir aussi, plus haut, dans la rubrique « Religions et croyances », les lexiques propres à l'hindouisme et au bouddhisme.

# LIVRES DE ROUTE

## Récits

– ***Flash ou le grand voyage,*** de Charles Duchaussois (1971 ; Le Livre de Poche, 2013). Charles Duchaussois, borgne depuis l'âge de 4 mois (à cause d'un obus allemand en 1940), véritable pied nickelé, escroc et jouisseur infidèle, trafique le hachich et les armes au Liban, dirige une boîte de nuit au Koweït et finit par rejoindre (par amour) la mythique Kathmandu. Là, toutes les drogues, y compris les plus dures, sont en vente libre et à prix dérisoire. Sa longue descente aux enfers peut commencer... Un récit saisissant de la période hippie dans les années 1960.
– ***Tragédie à l'Everest,*** de Jon Krakauer (1997 ; éd. 10/18, 2010). Au printemps 1996, Jon Krakauer, envoyé spécial d'un magazine américain (et futur auteur du best-seller *Into the Wild*), se lance à l'assaut de l'Everest dans l'une des nombreuses expéditions commerciales aux intérêts divergents. Au milieu de professionnels et de néophytes, il fait partie des rares élus à atteindre le toit du monde. Mais soudain, la météo tourne et la belle histoire vire au tragique... Adapté au cinéma en 2015 (*Everest,* de Baltasar Kormákur).
– ***Le Léopard des neiges,*** de Peter Matthiessen (1991 ; éd. Gallimard). En compagnie d'un zoologiste, P. Matthiessen partit au Népal en 1973 pour un voyage qui se transforma en aventure spirituelle au Dolpo.
– ***Au cœur des Himalayas, Sur les chemins de Katmandou,*** d'Alexandra David-Néel (éd. Pygmalion, 2009). Publié en 1949, ce récit de voyage relate le pèlerinage, entrepris en 1912-1913, de la célèbre orientaliste française sur les lieux saints du bouddhisme.
– ***Annapurna premier 8 000,*** de Maurice Herzog (1951 ; éd. Arthaud, 2010). Le récit de la fameuse expédition du Club alpin français en 1950. Maurice Herzog et Louis Lachenal sont les 1ers alpinistes au monde à gravir un sommet de plus de 8 000 m. Herzog ne nous épargne aucun détail, et pourtant son récit haletant et passionné se boit comme de l'eau fraîche. En vente à Kathmandu et Pokhara.
– ***Prisonnier de l'Annapurna,*** de Jean-Christophe Lafaille (éd. de la Loupe, 2004). L'histoire vraie d'un alpiniste d'exception qui, en 1992, perd son compagnon de cordée au cours de l'ascension de la face sud de l'Annapurna. Il lui faudra 5 jours, puis 10 ans pour surmonter cette épreuve, physiquement et psychologiquement. L'auteur a disparu à son tour en 2006 en gravissant le Malaku, un autre sommet de l'Himalaya.
– ***Victoire sur l'Everest,*** de John Hunt et Sir Edmund Hillary (éd. Arthaud, 2014). Le récit de la conquête de l'Everest par une équipe britannique. Au final, c'est Edmund Hillary et le sherpa népalais Tensing qui atteignent le sommet, donnant à l'alpinisme sa consécration absolue.

## Fiction

– ***Les saisons de l'envol,*** de Manjushree Thapa (éd. Albin Michel, 2013). Une jeune femme, Prema, en rupture avec sa famille et la société, quitte le Népal pour tenter de trouver sa voie aux États-Unis. Pas simple de rompre avec son passé (et accessoirement de faire comprendre aux Américains où se trouve le Népal, ce qui donne lieu à quelques scènes cocasses). L'auteure népalaise s'intéresse au cheminement des

êtres, à leur émancipation, à l'image de son pays d'origine, toujours en quête de stabilité et de démocratie depuis des décennies. De la même auteure, *Le bouddha prenant la terre à témoin* (éd. Jentayu, n° 3, « Dieux et démons », 2016). Recueil de nouvelles, consacré dans ce numéro à la place de la religion et des mythologies en Asie.
- ***Les Criminels de Katmandou,*** de Satyajit Ray (éd. Kailash, 1997). Le réalisateur indien est aussi l'auteur de nombreux romans. Celui-ci commence à Calcutta, alors que le détective Feluda (un personnage récurrent dans l'œuvre de Satyajit Ray) reçoit un étrange coup de fil. Son enquête le conduira jusqu'à la capitale népalaise.
- ***Dieu en prison à Katmandou,*** de Samrat Upadhyay (éd. Mercure de France, 2003). 1re œuvre de ce jeune écrivain népalais, immigré aux États-Unis, ce recueil de nouvelles raconte le Kathmandu moderne qui tente de concilier modernité et traditions. Et du même auteur (et éditeur), ***Le Maître de l'amour*** (1993). Dans les années 1990, alors que gronde la révolte contre la monarchie, une femme propose à son mari, professeur, d'accueillir chez eux sa jeune maîtresse. Un ménage à 3 singulier dans ce pays aux traditions séculaires. L'auteur a également contribué au n° 6 de *Jentayu,* recueil de nouvelles consacrées à l'Asie. « Les ombres du royaume » est tirée de son livre (non traduit en français) *The Royal Ghosts* (2017).
- ***Les Chemins de Katmandou,*** de René Barjavel (1969 ; éd. Pocket, 2012). L'auteur retrace les différentes routes initiatiques, séduisantes mais dangereuses, qui mènent à Kathmandu en mettant en scène plusieurs jeunes gens, dont Jane et Olivier, et leur quête de liberté à travers (ou contre) la drogue. Ce roman est tiré du film (et non l'inverse) d'André Cayatte, avec Jane Birkin et Renaud Verley et dont René Barjavel fut le coscénariste.

### Essais

- ***Histoire politique du Népal, aux origines de l'insurrection maoïste,*** de Michelle Kergoat (éd. Karthala, 2008). Cet ouvrage montre de façon claire la difficile construction démocratique et la naissance d'une insurrection maoïste dans ce pays mosaïque construit dans l'urgence. Il permet également de relativiser la vision souvent idéalisée que rapporte le trekkeur, conquis par les habitants, qui cachent le plus souvent des situations d'extrême pauvreté et de grande détresse.
- ***Le Népal : étude historique d'un royaume hindou, 2 vol.,*** de Sylvain Lévi, préface Marc Gaborieau (2004, éd. Hachette, 2013). Une bonne étude historique et ethnographique.
- ***Les Tambours de Katmandou,*** de Gérard Toffin (2002 ; éd. Payot, 2016). L'ethnologue a vécu parmi les Newars pour tenter de comprendre la structure complexe de leur société.
- ***L'Hindouisme,*** de Louis Renou (1983 ; éd. PUF, coll. « Que sais-je ? », 2019). Pour se retrouver quelque peu dans les dédales du panthéon hindou, peuplé des avatars des 3 dieux fondateurs, Brahma, Vishnu et Shiva. Une bonne synthèse.

## POSTE

Les bureaux de poste, comme les banques et tous les services administratifs, sont fermés le samedi et les jours fériés.

Le courrier est très lent, et son acheminement très aléatoire ; compter 2 semaines à 1 mois pour l'arrivée à destination d'une carte postée à Kathmandu. Si vous voulez être sûr(e) que votre courrier arrive à bon port, allez dans un bureau de poste et assurez-vous que les timbres sont bien tamponnés devant vous. Un timbre pour une carte postale à destination de l'Europe vaut 35 Rps. Une lettre venant de France met le même temps pour être distribuée au Népal.

Vous pouvez vous faire expédier du courrier en poste restante, mais il est indispensable de demander à votre correspondant d'écrire votre nom en majuscules, suivi de votre prénom. Ne vous faites jamais envoyer d'argent dans une lettre, il y a de gros risques de ne jamais le trouver.

Si vous souhaitez envoyer un colis au Népal, n'envoyez qu'une chose à la fois. C'est fastidieux, mais sachez que même en recommandé, certains employés peu scrupuleux n'hésiteront pas à se servir.

# POURBOIRE ET TAXES

Le pourboire dans les restaurants n'est pas obligatoire, mais il a tendance à se généraliser. En gros, si le service n'est pas déjà inclus dans la note, il est d'usage de laisser 10 % du montant de l'addition. Pour les autres services, quelques roupies suffisent largement.
Les hébergements dans la catégorie « Bon marché » donnent en général leurs tarifs TTC. Les hôtels et restos des catégories « Prix moyens » et « Chic » annoncent, quant à eux, souvent leurs prix hors taxes. Ils ajoutent donc à l'addition finale ***10 % de service*** et, sur le total obtenu, encore ***13 % de TVA*** (sauf dans les *lodges* accessibles en cours de trek), ce qui fait donc quand même un supplément de 23 %... C'est pour cette raison que, sauf mention particulière, nous vous indiquons dans ce guide les prix taxes incluses. Évidemment, on vous proposera régulièrement de payer sans facture, donc sans la TVA (mais le service de 10 % s'appliquera tout de même).
Concernant les restos, on trouve ***3 cas de figure sur les menus*** : soit aucune taxe n'est incluse et il faudra alors ajouter 23 % sur les prix des plats. Soit elles sont incluses (très rare et c'est alors spécifié clairement). Soit, le cas le plus fréquent, l'une des 2 taxes est incluse (mention en bas de page du menu). Pas toujours facile de s'y retrouver.
Si vous partez ***en trek*** avec guide et porteurs, ceux-ci s'attendront (si les prestations ont été correctes) à ce que vous leur laissiez un pourboire à la fin. Un pourboire collectif raisonnable est de l'ordre de 300 Rps par porteur et par jour et de 500 Rps par guide et par jour. À noter que le pourboire est généralement plus conséquent pour les treks en tentes que pour ceux en *lodge.* N'oubliez pas que les porteurs endossent des charges allant jusqu'à 30 kg et que ça grimpe raide...

# RAFTING ET CANYONING

## Rafting

Il n'est pas nécessaire d'en avoir déjà fait, mais une bonne condition physique est recommandée.

### *À quelle période ?*

Le rafting peut se pratiquer toute l'année. Toutefois, l'idéal est d'en faire en octobre-novembre : il fait chaud, et comme la mousson vient de finir, le débit des rivières est important. Cela rend le parcours plus mouvementé et donc plus rigolo. Amateurs de sensations fortes, optez pour cette période ! En hiver (de décembre à février), l'eau peut être très froide. Au printemps (de mars à mai), il fait chaud mais le niveau des rivières est plus bas qu'en automne. Les descentes peuvent donc être moins sportives. Enfin, en été (de juin à septembre), le niveau des rivières est particulièrement élevé, sans compter qu'il pleut beaucoup, ce qui ne rend pas les virées en raft des plus agréables. Les agences sérieuses savent où et quand descendre (ou pas).

### *Où ?*

Pour ***la rivière Trisuli,*** l'une des plus pratiquées, il faut avoir un peu de temps devant soi ou l'intégrer dans un parcours vers Pokhara. Elle suit en effet la route de Pokhara jusqu'à Mugling puis bifurque au sud vers le Téraï. C'est une rivière calme,

surtout dans la partie basse. Elle offre la possibilité de rejoindre le parc national de Chitwan en 2-3 jours de navigation. Attention cependant, de mars à mai, les eaux de la Trisuli sont très basses... et l'on rame beaucoup.
Si vous êtes à Pokhara et plutôt pressé dans votre parcours, vous pouvez prévoir une demi-journée pour descendre ***le haut Seti,*** ça vaut le coup ; même si on ne passe que 1h30 sur l'eau, on s'en souvient !
***La Sun Kosi,*** plus difficile à naviguer que la Trisuli, s'adresse aux amateurs avertis. Ne pas sous-estimer cette mise en garde, il y a déjà eu des accidents (parfois mortels !). À certains endroits, par ses gorges profondes, cette rivière évoque... le Colorado ! Réservée donc aux amateurs de sensations fortes qui ont de l'expérience. Compter une petite dizaine de jours pour la descendre.
***La Kaligandaki,*** qui part de Kusma et descend à Tansen (rapides importants) pour rejoindre aussi le Téraï, fera le bonheur des passionnés de nature et d'ornithologie. Prévoir 3 ou 4 jours suivant la saison, plus les délais de transport.
Il existe 2 types de rafts : avec pagaies, où tout le monde participe à la navigation ; ou avec rames, où seul le guide dirige le raft, plus reposant mais moins grisant !

***Avec qui ?***

***Il est indispensable de confier la logistique à une agence*** qui se chargera de tout le matériel de rafting comme les gilets de sauvetage, casques, containers étanches pour vos affaires personnelles, et du matériel de camping (tentes, matelas, duvets...), ainsi que de l'organisation des repas, prise en charge par un cuisinier. L'acheminement aller-retour jusqu'à la rivière a lieu en voiture, en minibus ou par les transports locaux. Les groupes comprennent en moyenne 8 personnes, plus un guide, un cuisinier et des porteurs. Prévoyez un bagage minimum comprenant, bien sûr, un maillot de bain, des chaussures supportant l'eau, ainsi qu'une autre paire pour le soir, des vêtements de rechange et des sacs en plastique. Maintenez vos lunettes, chapeau, etc., avec une ficelle ou un élastique. Pour certaines descentes, vous devrez fournir 4 photos d'identité pour le permis (parfois moins).
Nous avons sélectionné, à Kathmandu, quelques agences qui organisent des descentes pour tous les niveaux :

■ ***Glacier Safari Treks*** *(plan Patan, A2)* **:** *Damodar Marg, Kusunti, Jawalakhel, à Patan. ☎ (01) 554-67-10 ou 552-28-50. 📱 98-51-02-46-03 ou 98-51-06-31-03.* • *gstreksnepal.com* • Rafting de 2 à 5 jours sur la Kaligandaki, de 2 à 3 jours sur la Seti et une descente découverte de 1 à 2 jours sur la Trisuli. Voir aussi « Adresses utiles » à Kathmandu.
■ ***Borderlands Eco Resort*** *(plan d'ensemble Kathmandu, B1)* **:** *Naya Bazar. ☎ (01) 470-12-95 ou 438-12-14.* • *borderlandresorts.com* • Propose des programmes de rafting encadrés par des professionnels avertis, dans le respect de la nature et des habitants. Confiance et sécurité sont leur devise. Leur centre, situé non loin de la frontière chinoise, est de toute beauté, avec confort et nourriture saine.
■ ***Ultimate Rivers :*** *Mandala St, à Thamel. ☎ (01) 470-05-26.* • *ultimate rivers.com.np* • *Dans la ruelle du resto Or2K (zoom I Kathmandu, C2,* ***106****).* Agence fiable proposant du rafting sur les principales rivières du pays.

Également 2 agences à Pokhara. Se reporter aux « Adresses utiles » à Pokhara :

■ ***Paddle Nepal*** *(zoom Pokhara, A2,* ***105****)* **:** *Lakeside Marg. ☎ (061) 46-57-30 ou 36.* • *paddlenepal.com* • *Réduc de 5 % pour nos lecteurs.* Agence sérieuse tenue par un couple népalo-canadien. Le mari, Nim Magar, est l'ancien capitaine de l'équipe nationale de rafting du Népal. On est entre de bonnes mains. Propose aussi du canyoning et des stages de kayak.
■ ***Rapid Runner :*** *sur la 16th Street, près de l'angle avec Lakeside. 📱 98-56-02-20-71.* • *rapidrunnerexpeditions.com* • Organisation de descentes en raft à la ½ journée ou à la journée, transfert compris depuis votre hôtel. Tenu avec sérieux par Birendra. Loue aussi des kayaks sur le lac.

### Canyoning

Très pratiquée en Europe, cette discipline a aussi fait son apparition au Népal. Elle consiste à cheminer dans des gorges, souvent le long de cascades et cours d'eau, en s'aidant de cordes (pas mal de descentes en rappel). Si cela vous tente, on vous recommande en particulier 2 des agences reprises ci-dessus : *Borderlands Eco Resort* (à Kathmandu) et *Paddle Nepal* (à Pokhara).

## SANTÉ

### Vaccinations

Le Népal n'exige aucune vaccination à l'entrée de son territoire. Toutefois :
– les ***vaccins « universels »*** (tétanos, polio, diphtérie, coqueluche) ***DOIVENT ÊTRE À JOUR*** (*Repevax* ou *Boostrixtetra*) : un rappel tous les 20 ans pour les personnes entre 25 et 45 ans qui ont un suivi régulier de leurs rappels. Hépatite B : immunité d'autant plus longue que la primovaccination a été faite tôt dans la vie (avant 20 ans, probable immunité à vie avec 3 doses). Ne pas oublier la rougeole, très contagieuse, 1 à 2 doses de vaccins suivant la naissance pour une immunité définitive.
– Le vaccin contre l'***hépatite A*** (par exemple *Vaqta*®) est fortement recommandé, car c'est une des maladies qui se contracte le plus facilement (par l'eau et l'alimentation). Après la 1re injection (protectrice 15 jours plus tard, à quasi 100 %), une 2de injection 1 à 5 ans plus tard entraîne très vraisemblablement une immunité à vie. Il est également conseillé, pour les séjours prolongés ou dans les mauvaises conditions, de se faire vacciner contre la ***typhoïde*** *(Typhim Vi)* ou vaccin combiné fièvre typhoïde/hépatite A : *Tyavax.* Immunité incomplète (65 % max) pour la typhoïde pour 3 ans.
– ***La rage :*** attention particulièrement aux chiens, mais aussi aux autres mammifères, souvent porteurs de la maladie. En cas de morsure, les symptômes n'apparaissent pas avant 7 jours, mais l'issue est alors toujours fatale. Il est donc conseillé de se faire vacciner avant le départ. Le vaccin peut être délivré par tout pharmacien, et les 3 injections (J0, J7, de J21 à J28) peuvent être réalisées par tout médecin. Si l'on est mordu, plusieurs étapes : laver immédiatement et abondamment la plaie avec de l'eau et du savon pendant 15 mn. Puis contacter en urgence le centre médical le plus proche ou votre compagnie d'assistance qui vous orientera vers la structure médicale adaptée pour recevoir une vaccination contre la rage (voire assurer un rapatriement). Attention, même quand on est déjà vacciné, il faut se faire injecter aussi vite que possible le rappel, puis une autre dose 3 jours après.
– Pour ceux qui vont vivre au Népal pour une longue période, sont instamment conseillés les vaccins contre la rage (lire plus haut) et la ***méningite à méningocoque*** (en particulier pour toute personne qui part en trek et va loger en campement ou en refuge ; la maladie se propage d'autant plus que la promiscuité est grande).
– Si votre ***vaccination antitétanique*** n'est pas à jour, consultez le plus vite possible. Désinfectez plusieurs fois par jour la moindre plaie, car la cicatrisation est longue en raison de l'impureté de l'eau des douches.
– Il est aussi important de s'immuniser contre l'***encéphalite japonaise*** lorsqu'on se rend dans le Téraï, d'autant plus si le séjour est prolongé. Cette maladie sévit en permanence (majoritairement de juin à octobre). C'est une maladie grave (un tiers de décès, un tiers de séquelles neurologiques). Il existe un vaccin *(Ixiaro®),* bien toléré, qui consiste en 2 injections (J0-J28), disponible en centres de vaccinations internationales et en pharmacie (sur prescription) : cher ! Plus d'infos sur • *astrium.com/encephalite-japonaise.html* • Notez toutefois que la maladie est absente à haute altitude (au-delà de 1 800 m). N'hésitez pas à prendre conseil auprès d'un centre de vaccinations internationales tel que l'Institut Pasteur : • *pasteur.fr/fr/centre-medical/vaccination* •.

***Centres de vaccinations***

Pour les centres de vaccinations partout en France, dans les DOM-TOM, en Belgique et en Suisse, consulter le site internet ● *astrium.com/espace-voyageurs/centres-de-vaccinations-internationales.html* ● Consultez aussi le site de l'Institut Pasteur : ● *pasteur.fr/fr/centre-medical/preparer-son-voyage* ●

## Conseils généraux

Un certain nombre de précautions s'imposent, en plus des vaccins, d'autant que la situation sanitaire du Népal ne s'améliore pas tellement d'une année sur l'autre.
– Il est indispensable de suivre un ***traitement antipaludique*** si vous comptez vous rendre ***dans les régions les plus reculées du Téraï népalais,*** près de la frontière indienne, ***entre juillet et octobre*** (pas de problème pour le parc de Chitwan). Le traitement consiste à prendre, par exemple, un comprimé de *Malarone* par jour et à heure fixe (attention au décalage horaire). À commencer la veille du départ et à poursuivre pendant 7 jours après le retour. Le moustique, vecteur de la maladie, ne survit pas en altitude au-delà de 1 800 m. Risque nul à Kathmandu et dans sa vallée, ainsi qu'à Pokhara et lors des treks himalayens.
Utilisez des répulsifs en vérifiant que ceux-ci sont véritablement efficaces sur les moustiques exotiques (par exemple, les produits de la gamme *Insect Ecran*). Dans tous les cas, s'enduire les parties découvertes du corps toutes les 4h environ dès le coucher du soleil et dormir sous moustiquaire imprégnée d'insecticide.
Les systèmes de plaquettes que l'on branche directement sur une prise de courant ne sont utiles qu'en dessous de 1 800 m d'altitude. Les serpentins que l'on fait brûler la nuit sont aussi très efficaces, mais ils ne doivent pas être utilisés dans des pièces closes.
Les précautions prises contre les moustiques permettent également de se protéger contre la ***dengue*** (prononcez « dingue »), si on les applique en journée. C'est une maladie qui affecte principalement le Téraï (sud du pays), surtout en période de mousson (de fin avril à septembre-octobre). Le virus est transmis par une espèce de moustique qui pique le jour. Les symptômes sont sensiblement les mêmes que pour le paludisme (fièvre, migraine, douleurs musculaires, fatigue intense, et en prime, parfois une éruption cutanée), à cette différence près que cette maladie est très rarement mortelle. Heureusement car on ne lui connaît pas encore de traitement. Une raison de plus pour éviter de se faire piquer.
– ***L'eau*** du robinet et des rivières n'est jamais potable, surtout à Kathmandu (c'est là qu'elle est la plus dangereuse). Il est possible de purifier l'eau suspecte grâce à un procédé individuel et économique : une paille d'ultrafiltration de poche à 0,2 micron, qui piège absolument tous les parasites, virus et bactéries avec une capacité de 1 600 l d'eau purifiée. Grande autonomie, donc. Ni pile, ni substance chimique et un embout qui permet de fixer la paille à une bouteille en plastique (type « cola ») transformée alors en gourde, pratique ! Se rincer les dents à l'eau minérale paraît un peu excessif. Méfiance avec les légumes et les fruits qui ne s'épluchent pas, sauf s'ils sont cuits à cœur ou lavés abondamment avec de l'eau propre ou bouillie. Dans certains restaurants pour touristes, les salades sont lavées avec une solution iodée, du moins elles sont censées l'être si l'on en croit les cartes... Attention, les dysenteries sont fréquentes au Népal.
– ***Se laver souvent les mains,*** sources d'infections intestinales. Prévoir des lotions hydroalcooliques, bien pratiques, à acheter avant le départ ou sur place, dans les pharmacies des grandes villes.
– ***Les diarrhées*** sont très fréquentes au Népal, en raison du manque d'hygiène dans beaucoup d'établissements. Elles arrivent plus souvent au début du séjour et sont normalement sans gravité. Toutefois, un traitement adapté doit être entrepris dès les 1ers symptômes. Prévoir un antibiotique, type azithromycine (*Zithromax®* ; 2 comprimés en 1 seule prise, 1 seule fois), allié à un ralentisseur du transit intestinal, tel que l'acécadotril (*Tiorfan®* ; 1 gélule d'emblée, puis 1 gélule 3 fois par

jour, si possible avant les 3 principaux repas ; durée maxi : 7 jours). Se réhydrater fréquemment, manger du riz et boire de l'eau de riz, du thé ou des boissons de préférence sans bulles. La présence de sang ou de pus dans les selles ainsi que la coexistence d'une fièvre imposent une consultation très rapide. Contactez le médecin agréé par l'ambassade qui vous conseillera.

– Se méfier des ***laitages,*** sauf du lait dûment bouilli et du *jujudhau* (ou *dahi*), le délicieux yaourt de Bhaktapur. Attention au *lassi,* la boisson lactée, surtout en période de mousson, le lait fermenté supportant mal la chaleur et l'humidité.

– Se protéger du ***soleil.*** Attention aux yeux. Prévoir une crème solaire d'indice maximal et un chapeau à larges bords.

– Boire beaucoup en cas d'efforts, de chaleur, de diarrhée.

– Ne jamais marcher pieds nus.

– Ne pas se baigner en lac et rivière.

– ***Les sangsues*** sévissent pendant la mousson dans le Téraï et dans toutes les zones boisées (dans les petits chemins que l'on emprunte lors de treks dans la vallée), notamment dans la région de Pokhara. Notez qu'elles ne sont pas dangereuses (elles sont même utilisées en médecine depuis l'Antiquité). Elles se décrocheront d'elles-mêmes. Si vous souhaitez tout de même extraire ces vampires qui grimpent sur vos chaussures (même hautes !) et s'insinuent à l'intérieur (suçant ensuite le sang au travers de la chaussette), demandez conseil aux locaux qui connaissent les méthodes les plus efficaces.

– Kathmandu se caractérise par la très forte ***pollution*** des véhicules à moteur. Si Thamel et Durbar Square sont désormais piétons, et donc plus respirables, nous conseillons aux personnes fragiles des bronches l'achat de masques spéciaux (norme FFP2) avant le départ. Ceux disponibles au Népal ne sont vraiment pas efficaces.

– ***Le sida*** se développe via les nombreuses prostituées népalaises enrôlées de force en Inde, ou travaillant dans la vallée de Kathmandu. Prudence donc, il faut absolument sortir « couvert » ! Évitez toute transfusion et toute piqûre avec une seringue douteuse.

– Votre ***trousse médicale*** devra comporter au minimum : un antipaludique *(Malarone)* pour tout séjour au-dessous de 1 800 m d'altitude (sauf à Kathmandu, sa vallée et à Pokhara) et dans le Téraï de mai à octobre, un antalgique du type paracétamol, un antiseptique intestinal, un antidiarrhéique, un antibiotique à large spectre, un antispasmodique, de la crème solaire, des pansements antiseptiques cutanés, une bande de contention, du sparadrap, des seringues neuves et du matériel stérile, sirop ou pastilles contre les irritations de gorge et la toux (on tousse beaucoup au Népal). N'oubliez pas d'y joindre aussi de quoi traiter rhinites et bronchites, très fréquentes à cause de la poussière, de la pollution des véhicules et des tas d'ordures qui dégagent des milliards de bactéries. De la vitamine C pourra vous être très utile. S'il vous reste des médicaments à la fin de votre séjour (nous l'espérons pour vous), ne les donnez pas aux habitants. Ce geste généreux peut engendrer des catastrophes. Déposez-les plutôt à l'ambassade de France ; ils seront distribués aux différentes associations et aux dispensaires.

– Lire également plus loin le paragraphe sur le ***mal d'altitude*** dans la rubrique « Trekking ».

■ ***Catalogue Santé Voyages (Astrium) :*** *• astrium.com • Rens au ☎ 01-45-86-41-91 (lun-ven 14h-19h).* Les produits et matériels utiles aux voyageurs, assez difficiles à trouver dans le commerce, peuvent être achetés sur le site, qui fournit également des infos complètes sur toutes les destinations, boutique web, paiement sécurisé, expéditions Colissimo Expert ou Chronopost.

## En cas de pépin

Voir les contacts médicaux dans la rubrique « Adresses utiles » de Kathmandu. Seuls quelques hôpitaux sont recommandables. Ils assurent les urgences 24h/24.

S'il vous arrive quelque chose de sérieux, on vous conseille les cliniques privées, mieux équipées et travaillant généralement avec un personnel plus qualifié que les hôpitaux publics, même réputés. Quelle que soit la structure, hôpital ou clinique, les médicaments sont payables d'avance et doivent être achetés par le malade lui-même ou une personne l'accompagnant. Cela est également valable pour la nourriture. Il est difficile, sinon impossible dans certains hôpitaux, de contacter une personne hospitalisée, le réseau téléphonique se résumant souvent à un seul poste pour tout l'établissement.
Voir aussi le paragraphe consacré à « l'assurance » dans la rubrique « Trekking ».

# TÉLÉPHONE ET TÉLÉCOMS

## Téléphone

Les derniers centres de téléphone ont tendance à fermer et les touristes les ont depuis longtemps désertés, utilisant *WhatsApp, Viber* ou et autres applis. Le wifi étant omniprésent, aucun problème pour communiquer avec sa tribu.
- ***L'indicatif des villes*** est précisé dans le bandeau de titre de chaque ville du guide.
- ***Appels intérieurs :*** composer le numéro du correspondant précédé de l'indicatif.
- ***France → Népal :*** composer le 00, puis le 977 suivi de l'indicatif de la ville (sans le 0) et enfin le numéro de votre correspondant.
- ***Népal → France :*** composer le 00, puis le 33 suivi du numéro (à 9 chiffres, sans le 0 initial) de votre correspondant.
- Pour la ***Suisse,*** faire le 00-41 ; pour la ***Belgique,*** le 00-32. Dans les 2 cas, le code est suivi du numéro du correspondant sans le 0 initial.
- ***De et vers un portable népalais :*** on ne compose aucun indicatif de région avant un numéro de portable. En revanche, il faut toujours le faire en appelant un fixe depuis un portable, même si vous vous trouvez dans la même ville.

## Les téléphones portables

Le pays possède un bon réseau national, même sur la zone de certains treks ! Pour être sûr que votre appareil soit compatible avec votre destination, renseignez-vous auprès de votre opérateur.
- ***Activer l'option « international » :*** envisageable si vous explorez les zones couvertes. Elle est en général activée par défaut. Pensez sinon à contacter votre opérateur pour souscrire à l'option (gratuite) au moins 48h avant votre départ.
- ***Le « roaming » ou itinérance :*** c'est un système d'accords internationaux entre opérateurs. Concrètement, cela signifie que lorsque vous arrivez dans un pays, le nouveau réseau local s'affiche automatiquement. Vous recevez rapidement un SMS de votre opérateur qui propose un ***pack voyageurs*** plus ou moins avantageux, incluant un forfait limité de consommations téléphoniques et de connexion internet.
- ***Forfaits étranger inclus :*** certains opérateurs proposent des forfaits où ***35 jours de roaming par an sont offerts*** dans le monde entier. On peut donc cumuler plusieurs voyages à l'étranger sans se soucier de la facture au retour. Attention, si SMS, MMS et appels sont souvent illimités, la connexion internet est, elle, limitée. D'autres opérateurs offrent carrément le ***roaming toute l'année vers certaines destinations.*** Le Népal est rarement inclus dans les forfaits. Renseignez-vous auprès de votre opérateur.
- ***Tarifs :*** ils sont propres à chaque opérateur et varient grandement en fonction des pays (le globe est découpé en plusieurs zones tarifaires). ***N'oubliez pas qu'à l'international, vous êtes facturé aussi bien pour les appels sortants que les appels entrants,*** idem pour les textos. Donc, quand quelqu'un vous appelle à l'étranger, vous payez aussi. Soyez bref !

– ***Acheter une carte SIM/puce sur place :*** une option très avantageuse, que l'on vous conseille au Népal. Il suffit d'acheter à l'arrivée une carte SIM locale prépayée chez l'un des opérateurs locaux que vous glisserez dans le téléphone que vous aurez fait débloquer dans votre pays d'origine. La meilleure compagnie s'appelle *Ncell,* suivie par *Nepal Telecom (NTC),* la compagnie d'État. Toutes 2 disposent de plusieurs boutiques officielles dans les principales villes du pays et même à la sortie de l'aéroport de Kathmandu, à côté du comptoir des taxis. Il faut remplir un formulaire, présenter son passeport, fournir une copie du visa et une photo d'identité ! Puis, pour environ 100-150 Rps, on vous attribue un numéro de téléphone local, auquel il faut ajouter un crédit de communication. *Ncell* propose différentes formules avec ou sans Internet, notamment un *Traveller's Pack,* comprenant un crédit de communications locales et internationales, plus un accès Internet. Cela dit, on vous conseille plutôt le forfait de base le moins cher, l'accès à Internet étant pour le moins aléatoire, voire inopérant... Avant de signer le contrat et de payer, essayez donc, si possible, la carte SIM du vendeur dans votre téléphone – préalablement débloqué – afin de vérifier si celui-ci est compatible. Ensuite, les cartes permettant de recharger votre crédit de communication s'achètent dans les kiosques de rue et autres petites épiceries pour 100 à 1 000 Rps. ***En trek,*** les cartes SKY et COMA passent partout, sauf les jours avant, pendant et juste après les cols à 5 000 m ; la carte *Ncell* passe bien sur le tour des Annapurna et le camp de base de l'Everest. Notez que les cartes françaises ne sont pas toujours utilisables en montagne (cela dit, la grande majorité des *lodges* ont une connexion wifi).

***La connexion internet en voyage***

– ***Se connecter au wifi*** à l'étranger est le seul moyen d'avoir accès au Web gratuitement si vous ne disposez pas d'un forfait avec *roaming* offert. Il faut alors ***désactiver la connexion*** « données à l'étranger », ce qui évite à votre appareil de faire des recherches permanentes de réseau et à votre opérateur de vous facturer en conséquence.
– Une fois connecté au wifi, vous avez accès à tous les services de la ***téléphonie par Internet. WhatsApp, Messenger*** (la messagerie de Facebook), ***Snapchat*** et ***Viber.***

***Wifi publics, attention piratage !***

Les wifi publics sont de véritables passoires ! Il est désormais très facile, même pour un débutant, de s'introduire sur un réseau. La seule parade véritablement fiable est de ne fréquenter que des sites « certifiés ». Ils commencent par « https:// » et affichent souvent un petit cadenas à côté de l'adresse. Dans ce cas, vos transmissions sont cryptées et donc sécurisées. Les sites les plus sensibles et populaires, comme les banques, ont tous une connexion certifiée.
Enfin, si vous utilisez un ordinateur en libre-service, évitez, dans la mesure du possible, d'entrer votre mot de passe ou toute information sensible ! Une quantité phénoménale de ces postes est infectée par des « enregistreurs de frappe », qui peuvent transmettre vos données à un destinataire mal intentionné. Et si malgré tout vous utilisez ces postes, pensez à bien vous déconnecter et à ne pas cliquer sur l'option « enregistrer mon mot de passe ».

# TRANSPORTS INTÉRIEURS

Le point noir du Népal.

## La route

L'anarchie règne au niveau de la circulation routière. Il n'existe pas de code de la route ! Piétons et deux-roues sont à la merci des chauffards, mot synonyme de

| Distances en kilomètres | KATHMANDU (DURBAR SQUARE) | PATAN | BODNATH | BHAKTAPUR | NAGARKOT | DHULIKHEL | POKHARA | SAURAHA (CHITWAN) | LUMBINI |
|---|---|---|---|---|---|---|---|---|---|
| KATHMANDU (DURBAR SQUARE) | | 4,5 | 6,5 | 13 | 27 | 30 | 200 | 165 | 301 |
| PATAN | 4,5 | | 10 | 13 | 26 | 28 | 204 | 168 | 305 |
| BODNATH | 6,5 | 10 | | 12 | 29 | 31 | 213 | 177 | 314 |
| BHAKTAPUR | 13 | 13 | 12 | | 13 | 17,5 | 215 | 180 | 316 |
| NAGARKOT | 27 | 26 | 29 | 13 | | 28 | 228 | 192 | 330 |
| DHULIKHEL | 30 | 28 | 31 | 17,5 | 28 | | 230 | 195 | 332 |
| POKHARA | 200 | 204 | 213 | 215 | 228 | 230 | | 148 | 198 |
| SAURAHA (CHITWAN) | 165 | 168 | 177 | 180 | 192 | 195 | 148 | | 176 |
| LUMBINI | 301 | 305 | 314 | 316 | 330 | 332 | 198 | 176 | |

chauffeurs au Népal. C'est la loi du plus fort, camions et bus notamment ! De plus, les véhicules sont en majorité dépourvus de signalisation (feux stop, clignotants, quand ce ne sont pas tout simplement les phares !). Cela dit, il y a peu de chances que vous conduisiez vous-même, les locations de voitures se faisant en général avec un chauffeur qui, lui, sait faire face au chaos du trafic local, ce qui n'empêchera pas quelques sueurs froides (prévoir un vêtement de rechange à chaque trajet !).

– ***L'état des routes :*** tout ce qui précède est rendu encore plus dangereux par l'état catastrophique du réseau. Bien sûr, il y a des routes goudronnées, mais elles sont farcies de nids-de-poules, voire de nids de yétis. Bien souvent, il s'agit de pistes, parfois défoncées, sans garde-fous avant un ravin fatal. Bref, en voiture, même en tant que passager, une maîtrise des nerfs s'impose, en bus, on ne vous raconte même pas ! D'ailleurs, les accidents ne sont pas rares. Le Népal figure en bonne place sur l'indice mondial de mortalité par habitant sur la route. Sinon, sur de longs trajets, il peut être moins risqué de prendre l'avion... enfin tout dépend de la période de l'année (lire plus bas) ! De plus, les temps de parcours sont toujours longs, même sur de courtes distances. Un exemple : entre Kathmandu et Nagarkot, soit 26 km (bitumée entre la capitale et Bhaktapur), il faut prévoir environ 1h30. Tout ce que l'on vient de vous raconter s'aggrave en période de mousson.

– ***Le bus :*** voyager en bus local n'est pas cher du tout et permet de côtoyer de près les Népalais. De très très près, même... Sachez donc que c'est amusant la 1re fois, mais souvent inconfortable et non sans risque : les bus sont généralement vétustes et bondés, au point que parfois on a du mal à respirer, de quoi s'inquiéter un peu en cas d'accident... De plus, ils sont lents (arrêts fréquents pour laisser descendre des passagers et surtout en prendre de nouveaux). Ensuite, la durée du voyage est fonction des aléas de la route : crevaisons, surchauffe du moteur (ça arrive moins avec les *tourist buses*), inondations saisonnières, éboulements... Dans tous les cas, évitez de voyager la nuit. Bref, pour les longues distances, comme Pokhara et le parc national de Chitwan, par exemple, ***on vous conseille vivement de prendre des*** **tourist buses,** bien plus confortables, dans un meilleur état mécanique et plus rapides (ils ne s'arrêtent que rarement pour prendre des passagers). Bien sûr, ils sont un peu plus chers, mais pas tant que ça, sauf si l'on opte pour le top : la compagnie *Greenline* qui, pour environ 3 fois plus cher, propose en plus la clim et inclut le repas dans le prix du billet. On peut acheter ses billets dans toutes les agences de voyages de Kathmandu, dans les hôtels ou *guesthouses,* pour le même tarif qu'auprès de la compagnie.

– ***La location de voitures :*** on roule à gauche (enfin, en théorie !). Comme on l'a dit, la location de voitures (possible dans toutes les agences et auprès des hôtels de Kathmandu) se fait en général avec chauffeur. On déconseille fortement de conduire un véhicule (embouteillages infernaux et anarchie totale dans les grandes villes). De fait, on vient au Népal avant tout pour marcher et, pour se rendre au lieu de départ du trek depuis Kathmandu, on prend plutôt le bus ou l'avion. À l'intérieur des villes (notamment dans la capitale !), la voiture est une totale hérésie. Et pour rallier les villes de la vallée de Kathmandu, mieux vaut utiliser le bus (pas cher) ou les taxis, bien pratiques.

– ***Le taxi :*** plutôt bon marché, à condition de savoir négocier un peu, car ils n'utilisent pas les compteurs, devenus des objets de décoration bien qu'obligatoires. En ville, compter environ 50-100 Rps du kilomètre, et le double la nuit. C'est aussi la meilleure formule pour rallier les différents points de la vallée de Kathmandu : on évite l'inconfort des bus locaux et le coût reste raisonnable si l'on a bien négocié et qu'on est plusieurs. On peut aussi négocier un forfait à la journée.

– ***Le vélo :*** vraiment déconseillé à Kathmandu (peu de loueurs), à cause de la démence du trafic et de la forte pollution. À Pokhara et à Sauraha (parc national de Chitwan), en revanche, c'est déjà beaucoup moins risqué (on y trouve d'ailleurs plus de loueurs), et même agréable.

– ***Le scooter et la moto :*** on déconseille ce mode de locomotion vraiment dangereux, en raison de l'intensité du trafic et de l'absence de règles de conduite. En deux-roues, les accidents sont toujours graves, notamment du fait de l'insuffisance des structures de secours routier. À bon entendeur !

***Les applis de cartes embarquées***

– ***Sans connexion mais à télécharger avant le départ :*** • *Maps.me* • Itinéraire sur plan (silencieux).
– ***Avec connexion et à télécharger avant le départ :*** • *Google Maps* • *Waze* • Indique en temps réel la qualité du réseau, les points radar, limitations de vitesse, et autres incidents sur le réseau routier.

## L'avion

Dans un pays au relief aussi accidenté que le Népal, c'est évidemment un moyen de transport des plus appréciable, et même le seul possible pour certaines destinations comme Lukla (départ du trek de l'*Everest base camp*) ou l'ouest du Népal. En revanche, ***évitez vraiment de les utiliser en période de mousson,*** il y a régulièrement des accidents mortels.
Il s'agit le plus souvent d'avions à hélice de 15-20 places, ou d'ATR 72 (72 places), principalement affrétés par les compagnies *Buddha Air, Yeti Airlines, Nepal Airlines* et *Sita Air.* Pas spécialement bon marché mais pas prohibitif non plus. Les billets s'achètent dans n'importe quelle agence de voyages. Parfois, les vols sont retardés, reportés ou annulés pour des raisons climatiques.

# TREKKING

Le mot *trek* est un mot anglais d'Afrique du Sud qui signifie « faire route ». Au Népal, le trekking dans les plus belles montagnes du monde vous laissera, sans aucun doute, des souvenirs inoubliables !
Cela étant dit, il y a des règles importantes à connaître. Donc, tout ce qui va suivre s'adresse à tout le monde, même à ceux qui ont l'impression de déjà savoir. On conseille même aux skieurs et « varappeurs » alpins de ne pas trop se fier à leur expérience européenne et de jeter un coup d'œil sur nos notes.
Pour ceux qui s'intéressent à l'escalade, sachez qu'il existe au Népal une association reconnue par l'ENSA (École nationale de ski alpin) de Chamonix, le *Kathmandu Climbing Club,* regroupant des guides et destinée à la formation des Népalais.

■ ***Syndicat national des accompagnateurs en montagne :*** *256, rue de la République, 73000 Chambéry Cedex.* ☎ *04-79-70-20-42.* • *snam.pro* • Outre l'encadrement de circuits, les accompagnateurs peuvent fournir des conseils pratiques sur les treks.

## Permis de trek

Pour les treks classiques, il faut un permis TIMS *(Trekkers' Information Management System)* délivré aux individuels par le *Nepal Tourism Board* de Kathmandu et Pokhara (voir les « Adresses utiles » de ces villes). Compter l'équivalent de 20 $ par personne (***payable en roupies,*** soit environ 2 000 Rps) si vous partez en individuel, et 10 $ par personne en passant par une agence de trekking qui s'occupera des formalités (à régler en roupies ou en dollars). Apporter son passeport et 2 photos. Plus d'infos sur • *timsnepal.com* •
Pour les treks moins classiques (voir ci-dessous), le permis coûte généralement beaucoup plus cher. L'agence de trekking par laquelle vous passez (obligatoire) se

charge de vous l'obtenir. Notez tout de même que les tarifs indiqués ci-dessous changent régulièrement, alors faites-vous confirmer ces informations par votre agence juste avant d'y aller...
Régions nécessitant un permis de trek spécial :
– *le Kangchenjunga (à l'extrême est du pays) :* compter 20 $ par personne par semaine.
– *La vallée de la Tsum :* 40 $ par personne par semaine en haute saison (30 $ hors saison).
– *Le Manaslu :* 100 $ par personne par semaine en haute saison (75 $ hors saison). Ajouter à cela l'entrée au parc : environ 2 000 Rps. Compter 15 jours de marche, plus 2 jours de transport.
– *Le haut Mustang :* 50 $ par personne et par jour. Et comme le trek dure minimum 10 jours, ça fait 500 $ !
Enfin, pour les grimpeurs, il existe ce que le ministère du Tourisme appelle « sommets de trek ». Il faudra verser une *royalty* très élevée. À titre purement anecdotique, sachez que le permis individuel pour accéder au toit du monde coûte la modeste somme de 11 000 $. Plutôt dissuasif, non ? Mais le gouvernement a décidé d'accorder une ristourne de 75 % en basse saison...
Par ailleurs, un trek traversant 2 régions requiert 2 permis différents. On ne peut dépasser 1 mois et demi de trek, sauf autorisation spéciale.
Se balader sans permis n'est pas conseillé. Au mieux, vous serez renvoyé à Kathmandu et vous devrez prendre un permis comme tout le monde. Au pire, vous serez expulsé du pays et parfois même interdit de séjour.

## Accès aux parcs nationaux

Le pays compte une vingtaine d'espaces protégés (*National Parks, Wildlife Reserves* et *Conservation Areas*) dont l'entrée est payante. La plupart des treks se situent dans ces zones, ou du moins les traversent. Compter environ 3 000 Rps pour le *Sagarmatha* (nom de l'Everest en népali) *National Park* ; même prix pour le *Makalu Barun National Park* (à l'est de l'Everest), et 2 000 Rps pour *l'Annapurna Conservation Area* ou le *Manaslu Conservation Area* (en plus du permis pour ce dernier). S'adresser au *Nepal Tourism Board* de Kathmandu ou à l'*Annapurna Conservation Area* à Pokhara (voir les « Adresses utiles » de ces 2 villes). Si vous passez par une agence de trekking, celle-ci se charge pour vous de cette formalité.

## Assurance

Vérifiez avant de partir en trek que votre assurance couvre bien le risque « montagne », avec, absolument, une assurance évacuation par hélicoptère (et pas seulement limitée à la haute montagne, sinon ça risque de vous coûter un bras !). Les assurances, en effet, sauf clause spéciale, ne couvrent pas les évacuations de ce type. N'oubliez pas non plus de souscrire l'option « secours et recherche », en cas de disparition (certaines agences de trek refusent les clients qui ne possèdent pas cette option). Cela dit, les agences de voyages françaises incluent parfois ces services d'assistance dans leur contrat, renseignez-vous absolument avant de signer (et de payer 2 fois). Attention, sachez que seules les vraies expéditions professionnelles sont équipées d'un téléphone satellite. Et encore, le coût de location d'un tel appareil est très élevé.
Pour ceux qui ne partent pas en trek organisé depuis la France, on vous conseille de vous inscrire sur le portail *Ariane* (enregistrement en ligne sur le site ● *diplomatie.gouv.fr* ●) et/ou à la *Himalayan Rescue Association* (voir plus bas dans la sous-rubrique « Mal d'altitude »). On ne vous répétera jamais assez que la meilleure garantie pour une assistance efficace est de passer par une agence sérieuse et reconnue, qui est en relation avec les agents locaux et internationaux des compagnies d'assurance, ceci afin d'améliorer la prise en charge et d'assurer

l'évacuation dans les plus brefs délais si la question se pose. Être enregistré auprès du TIMS ne suffit pas (voir plus haut « Permis de trek »).

## Documentation et cartes

On peut se procurer en France des ouvrages consacrés aux grands treks du Népal, région par région. On les achète notamment dans des librairies de voyages. Ces guides sont précis et on y trouve toute la cartographie nécessaire à l'organisation et au choix de son trek. Cela dit, question cartes, c'est désormais au Népal, dans les nombreuses librairies de Thamel (Kathmandu) et de Lakeside (Pokhara), qu'on trouve le plus grand choix. En plus, elles sont moins chères que chez nous. On vous conseille les éditeurs *Himalayan Map House, Nepal Maps* ou *Shangri-la,* qui proposent tous types de cartes, de randonnées (avec *lodges,* aires de camping, sentiers, altitude, etc.) ou non, allant du 1/400 000 au 1/40 000. Le mieux, pour faire son choix, est d'entrer dans une des librairies de Kathmandu ou Pokhara et de comparer l'offre.
Une fois sur place, ne pas hésiter à demander son chemin, les cartes ne suivent pas toujours la rapidité des changements.

## Vêtements et matériel

Une évidence absolue : prévoir léger pour le portage, mais ne rien oublier d'essentiel. Indispensables, de bonnes chaussures de marche : légères, imperméables *(Gore-Tex, Sympatex...),* résistantes, avec semelle en Vibram antichoc et déjà « rodées », jamais neuves... Emportez de nombreuses chaussettes de marche, plus des sous-vêtements et collants en polypropylène. Pour éviter les ampoules, un truc : s'enduire les pieds avec une solution à base de formol. À demander en pharmacie. Assez efficace.
Si c'est en hiver : gants pour la neige (les gants polaires ne suffisent pas), bonnet, crème solaire haute protection, lunettes de glacier, un bon duvet cloisonné, un sac à viande en polaire et plus de vêtements chauds. Prévoir aussi plus léger : il peut faire chaud sur le coup de midi.
En été : un parapluie, des vêtements et chaussures (bien fermées, à cause des sangsues !) bien imperméables, un couvre-sac. Bref, prévoir tout contre l'humidité. Un simple K-Way s'avère insuffisant.
Une paire de tongs, pour poser le pied dans des sanitaires pas toujours reluisants, et une lampe frontale, pour toutes les situations nocturnes (coins déserts et coupures d'électricité, entre autres) se révéleront utiles.
Petite remarque : les Népalais que vous croiserez sur les sentiers de trek apprécient une tenue soignée et non provocante surtout pour vous, mesdames. Respectez-les, c'est le seul moyen de vous en faire des amis.
Les bâtons télescopiques se révèlent indispensables pour la majorité des treks au Népal en raison des très nombreux escaliers. Vu la quantité d'eau qu'il est recommandé de boire, une gourde avec pipette *(camel bag)* est bien pratique.
Ceux qui veulent emporter une tente ne pourront éviter le recours à un porteur (pour la tente et la cuisine). Néanmoins, sur certains itinéraires classiques, comme le fameux tour des Annapurna, il est très facile de trouver des *lodges.* À vous de savoir ce qui vous conviendra le mieux. D'octobre à mars, risque de neige en route. Après novembre, *lodges* en altitude fermés. Renseignez-vous aussi à Kathmandu pour savoir si une tente est indispensable dans la région où vous comptez vous rendre.
Entraînez-vous un peu avant le trek, ne serait-ce que pour « faire » vos chaussures. Si vous n'avez pas envie de trimbaler tout votre matériel depuis l'Europe, sachez qu'on trouve absolument tout à Kathmandu et Pokhara, dans des dizaines de boutiques, et à des prix plus bas que chez nous (mais gare aux nombreuses contrefaçons). Certaines louent aussi du matériel, comme les sacs de couchage, ce qui peut s'avérer bien pratique (même si, avec les sacs de

couchage justement, on sent parfois – avec le nez ! – qu'on n'est pas le 1er utilisateur...). Bref, à vous de voir. Choisissez en tout cas des boutiques ayant pignon sur rue et comparez les prix.
Enfin, même si ce n'est pas très courant, des vols se produisent au cours des treks. Ne jamais se séparer de son argent, de son passeport, ni de son appareil photo (même la nuit). Surveillez toujours vos affaires et n'étalez ni votre fortune ni vos gadgets. À ce propos d'ailleurs, sachez que vous pouvez, avant le trek, laisser vos objets de valeurs à l'hôtel, au *safe deposit,* en exigeant bien sûr un reçu. Cela peut être une sécurité. Quoi qu'il en soit, prévoyez suffisamment de roupies pour toute la durée du trek, plutôt en petites coupures.

## Nourriture

Le long des treks les plus connus, on trouve à manger dans les *lodges* (sauf en hiver, les *lodges* d'altitude étant alors fermés). La nourriture est en général à base de féculents et de légumes, auxquels s'ajoute parfois de la viande (sur les treks du camp de base et de l'Everest et le tour des Annapurna). Beaucoup de plats frits et donc assez gras... Préférez le *dhal bat,* le plat national à base de riz et de lentilles, quasi toujours proposé, sain, énergétique et bon. En cas de problème de digestion, faire une cure de *plain rice* (riz nature) ou alors de *boiled potatoes* (pommes de terre cuites à l'eau). Pensez aussi à apporter quelques provisions, de type fruits secs et barres de céréales.
La distance de marche entre 2 villages est de 1h à 5h ; il suffit donc de prévoir une réserve de biscuits ou autre pour un éventuel coup de pompe, si vous voulez à tout prix emporter de la nourriture.
On trouve de l'eau en bouteille dans les *lodges* mais ce n'est pas très écolo et, de plus, elle est bien plus chère qu'à Kathmandu, vu la difficulté d'acheminement... Si vous randonnez du côté des Annapurna, servez-vous aux citernes d'eau potable qui ont été installées dans de nombreux villages (environ 100 Rps le litre). Les *lodges* peuvent aussi remplir vos gourdes d'eau bouillie (payant, en principe).
Sinon, vous pouvez utiliser une paille d'ultrafiltration de poche (voir plus haut la rubrique « Santé »).
Là où il n'y a pas de *lodges* (sur les treks les moins fréquentés), il faut bien sûr emporter sa nourriture, bien que dans ces cas-là, comme il s'agit généralement de treks pour lesquels il faut passer par une agence, c'est celle-ci qui se charge de tout prévoir. Sinon, faire ses courses dans les petits supermarchés bien approvisionnés de Kathmandu (Thamel) ou Pokhara (Lakeside) avant le départ. D'Europe, vous pouvez aussi emporter foie de morue, confiture de marrons, pâtes précuites, poudre d'œuf, fromage et saucisson.

## Médicaments

Bien sûr, prévoir dans sa trousse des remèdes en cas de gastro (genre *Smecta*) ou de fièvre (un antibiotique), marcher malade étant une très mauvaise idée... Voir la trousse médicale conseillée plus haut dans la rubrique « Santé ». On peut aussi prévoir un truc gras style baume du tigre pour se masser les mollets et une protection pour les lèvres desséchées. Attention aux caries non soignées, l'altitude les réveille souvent.
La grande souffrance du trekkeur, c'est le mal aux genoux, provoqué à la longue par les descentes. Donc quand on descend, le faire POSÉMENT, sans précipitation. Sinon, c'est comme on dit ici, l'apparition du *sahib knee,* c'est-à-dire une douleur vive qui ne disparaît que lorsque ça monte (on finit par ne plus espérer que des montées !). Si cela vous arrive, il n'y a pas de remède miracle, seul le repos viendra à bout du mal, mais en attendant, on peut quand même se masser les genoux avec du baume du tigre et, lorsqu'on reprend la marche, le faire avec un foulard ou tout autre morceau de tissu bien serré autour du genou, pour le soutenir.

## Prévention et précautions

Partir en bonne condition physique. Une préparation avant le départ n'est pas superflue, et devient même indispensable si vous prévoyez un trek exigeant sur le plan physique. L'entraînement, alors, ne doit jamais être intense mais régulier. Choisissez un programme adapté à vos possibilités. Si vous êtes un routard de plus de 50 ans, un ***examen médical avec épreuve d'effort cardiologique*** est aussi à prévoir avant le départ. Cela concerne aussi ceux qui souffrent d'une maladie chronique, même avant 50 ans.
Sur les sentiers népalais, on rencontre en effet régulièrement des marcheurs qui, après 2 jours de marche, ont du sparadrap plein les pieds. Bref, ils se demandent ce qu'ils sont venus faire dans cette galère ! On ne se balade pas à 4 000 m d'altitude comme sur la Croisette !
Si vous avez le moindre doute sur vos capacités, il est essentiel, avant de démarrer un trek, de vous tester : marcher en montagne pendant une demi-journée ou 2 avec le matériel que vous projetez d'emporter. Commencez par de petites étapes. Pas besoin de vous faire un dessin, mais ne négligez pas cette préparation : vous ne vous êtes peut-être jamais baladé aussi haut que dans ce pays, et vos réactions peuvent être imprévues, voire suffisamment pénibles pour tout gâcher. La montagne est l'un des endroits où il faut prendre son temps et être humble ! N'allez pas plus loin si vous vous souvenez tout à coup que vous êtes cardiaque ou sujet à un problème articulaire au genou.
À partir de 3 000 m, on conseille de ne pas monter plus de 300 à 500 m entre 2 nuits consécutives, même si beaucoup négligent cette recommandation. Idéalement, tous les 1 000 m, il faut passer 2 nuits à la même altitude. Le corps a besoin d'une semaine, une fois la barrière des 3 000 m dépassée, pour s'acclimater. Durant cette période, le corps est fragile et supporte mal les efforts physiques excessifs et la déshydratation.
Depuis l'avalanche de 2014, toutes les agences recommandent de franchir les cols en se regroupant avec d'autres groupes de trekkeurs. Au cas où, on peut alors s'entraider. Surtout, ne pas partir seul, sauf peut-être sur les chemins les plus fréquentés au plus haut de la saison touristique. Si vous n'avez pas pris de guide, ni de porteur, il est essentiel de partir avec la carte la plus précise qui soit, et de demander (s'il y a quelqu'un...) son chemin à chaque bifurcation de sentier. C'est la règle au Népal, en l'absence de panneaux indicateurs. Les distances s'évaluent en jours, en heures de marche ou en *kos* (temps que met un mouchoir mouillé à sécher !) mais jamais en kilomètres.
Si vous êtes malade ou blessé, il faudra vous porter jusqu'à un aérodrome, sauf si vous possédez l'assurance évacuation par hélicoptère (indispensable). Voir plus haut le paragraphe sur « l'assurance » des trekkeurs.
Avant de partir en trek, n'oubliez pas de laisser à votre agence une photocopie de votre passeport ainsi que les références de votre assurance. Sans vouloir vous faire peur, on peut mourir du mal d'altitude au Népal, c'est rare, mais ça arrive. Et comme on tient à conserver nos lecteurs, lisez encore le chapitre sur le mal d'altitude qui suit.
– ***Infos utiles pour les trekkeurs de haute montagne :***
L'*Ifremmont* (Institut de formation et de recherche en médecine de montagne) possède un site internet très bien fait • *ifremmont.com* • Plein d'infos sur la prévention en milieu hostile, 1ers gestes de secours, gelures, pathologies liées à l'altitude, etc. À consulter avant votre départ. Il organise aussi des téléformations de 2h et des formations de 2 jours (sur place, à Chamonix).
Par ailleurs il est possible de prendre rendez-vous pour une téléconsultation préventive de médecine de montagne avec l'un des médecins spécialistes, par téléphone ou par vidéo (environ 50 € pour 20 mn). S'inscrire au moins 1 mois avant votre départ sur • *altidoc.ch* • *06-98-16-45-39 (pour infos complémentaires).*
Bon à savoir : certaines agences de treks francophones sont abonnées à leurs services pour leurs clients. Lors d'un trek, cela permet à votre guide, en cas de

problème, de joindre un médecin de montagne par téléphone, 24h/24 et 7j./7 pour connaître la conduite à tenir en fonction des symptômes.

## Mal d'altitude

LE MAL D'ALTITUDE EST DANGEREUX... on peut même en mourir ! Il faut bien en être convaincu. Ce n'est pas être alarmiste que de le marteler. Il est dû à une carence en oxygène (diminution de la pression atmosphérique en altitude et donc baisse de la quantité d'oxygène inhalé à chaque inspiration). Tout le monde peut être concerné. Il n'y a aucune corrélation avec l'entraînement physique et le style de vie. Les montagnards les plus aguerris peuvent en souffrir. Il apparaît à n'importe quelle altitude dans les heures qui suivent un séjour au-dessus de 3 000 m (2 500 m pour les plus sensibles). En voici quelques effets : maux de tête, souffle court, nausées, perte d'appétit, fatigue anormale. Attention, ces signes sont parfois assimilés à d'autres facteurs que l'altitude (mauvaise alimentation, *lodges* inconfortables...).

Dans la plupart des cas, ils disparaissent au bout de quelques jours SI L'ON OBSERVE SCRUPULEUSEMENT LES RÈGLES QUI SUIVENT : pour absorber plus d'oxygène, le corps doit aussi produire plus de globules rouges ; donc, règle d'or, marcher très lentement, respirer doucement à pleins poumons. NE JAMAIS COURIR, même pour prendre la photo de votre vie ! Les fumeurs devront réduire considérablement, voire arrêter, leur consommation. De même, il ne faut pas prendre de somnifères ni boire d'alcool, mais beaucoup d'eau, de thé ou de soupes. On parle d'environ 3 l de liquide par jour.

Si les symptômes s'aggravent (maux de tête de plus en plus violents, vomissements, perte d'équilibre, essoufflement au repos associé à une toux – si crachats rosés, situation très grave), perte totale d'appétit, rétention d'urine, fatigue extrême, lèvres bleutées, hallucinations, etc.), une seule solution : REDESCENDRE IMMÉDIATEMENT AU MOINS DE 500 MÈTRES À UNE ALLURE CALME. Les conséquences les plus sérieuses sont l'œdème pulmonaire (les poumons se remplissent d'eau) et l'œdème cérébral, qui peuvent être fatals en quelques heures.

Si les signes du mal des montagnes sont aujourd'hui connus, ils demeurent encore trop souvent négligés. Le seul véritable traitement du MAM (mal aigu des montagnes) bénin est la réoxygénation, donc la descente (d'au moins 500 m).

En cas de malaise grave, le caisson hyperbare permet de débuter le traitement, mais ne doit jamais retarder la descente. Ceux qui partent à plusieurs ont tout intérêt à en louer un gonflable et portable (ne pesant que 5 kg, pompe comprise). Vous en trouverez en vous adressant au fabricant *CERTEC (257, route du Bourg, 69210 Sourcieux-les-Mines ; ☎ 04-74-70-39-82 ; • certec-secourisme.fr • ; fermé du ven ap-m au dim, mais joignable par tél ; résa préférable 1 mois à l'avance, selon saison et possibilité d'envoi par transporteur express).* Sachez que le caisson hyperbare est le seul procédé connu qui vous permette de descendre artificiellement de 2 000 à 1 500 m en quelques minutes. Il est également possible d'en louer à Kathmandu, mais en le réservant longtemps à l'avance, auprès de l'agence *Glacier Safari Treks* (voir les « Adresses utiles » à Kathmandu) pour environ 15 € par jour.

*IMPORTANT :* une bouteille d'oxygène est d'un grand secours, mais ne guérit pas le mal. Voilà !

Bien sûr, on regrette d'avoir gâché un peu votre plaisir, mais s'il n'y avait qu'un chapitre essentiel à écrire, c'était bien celui-ci. Et puis, si vous ne faites pas le fou, ou la folle, tout ira bien !

■ ***The Himalayan Rescue Association :*** *Dhobichaur, Lazimpat, à Kathmandu (plan d'ensemble, C1). ☎ 444-02-92 et 93. • himalayanrescue.org • Accès par la porte nord du palais royal. Tlj sauf sam 10h-17h.* Association de bénévoles. On peut y laisser son itinéraire de trek avant le départ. Ils y organisent aussi des briefings sur le mal d'altitude *(tlj sauf sam).* Leurs conseils sont très précieux. Brochure en français. On peut également y assister à leurs postes de santé de Pheriche (Everest) et de Manang (Annapurna). Attention, ils ne sont ouverts qu'en mars, avril, octobre et novembre.

## La composition d'une équipe de trek

2 cas de figure : soit le groupe a prévu d'avoir son propre campement avec sa cuisine, soit il prend ses repas dans les *lodges.*

➢ Dans le 1er cas, l'équipe est très hiérarchisée :

– à sa tête, le *sirdar.* Il gère le budget, choisit les membres de son équipe, les itinéraires et les campements. Il a la mainmise sur l'organisation du trek, en accord préalable avec l'agence et bien sûr le client.

– Vient ensuite le *cuisinier.* Il achète les produits en cours de chemin et compose les repas. Pour les groupes de plus de 5 personnes, il y a des *aides (helpers)* qui portent les ustensiles de cuisine et les denrées et font eux-mêmes les repas. Leurs charges doivent être légères, car ils sont les derniers à quitter le campement le matin (après la vaisselle) et les 1ers à arriver au prochain pour tout préparer.

– Passons maintenant aux *sherpas,* en précisant que, dans une équipe de trek, il s'agit d'une fonction et pas d'une identité culturelle. On peut être d'origine tamang ou chettri ou d'un autre groupe ethnique et cependant être sherpa dans l'organisation. Son rôle est d'aider en cours de chemin et au campement, un peu à la façon d'un assistant guide ou cuistot, voire de donner un coup de main aux porteurs.

– Enfin, à la base de la hiérarchie on trouve les *porteurs.* Leur nombre est défini en fonction du poids à porter en sachant qu'au Népal, pour les treks, la norme est de 30 kg incluant leurs affaires personnelles !

➢ Dans le 2d cas, avec hébergement et nourriture dans les *lodges,* l'équipe est constituée du *sirdar* aidé éventuellement de *sherpas* mais forcément avec des porteurs qui acheminent les sacs.

## Le trek et l'éthique

Depuis quelque temps des articles fleurissent dans la presse pour dénoncer les abus dont les trekkeurs se rendent coupables par ignorance ou par lâcheté. Il n'y a pas de tradition, comme on pourrait vous le faire croire, à ce que les Népalais se rendent « esclaves ».

Pourquoi continuer à faire travailler les enfants ? Pourquoi laisser les porteurs acheminer des charges parfois largement supérieures à 50 kg ? Souvent les arguments avancés par les responsables des agences et par des *sirdars* peu scrupuleux reviennent sur le fait que, plus le porteur soulève de poids, plus il gagne d'argent. Un tel argument est impossible à vérifier car les porteurs soumis au *sirdar* mentent de peur de perdre leur job. Un autre argument consiste à dire que, à cause de telle ou telle fête (nombreuses en période de treks), les *sirdars* ne peuvent pas trouver de porteurs et qu'ils en prendront en chemin, ce qui n'arrive jamais... mais ensuite, comment faire demi-tour ?

La *Trekking Agencies' Association of Nepal* (TAAN) impose une grille de salaire pour les porteurs (par exemple, environ 1 400-1 500 Rps par jour pour un trek dans l'Everest), mais aussi pour tous les membres de l'équipe. Vérifiez également qu'ils soient traités convenablement. En dehors de leur charge, il est impératif qu'ils aient un hébergement et un équipement personnel suffisant. C'est à l'agence de leur fournir l'équipement nécessaire ; au minimum des chaussures pour un trek court et en basse altitude. En revanche, pour un trek long en haute altitude, ils doivent porter des chaussures de marche, une veste, des pantalons en Gore-Tex, des gants, un bonnet et des guêtres selon la saison. Encore faut-il QU'ILS LES UTILISENT ! Ce qui ne va pas de soi, car dans leur situation souvent d'extrême pauvreté, ils gardent l'équipement au fond du sac pour ensuite le revendre. On voit parfois des porteurs en tongs aux pieds gelés ; leurs chaussures ayant été mises de côté pour être revendues au retour ! Une initiative intéressante, celle de KEEP,

à Kathmandu (voir les « Adresses utiles »), qui prête des vêtements et du matériel aux porteurs et membres d'équipe qui n'en disposent pas.
Si certaines agences surfent sur la mauvaise conscience des trekkeurs dès lors que des hommes portent nos affaires, sachez que la seule et véritable éthique en matière de trek est que le travail de votre équipe soit réalisé dans des conditions humainement respectables et qu'elle soit rémunérée normalement. En tant que client, vous pouvez exiger que ces conditions soient respectées. Infos (en anglais) sur • *ippg.net* •

## Choix du trek

On vous rappelle que la meilleure saison pour faire un trek se situe aux mois d'octobre, novembre, mars et avril, 4 mois où le ciel est bien dégagé et où les températures sont douces. En hiver, la neige rend certains cols inaccessibles et les *lodges* d'altitude sont fermés. Mais ça reste la meilleure période pour les treks en basse altitude. On peut alors profiter des sommets complètement dégagés. Enfin, si vous voulez partir entre juin et mi-septembre, vous aurez peu de chance de voir les sommets. Vous pataugerez dans la boue et vous vous ferez des amies très encombrantes : les sangsues. Pour réduire les inconvénients et les éloigner, voir plus haut la rubrique « Santé ». Parfois, avec un peu de chance, il pleut surtout la nuit et on profite de belles éclaircies le jour, permettant d'apercevoir les sommets. De plus, à cette époque, les paysages sont verdoyants.
Dans les *lodges*, vous ne devrez payer qu'une somme modique pour la nuit, mais on s'attendra alors à ce que vous preniez vos repas sur place (c'est comme ça qu'ils s'y retrouvent).
Pour les non encore initiés, sachez que le trekking impose beaucoup de contraintes d'organisation, mais que ça en vaut la peine et qu'on les oublie vite. Les paysages sont superbes, les gens avenants et le dépaysement garanti. Pourtant, n'allez pas imaginer que vous serez un pionnier. Ce n'est pas encore tout à fait l'autoroute du Soleil une veille de 14 juillet, mais ce n'est pas le désert non plus !

## Les principaux treks

***Les classiques***

• Carte Les treks des Annapurna *p. 89*

➢ ***Le tour des Annapurna :*** *compter 10-12 j. de Besisahar à Muktinath. Accès à l'Annapurna Conservation Area : 3 000 Rps.*
Jusqu'à récemment il était courant de faire le tour complet à pied, ce qui prenait 16-18 jours, mais une large piste, empruntée par des camions, minibus et jeeps, a été ouverte entre Tatopani et Muktinath, rendant désormais ce tronçon-là impropre à la randonnée. À moins de passer par le magnifique sentier rive gauche (voir plus bas). La plupart des touristes se contentent de marcher de Besisahar à Muktinath, ce qui prend quand même une petite dizaine de jours, et de faire la 2de partie de la boucle en véhicule, de Muktinath à Pokhara en passant par Jomsom. Ou encore en prenant l'avion de Jomsom à Pokhara. C'est certes un peu dommage, car cette 2de moitié du circuit valait aussi la peine, mais il reste malgré tout la 1re moitié, merveilleuse pour la variété des paysages : on passe de vallées tropicales à un paysage désertique tout en profitant de magnifiques cascades et de vues splendides sur les montagnes. Attention, même si on les voit bien, on n'est pas cerné par les montagnes, comme c'est le cas pour d'autres treks. La balade est aussi intéressante culturellement puisqu'on traverse de nombreux villages pittoresques. Il s'agit d'un trek sans grandes difficultés techniques, avec montées et descentes progressives. Mais il exige une bonne acclimatation à cause du col du Thorong La, qui atteint 5 416 m d'altitude. Pour éviter le mal des montagnes, marcher

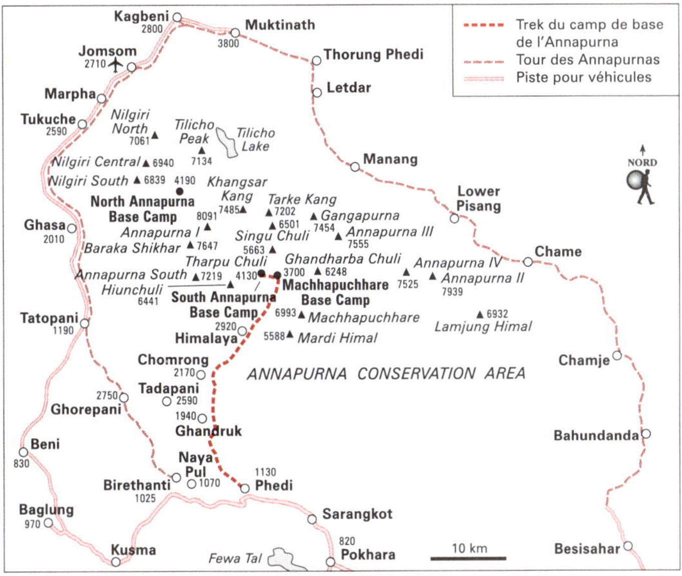


## LES TREKS DES ANNAPURNAS

doucement et faire de courtes étapes au-delà de 3 000 m. Attention, en hiver, le col est fermé en raison de la neige.

Ce trek étant l'un des plus courus du pays, on trouve des *lodges* (qui plus est de bonne qualité) tout au long du parcours. En fait, on ne marche jamais longtemps sans en croiser un, sauf au col de Thorong La. En toute logique, leurs prix grimpent avec l'altitude.

*Variante pour éviter la piste Jomsom-Tatopani :* il est possible de descendre depuis Jomsom par la rive gauche de la Kali Gandaki en passant par Lupra, Thinigaon, Dumpha, Sauru, Titilake, Kunja et rejoindre la piste à Lete, à un jour de marche avant Tatopani (ou jeep). Ce sentier magnifique jouit d'une vue extraordinaire sur les Nilgiri et le Dhaulagiri. Traversée d'authentiques villages takalis.

À Manang, on conseille de dormir à la ***Tilicho Guesthouse.*** *Lodge* chaleureux, tout en bois. Bons plats variés et surtout très copieux.

À Marpha (après Jomsom, si vous devez passer une nuit de ce côté-là), s'arrêter soit à la ***Paradise Guesthouse*** pour ses pommiers et sa vue magnifique sur les Nilgiri, soit au ***Dhaulagiri Guesthouse and Roof Top Restaurant,*** charmant petit hôtel dans le centre du village. Goûter au cidre, la spécialité du village. C'est aussi l'occasion de prendre une douche bien chaude.

➢ ***Le camp de base de l'Annapurna :*** *compter env 10 j. pour réaliser ce trek qui débute à Phedi (env 30 mn en bus de Pokhara) et se termine à Nayapul (d'où l'on reprend le bus pour Pokhara). Accès à l'Annapurna Conservation Area : env 3 000 Rps.*

Trek superbe pour la vue sur les montagnes. Au bout de 2 jours de marche, on emprunte un sentier cul-de-sac qui aboutit, 4 jours plus tard, au camp de base (4 130 m) de l'Annapurna I, où l'on se trouve véritablement entouré par les géants himalayens tels que l'Annapurna I et le Machhapuchhare. En revanche, d'un point de vue culturel, l'intérêt est beaucoup plus limité, puisque les villages rencontrés se composent tous presque exclusivement de *lodges.* Attention, les dortoirs et chambres de 4 personnes, en altitude, se remplissent vite en saison. Périple assez facile avec néanmoins des montées et descentes longues et raides : gare aux genoux ! Éviter la saison hivernale en raison d'importants risques d'avalanche dans la zone où passe le sentier.

À Jhinu Danda, on recommande de poser son sac au ***Namaste Hotel.*** Cadre agréable avec jardin pour déjeuner. Bonne cuisine. Source chaude à (encore) 30 mn de marche.

➢ ***Les treks de l'Everest :*** *accès au parc national de Sagarmatha (nom de l'Everest en népali) env 3 000 Rps.* Le must pour ceux qui veulent se retrouver au cœur des montagnes et, bien sûr, admirer de près le mythique mont Everest ; la vue sur les géants himalayens y est vraiment impressionnante. Et puis, on traverse de nombreux villages sherpas. Les possibilités de randonnées sont nombreuses. Voici un petit topo :

– *De Lukla au camp de base de l'Everest : le trek dure 14 j. en tt, mais en réalité, mieux vaut prévoir plus car les problèmes d'altitude peuvent freiner la cadence. Sans compter les fréquentes annulations de vols pour mauvais temps qui peuvent vous immobiliser à Lukla...* C'est le trek le plus pratiqué. On se rend à Lukla par avion depuis Kathmandu (compter environ 150 € l'aller) et, de là, on marche vers le camp de base de l'Everest, qu'on atteint en 7 jours. Même si ce parcours est le plus fréquenté, il constitue un bon choix pour ceux qui veulent contempler de près l'Everest mais qui n'ont pas tout le temps du monde. En revanche, faire très attention au mal des montagnes puisque par avion on arrive tout de suite à une altitude élevée. De plus, le trek se termine par une nuit à près de 5 000 m (et même plus si vous choisissez de dormir à Gorakshep !), ce qui ne doit pas être pris à la légère. Cela dit, il est fortement déconseillé de passer la nuit à Gorakshep en raison de l'altitude, mieux vaut faire un aller-retour jusqu'au Kala Pattar depuis Lobuche et dormir à Lobuche. C'est une longue journée, mais en dormant à 5 000 m, le risque de souffrir du mal d'altitude est beaucoup trop grand, même si l'on paraît bien acclimaté. Donc, si vous optez pour ce trek, veillez à bien modérer votre effort physique (marchez doucement !) et, surtout, n'hésitez pas à consacrer 1 ou 2 journées à l'acclimatation.

– *Le Solu (de Jiri à Lukla) et de Lukla au camp de base de l'Everest : min 3 sem en tt (avec retour en avion de Lukla).* C'est le même trek que le précédent, à part qu'il débute à Jiri, accessible en bus depuis Kathmandu (en une journée), et situé à 7 jours de marche de Lukla. L'avantage de ce trek plus long est qu'on bénéficie d'une meilleure acclimatation pour la partie qui sépare Lukla du camp de base de l'Everest car, entre Jiri et Lukla, on passe plusieurs cols à plus de 3 000 m. En revanche, il est particulièrement difficile, à cause justement de cette succession de montées et de descentes assez raides. Être en bonne condition physique et, surtout, bien ménager ses genoux ! Mais on traverse de magnifiques villages, quoique environ la moitié d'entre eux aient été endommagés par les séismes de 2015. De plus, en se rapprochant petit à petit de la chaîne montagneuse,

### HILLARY, VAINQUEUR PAR ABANDON

*Evans était le 1er de cordée qui devait vaincre l'Everest. À une centaine de mètres du sommet, il dut renoncer à cause d'une panne de la machine respiratoire qu'il avait lui-même conçue. Edmund Hillary, chef de l'équipe de secours, réussit l'exploit 3 jours plus tard. C'est son nom que l'histoire a retenu, depuis le 29 mai 1953. À son retour en Nouvelle-Zélande, il reprit son métier d'apiculteur.*

on apprécie encore plus la beauté du paysage. Et puis beaucoup de touristes arrivent directement à Lukla par avion, ce qui fait que cette partie du trek est moins fréquentée.
– *De Phaplu à Lukla puis de Lukla au camp de base de l'Everest : prévoir 17-18 j. (avec retour en avion de Lukla).* Ici, au lieu de relier Kathmandu à Jiri en bus, on prend l'avion ou la nouvelle route pour Phaplu, à 3 ou 4 jours de marche de Lukla. C'est une bonne alternative au trek précédent : moins long qu'au départ de Jiri et meilleure acclimatation à l'altitude que l'arrivée directe à Lukla.
– *De Lukla aux lacs de Gokyo : compter 10-12 j. de marche A/R. Sinon, on peut le combiner avec celui du camp de base de l'Everest. Prévoir dans ce cas 21 j. en tt.* Malgré la haute altitude, ce trek est plus court et plus facile que celui qui rejoint directement le camp de base de l'Everest depuis Lukla. Il est aussi moins fréquenté et, osons le dire, peut-être plus beau car, vraiment, les lacs de Gokyo sont splendides. De plus, la vue du Gokyo Ri, un sommet à 5 483 m facile à grimper, est très étendue, et même si l'Everest est plus loin, on le voit mieux.

Arrivé aux lacs, on conseille le ***Gokyo Namaste Lodge.*** Nourriture copieuse et excellente. Le proprio est cuisinier lors d'expéditions. Enfin un qui a compris que les randonneurs sont prêts à dévorer des montagnes ! Salle à manger agréable et chaude (un feu à la crotte de yack y étant toujours allumé !). Accueil sympa.

➢ ***Le trek du Manaslu :*** *compter 18 j., avec le passage d'un col à plus de 5 200 m. Obligation de passer par une agence. Renseignez-vous sur la sécurisation du parcours avt d'y aller.* Situé à l'est de la chaîne des Annapurna, le Manaslu est un sommet de 8 163 m, ce qui le place en 8e position dans la liste des plus hautes montagnes du monde. Un trek magnifique qui fait le tour du géant en passant par des rizières en terrasses dans une région de culture tibétaine. Un trek à faire sous tente ou en *lodge.*
➢ ***Le trek de la vallée de la Tsum :*** *compter 14 j. ou 20 j. en y associant le tour du Manaslu. Permis de 30-40 $/sem selon saison. Obligation de passer par une agence.* Cette vallée au sud-est du Manaslu est sacrée pour les bouddhistes. Elle a conservé une culture tibétaine authentique. Pas de hauts cols ; en peu de jours on se retrouve en terre tibétaine au pied des Ganesh Himal. Là encore, un trek à faire sous tente, chez l'habitant ou en lodges si l'on n'a pas peur de l'inconfort et que l'on aime les rencontres.
➢ ***Le trek de Langtang :*** ***attention,*** *cette région a particulièrement souffert des séismes de 2015. Le village de Langtang lui-même a été rayé de la carte... Il devrait être reconstruit ailleurs, un jour, dans un site plus favorable. De nombreux éboulements se sont produits et les chemins sont en cours de réfection. Les treks ont néanmoins repris. En principe, compter 8 j. (transport inclus) de Syabru Bensi, début du trek, jusqu'à Kyanjin Gompa et retour, plus si vous passez par les lacs de Gosainkund puis le sentier d'Helambu pour rentrer à Kathmandu (env 14 j. dans ce cas). Ajouter une journée de marche en commençant le trek à Dunche. Accès au parc national de Langtang : env 3 000 Rps.*
➢ ***Le trek d'Helambu :*** ***attention*** *là encore, les villages du secteur ont été fortement endommagés par les séismes de 2015. Les treks ont cependant repris. Compter 7 ou 8 j. entre Sundarijal (à peine à 15 km de Kathmandu) et Melamchi Bazaar (à 4h de bus de Kathmandu). Droit d'accès aux parcs nationaux de Langtang et Shivapuri : respectivement 3 000 et 1 000 Rps.*

#### *Treks plus courts et plus faciles*

➢ Dans la vallée de Kathmandu, par exemple ***de Chisapani*** (sur le trek d'Helambu) ***à Nagarkot,*** puis vers ***Dhulikhel*** et, enfin, ***Phulchaki Mai Temple.*** On découvre ainsi, tout à son rythme, la vallée, ses villages et ses points de vue sur l'Himalaya, notamment de Nagarkot. Pas vraiment besoin d'un guide car la vallée est suffisamment peuplée pour qu'on puisse demander son chemin partout, mais se procurer une bonne carte.

➢ Citons encore le minitrek ***de Panauti au monastère du Namo Buddha*** (compter 2-3h de marche aller). Se reporter, dans les environs de Panauti, à « La balade du Namo Buddha ».

➢ Voir aussi les treks décrits « Dans les environs de Pokhara ».

***Treks moins fréquentés (car dans des zones retirées)***

➢ **Le Mustang :** *prévoir 12-16 j. Permis de trek : 50 $/j. par pers, avec obligation de passer par une agence et d'acheter au min un permis de 10 j.* Au nord du trek des Annapurna, le départ se fait de Jomsom, que l'on gagne en avion depuis Pokhara. Possible en été car la mousson ne touche pas le Mustang ; en hiver, froid et vent très éprouvants. On marche jusqu'à la capitale de cet ancien royaume bouddhique, Lo Manthang. On dort en *lodge.*

➢ **Le Dolpo :** *pour le Bas-Dolpo, compter 13 j. de marche (plus 3 j. de voyage A/R avec un vol entre Kathmandu et Juphal via Nepalgunj). Coût du permis : 20 $ /sem par pers. Pour le Haut-Dolpo, prévoir 18 à 24 j. de marche selon l'itinéraire et un permis de 50 $/j. par pers. Obligation de passer par une agence. Cher, car en plus du permis, il faut partir avec guides, porteurs et tt le matos de camping.* Ancien royaume de culture tibétaine situé à l'ouest de la chaîne du Dhaulagiri, cette région, assez difficile d'accès, est encore préservée du monde moderne (et du tourisme de masse !). Les gens y vivent de façon très traditionnelle et on y voit encore des caravanes de yacks se déplacer pour les besoins du troc. La plupart des trekkeurs se rendent dans le Bas-Dolpo, moins cher, moins long et plus facile que le nord... enfin tout est relatif car il compte tout de même 2 cols à 5 200 m, mais ils sont moins ardus et moins exposés aux chutes de neige que le col du Haut-Dolpo à 5 100 m.

➢ **Le Lumbasumba :** *prévoir 19 j. Permis de trek à 20 $, plus 20 $/sem pour l'accès au Kangchenjunga. Très conseillé de passer par une agence.* C'est l'idéal si vous cherchez un trek en altitude, hors des sentiers battus, à la découverte de villages multi-ethniques. À l'est du pays, entre les massifs du Kangchenjunga et du Makalu, le trek débute à Taplejung avant de remonter au nord par des villages tibétains. On passe le col du Lumbasumba, à 5 200 m, puis on rejoint de beaux villages *magar* et *rai,* très isolés. Ce trek fait partie du *Great Himalaya Trail* (infos sur • *greathimalayatrail.com* •).

➢ **Le parc national de Kangchenjunga :** *prévoir 18 j. de marche, plus 4 j. de transport ou prendre un avion jusqu'à Suketar-Taplejung. Permis à 20 $/sem.* Pour les trekkeurs chevronnés, dans une région à l'extrémité est du pays, à cheval avec le Sikkim. On remonte une vallée encaissée pour atteindre le camp de base du Kangchenjunga. Itinéraire de haute montagne avec des cols à plus de 4 000 m. Pas grand monde et paysage sauvage comme on les aime. Bonne condition physique requise. On dort en *lodge* ou chez l'habitant.

➢ **De Simikot à Jumla, le long de la rivière Karnali :** *dans l'ouest du pays. Accès par avion à l'aller comme au retour. Prévoir 19 j.* Pas de difficulté majeure. Le trek suit la rivière Karnali qui vient du Tibet. On traverse des villages *bothia,* d'origine tibétaine, et *takuri.* Les femmes portent de magnifiques colliers de perles qui rappellent leur splendeur d'antan et leur origine : le Rajasthan. Ici, pas de files de trekkeurs, mais des petites chèvres himalayennes qui assurent l'approvisionnement des *tea-shops...* Passage au bord du lac Rara, dans lequel se reflètent les sommets enneigés.

## URGENCES

### Médicales

Pour ceux qui partent en trek, bien lire le paragraphe « Assurance » de la rubrique « Trekking », plus haut.

## Pour les cartes de paiement

Notez que l'assistance médicale se limite aux 90 premiers jours de voyage.
En cas de perte, de vol ou de fraude, une carte peut être rapidement remplacée quand on voyage dans la zone euro. En appelant sa banque, un système d'opposition (chaque banque gère elle-même le processus, quelle que soit la carte), d'avance d'argent et de remplacement de carte pourra être mis en place afin de poursuivre son séjour en toute quiétude.

- ***Carte Bleue Visa :*** *n° d'urgence (Europ Assistance), ☎ (00-33) 1-41-85-85-85 (24h/24). • visa.fr •*
- ***Carte MasterCard :*** *n° d'urgence, ☎ (00-33) 1-45-16-65-65. • mastercardfrance.com •*
- ***Carte American Express :*** *☎ (00-33) 1-47-77-72-00. • americanexpress.com •*
- Il existe aussi un ***serveur interbancaire d'opposition*** qui, en cas de perte ou de vol, vous met en contact avec le centre d'opposition de votre banque : *en France, ☎ 0892-705-705 (prix d'un appel + 0,35/mn) ; depuis l'étranger, ☎ + 33-442-605-303.*

## Besoin urgent d'argent liquide

Se reporter plus haut à la rubrique « Argent, banque, change ».

## Pour les téléphones portables

Suspendre aussitôt sa ligne permet d'éviter de douloureuses surprises au retour du voyage ! Voici les numéros des 4 opérateurs français, accessibles depuis la France et l'étranger :

- ***Free :*** *☎ 3244 depuis la France ; ☎ + 33-1-78-56-95-60 depuis l'étranger.*
- ***Orange :*** *☎ 0800-100-740 depuis la France ; ☎ + 33-969-39-39-00 depuis l'étranger.*
- ***SFR :*** *☎ 1023 depuis la France ; 📱 + 33-6-1000-1023 depuis l'étranger.*
- ***Bouygues Télécom :*** *☎ + 33-800-29-1000 depuis la France comme depuis l'étranger (service et appel gratuits).*

Vous pouvez aussi demander la suspension de votre ligne depuis le site internet de votre opérateur.
Avant de partir, notez (ailleurs que dans votre téléphone portable !) votre numéro IMEI, utile pour bloquer à distance l'accès à votre téléphone en cas de perte ou de vol. Comment avoir ce numéro ? Il suffit de taper sur votre clavier *#06#.

# LA VALLÉE DE KATHMANDU

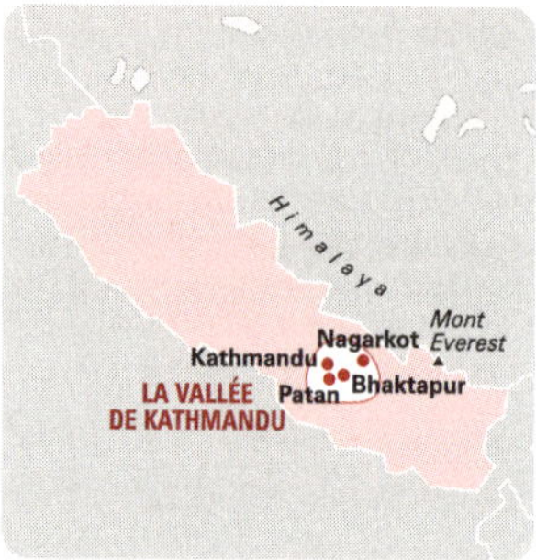


Cette vallée, de forme circulaire, adossée aux contreforts de l'Himalaya, n'est pas très étendue puisque son rayon fait une quinzaine de kilomètres. Pourtant, la population y est extrêmement dense : de 3 à 4 millions d'âmes, pour l'essentiel concentrées dans l'agglomération de Kathmandu. C'est aussi dans ce cirque naturel que se trouve la plus grande partie du patrimoine culturel. Si la place historique de Kathmandu a été particulièrement frappée par les séismes de 2015, celles de Patan et de Bhaktapur ont résisté fièrement. Dans la capitale, on en a profité pour reconstruire toujours plus et toujours plus haut. La pression immobilière dans la vallée s'accroît et on ne distingue plus les villes entre elles, qui forment aujourd'hui un seul et même ruban urbain.
Pourtant, chaque cité recèle en son cœur de véritables merveilles architecturales qui nous font basculer dans les siècles passés, dans un monde d'une rare harmonie. Afin de visiter l'ensemble de la vallée, il n'est pas exagéré de prévoir une semaine. On peut loger à Kathmandu, bien sûr, mais pour ceux que la forte pollution et le ghetto touristique de Thamel rebuteraient, il est plus judicieux de dormir à Bhaktapur, à Patan ou encore à Bodhnath. De plus en plus de routards optent pour cette solution. On ne peut pas leur donner tort.

## KATHMANDU

3,4 millions d'hab. IND. TÉL. : 01

• Plan d'ensemble *p. 96-97* • Thamel (zoom I) *p. 99*
• Durbar Square (zoom II) *p. 101*

Fondée au X<sup>e</sup> s à 1 350 m d'altitude, au confluent de 2 rivières, la Bagmati et la Vishnumati, Kathmandu devient mondialement célèbre dans les années 1960, quand les voyageurs hippies en font leur paradis terrestre. Elle demeure aujourd'hui la capitale politique et religieuse du Népal, en même temps que la ville la plus peuplée du pays.
Certes, son Durbar Square, classé au Patrimoine mondial de l'Unesco, est sans doute celui qui a le plus souffert des séismes de 2015. Mais Kathmandu ne s'est jamais laissé enfermer dans un statut de ville-musée. La « petite cité de bois » (traduction de Kathmandu) est passée du village médiéval à l'état de grande ville surpeuplée et anarchique, tout en assumant ses contradictions et en restant bien vivante et toujours fervente !
Kathmandu est LA ville mythique, qui recèle beaucoup de trésors cachés. Pour les découvrir, il faut donc être curieux, un rien fouineur, accepter de

**sortir de sa zone de confort que constitue le quartier de Thamel et prendre le temps de se perdre dans les vieilles ruelles du centre-ville, vagabonder sans but... De petits temples se cachent dans les moindres recoins, des échoppes incroyables, des artisans improbables. Et puis on débusque une foule d'odeurs à humer, de tranches de vie colorées à observer dans l'effervescence des petits marchés traditionnels.**

### CAT...MANDU ?

*Une légende affirme que Cat Stevens a écrit sa superbe chanson* Kathmandu *dans une* tea house *(enfumée, de préférence !) du quartier d'Asan Tole. Pourquoi pas, même s'il n'en existe aucune preuve... Cette histoire, vraie ou non, est véridique pour des tas de musiciens ayant décrit la ville comme l'ultime refuge sur cette planète avant d'atteindre le nirvana, tels Janis Joplin* (Cry Baby)*, John Lennon* (Nobody Told Me) *ou encore Bob Seger* (Kathmandu)*. Elle rappelle surtout à quel point Kathmandu fut une sacrée source d'inspiration dans les années 1960-1970 !*



## KATHMANDU, UNE USINE À GAZ

Nul ne peut échapper, en atterrissant à Kathmandu, à cette vision de la ville au creux de la vallée, recouverte d'une chape de pollution, de laquelle émergent les sommets enneigés de la chaîne himalayenne.
Elle témoigne de la situation environnementale désastreuse qui affecte la capitale et sa population. La forme de cuvette de la vallée favorise en effet la concentration des rejets polluants, surtout pendant la saison sèche. L'explosion du parc automobile (et de deux-roues) et ses gaz d'échappement, l'urbanisation rapide étouffée par le manque d'espaces verts, la déficience des transports en commun en ville, ainsi que la fumée dégagée par les fours à briques qui tournent à plein régime en hiver sont les principaux facteurs. Ajoutons à cela l'incinération des déchets et la poussière dégagée par le vaste chantier d'installation du réseau d'eau potable, et l'on comprend que la ville figure tristement parmi les plus polluées au monde. Un paradoxe au pied des montagnes !
Les pouvoirs publics ont tardé à prendre conscience de ce problème (une vraie question de santé publique), et les modestes décisions sont longues à produire leurs effets. Une petite zone du centre historique a bien été transformée en zone piétonne au cœur de Thamel, mais sa superficie est tellement symbolique qu'on est loin du compte. Quant à Durbar Square, officiellement piétonne, les motos y sont largement tolérées.
Enfin, autre forme de pollution, l'utilisation immodérée du klaxon. Formellement interdite il y a quelques années, cette décision a tenu quelques temps, avant que le concert ne reprenne de plus belle.

## Arrivée à l'aéroport

✈ ***Tribhuvan International Airport*** *(hors plan d'ensemble par E3)* **:** à env 6 km au sud-est du centre-ville. • tiairport.com.np • L'unique piste d'atterrissage accueille les avions des compagnies internationales et domestiques. Les 2 aéroports sont côte à côte.
– Le ***visa*** peut s'acheter à l'arrivée, juste avant le passage de l'immigration. Il faut d'abord s'enregistrer sur les machines « foreigners » (prévoir un peu d'attente) qui délivrent un numéro de visa à présenter, ensuite, au bureau juste à côté, pour le paiement. À moins d'avoir déjà rempli le formulaire en ligne (valide 15 jours) sur • nepalimmigration.gov.np • et imprimé le reçu avec le code-barres. Dans ce cas, on se place directement dans la queue pour payer le visa. Gain de temps appréciable.

## Adresses utiles

- Nepal Tourism Board, Bureau des parcs nationaux, police touristique (C-D4)
- 1 Immigration Office (E4)
- 2 Ambassade de France (D2)
- 3 Ambassade de l'Inde (D1)
- 4 Ambassade de Chine (D3)
- 7 Consulat du Canada (D3)
- 10 Ciwec Clinic (D2)
- 11 Men-Tsee Khang Tibetan Medical & Astrology (B3)
- 22 Base Camp Trek (D1)
- 27 Mandala Trekking (D2)
- 34 Sherpa (D3)
- 38 Shanti Travel (D3)
- 76 Piscine du Shanker Hotel (D2)
- 77 Piscine de l'Hotel Shangri-La (D1)

## Où dormir ?

- 65 Tings Tea Lounge Hotel (D1)
- 68 Hotel Ganesh Himal (B3)
- 71 Hotel Yak and Yeti (D3)
- 73 Le Rhododendron (B1)
- 75 Hotel Tibet (D2)
- 76 The Shanker Hotel (D2)
- 77 Hotel Shangri-La (D1)
- 78 Hotel Vajra (A3)
- 79 Dwarika's Hotel (hors plan par E3)

## Où manger ?

- 79 Krishnarpan (hors plan par E3)
- 120 Falcha (B4)
- 125 Koto (D3)
- 130 Bhumi (D1)
- 131 Kotetsu (hors plan par D1)

## Où boire un verre en soirée ? Où sortir ?

- 165 Jazz Upstairs (D1)
- 166 Trisara Garden of Heaven (D2)

## Achats

- 180 Everest Pashmina Arts (E3)
- 181 Folk Nepal (D2)

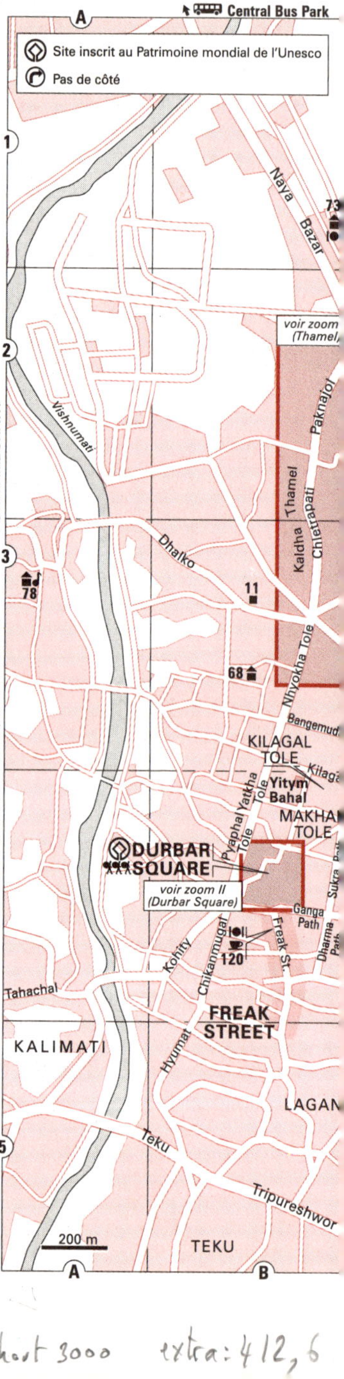

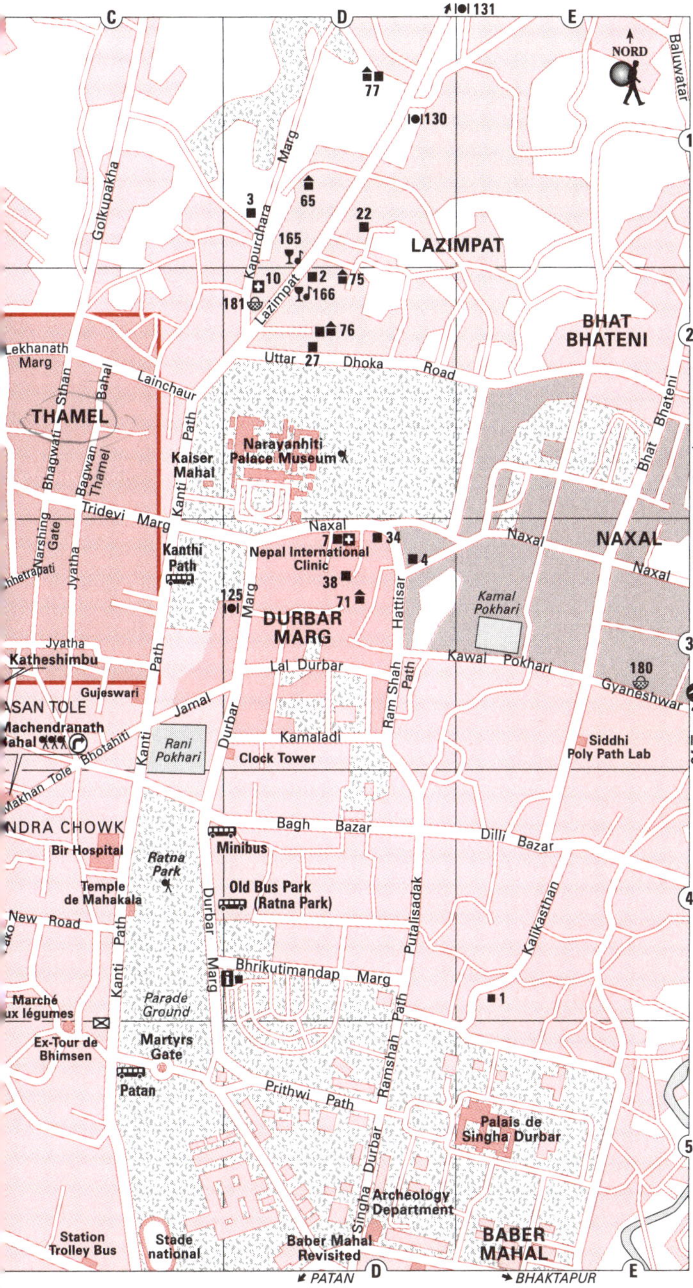


KATHMANDU – Plan d'ensemble

Noter que ce système ne fonctionne qu'à l'aéroport de Kathmandu (pas aux frontières terrestres). Prix affichés en dollars : 30 $ pour 15 jours, 50 $ pour 30 jours et 125 $ pour 90 jours. Payables également en euros. En dollars ou en euros, prévoir l'appoint en liquide. Gratuit pour les enfants de moins de 10 ans.
– On y trouve quelques ***distributeurs automatiques d'argent*** et des ***bureaux de change*** (taux de change dans la norme et sans commission). Également un petit ***bureau de police et d'infos touristiques*** (rarement ouvert) juste après la douane.
– Pour ***téléphoner,*** guichets *Ncell* et *Nepal Telecom* qui vendent des cartes SIM locales.

***Pour se rendre en centre-ville***

➢ On peut se rendre dans le centre avec les ***bus verts,*** mais la dépose se fait à Ratna Park. Il faut encore 20-25 mn de marche pour rejoindre le quartier touristique de Thamel. Sinon,



**Adresses utiles**

**12** Centre médical tibétain (B3)
**14** Mandala Book Point (C3)
**15** Tranquility Spa et Pilgrims Book House (C3)
**16** Map Centre (C2)
**19** Celtic Trekking Adventure (B2)
**20** Exotic Trek & Expeditions et Nepal Trekking & Expeditions (C3)
**21** Trinetra Adventure (C3)
**25** Terres du Népal (C2)
**32** Consulat de Belgique (C2)
**33** The North Face et Mountain Hard Wear (C2)
**36** Seeing Hands Clinic (C3)
**101** KEEP Travellers Information Centre (C3)
**103** Vajra Book Shop (C3)

**Où dormir ?**

**40** The Yellow House (B2)
**41** 327 Thamel (C3)
**42** Silver Home (C3)
**43** Yakety Yak (C3)
**44** Andes House (C2)
**45** Hotel Bliss International (C3)
**46** Bag Packer's Lodge (C2)
**47** Kathmandu Garden House (B2)
**48** 4 Seasons Hostel (B2)
**49** Hotel Yala Peak (C3)
**50** Hotel Roadhouse (C3)
**51** Hotel Dolphin (C2)
**52** Tibet Peace Guest House (B2)
**54** Tibet Peace Inn (B2)
**55** International Guesthouse (B2)
**56** Oasis Hotel (C2)
**57** Karma Boutique Hotel (C3)
**58** Hotel Thamel House (C2)
**60** Hotel Mandap (B-C2)
**61** Taleju Boutique Hotel (C3)
**63** Ambassador Garden Home (C2)
**64** Holy Himalaya Hotel et Fuji Hotel (C3)
**66** Kantipur Temple House (C3)

**Où manger ?**

**43** Kar.ma Coffee (C3)
**49** Rosemary's Kitchen (C3)
**50** Roadhouse Café (C3)
**58** Thamel House (C2)
**90** Western Tandoori & Naan House (C2)
**91** Gilingche (C2)
**92** Thakali Bhancha (C2)
**93** Thamel Cave Kitchen (C2)
**94** Momotarou (C2)
**95** Fusion Kitchen (C3)
**96** Yangling (B2)
**98** Kathmandu Kitchen (C2)
**101** Gaia (C3)
**102** Green Organic Café & Farmer's Bar (B-C2-3)
**103** Lotus Restaurant and Coffee Gallery (C3)
**106** Chick'n Falafel et Or2K (C2)
**108** Places et Kausi Dreamer's Terrace (B2)
**109** Fire and Ice Pizzeria (C3)
**110** Jatra Café (C3)
**111** K-Too Beer & Steakhouse (C2)
**112** Dechenling (C2)
**113** New Orleans Café (C2)
**114** Third Eye Restaurant (C2)

**Où prendre le petit déj ? Où faire une pause sucrée ? Où boire un verre en journée ?**

**140** Chikusa Coffee Shop (C3)
**142** Pumpernickel Bakery (C2)
**143** Secret Garden Café (C3)
**144** The Café with no Name (C2)
**145** Himalayan Arabica Beans (B2)
**146** Kaiser Café (C2)

**Où boire un verre en soirée ? Où sortir ?**

**155** Revolution Café (C2)
**156** Electric Pagoda (B2)
**157** Buddha Bar (C2)
**158** Tom & Jerry's Pub (C2)
**159** Paddy Foley's Irish Pub (C2)
**160** House of Music (C2)

**Achats**

**171** Fair Circle (C3)
**173** The Paper Parks (C2)
**175** Saroj Instrumental Shop (B3)
**176** Singing Bowl Gallery & Museum (C3)

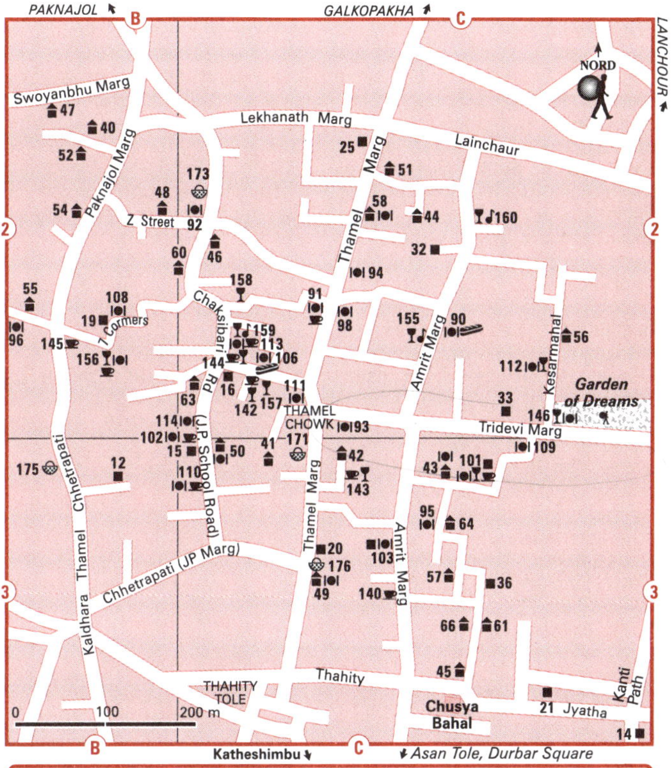


KATHMANDU – Thamel (zoom I)



prendre un ***taxi à plusieurs,*** c'est bien plus simple. Il existe des billets *prepaid taxi* à prix fixe, que l'on paie à un comptoir (juste avant la sortie de l'aérogare). Compter env 700 Rps pour rejoindre Thamel en 20 à 40 mn selon le trafic, env 800 Rps pour Patan et 1 200 Rps pour Bhaktapur. Dans l'autre sens, de Kathmandu vers l'aéroport, compter environ 500 Rps. Après 21h, petite majoration.

## Adresses utiles

### Infos touristiques

**i** ***Nepal Tourism Board*** *(plan d'ensemble, C-D4)* **:** *Bhrikutimandap Marg, à l'angle de Durbar Marg.* ☎ *425-69-09 ou 422-57-40.* • *welcomenepal.com* • *Excentré. Tlj 10h-17h.* L'unique endroit en ville où l'on peut s'enregistrer pour obtenir le permis de trek individuel, la *TIMS Card,* au bureau des parcs nationaux (voir ci-dessous). À l'étage un petit ***musée ethnographique*** *(ouv tlj, mêmes horaires ; entrée env 200 Rps),* certes poussiéreux, mais qui a le mérite de présenter, dans des vitrines, des reconstitutions de scènes d'intérieur au sein des différentes ethnies. Intéressant.

■ ***Bureau des parcs nationaux*** *(plan d'ensemble, C-D4)* **:** *au Nepal Tourism Board.* Plusieurs comptoirs et bureaux pour obtenir la *TIMS Card* et les différents permis selon la région :

– ***TIMS Card :*** *☎ 425-69-09. • welcomenepal.com • Tlj 10h-13h, 14h-17h.* Vend le permis de trek *(Registration Form)* OBLIGATOIRE, même si vous partez seul en randonnée. Prévoir 2 photos et l'équivalent d'environ 20 $ (mais ***payable seulement en roupies,*** soit environ 2 000 Rps). Si vous passez par une agence de trek, celle-ci s'occupe pour vous de toutes ces formalités (avec le permis à moitié prix...).

– ***Bureau de l'Annapurna Conservation Area :*** *☎ 422-24-06. • ntnc.org.np • Tlj 9h-15h.* On y achète le permis (moyennant 2 photos et un droit d'entrée ; voir la rubrique « Trekking » en début de guide) pour l'Annapurna, le Manaslu et Gaurishankar. Infos et dépliants en anglais.

– ***Department of National Parks and Wildlife Conservation :*** *☎ 422-09-12 ou 422-79-26. Tlj sauf sam et j. fériés 9h-14h.* Permis pour l'Everest *(Sagarmatha),* le Langtang, Khaptad, Makalu et Rara.

■ ***Immigration Office*** *(plan d'ensemble, E4,* ***1****)* **:** *Kalikasthan. ☎ 442-96-60 ou 96-59. • nepalimmigration.gov.np • Dim-jeu 10h30-16h30 (15h30 nov-déc), ven 10h30-14h, sam et j. fériés 11h-13h.* Pour la prorogation de visa. Remplir et imprimer le formulaire en ligne avant d'y aller ou à la machine sur place (venir tôt, souvent du monde !). Apporter une photo et l'équivalent de 45 $ ***en roupies*** pour 15 jours d'extension. Au-delà, c'est 3 $ par jour supplémentaire, pour un maximum de 150 jours de présence cumulée dans le pays sur une année civile. Délivre aussi les permis de trek pour certaines régions comme le Mustang, Dolpo, Manaslu, etc. (si vous passez par une agence, celle-ci s'en charge). Pour les distraits, on trouve à côté un distributeur d'argent et une boutique de photos.

■ ***KEEP Travellers Information Centre*** *(zoom I, C3,* ***101****)* **:** *à Thamel. ☎ 426-74-71. • keepnepal.org • Au-dessus du restaurant Gaïa, dans la cour. Tlj sauf sam et j. fériés 10h-17h (16h en hiver).* Une ONG dont l'objet se concentre sur la protection de l'environnement et l'info aux voyageurs. On peut y glaner des infos sur le trekking, les événements culturels ou consulter des cartes gratuitement et visionner des documentaires. À noter que l'organisation veille aussi au bien-être des porteurs en leur donnant des cours d'anglais et en leur prêtant des vêtements et du matos (les dons sont donc les bienvenus).

## Représentations diplomatiques

■ ***Ambassade de France*** *(plan d'ensemble, D2,* ***2****)* **:** *Lazimpat. ☎ 441-23-32. En cas d'urgence seulement : 📱 98-01-01-72-01 et 98-51-03-84-18. • np.ambafrance.org • Seulement sur rdv, lun-ven (sauf j. fériés) 9h-12h, 14h-17h.*

■ ***Consulat de Belgique*** *(zoom I, C2,* ***32****)* **:** *Bhagwan Bahal, à Thamel. ☎ 441-89-22 ou 443-28-67. • info@diplobelnepal.org • Lun, mar et jeu 10h-12h, mer et ven 14h-16h.*

■ ***Ambassade de Suisse*** *(hors plan d'ensemble par D5)* **:** *Jawalakhel, à* ***Patan.*** *☎ 554-92-25. • kathmandu@eda.admin.ch • Lun-ven 10h-12h.*

■ ***Consulat du Canada*** *(plan d'ensemble, D3,* ***7****)* **:** *à l'entrée de la Nepal International Clinic, Durbar Marg. ☎ 444-19-76. • canadaconsul@mail.com.np • Lun-ven 9h-12h. En cas d'urgence, contacter l'ambassade à New Delhi (Inde) : ☎ (00-91-11) 41-78-20-00. • sos@canadainternational.gc.ca • canadainternational.gc.ca •*

■ ***Ambassade de l'Inde*** *(plan d'ensemble, D1,* ***3****)* **:** *336 Kapurdhara, à Lazimpat. ☎ 441-09-00 ou 441-49-90. • indianembassy.org.np • Près de la Ciwec Clinic. Dépôt des demandes de visa lun-ven 9h30-12h.* Vous gagnerez beaucoup de temps en le prenant dans votre pays d'origine. En effet, l'obtention d'un visa dans cette ambassade demande un maximum d'énergie et de patience : prévoyez 2 matinées complètes et un retour dans l'après-midi ; le tout sur 3 à 5 jours ! Et n'oubliez pas non plus de vous munir d'un stylo NOIR et d'écrire en LETTRES CAPITALES, sinon votre demande sera rejetée !

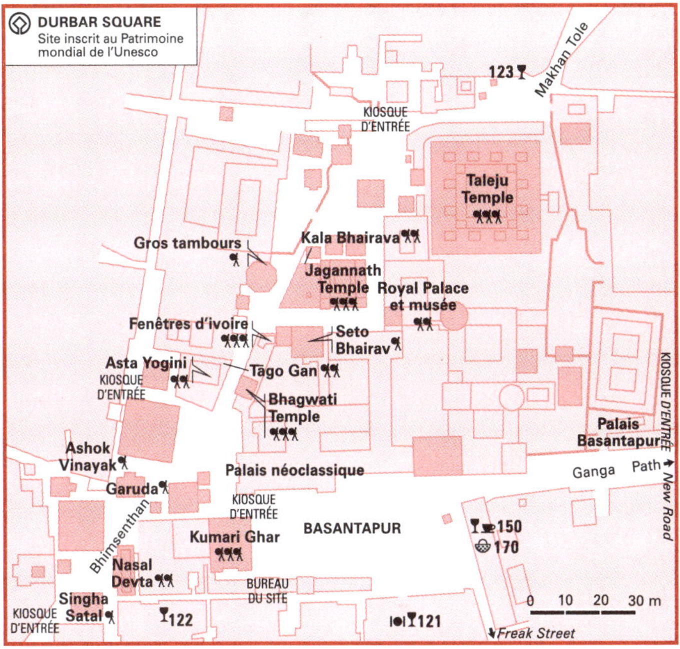


KATHMANDU – Durbar Square (zoom II)

| | |
|---|---|
| **Où manger ?** | **122** Heritage Roof Top View |
| **121** Vishram Café | **123** De Taleju View |
| **Où prendre le petit déj ? Où faire une pause sucrée ? Où boire un verre en journée ?** | **150** Himalayan Java Coffee |
| | **Achats** |
| **121** Vishram Café | **170** Everest Tea House (C2) |

■ ***Ambassade de Chine*** *(plan d'ensemble, D3,* ***4****)* **:** *Hattisar, Naxal. ☎ 444-02-86 ou 442-55-20. • np.chineseembassy.org • Non loin de l'ancien palais royal. Dépôt et retrait des demandes de visa lun-ven 9h30-11h30 (délai variable, 1-3 j. selon l'urgence et le tarif).* Apporter une photo, la photocopie du passeport, et le billet d'avion aller-retour (et sa photocopie). Pour le ***Tibet,*** les choses se compliquent : il faut obligatoirement passer par une agence qui se fait délivrer un visa de groupe (minimum 2 personnes, et prévoir au moins 5 jours ouvrés) pour un itinéraire touristique précis. Sachez aussi que la frontière peut être fermée sans préavis ; le voyage est alors annulé !

## Compagnies aériennes

Les horaires d'ouverture sont en général 9h-13h, 14h-17h. Fermé le samedi (sauf le matin pour certaines) et parfois le dimanche. Mieux vaut demander à son hôtel de téléphoner avant d'y aller.

■ ***Air China :*** *• airchina.com •* C'est actuellement la seule compagnie qui opère un vol entre le Népal et le Tibet. Ne pas oublier d'obtenir bien avant un permis de circuler au Tibet auprès d'une agence.

■ ***Air France :*** • *airfrance.com* •
■ ***Air India :*** • *airindia.in* •
■ ***British Aiways :*** • *britishairways.com* •
■ ***Nepal Airlines :*** • *nepalairlines.com.np* •
■ ***Qatar Airways :*** • *qatarairways.com* •

## Téléphone et Internet

On trouve partout des ***boutiques de téléphonie mobile*** pour acheter une carte SIM (voir la rubrique « Téléphone et télécoms » en début de guide). Les recharges en crédit de communication s'achètent dans les nombreuses petites échoppes de rue. Très pratique. Côté ***Internet,*** tous les hôtels, restos et bars fournissent une connexion wifi gratuite, généralement performante.

## Argent, change

■ ***Bureaux de change et distributeurs :*** ils sont très nombreux à Thamel et généralement ouverts jusque 19-20h, donc bien pratiques. Les taux de change se tiennent, toujours sans commission. L'opération y est plus rapide que dans les banques ! Il y a par ailleurs des distributeurs partout dans Thamel, souvent les uns à côté des autres.
■ ***Banques :*** on en trouve pas mal dans le centre de Kathmandu, toutes pourvues d'un distributeur d'argent liquide (*Visa* et *MasterCard*) en façade, et permettant de changer euros, dollars ou encore de se faire envoyer de l'argent. Ne pas oublier son passeport et prévoir un peu de temps pour l'opération.

## Santé

– Sachez d'abord que les ***ambulances*** peuvent mettre beaucoup de temps pour arriver (1h... ou 2). Il est donc préférable, en cas de souci de santé urgent, de prendre un taxi.

### *Médecine conventionnelle*

■ ***Pharmacies :*** nombreuses petites officines dans Thamel *(zoom I)* et sur New Road *(plan d'ensemble, C4)*, ouvertes jusqu'en soirée. Les médicaments disponibles sont assez limités. Une autre sur Kanti Path, avant le Bir Hospital, ouverte 24h/24.
✚ ***Nepal International Clinic*** *(plan d'ensemble, D3)* **:** *Durbar Marg.* ☎ *443-46-42.* • *nepalinternationalclinic.com* • Voir en priorité le Dr Buddha Basnyat, recommandé par l'ambassade de France et spécialiste du mal des montagnes.
✚ ***Ciwec Clinic*** *(plan d'ensemble, D2,* ***10****)* **:** *Lainchaur, à Lazimpat.* ☎ *442-41-11.* • *ciwec-clinic.com* • *Face à l'ambassade de Grande-Bretagne. Consultations lun-ven 9h-12h, 13h-17h (mais service des urgences 24h/24).* Clinique privée fondée par des médecins américains, dotée d'un centre de consultation (environ 70 $) et d'un service dentaire. Très fréquenté par les touristes.
■ ***Healthy Smiles*** *(plan d'ensemble, D2)* **:** *Ananda Bhavan, à Lazimpat (face à l'Ambassador Hotel).* ☎ *444-46-89 ou 442-08-00.* 📱 *98-01-04-42-08.* • *healthysmiles.com.np* • Un service dentaire performant. Il est important d'avoir des dents bien soignées pour envisager une virée en montagne, où les variations de pression peuvent faire sauter les plombages.
■ ***Analyses médicales :*** *à la* ***Siddhi Polyclinic*** *(plan d'ensemble, E3), Charkhal Rd, Dilli Bazar.* ☎ *441-06-04. Tlj sauf sam 8h30-12h, 16h30-19h.*
– Voir aussi la fiche santé de l'ambassade de France, qui recommande hôpitaux et médecins sur : • *np.ambafrance.org* •

### *Médecines traditionnelles et centres de massages*

■ ***Men-Tsee Khang Tibetan Medical & Astrology*** *(plan d'ensemble, B3,* ***11****)* **:** *3/114 Chhetrapati-Dalko.* ☎ *424-88-89 ou 425-19-94.* • *men-tsee-khang.org* • *Lun-sam 8h-11h, 13h-16h30 ; sur rdv.* Clinique tibétaine travaillant selon les enseignements du dalaï-lama. L'endroit n'a vraiment l'air de rien, autant le savoir, mais sa réputation est bonne. Fabrique ses propres médicaments.
■ ***Seeing Hands Clinic*** *(zoom I, C3,* ***36****)* **:** *Chussya Galli, Jyatha.* ☎ *425-35-13.* • *seeinghandsnepal.org* • *Tlj*

*10h-20h (18h hors saison). Compter env 2 000-2 900 Rps pour 1h ou 1h30 de massage.* Fondé par 2 thérapeutes britanniques, ce centre de massage forme pendant 1 à 2 ans des aveugles en vue de les réinsérer dans une société qui les rejette souvent. Ils utilisent 3 principales techniques : la relaxation *(Swedish massage)*, le massage thérapeutique *(Remedial sports therapy)* et le *foot massage.* Efficace et de grande qualité. Les hommes peuvent masser femmes et hommes et les femmes de même.

■ ***Centre médical tibétain*** *(Kunphen Tibetan Medical Centre ; zoom I, B3,* ***12****) : Chhetrapati, à Thamel. ☎ 425-19-20. Tlj sauf dim 9h-12h, 14h-17h.* Consultation gratuite et vente de médicaments traditionnels tibétains. Ce n'est pas bon, mais c'est, paraît-il, efficace !

■ ***Tranquility Spa*** *(zoom I, C3,* ***15****) : J.P. School Rd, à Thamel. ☎ 426-08-50 ou 421-83-16. Tlj 7h-22h. À partir de 3 000 Rps la séance. Réduc de 25 % pour nos lecteurs sur présentation du guide de l'année. Si vous arrivez avt 13h, certains packages affichent des rabais de 50 % (pas de remise supplémentaire dans ce cas-là).* Une enseigne sérieuse qui propose plusieurs types de massage : thaï, ayurvédique, suédois, etc., sans oublier le massage traditionnel népalais utilisant des pierres chaudes... Pas donné, mais pro et des salles très propres.

## Urgences

■ ***Police :*** *composer le ☎ 100.*

■ ***Tourist Police Office*** *(plan d'ensemble, C-D4) : Bhrikutimandap Marg, derrière l'office de tourisme. N° d'urgence : ☎ 424-70-41 ou 📱 98-51-28-94-44. Ouv 24h/24.*

## Librairies, journaux

La plupart proposent un petit rayon de livres en français, mais leur fonds de commerce demeure les bouquins en anglais sur l'Himalaya. Également un grand choix de bonnes cartes couvrant tout le pays, de beaux posters des montagnes, et parfois des timbres avec une boîte aux lettres.

■ ***Mandala Book Point*** *(zoom I, C3,* ***14****) : Kanti Path, à Thamel. ☎ 422-77-11. Tlj sauf sam 10h30-19h.* Bon choix de livres en français traitant de cette région du monde, quelques lexiques d'expressions népalaises, et pour ceux qui souhaitent apprendre le tibétain, le très bon livre de Sylvie Grand-Clément, *Le Tibétain sur le bout de la langue.*

■ ***Vajra Book Shop*** *(zoom I, C3,* ***103****) : Jyatha, à Thamel. ☎ 422-05-62. Tlj 10h-20h (18h sam).* Une poignée de livres en français, dont une bonne sélection de romans, cartes du pays et de treks.

■ ***Pilgrims Book House*** *(zoom I, C3,* ***15****) : J.P. School Rd, à Thamel. ☎ 422-15-46. Tlj 9h30-21h.* On y trouve absolument tout, y compris de l'artisanat, des instruments de musique, des savons et des bondieuseries... Nombreux livres sur l'Himalaya, le trekking, de bonnes cartes, des ouvrages rares et quelques livres en français. Vend aussi des timbres.

■ ***Map Centre*** *(zoom I, C2,* ***16****) : dans la rue centrale du Chowk, à Thamel. ☎ 470-02-94. Tlj 9h30-22h.* Toutes les cartes de treks et bouquins sur l'Himalaya. Cartes postales également.

## Culture

■ ***Alliance française :*** *à* ***Patan.*** Voir plus loin.

## Sports

■ ***Piscines :*** pour se détendre après un trek ou se rafraîchir en été, rendez-vous à la petite piscine du ***Shanker Hotel*** *(plan d'ensemble, D2,* ***76****)*, située dans un plaisant jardin dominé par le palais-hôtel. Également dans le quartier de Lazimpat, charmante petite piscine à l'***Hotel Shangri-La*** *(plan d'ensemble, D1,* ***77****)*. Accès payant.

■ ***Escalade : Astrek Climbing Wall,*** *Astrek Complex, Amrit Marg, à Thamel. ☎ 441-92-65 ou 📱 98-08-04-34-96. • astrekclimbingwall.com • Tlj 8h-20h.* Murs d'escalade, dont un de 15 m de haut. Une vingtaine de voies en tout, certaines adaptées aux enfants. Matériel et encadrement compris dans les tarifs.

## Trekking

■ ***Location et achat de matériel et vêtements de trek :*** dans la plupart des boutiques à Thamel, tous les vêtements, duvets et sacs à dos de marque sont des contrefaçons, peu chères (négocier quand même) et parfois de bonne qualité. Au terme de votre trek, on conseille de les offrir à vos guides et porteurs, ou même à *KEEP* (voir « Infos touristiques » plus haut) ; ça vous évitera une contravention en cas de contrôle à la douane française... À Thamel, sur Tridevi Marg, se situent les boutiques officielles des marques **The North Face** *(zoom I, C2, **33** ; ☎ 444-51-01 ; 2 boutiques à quelques mètres l'une de l'autre ; tlj 9h-20h)* et **Mountain Hard Wear** *(zoom I, C2, **33** ; ☎ 444-26-66)*, vendant de VRAIS vêtements et autres équipements de montagne environ 20 % moins chers qu'en Europe. Enfin, on recommande chaudement la boutique de la marque 100 % népalaise **Sherpa** *(plan d'ensemble, D3, **34** ; Durbar Marg ; ☎ 444-36-38 ; • sherpaadventuregear.com •)*. Beaux vêtements et matériel de qualité à des prix assez élevés, mais un peu moins chers que les grandes marques internationales précitées.

■ ***Cartes topographiques :*** toutes les librairies de Thamel proposent une belle sélection de cartes de qualité sur tous les treks possibles et inimaginables.

## Guides et agences de treks et de voyages

Parmi les centaines d'agences, nous en avons sélectionné quelques-unes qui sont compétentes, francophones, respectueuses de leurs collaborateurs, et qui vous prennent en charge dès l'aéroport. Certaines sont basées à Thamel, le quartier touristique de Kathmandu, d'autres à Patan, à un jet de taxi au sud de la capitale. Afin de faire le bon choix et de s'assurer que porteurs, guides et cuisiniers soient convenablement traités, lisez attentivement « Le trek et l'éthique » de la rubrique « Trekking » dans la partie « Népal utile ».

– ***Important :*** attention à certains faux guides qui offrent spontanément leurs services dans les rues de Kathmandu. Certains proposent des prix apparemment alléchants, mais ne vous laissez pas tenter. Les agences sérieuses ne font jamais de retape dans la rue.

***Les spécialistes du trek***

■ ***Glacier Safari Treks :*** *Damodar Marg, Kusunti, Jawalakhel, à **Patan.** ☎ 552-28-50 ou 554-67-10. 📱 98-51-02-46-03 ou 98-51-06-31-03. • gstreksnepal.com •* Agence dirigée par Catherine Joriot, passionnée de montagne, qui vit depuis très longtemps au Népal, et connaît parfaitement les sentiers de trek du pays. L'agence emploie des guides compétents et sympa, dont la majorité parle le français. Treks à la carte ou regroupés dans des régions classiques ou plus originales (Tsum, Dolpo, Solu...). Ils sont constamment à la recherche de nouveaux passages. Également des *trekkings peaks* (vers de petits sommets), des expéditions de haute montagne, des séjours culturels au Tibet (en 4x4), des randonnées faciles avec nuits chez l'habitant, spécialement en région sherpa, au Solu... Attention, ne pas confondre cette agence avec celle nommée *Himalayan Glacier,* à Thamel. Très engagée dans le pays, Catherine Joriot a fondé l'association Samdo Avenir axée sur le développement des communautés himalayennes (lire plus haut « Népal utile »).

■ ***Acme-Losar*** *(plan d'ensemble, D3) :* *Hattisar. 📱 98-51-02-07-49. En France : ☎ 09-75-22-36-24. • acme tours.com •* Travaillant essentiellement avec la clientèle francophone, cette agence propose des organisations de treks, résa d'hôtels, itinéraires à la carte, et des billets d'avion internationaux via *• acmeairways.com •*, etc. Une maison sérieuse et très serviable.

■ ***Shanti Travel*** *(plan d'ensemble, D3, **38**) :* *Lal Durbar Marg ; repérer le bâtiment avec la plaque « Royal Mountain Travel », c'est au 2e étage. ☎ 444-43-76. • contact@shantitravel.com •* Cette agence locale et francophone est spécialiste des voyages et treks sur mesure au Népal et au Bhoutan, ainsi que dans toute la chaîne de l'Himalaya. Avant de partir, contactez Charlotte et son équipe qui pourront vous conseiller et vous proposer des itinéraires hors des sentiers battus avec guide et nuits chez l'habitant, à la rencontre des peuples et cultures locales. Treks itinérants ou circuits découverte, Shanti Travel met toute son expérience dans l'Himalaya au service de ses clients.

■ ***Celtic Trekking Adventure*** *(zoom I, B2,* ***19****) :* *Saat Ghunti Marg-Thamel.* *98-41-78-67-78 et 41-31-67.* • *celtictrekking.com* • Une quinzaine de guides francophones chaleureux et professionnels. Treks pour tous les niveaux autour de l'Annapurna, du Manaslu, vers l'Everest, et plus récemment sur de nouveaux itinéraires : Tamang Heritage, Panch Pokhari, etc. Programme aussi le Tibet.

■ ***Exotic Treks & Expeditions*** *(zoom I, C3,* ***20****) :* *Kwabahal, dans la cour de la Om Tara Guesthouse, à Thamel.* ☎ *424-65-63 ou 425-22-73.* • *exotiquenepal.com* • *Contact en France : Roland Dozière,* ☎ *02-33-43-20-68 ;* • *edoziere@club-internet.fr* • Les chaleureux Basu, Shree Gopal et Pradip, tous professionnels francophones confirmés, offrent une large palette de treks dans l'Himalaya : Manaslu, Langtang, Dolpo, Mustang, tour des Annapurnas, Everest, etc., ainsi que des voyages au Tibet, au Bhutan et au Sikkim. L'équipe organise aussi à la carte des voyages culturels dans la vallée de Kathmandu, des safaris dans le Teraï. Depuis 1999, par son expérience et ses compétences, cette agence offre de bonnes conditions de séjour aux voyageurs à des prix étudiés.

■ ***Nepal Trekking & Expeditions*** *(zoom I, C3,* ***20****) :* *Kwabahal, à Thamel, dans la même cour que Exotic Treks & Expeditions.* ☎ *425-35-62.* *98-51-02-32-91.* • *nepal-trek.com* • Un regroupement de guides francophones privilégiant la logistique, la sécurité et la convivialité. L'équipe organise trekkings, ascensions ou expéditions à la carte autour de destinations classiques (Annapurna, Everest, Manaslu...) ou plus confidentielles (Mustang, Dolpo, Daulaghiri...). Également des descentes en rafting et des safaris dans le parc national de Chitwan.

■ ***Terres du Népal*** *(zoom I, C2,* ***25****) :* *Thamel Marg, 3e étag* *98-41-83-32-73.* • *terresdunepal.com* • Depuis plus de 10 ans, cette petite agence dirigée par un Français organise des séjours sur mesure, à partir de 2 personnes (visites culturelles, treks, safaris, rafting...), accompagnés par des guides professionnels népalais, anglophones ou francophones. Elle s'attache à promouvoir des circuits originaux, en proposant des nuits chez l'habitant, des visites de temples peu connus, des initiations à la cuisine locale ou aux bols chantants tibétains. Laurent vous sensibilisera aussi au trafic d'enfants via les actions de Karya, association qu'il soutient activement depuis 12 ans.

■ ***Trinetra Adventure*** *(zoom I, C3,* ***21****) :* *Kantipath – Jyatha, à Thamel.* ☎ *425-24-62.* • *trinetra-adventure.com* • Agence sérieuse et compétente avec guides francophones. Propose des treks autour de l'Annapurna, de l'Everest, du Manaslu, au Dolpo, au Mustang, etc., mais aussi des safaris dans le parc national de Chitwan et d'autres excursions dans la vallée de Kathmandu.

■ ***Base Camp Trek*** *(plan d'ensemble, D1,* ***22****) :* *Radisson Lane, à Lazimpat.* ☎ *441-55-73 ou 441-15-04.* • *basecamptrek.com* • *À 2 pas de l'ambassade de France, au bout de la rue menant à l'hôtel Radisson, sur la gauche, au 2e étage, au-dessus de la boutique New Handala Thanka Art Gallery.* Agence sérieuse dirigée par Jérôme, un Français « tibétologue » (auteur d'un livre, *Chronique de Katmandou*), et Rashmi, une Népalaise francophone. Organise des treks et des voyages culturels à la carte au Népal, mais aussi au Bhoutan et au Tibet.

■ ***Lama Randonnées Trekking*** *(hors plan d'ensemble par D5) :* *Sainbu, 4, à* ***Patan.*** ☎ *559-23-61.* *98-51-03-02-86.* • *lamarando.com* • Agence franco-népalaise spécialiste des trekkings à la carte pour groupes ou individuels et des randonnées en famille avec des enfants. Karma, le patron, vous donnera toutes les informations sur les treks au Népal, au Ladakh, au Tibet et au Bhoutan. Également des circuits culturels.

■ ***Mandala Trekking*** *(plan d'ensemble, D2,* ***27****)* ***:*** *Uttar Dhoka Rd, à Lazimpat.* ☎ *442-80-43 ou 441-28-02.* • *mandalatrek.com.np* • *Contact en France : Chantal Blais,* ☎ *09-60-42-88-30 et* 📱 *06-83-64-96-65 ;* • *blais.chantal@wanadoo.fr* • Équipe dynamique et compétente avec des guides francophones. Treks à la carte au Népal, Bhoutan, Sikkim, en Inde et au Tibet, en individuel ou en petit groupe, à la découverte des villages et des ethnies de l'Himalaya. Également des safaris dans le parc national de Chitwan, du rafting et des expéditions de haute montagne.

***Circuits culturels***

■ ***Four Seasons*** *(hors plan d'ensemble par D5)* ***:*** *49 Dhara Oasis, à* ***Patan.*** ☎ *552-68-94.* 📱 *98-51-03-38-64.* • *go-nepal.com* • ♿ Pankaj Pradhananga, le charmant directeur (qui parle un peu le français), organise des circuits culturels, des balades dans la vallée de Kathmandu et les grands treks classiques dans tout le pays. Autre particularité remarquable, il met en place des circuits pour les personnes handicapées en tenant compte du handicap de chacun. Peut aussi s'occuper de réserver juste l'hébergement, proposer des cours de bouddhisme, etc.

■ ***Mandap Travels :*** *Kharel Marga, Chapali-Bhadrakali, Budhanakantha-3.* ☎ *437-03-54. En France :* 📱 *07-68-43-88-01.* • *mandaptravels.com* • *Min 2 pers, max 8 pers dans chaque groupe.* L'équipe francophone organise des visites d'un ou plusieurs jours dans les villages de la vallée, au milieu de la population, pour mieux comprendre leur mode de vie. Circuits sur mesure, treks culturels, logement chez l'habitant, et même du yoga et de la méditation.

## Transports en ville

– ***À pied :*** voici la meilleure solution pour parcourir Kathmandu, et de loin ! Compte-tenu des bouchons et des faibles distances, on voit mal l'intérêt d'utiliser les taxis, d'autant que si la ville est étendue, les centres d'intérêts touristiques sont assez proches les uns des autres.

– ***Le taxi :*** les taxis népalais sont assez abordables, à condition d'être vigilant sur les tarifs. Il en passe tout le temps et ils vous klaxonnent en permanence. Peu utilisent leur compteur. En gros, compter 200 Rps pour une petite course de 1 ou 2 km (par exemple, de Thamel à Lazimpat) et 400-500 Rps pour une course de 4-5 km (par exemple, de Lazimpat à Durbar Square). Au-delà, compter environ 1 000 Rps pour aller à Bodnath et 1 500 Rps pour Bhaktapur. Moralité : selon votre talent de négociateur, compter 50-100 Rps du kilomètre et le double le soir.

– ***Le tempo :*** si ce 3 roues se déplace selon un itinéraire donné pour une somme fixe, il n'est guère pratique pour les touristes et la population en a plus besoin que vous.

– ***Le minibus :*** plus rapide que le bus et moins cher que le taxi, le minibus (15-20 personnes à bord) sillonne la ville et toute la vallée avec un parcours précis. Là encore, bondé et pas facile à utiliser.

– ***Le rickshaw à pédales :*** tricycle à 2 places, rigolo pour circuler dans les ruelles semi-piétonnes de Thamel, mais ça fait un peu « nabab » et on se prend la pollution dans les poumons. Discutez le prix avant la course, sinon, ça devient plus cher qu'un taxi.

– ***Location de voitures :*** aucun intérêt et circulation infernale. En revanche, si vous avez les moyens, on conseille de louer une voiture avec chauffeur pour visiter la vallée (mais pas la ville). Les agences proposent toutes ce service.

## Où dormir ?

Aucun problème pour trouver un logement, même en pleine saison. La majorité des hébergements se concentre à ***Thamel,*** le quartier touristique.

C'est un périmètre hyper animé qui réunit, sur une surface réduite, un nombre fou d'hôtels, de *guesthouses,* cafés, restos, boutiques, salons de massage et d'agences de treks ; bref, un quartier où le routard trouvera tout ce dont il a besoin pour préparer la suite de son voyage. Pas grand-chose d'exotique en revanche.

Les babas nostalgiques ne reconnaîtront plus le quartier de ***Freak Street,*** l'ancien QG des hippies des années 1970 qui borde Durbar Square. Les hôtels y sont souvent assez crados et peu recommandables.

Les quartiers de ***Lazimpat*** (quartier résidentiel des ambassades) et de ***Durbar Marg*** présentent peu d'intérêt culturel à nos yeux. Mais ils abritent la plupart des hébergements chics.

Face à l'uniformisation du quartier de Thamel, de plus en plus de touristes choisissent avec raison de séjourner à Patan, Bhaktapur ou Bodhnath... proches de Kathmandu et vraiment plus calmes. Les hôtels n'y sont pas forcément meilleur marché, mais on est au cœur de la culture et de l'architecture newares, et on y rencontre plus de Népalais que de touristes, ce qui n'est pas évident à Thamel.

Par ailleurs, ***pour limiter le bruit,*** choisir un établissement un peu à l'écart des axes principaux (même à Thamel), car les klaxons commencent tôt et terminent parfois tard. Et même dans un quartier résidentiel, vous profiterez des aboiements des chiens, du chant d'un coq ou du tintement de cloches d'un temple voisin. Mais ce sont là des tracasseries plus sympathiques.

Côté ***tarifs,*** n'hésitez pas à négocier, surtout en basse saison. Selon la période, on peut obtenir des réductions allant de 20 à 40 %. Attention aussi : excepté les hôtels les moins chers, la plupart des établissements n'incluent pas toujours dans leurs tarifs la taxe de 10 % pour le service, ni la TVA de 13 %. De même pour le petit déjeuner. Il faut impérativement vous faire confirmer ces informations avant de réserver. S'il n'est pas compris dans le tarif, le petit déjeuner peut être pris ailleurs qu'à votre hôtel, ce qui dans certains cas peut diminuer singulièrement la note.

Toutes nos adresses sont au moins équipées de ventilo et wifi ; on ne le reprécise donc pas dans les textes. En revanche, on indique lorsqu'il y a l'air conditionné (clim).

## *À Thamel et autour (zoom I)*

À Thamel, les rues et ruelles sont parfois connues sous plusieurs noms. Parfois elles n'en ont pas du tout. N'hésitez pas à demander votre chemin, même s'il est difficile de se perdre.

## Très bon marché (moins de 1 000 Rps ; env 8,50 €)

***327 Thamel*** *(zoom I, C3,* ***41****) : 327/32 Thamel Marg, dans le fond d'un passage. ☎ 426-19-40. • 327thamel.com •* Une auberge de jeunesse privée, proposant 2 dortoirs de 10 lits (non mixtes), impeccables, avec lits superposés, casiers, prises électriques et douche/w-c à l'intérieur cachés par une paroi en bambou. Également des chambres nickel, avec salle de bains et TV, certaines avec balcon bien ensoleillé, mais à prix moyens (20-30 $ en saison). Clientèle de jeunes routards qui apprécie la chaleur de l'accueil et la bonne atmosphère au resto du rez-de-chaussée, doté d'une poignée de tables en terrasse, au calme. Un bon plan.

***Silver Home*** *(zoom I, C3,* ***42****) : Thamel Marg. ☎ 426-29-86. • hotelsilverhome.com • Résa nécessaire.* Au cœur de Thamel, au bout d'une ruelle discrète et plutôt calme, avec un dortoir de 10 lits non superposés, au 5e étage, à prix vraiment écrabouillés. Bon plan aussi, les chambres triples (3 lits simples), vastes et ensoleillées, elles aussi à prix plancher. En revanche, éviter les *deluxe,* humides et sans intérêt.

***The Yellow House*** *(zoom I, B2,* ***40****) : Paknajol. ☎ 438-11-86. • theyellowhouse2007@gmail.com •* C'est une maison jaune adossée à la colline... Chambres avec ou sans salle de bains, avec vue plus ou moins dégagée. Celles sans sanitaires sont à prix très bas, les autres coûtent le double. Entretien général moyen, mais accueil relax du propriétaire suisse. Quelques chambres dans une annexe également. Très beau panorama sur la chaîne himalayenne et le Monkey Temple depuis le *rooftop.*

## Bon marché (10-20 $ ; 8,50-17 €)

**Andes House** (zoom I, C2, **44**) : *Gahiti Marg 29. ☎ 441-85-79. 98-41-56-89-63. • andes-house.kathmanduhotelsnepal.com* • Dans un recoin assez tranquille de Thamel, un petit immeuble orangé, augmenté d'une aile plus récente, avec un bout de jardin. Un très bon plan, tout d'abord pour ses 2 dortoirs de 4 et 6 lits (l'un avec sanitaires attenants), équipés de coffres, d'une bonne literie (de vraies couettes et de bons matelas) et donnant directement sur l'agréable *rooftop.* Quant aux chambres doubles, toutes identiques, elles sont bien propres, avec salle de bains (très simple), et fort agréables. Électricité en partie solaire. Laverie. Bon accueil de Babu et Depak, les sympathiques patrons. De fait, l'un des meilleurs rapport qualité-prix-propreté.

**Yakety Yak** (zoom I, C3, **43**) : *Amrit Marg. ☎ 426-61-26 ou 62-16. • yaketyyakhostel.com • Réception au 1er étage.* Ce joli établissement soigné, cool, spacieux et agréable rentre dans cette catégorie pour ses 7 dortoirs dont les tarifs oscillent en fonction du nombre de lits (4-16 lits). Salle de bains extérieure mais grande propreté. Dortoirs de belle taille, avec coffre et prises de courant. Les doubles, vraiment bien, sont équipées de salle de bains et décorées d'objets de récup. Elles sont évidemment plus chères (catégorie « Prix moyens »). Terrasse en mode *chill out,* coin cuisine, espace salon avec coussins au sol pour se vautrer. Le livre d'or est sur les murs ! On aime.

**4 Seasons Hostel** (zoom I, B2, **48**) : *Z Street. ☎ 470-13-84. • 4seasonshostel.com* • 1 dortoir de 6 lits et plusieurs chambres doubles avec salle de bains. De la célèbre chaîne hôtelière de luxe, cet hôtel s'est contenté d'emprunter le nom. Question confort on est dans le super basique, mais le dortoir arrangera les affaires des budgets les plus serrés, tandis que les chambres sans clim feront la joie de ceux qui peuvent desserrer d'un petit cran les cordons de la bourse. Celles avec clim sont sans intérêt.

**Bag Packer's Lodge** (zoom I, C2, **46**) : *Chaksibari Marg 26. ☎ 470-06-86. • bagpackerslodge.com* • Des chambres simples et correctes dès les 1ers prix, avec ou sans salle de bains. Celles donnant sur l'arrière sont plus calmes. Les *deluxe,* plus fraîches, sont à prix moyens. Resto-terrasse sur le toit. Accueil sympa. Bon rapport qualité-prix.

**Kathmandu Garden House** (zoom I, B2, **47**) : *Paknajol. ☎ 438-12-39. • hotel-in-nepal.com • Pas de petit déj.* Un peu après la *Yellow House,* dans un quartier calme et résidentiel. Chambres réparties sur 2 étages d'une maison tenue par un Français. Elles sont très correctes et disposent toutes d'une salle de bains. Les vrais plus sont le bout de jardin au calme et les prix bas.

**Hotel Yala Peak** (zoom I, C3, **49**) : *Kwabahal, dans la courette du Rosemary's Kitchen. ☎ 425-89-96. • hotelyalapeak.com • Pas de petit déj.* Les doubles sans clim mais avec salle de bains constituent un assez bon qualité-prix (contrairement à celles avec clim, trop chères). Pas de charme, certes, mais celles dans les étages supérieurs sont lumineuses et spacieuses. Pas si mal pour le tarif.

**Tibet Peace Guest House** (zoom I, B2, **52**) : *Paknajol. ☎ 438-10-26. • tibetpeace.com • Pas de petit déj.* Maison orange vif, au calme, abritant des chambres avec salle de bains et ventilo. Soignées, fonctionnelles et correctement équipées. Courette agréable.

## Prix moyens (20-50 $ ; 17-42 €)

**Le Rhododendron** (plan d'ensemble, B1, **73**) : *Shahid Gangalal Marg, à env 10 mn à pied au nord de Thamel. ☎ 438-65-56. 98-51-19-84-37. • lerhododendron.com* •

Une maison d'hôtes tenue par Hari, un Népalais aussi sympathique que francophone (ou inversement). Quand il est à Marseille, c'est son fils Pushpa, anglophone, qui tient la demeure. Chambres avec salle de bains, dont un appart de 2 chambres et une familiale séparée du couloir par une fine cloison. Bon petit déj (repas sur résa) à prendre en terrasse avec vue sur les montagnes. Cuisine. Très bon accueil. Navette gratuite aller-retour pour l'aéroport. Une adresse régulièrement plébiscitée par nos lecteurs.

**International Guesthouse** (*zoom I, B2,* **55**) **:** *Kaldhara.* ☎ *425-22-99 ou 425-16-61.* ● *ighouse.com* ● À l'écart du centre animé de Thamel, cet ensemble élégant, constitué de 3 bâtisses en brique et boiseries sculptées, enserre un superbe jardin dans le style newar. Les chambres, un rien désuètes, sont propres et bien équipées, et agréables en mode « *garden view* ». Comme on ne peut pas tout avoir, les moins chères sont petites mais avec parquet, et les plus chères disposent de la clim. Jolie peinture traditionnelle pour certaines. Du fait de sa grande capacité, l'hôtel accueille les groupes. Prudent donc de réserver. Bien beau jardin avec une vaste pelouse qui procure un espace de paix.

**Hotel Bliss International** (*zoom I, C3,* **45**) **:** *Chhusya Galli, Jyatha.* ☎ *425-24-45.* ● *hotelblissintl.com* ● *CB + 4 %.* Dans un quartier d'hôtels récents, un bel édifice en brique plutôt classe, avec des fresques murales et une jolie déco alternant entre tradition et modernité. Chambres sur 4 étages, plus ou moins grandes selon le prix mais tout confort, avec une vue dégagée, et certaines avec balcon. Décoration sobre mais pas triste pour autant. Café au rez-de-chaussée, tables dans la courette ensoleillée. Accueil pro.

**Tibet Peace Inn** (*zoom I, B2,* **54**) **:** *Paknajol, Thamel.* ☎ *438-06-34.* 📱 *98-51-07-44-54.* ● *tibetpeaceinn.com* ● À la lisière du centre animé, un petit hôtel classique, dont les chambres, toutes avec clim, s'avèrent sobres, bien propres et fonctionnelles. À noter, la gentillesse de l'accueil et la qualité du service : copieux petit déj, *laundry,* dépose aéroport, prix plancher... On s'y sent comme chez soi, et la présence d'habitués le confirme.

**Oasis Hotel** (*zoom I, C2,* **56**) **:** *Keshar Mahal Marg.* ☎ *441-82-58 ou 444-41-25.* ● *oasiskathmanduhotel.com* ● *Derrière le Garden of Dreams.* Cet *Oasis* est un bain de fraîcheur au cœur de la ville trépidante, et surtout une belle découverte ! Au-delà du hall, les chambres affichent une déco chic et moderne avec parquets impeccables, mobilier en bois clair (ça change !), tissus colorés, équipements à la pointe et de belles salles de bains. Pour les familles, des chambres communicantes. Plus on monte, plus c'est clair (mais pas d'ascenseur). Accueil souriant.

**Karma Boutique Hotel** (*zoom I, C3,* **57**) **:** *Jyatha 30.* ☎ *424-61-31.* ● *karmaboutiquehotel.com* ● *Haut de la fourchette.* Dans un quartier qui a vu fleurir les hôtels, celui-ci fait office d'*outsider* avec ses chambres réparties sur 4 étages (ouille, les marches raides !), surmontés d'une élégante salle de petit déj. Une petite structure de charme dont l'esprit cocooning tranche avec les standards locaux : literies bien épaisses, parquet, déco soignée et élégante.

**Fuji Hotel** (*zoom I, C3,* **64**) **:** *Brama Kumari Marg, Jyatha.* ☎ *425-04-35 ou 36.* ● *fujihotel.com.np* ● *Juste après le Holy Himalaya Hotel. Fourchette haute.* Les larges fenêtres de ce haut bâtiment moderne rendent les chambres lumineuses, ce qui, en plus de sa situation à l'écart des grands axes, constitue de vrais atouts, même si le charme n'est pas renversant. Les *standard* n'ont pas la clim mais sont d'un excellent rapport qualité-prix. Accueil pro. Patio vraiment agréable et terrasse sur le toit.

**Hotel Ganesh Himal** (*plan d'ensemble, B3,* **68**) **:** *rue Bhurungkhel, proche de Chhetrapati.* ☎ *426-35-98 ou 424-38-19.* ● *ganeshhimal.com* ● Un hôtel tout bleu dans un coin calme, mais proche de Thamel. *Standard* avec ventilo, salle de bains minuscule, à l'ancienne, mais agréables et propres. Pour quelques dollars de plus, les *deluxe* sont plus spacieuses, avec la clim. Petit salon bien décoré au rez-de-chaussée, plus quelques touches de déco de-ci de-là, avec murs peints. Resto-bar et jardin-patio arboré bien agréable. Du classique confortable, à prix raisonnable.

**Hotel Dolphin** *(zoom I, C2, **51**) : Thamel Marg. ☎ 442-54-22. 📱 98-08-88-60-27. Fourchette basse. CB refusées.* Dans une ruelle tranquille, l'une de nos plus anciennes adresses, équipée de petites chambres avec salle de bains privée ou à partager. Confort sommaire et chambres inégales (demander à voir), mais l'accueil est gentil. Chouette *rooftop* pour le petit déj.

**Hotel Mandap** *(zoom I, B-C2, **60**) : J.P. School Rd. ☎ 470-03-21 ou 470-04-35. • hotelmandap.com • CB acceptées.* Au cœur de Thamel, mais avec un agréable café-resto et une boulangerie. Jolie carte de la région à la réception. Sympa pour le petit déj ou une pause en journée. Quant aux chambres, elles disposent de tout le confort même si elles fatiguent un peu (moquette usée jusqu'à la trame !). Celles du 2e étage sont bien mieux, avec parquet. Toit-terrasse.

## Chic (50-80 $ ; 42-67 €)

**Taleju Boutique Hotel** *(zoom I, C3, **61**) : Chhysya Galli, Jyatha. ☎ 426-06-55 ou 426-89-77. • tajejuboutiquehotel.com • En face du* Kantipur Temple House. *Fourchette basse, ttes avec clim, taxes et petit déj.* Constitué de plusieurs édifices, côté rue et côté jardin, le *Taleju* fait partie de ces pépites nées à la suite des séismes de 2015. Coté bloc A (sur rue), certaines chambres doubles sont un peu sombres, mais cette aile abrite aussi toutes les familiales (triples), baignées de lumière, avec large balcon sur jardin. Dans l'autre aile (B), des chambres bien claires, avec larges baies vitrées, et hyper calmes. À préciser donc au moment de la réservation. Belle literie et coffre. Aile C, *super deluxe* avec ascenseur. Bel effort de déco qui revisite les classiques népalais. Au centre, le paisible jardin verdoyant, où est servi le petit déj, constitue le cœur de cet hôtel de charme fort bien tenu et apprécié d'une clientèle plutôt huppée. Également un spa.

**Holy Himalaya Hotel** *(zoom I, C3, **64**) : Brahma Kumari Marg, Jyatha. ☎ 425-86-48 ou 07-93. • holyhimalaya.com • Transfert aéroport gratuit pour tte résa par Internet directement. Ne pas hésiter à négocier.* Un hôtel central mais en retrait de l'agitation urbaine, très prisé des agences de treks... et des trekkeurs ravis du confort retrouvé et du petit déj-buffet particulièrement copieux, avec un bon café. Les chambres, réparties dans 2 bâtiments qui se font face, ne dégagent pas un charme fou et les fenêtres ne sont pas très isolantes. Mais l'ensemble constitue un bon rapport qualité-prix et le service est pro. Préférer celles côté réception principale, plus anciennes mais pourtant mieux tenues, plus confortables et dotées d'un ascenseur (il y a 4 étages !). Bon accueil. Une adresse à privilégier pour le côté pratique et sa situation tranquille.

**Ambassador Garden Home** *(zoom I, C2, **63**) : J.P. School Rd. ☎ 470-07-24. • aghhotel.com •* En plein Thamel mais calme, petit hôtel de charme d'une vingtaine de chambres confortables et à la déco soignée, avec stores bateau, mobilier en bois sombre, jolies portes... Les *deluxe* sont d'un rapport qualité-prix moins évident, mais offres très intéressantes en moyenne et basse saisons. Joli patio-jardin où il fait bon se relaxer. Élégant salon. Accueil prévenant.

## Très chic (80-100 $ ; 67-85 €)

**Hotel Roadhouse** *(zoom I, C3, **50**) : J.P. School Rd, juste à côté du resto du même nom. ☎ 426-27-68 ou 62-64. • hotelroadhouse.com •* Joli bâtiment rénové niché dans le quartier piéton de Thamel. Élégante façade blanche et bois, intérieur entre tradition et modernité, éclairage sophistiqué et photos anciennes sur les murs. Dans les étages, une trentaine de chambre délicates, pas immenses mais fort agréables, certaines avec balcon. Tout le confort d'un établissement de luxe est au rendez-vous. Chouette et vaste terrasse commune au sommet de l'édifice, avec bar et quelques plantes. Parfait pour une fin d'après-midi.

## Beaucoup plus chic (plus de 120 $ ; 100 €)

☗ ***Kantipur Temple House*** *(zoom I, C3,* ***66****) :* *Jyatha. ☎ 425-01-31 ou 29. • kantipurtemplehouse.com • Dans la ruelle qui débouche devant le temple. Résa conseillée. Promos régulières sur le site.* Très bel hôtel de charme installé dans une imposante bâtisse en briques et bois de style newar : jardin avec gazon et fontaines, ravissante cour intérieure dévoilant les magnifiques façades du bâtiment, et terrasse sur le toit avec vue sur les montagnes. Les extérieurs en imposent plus que les chambres, d'une tenue irréprochable mais d'un confort très sobre : déco simple, pas de clim (ventilo tout de même) en été et bouillottes en hiver... Pas d'ascenseur non plus, et des parties communes tristes. Bref, une sobriété qui répond à une politique *eco-friendly* louable, mais décevante en raison du standing et des prix. Au resto, nourriture bio et tables basses, coussins et lumière tamisée. Accueil serviable et pro. Certainement le plus bel hôtel de Thamel, mais pas le meilleur rapport qualité-prix.

☗ ***Hotel Thamel House*** *(zoom I, C2,* ***58****) :* *Bhagawati Sthhan. ☎ 441-756-68. • hotelthamelhouse.com •* Chambres et suites dans une bâtisse récente mais bâtie dans le style newar (brique et bois) qui s'élève sur quelques étages. Chambres à la fois confortables, élégantes, chaleureuses et parfaitement équipée (belles salles de bains, bouilloire, parquet, coffre, minibar...). Certaines avec balcon fermé. D'autres donnent sur cour ou sur rue. Excellent service.

## *Dans le quartier de Durbar Marg (plan d'ensemble, D3)*

À 2 pas de Thamel, une enclave de verdure cernée par une avenue animée très passante...

## Très chic (à partir de 300 $ ; 273 €)

☗ ***Hotel Yak and Yeti*** *(plan d'ensemble, D3,* ***71****) :* *Durbar Marg. ☎ 424-89-99 ou 424-05-20. • yakandyeti.com • Doubles à partir de 300 $.* Au vert et en retrait de l'agitation automobile, un charmant palais du XIXe s flanqué d'une aile moderne, mais on préfère de loin l'édifice principal, plus classique et plus classe tout à la fois. Lobby classe, et plus de 250 chambres. Cela dit, quitte à payer un tel tarif, évitez les *deluxe,* qui datent un peu (surtout les baignoires), et offrez-vous carrément une *heritage deluxe* rénovée, pour 50 $ de plus. Bons restos, bars et casino. Vaste jardin superbe et soigné comme un *green* anglais, avec piscine et tennis. Spa.

## *Dans le quartier de Lazimpat (plan d'ensemble, D1-2)*

Juste au nord de Thamel, c'est le quartier des ambassades, desservi par une grosse artère sans charme, polluée et bruyante. On y trouve quelques hôtels de standing et des restos du même tonneau.

## De prix moyens à chic (20-80 $ ; 17-67 €)

☗ ***Tings Tea Lounge Hotel*** *(plan d'ensemble, D1,* ***65****) :* *Nursary Galli, house 322. ☎ 441-44-97. • tingsblog.com • Résa nécessaire.* 2 maisons blanches archicontemporaines, plantées au beau milieu d'un jardin parsemé de bougainvillées et de lauriers roses. Chambres décorées avec une élégance et un goût très design, toutes avec salle de bains. Cela dit, ce style peut paraître un peu froid à certains. Petite carte branchée pour se restaurer. Belles terrasses pour se relaxer. Tenu par un Danois sympa, fan de thé et des bonnes tables du quartier.

**Hotel Tibet** *(plan d'ensemble, D2, 75) : Hotel Marg. ☎ 442-90-85 à 88. • hotel-tibet.com.np • Au bout de la rue menant à l'hôtel Radisson, vers la droite. Prix « chic ».* Tenu par une *businesswoman* tibétaine francophone, cet hôtel de belle taille offre un superbe lobby coloré et des chambres vraiment confortables, où l'on se sent bien. Grand toit-terrasse végétalisé et agrémenté de quelques canapés. La patronne invite volontiers à visiter sa fabrique de tapis située à proximité. Accueil aux petits soins.

## Très chic (plus de 120 $ ; 100 €)

**Hotel Shangri-La** *(plan d'ensemble, D1, 77) : Lazimpat. ☎ 441-29-99. • hotelshangrila.com/kathmandu • Doubles à partir de 220 $ ; réduc si résa en ligne et hors saison. Table d'hôtes 20 $ ; BBQ le ven, brunch le sam. Pour le coup d'œil, prendre un cocktail au* Lost Horizon Bar *au moment de la* happy hour *(16h-18h).* Très bel hôtel doté d'un magnifique jardin avec jolie piscine (accessible aux non-résidents) et d'un centre de remise en forme avec massages. Une centaine de chambres tout confort au charme discret, dont certaines donnent sur le jardin (nos préférées). Resto, casino, et pâtisserie à l'entrée. Assurément l'un des meilleurs hôtels de Kathmandu.

**The Shanker Hotel** *(plan d'ensemble, D2, 76) : Lazimpat. ☎ 441-01-51 ou 52. • shankerhotel.com.np • Double env 125 $ ; réduc (sauf suites) via les sites de résa en ligne.* À l'écart du bruit, au bout d'un vaste jardin à l'anglaise avec piscine tranquille (accessible aux non-résidents, 1 900 Rps tout de même !), un authentique palais du début du XX^e s, vaste et tout blanc, doté de hautes colonnades. Chambres de grand confort et de taille variée, arrangées avec goût. Évidemment, l'ensemble est assez grandiloquent. Jetez donc un œil à l'ancienne salle de bal qui fait office de salle de conférence. Un bon choix dans cette catégorie.

### Sur la route de Swayambunath *(plan d'ensemble, A3)*

## De prix moyens à chic (20-80 $ ; 17-67 €)

**Hotel Vajra** *(plan d'ensemble, A3, 78) : Bijeswari, Swayambhu. ☎ 427-15-45. • hotelvajra.com • Sur la route du temple Bijeswari, de l'autre côté de la rivière Vishnumati. Doubles env 25-90 $ selon taille et vue, plus des suites. Négo possible. Ven vers 19h, au* Pagoda Bar, *soirée musique traditionnelle.* Planté sur une colline verdoyante à l'écart du centre-ville, un bel hôtel, très abordable, construit dans le style newar. Selon votre budget, une cinquantaine de jolies chambres nickel, avec ou sans sanitaires, et plus ou moins spacieuses. Déco un peu rétro, certes, mais bon entretien général. Terrasse avec vue sur la ville, pour admirer les lever et coucher du soleil. Souvent fréquenté par des intellectuels et des artistes... Bon resto.

### Près de Pashupatinath *(hors plan d'ensemble par E3)*

## Très chic (plus de 200 $ ; 166 €)

**Dwarika's Hotel** *(hors plan d'ensemble par E3, 79) : Battisputali. ☎ 447-94-88 ou 447-83-78. • dwarikas.com • Doubles env 300-400 $ selon saison ; également des suites. Petit déj en plus. Déj et dîner 30-40 $.* Certainement le plus bel hôtel du pays, entièrement restauré après le séisme de 2015... et l'un des plus chers ! Bienvenue au cœur de l'architecture neware : façades, poutres, portes, fenêtres... tout est construit comme à l'époque, et la plupart des éléments ont été chinés dans la vallée, puis restaurés... Chambres splendides, spacieuses, toutes de déco différente et très confortables. Superbe piscine. Excellents restos, le *Krishnarpan* (spécialités népalaises, voir « Où manger ? »), le *Toran* (international, avec produits bio) et le *Mako* (cuisine japonaise, moins cher). On conseille au moins de venir boire un verre dans la cour !

## Où manger ?

D'un côté, on trouve des petits restos populaires et bon marché servant le *dal bhat,* plat « national » népalais, les *momos* tibétains et les *thalis* newaris, plus quelques bons restos indiens, thaïs, chinois, japonais et coréens. De l'autre, des restos dont la carte a été façonné pour les touristes, proposant, outre une poignée d'irréductibles spécialités locales, un choix varié de plats « continentaux » : steaks (non pas de vache – ça, c'est sacré ! – mais de buffle), pizzas, pâtes, etc., très courus en retour de trek. Pour un en-cas simple, rapide, et dans un cadre sympa, n'hésitez pas à aller piocher plus bas dans la rubrique « Où prendre le petit déj ? Où faire une pause sucrée ?... ».
Le Népal étant un pays sans mer, on ne conseille pas vraiment les plats de poisson et crustacés (souvent importés d'Inde), pour lesquels la chaîne du froid n'est pas toujours respectée.
Pour info, les restos sont quasi tous équipés du wifi.
***Attention :*** les restaurants ferment relativement tôt. Il peut être difficile de se nourrir après 21h. Quand des établissements ferment plus tard, on le signale.

### *À Thamel (zoom I)*

### De très bon marché à bon marché (jusqu'à 500 Rps ; env 4 €)

***Chick'n Falafel*** *(zoom I, C2,* ***106****) : dans le passage piéton de Mandala St (angle Thamel Chowk), en face de la boulangerie* Pumpernickel. *Jusqu'à env 23h.* La minuscule échoppe de rue du restaurant *Or2K* (voir plus bas « Prix moyens ») propose d'excellents sandwichs falafel garnis de poulet et frites qui nourrissent bien ! Préparé à la commande et super bon marché.

***Western Tandoori & Naan House*** *(zoom I, C2,* ***90****) : Bhagawanbahal. ☎ 441-58-42. Tlj 9h-21h (sam 17h-21h).* Les jeunes font le pied de grue dans la rue tout en consultant le menu de *thalis* et *curries,* passent commande et patientent encore, avant de prendre place sur l'un des bancs de ce resto de rue, grand comme un abribus. Confort minimaliste mais c'est vraiment bon. Les *naans* fourrés, préparés à la minute, s'avèrent remarquables.

***Thakali Bhancha*** *(zoom I, C2,* ***92****) : Chaksibari Marg (angle Z St). ☎ 470-19-10. À l'étage. Tlj 9h-23h.* Une cantine népalaise souvent prise d'assaut aux heures des repas pour son très bon rapport qualité-prix. Même les moines la fréquentent, c'est dire ! Excellents *thalis* (végétariens ou non) et *momos.* Pour faire descendre tout ça, essayez donc le surprenant *divine wine,* made in Népal, rouge ou blanc, mélange de vin, de feuilles de thé, d'épices et de fleurs ! Une sorte de vin chaud, mais froid.

***Gilingche*** *(zoom I, C2,* ***91****) : Thamel Marg. ☎ 441-00-26. Tlj 9h-21h.* Une cantine tibétaine de quartier. Petite salle banale ou courette entourée de murets de briques, bien calme, au fond d'une impasse. Excellents *momos* aux légumes ou à la viande, vapeur ou *kothey* (frits d'un seul... côté). Également les traditionnelles soupes *thukpa* et *thanthuk. Dal bhat,* plats indiens et chinois. Accueil sympa et vraiment pas cher !

***Thamel Cave Kitchen*** *(zoom I, C2,* ***93****) : Narsing Chowk. ☎ 425-77-47. Juste à côté du* Namsay Hotel. *Tlj 8h-21h30.* L'impasse débouche sur une courette aménagée d'une poignée de tables et d'un four à *naans,* puis sur le resto avec salle en longueur et mezzanine tristoune. Les locaux apprécient ce resto spécialisé dans le *thali* népalais (« *thali set* »), généreusement garni, et les plats indiens, dont un bon choix de currys végétariens ou non. Également d'excellents *momos,* des *thanthuk* et *thukpa* au rayon soupes. Prix plancher. Une belle trouvaille.

|●| ***Yangling*** *(zoom I, B2,* ***96****)* **:** *Kaldhara Chowk. ☎ 425-74-08. Tlj sauf sam 12h-21h. À l'étage.* Une bonne cantine tibétaine dans 2 salles sur 2 niveaux dépouillées à l'extrême, servant d'excellentes soupes épicées *(thukpa, thanthuk)* et de bons *momos,* sans oublier les *chowmein* (nouilles frites). Excellent *curd* (yaourt) en dessert.

|●| ***Kar.ma Coffee*** *(zoom I, C3,* ***43****)* **:** *dans le complexe du Melrose, à l'étage. 📱 98-08-43-49-79.* Ambiance zen comme il se doit, clientèle un peu hipster, forcément cool, qui se sent bien (et nous aussi) dans ce lieu aux espaces généreux, à la déco de bois, où l'on concocte des petits plats tout simples sous vos yeux, veg ou vegan, sous forme de *bowls* ou d'assiettes. C'est également une sorte de boutique, avec plein de bons produits en vente. Parfait aussi à l'heure du goûter.

|●| ***Kathmandu Kitchen*** *(zoom I, C2,* ***98****)* **:** *Bhagawatisthan. ☎ 441-33-55. À l'étage. On le repère à son panneau vert lumineux. Tlj 9h-22h30.* Petite salle assez sombre avec canapés et tables basses. Optez donc pour le *dal bhat* népalais, végétarien ou non, vraiment excellent. Sinon, *thanthuk* (soupe de grosses nouilles) à la sauce népalaise, *momos,* et des plats indiens (currys) et chinois.

|●| ***Rosemary's Kitchen*** *(zoom I, C3,* ***49****)* **:** *Kwabahal. ☎ 426-75-54. Tlj 7h-22h. En saison, résa souhaitable les soirs de fin de sem.* Au cœur de Thamel, un resto assez intime. Notre préférence va à la courette éclairée par des bougies le soir. Excellent *Tbone* pour varier un peu ou traditionnel *dal bhat* pour ceux qui refusent de quitter le pays. Également plats thaïs et indiens.

|●| ***Lotus Restaurant and Coffee Gallery*** *(zoom I, C3,* ***103****)* **:** *Amrit Marg, Jyatha. 📱 98-40-05-03-36. Accès par le couloir de Vajra Books ; à l'étage. Tlj sauf sam 8h-20h.* Un petit resto japonais bien caché, qui nous a séduits par son cadre chaleureux. Des bouquins et des vieux cadres aux murs, on se sent bien chez le proprio, un beau Japonais avec boucle d'oreille et barbe blanche. Petits *set menus* tout simples, avec soupe miso, riz, tofu, viande et pickles.

|●| ***Fusion Kitchen*** *(zoom I, C3,* ***95****)* **:** *Brahma Kumari Marg, Jyatha. Juste en face du Holy Himalaya Hotel. ☎ 425-06-14. Tlj jusqu'à 22h.* Vous l'aviez deviné, cette cuisine fusion fait le lien entre les continents, de l'Italie au Japon en passant par la Thaïlande. Et elle le fait avec une certaine adresse, le tout à prix doux. Agréable balcon à l'étage, niché dans un coin tranquille.

## Prix moyens (500-800 Rps ; env 4-6,50 €)

|●| 🍸 ***Gaia*** *(zoom I, C3,* ***101****)* **:** *Brahma Kumari Marg, Jyatha. ☎ 426-16-33. Tlj 7h-21h30.* Une courette ombragée, coquette, noyée dans la verdure, romantique le soir avec les éclairages tamisés. Au menu, de bonnes soupes, salades, burgers, sandwichs, pâtes et steaks, sans oublier les plats indiens, thaïs et népalais. On se régale vraiment, c'est copieux et les prix sont doux comme un troupeau d'agneau. Bien aussi au petit déj ou simplement pour boire un verre car le lieu est tranquille.

|●| ***Roadhouse Café*** *(zoom I, C3,* ***50****)* **:** *J.P. School Rd. ☎ 426-78-85. Tlj 7h-22h.* Vaste café à la déco sympa : murs beiges imitation pisé, grosses tables en bois, poutres et collection de rouleaux à pâtisserie au plafond, patio... On s'y presse pour les énormes pizzas au feu de bois, parmi les meilleures de la ville. Ici, tout est bon, des salades bio aux pâtes et lasagnes, en passant par les soupes, les *wraps,* les sandwichs et les pâtisseries... Bonne musique jazzy et déco choisie.

|●| ***Momotarou*** *(zoom I, C2,* ***94****)* **:** *Bhagawati Sthan. ☎ 441-76-70. Tlj 8h-21h.* Une adresse constante ! Petite salle chaleureuse, bien propre et tout en longueur. D'autres salles cosy à l'arrière et à l'étage. Dans l'assiette, une cuisine japonaise d'une extrême fraîcheur à prix abordables. Excellentes nouilles maison *(ramen),* mais aussi des *gyozas, udon* et *donburi.* Quelques plats népalais et chinois, mais on ne vient pas là pour ça.

|●| ***Jatra Café*** *(zoom I, C3,* ***110****)* **:** *Chaksibari. ☎ 425-66-22. Tlj mais seulement 14h-22h. Ts les mer 19h-22h, cocktail gratos pour les girls, et ts les soirs 17h-19h,* happy hours

*pour ts.* Cadre ethnique un brin chic, avec quelques tables dans la ruelle, au calme. Spécialisé dans les plats indiens et newaris. Goûter notamment le *bara,* une galette de lentilles typique qui se déguste surmontée d'un œuf. Sympa aussi pour boire un verre en soirée. Musique *live* en principe mercredi et vendredi à partir de 19h.

**Or2K** *(zoom I, C2,* ***106****)* **:** *dans le passage piéton de Mandala St (angle Thamel Chowk), au 1er étage. ☎ 442-20-97. Tlj 8h-23h. Résa nécessaire en saison.* Les salles un peu sombres et chaleureuses s'organisent sur plusieurs niveaux, et l'on se déchausse avant de s'asseoir en tailleur sur d'épais coussins. Parfait pour le dîner lorsque des bougies éclairent les tables ou sur le très agréable *rooftop,* on savoure une délicieuse cuisine d'inspiration moyen-orientale *(falafel, mezze, baba-ganesh...).* Ça change, et les produits sont d'une fraîcheur indiscutable. Également *turkish burek,* dosa, dhal...

**Places** *(zoom I, B2,* ***108****)* **:** *Seven Corners (Saatghumti Chowk). ☎ 470-04-13. Tlj 8h-22h30.* Vaste espace à l'étage où l'on se déchausse, avant de s'installer à une table basse, adossé à des coussins. Le lieu est cool, zen et pour tout dire fort agréable. Murs peints et petites expos, bonne musique, bref, une atmosphère relax pour veggie, vegan et autres plats végétaliens avec des soupes, *momos,* gâteaux et glaces bio. En principe, musique live le vendredi vers 19h30. Bon accueil.

**Kausi Dreamer's Terrace** *(zoom I, B2,* ***108****)* **:** *Seven Corners (Saatghumti Chowk). Tlj 8h-23h.* À l'étage d'une *guesthouse,* sur une terrasse ouverte sur la rue piétonne. Guirlandes de prières, quelques plantes qui courent ici et là, une musique cool qui flotte et quelques tables basses pour une cuisine simple, bien réalisée et surtout pas chère.

**Dechenling** *(zoom I, C2,* ***112****)* **:** *Kesarmahal. ☎ 441-21-58. Tlj 9h-21h30.* Bonne cuisine tibétaine, bhoutanaise, népalaise, indienne et chinoise, servie dans une cour-jardin empreinte de sérénité. Menus très copieux. Également un *gyakok* pour 4 personnes sur résa. Bien aussi pour une bière ou un cocktail en soirée.

**New Orleans Café** *(zoom I, C2,* ***113****)* **:** *J.P. School Rd, ou accès par le passage piéton de Mandala St. ☎ 470-07-36. Tlj 7h-22h30.* Un peu à l'écart de l'agitation, une plaisante cour arborée et partiellement couverte. Côté fourneaux, on ratisse large : salades, steaks, *fish and chips,* pâtes, plats asiatiques... Bien aussi au petit déj, ou pour boire un verre. Concerts certains soirs (en principe, les mercredi et samedi à 19h), avec musique traditionnelle, internationale ou jazzy.

**Green Organic Café & Farmer's Bar** *(zoom I, B-C2-3,* ***102****)* **:** *J.P. School Rd, en face du* Roadhouse Café, *sous le porche et sur la gauche, à l'étage. ☎ 421-57-26. Tlj 11h-21h30.* Sympathique resto bio travaillant les produits frais de la région et de sa propre ferme. Si les salles dans les étages sont dépouillées, voire tristounes, la terrasse en haut s'avère fort agréable. Bonne cuisine indienne, népalaise et occidentale (pâtes, burgers, sandwichs, soupes...). Idéal aussi pour boire un jus de fruits frais en journée ou un *smoothie*, accompagné d'un excellent brownie maison.

**Fire and Ice Pizzeria** *(zoom I, C3,* ***109****)* **:** *Tridevi Marg. ☎ 425-02-10. Tlj 8h-22h30.* Un poil à l'écart de Thamel, on n'hésite pas à faire le chemin pour ce rendez-vous touristique. Salle aux murs constellés de vieilles affiches de pub italiennes et clientèle anglo-saxonne. Le feu et la glace ? La pizza et *il gelato,* pardi ! Anna Maria, la patronne italienne, accueillante et francophone, propose de vraies pizzas bien garnies, mais aussi de délicieux risottos, pâtes, salades, des glaces italiennes (vanille et chocolat seulement) et un vrai *espresso.* La *dolce vita* en plein Kathmandu !

## Plus chic (plus de 800 Rps ; env 6,50 €)

**K-Too Beer & Steakhouse** *(zoom I, C2,* ***111****)* **:** *Thamel Chowk. ☎ 470-00-43. Tlj 10h-22h30.* À l'étage, cadre de pub anglais à l'ambiance chaleureuse, avec bougies sur les tables. On y déguste l'une des meilleures viandes de la ville (burgers, chateaubriand). Plutôt une adresse du soir et un bon plan pour les viandards.

**Thamel House** (zoom I, C2, **58**) : Bhagawati Sthan. ☎ 441-03-88. Tlj 10h-21h30. Une institution locale installée dans une magnifique maison neware du XIXᵉ s avec de jolies salles dans les étages. Propose des menus-dégustation complets et assez chers, qui donnent, cela dit, un bon aperçu de la cuisine népalaise. Également des plats newars, à accompagner d'un *rakshi* offert par la maison. Pas mal de petits groupes, mais l'ambiance est bonne, tout comme la cuisine.

**Third Eye Restaurant** (zoom I, C2, **114**) : J.P. School Rd. ☎ 426-02-89. Tlj 10h-22h. Courette tout en longueur, abritée par un store, salle sombre aux tables basses et une autre plus classique à l'étage. Voici le cadre dans lequel vous dégusterez une séduisante cuisine indienne, soignée et goûteuse. 2 menus typiquement newars complètent la carte, ainsi que quelques évitables plats continentaux.

## Dans le quartier de Freak Street (plan d'ensemble, B4)

### De bon marché à prix moyens (moins de 800 Rps ; 6,50 €)

**Falcha** (plan d'ensemble, B4, **120**) : Freak St. 98-60-59-08-76. Tlj 8h-21h. Un petit décor en brique, propre sur lui et reposant. Sympa pour un petit déj tardif ou une pause-café dans votre épuisante journée. Bons gâteaux maison. Également des sandwichs, *veg curry, fried rice* et des *momos*, plus quelques plats du jour.

**Vishram Café** (zoom II, **121**) : Basantapur, à l'angle de Durbar Square et de Freak St. ☎ 424-90-75. Tlj 9h-22h. Prix moyens. On le repère à sa haute terrasse plongeant sur la mythique place Durbar. Là-haut, quelle vue ! Un resto touristique ? Même pas, et pas d'arnaque ! Le *thali* népalais est bon, copieux et c'est l'un des moins chers de la place. Sinon, currys, *chopsuey* et plats de Mandchourie.

## Dans le quartier de Durbar Marg (plan d'ensemble, C-D3)

### Chic (plus de 800 Rps ; 6,50 €)

**Koto** (plan d'ensemble, D3, **125**) : Durbar Marg (1er étage). ☎ 422-03-46. Enseigne peu visible, levez la tête. Tlj 11h30-15h, 18h-21h30. Resto japonais de qualité, avec quelques vieilles photos accrochées aux murs. À la carte : sushis, sashimis, *yakitori, tempura, soba* et autres spécialités ultra fraîches de l'empire du Soleil-Levant. Salle sans fioritures, dépouillée à la japonaise.

## À Lazimpat (plan d'ensemble, D1-2)

### Prix moyens (500-800 Rps ; 4-6,50 €)

**Bhumi** (plan d'ensemble, D1, **130**) : Lazimpat. ☎ 441-21-93. Tlj 9h-22h. Bien en retrait de la rue, c'est un resto-*lounge* un peu branché, agrémenté d'un charmant jardin. Un cadre soigné, classe et assez intime, qui pourrait laisser présager d'une addition salée. Que nenni ! Cuisine traditionnelle d'excellente tenue, plats newars, indiens, et quelques classiques continentaux servis à prix tout doux.

### Chic (plus de 800 Rps ; 6,50 €)

**Kotetsu** (hors plan d'ensemble par D1, **131**) : Panipokhari. ☎ 621-85-13. Dans le prolongement de Lazimpat, un peu plus haut que l'ambassade du Japon, côté droit. Tlj sauf sam midi et dim. Un formidable resto japonais. On s'y croirait : portes coulissantes, comptoirs avec vue sur les fourneaux, et personnel discipliné en tenue traditionnelle nippone. Dans l'assiette : succulents sushis, sashimis, mais aussi des soupes, et puis cet avantageux menu *lunch box* : un plateau garni de bonnes choses goûteuses, à déguster gentiment. Une adresse plébiscitée par la communauté japonaise.

## *Près de Pashupatinath* (hors plan d'ensemble par E3)

### Très chic

**Krishnarpan** (*hors plan d'ensemble par E3,* **79**) **:** *dans le Dwarika's Hotel, Battisputali.* ☎ *447-94-88. Seulement le soir, 18h-23h. Résa obligatoire la veille au plus tard. Menus env 40-65 $ (+ taxes).* Tout comme Demi Moore et le Prince Charles, on s'est laissé séduire par ses menus fixes, comprenant de 6 à... 22 plats ! Venez tôt si vous voulez avoir le temps de tout finir ! Les plats sont des échantillons des spécialités de différentes régions du Népal. Mais c'est assurément le bol de *rakshi* servi entre chaque mets qui vous achève... Cadre splendide et serveuses cultivant le mystère avec leurs piercings. Ne pas oublier le trophée, un menu à votre nom, et la petite visite de l'hôtel après le repas.

LA VALLÉE DE KATHMANDU

## Où prendre le petit déj ? Où faire une pause sucrée ? Où boire un verre en journée ?

### *À Thamel* (zoom I)

**Chikusa Coffee Shop** (*zoom I, C3,* **140**) **:** *Amrit Marg, Jyatha.* ☎ *423-29-90. Tlj 7h-19h.* Une sorte de petit *diner* népalais avec un comptoir et très peu de tables ; éviter la salle du fond, plus tristoune. On y sert un vrai café bio, préparé sous vos yeux, et d'honnêtes sandwichs, omelettes, crêpes et pancakes. Simple et pas cher. Certains travailleurs viennent y prendre leur café du matin au comptoir. Presque un troquet à la parisienne !

**Pumpernickel Bakery** (*zoom I, C2,* **142**) **:** *Thamel Square.* ☎ *425-91-85. Tlj 6h30-21h.* Une boulangerie qui propose du pain, des gâteaux, viennoiseries excellentes (super croissants), quiches, plus des sandwichs, salades et soupes. Également une carte de bons p'tits déj avec des œufs de la ferme. Et des boissons variées (*lassis,* jus frais, cafés). Bref, quelle que soit l'heure, on y trouve son compte. Et du monde, dans la salle comme dans la courette arborée, bien agréable. Super pour le petit déj comme pour le déj ou le goûter.

**Secret Garden Café** (*zoom I, C3,* **143**) **:** *en face de l'hôtel Silver Home.* 📱 *98-08-99-24-02. Tlj 8h-21h.* Comme le dit l'ardoise à l'entrée : « On vous nourrit si vous avez faim, on vous donne à boire si vous avez soif, et on s'occupe de vous si vous êtes seul. » Un mot qui résume bien la philosophie de ce lieu minuscule et très simple, géré par une équipe fort sympathique et qui fait de la résistance compte tenu de la pression immobilière alentour. Petits déj, bons gâteaux maison, *veggie delight,* soupes et des cuissons au BBQ. Ambiance *chill* avec coins d'ombre sous les arbres ou la tonnelle. Notre petit jardin secret !

**The Café with no Name** (*zoom I, C2,* **144**) **:** *Paryatan Marg dans une ruelle de Thamel Chowk. Tlj 9h-23h.* Le *Café sans nom* pourrait s'appeler aussi le *Café caché* tant il se fait discret, coincé dans une sombre impasse. Déco de récup bien pensée, avec éclairages tamisés et atmosphère relaxante. Les bénéfices reviennent à l'ONG Our Sensar (● *ousensar.org* ●) pour sortir les gamins des rues. En plus d'y siroter un bon café ou d'y croquer un en-cas (gâteaux, sandwichs, pâtes, soupes, *tofu burgers*), on fait une belle action. Ou comment boire utile...

**Himalayan Arabica Beans** (*zoom I, B2,* **145**) **:** *Satghumti, Paknajol.* 📱 *98-51-11-75-47. Tlj 6h30-21h.* Un *coffee shop* moderne et clair, ouvert sur une ruelle du secteur piéton de Thamel. Petits déj, mais le must ici est le café, du *ristretto* à l'*americano* et tout une série de *blended* qui rappellent que le Népal est aussi un grand producteur de café, bio notamment. Quelques banquettes pour se reposer, bien agréable pour une pause en journée.

**Kaiser Café** *(zoom I, C2,* ***146****) : Tridevi Marg, dans le complexe du* Garden of Dreams. ☎ *442-53-41. Tlj 9h-22h. Entrée au parc : env 200 Rps.* C'est l'expérience romantico-chic de Kathmandu, au cœur d'un élégant jardin caché par de hauts murs. En journée, ou en soirée, à la lueur des éclairages tamisés, on se promène dans les allées et on se bécote dans les coins... Le bar se trouve dans un charmant petit édifice néoclassique à colonnes, où l'on sert des cocktails à prix chic. Bon resto aussi à l'intérieur ou sur l'agréable terrasse.

N'hésitez pas non plus à regarder du côté de la rubrique « Où manger ? » et « Où sortir ? ». La plupart des restos, ouverts dès le matin, proposent des formules petit déj alléchantes ou constituent des haltes bien agréables en journée, juste pour boire un verre : le **Gaia** *(zoom I, C3,* ***101****)*, le **New Orleans Café** *(zoom I, C2,* ***113****)*, l'**Electric Pagoda** *(zoom I, B2,* ***156****)*, le **Green Organic Café & Farmer's Bar** *(zoom I, B-C2-3,* ***102****)* ou encore le **Jatra Café** *(zoom I, C3,* ***110****)*.

### Ailleurs en ville

**Himalayan Java Coffee** *(zoom II,* ***150****) : place de Basantapur, Durbar Square. Au 1er étage du* Festive Fair. Ce lieu plaît autant à la jeunesse dorée népalaise qu'aux touristes en mal de repères. La chaîne, qui s'est d'ailleurs étendue à toutes les villes de la vallée, propose un excellent café. Pas de terrasse mais les fenêtres offrent une vue dégagée sur Durbar Square et son marché. Idéal pour siroter un bon café bio accompagné d'une douceur. Si l'on grimpe encore quelques marches, on parvient au **Durbar View Restaurant** et sa terrasse ouverte. Là encore, on dégustera la vue autant que le bon café.

**Vishram Café** *(zoom II,* ***121****) : Durbar Square ; voir « Où manger ? ».* Agréable terrasse avec vue plongeante sur le Durbar Square de Kathmandu.

**Heritage Roof Top View** *(zoom II,* ***122****) : sur Durbar Square.* Un autre point de vue sur la place pour boire un coup.

**De Taleju View** *(zoom II,* ***123****) : de l'autre côté de la place Durbar.* Encore un autre point de vue, cette fois sur le temple de Taleju.

## Où boire un verre en soirée ? Où sortir ?

La vie nocturne se concentre à Thamel, qui regorge de bars animés fréquentés par la clientèle occidentale. Également quelques bars musicaux, parfois situés en dehors du quartier touristique. Attention, pratiquement partout, 23h-minuit sonne la fin de la soirée !

### À Thamel *(zoom I)*

**Electric Pagoda** *(zoom I, B2,* ***156****) : Satghumti. Tlj 9h-23h (repas jusqu'à 22h).* Happy hours *14h-18h. En principe,* live music *mer et ven 19h-22h.* Dans une belle cour-jardin arborée, plantée de kiosques aux tables basses et coussins, on vient écouter de la house, de la transe, du reggae ou du funk devant un verre et/ou un plat mexicain ou népalais. Agréable aussi en journée pour les journaux et les jeux de société.

**Revolution Café** *(zoom I, C2,* ***155****) : Bhagwan Bahal, Amrit Marg.* ☎ *443-36-30. Tlj 7h-22h (23h ven).* Ouvert toute la journée, le café propose petits déj et plats pourtant pas révolutionnaires. Mais le cadre est vraiment agréable, en particulier la cour à l'arrière, fleurie et égayée de loupiotes en soirée, où l'on écoute avec plaisir, le vendredi en début de soirée, de la musique live qui balance entre tradition et modernité.

**Buddha Bar** *(zoom I, C2,* ***157****) : Thamel Chowk, dans une ruelle. Tlj jusqu'à 2h du mat.* En fin de semaine, ambiance jeune et underground, dans un lieu sombre et un rien destroy, avec musique à donf'. Bouddha n'en croirait pas ses oreilles !

**Tom & Jerry's Pub** *(zoom I, C2,* ***158****) : J.P. School Rd (au 2e étage). Tlj 17h-minuit.* Happy hours *17h-20h.* En fin de semaine (mais pas trop tôt), pas mal d'étrangers, massés dans une grande salle avec de vieux billards pourris au fond. Musique, écrans TV pour les événements sportifs, et cocktails pas chers.

🍷 ♩ ***Paddy Foley's Irish Pub*** *(zoom I, C2,* ***159****) : à 50 m à droite du précédent (1er étage). Tlj 12h-minuit (ou 1h).* Déco destroy et un rien pouilleuse, mais tous les soirs (seulement vendredi-samedi en basse saison), de 20h à 23h, des groupes vandalisent tous les genres musicaux dans une ambiance sympa.

🍷 ♩ ***House of Music*** *(zoom I, C2,* ***160****) : Bhagwan Bahal. 📱 98-51-07-51-72. Tlj 15h-22h (minuit ven-sam). Concerts mar (open micro) et ven-sam vers 20h. En principe, entrée payante selon les groupes.* On s'est régalé de jazz, rock, blues, funk et reggae live dans cette petite salle colorée, aux murs constellés de photos et d'affiches de musiciens. Suivre la programmation !

### *À Lazimpat (plan d'ensemble)*

🍷 ♩ ***Jazz Upstairs*** *(plan d'ensemble, D1,* ***165****) : face à l'ambassade de France ; au 3e étage d'un immeuble tt bleu et tt vilain. ☎ 441-69-83. Tlj 12h-minuit. En principe, concerts lun, mer et sam 20h-22h. Entrée : env 300 Rps.* On aime bien cette salle un peu improbable, aux murs couverts d'affiches et de photos de célèbres jazzmen. Mais on y vient uniquement les soirs de concerts (sinon, aucun intérêt). Jazz, blues ou encore afro-funk, dans une bonne ambiance. Billard.

🍷 ♩ ***Trisara Garden of Heaven*** *(plan d'ensemble, D2,* ***166****) : juste avt la représentation française en venant de Thamel. ☎ 441-02-00. Tlj 10h-minuit. Musique live tlj 19h30-23h.* Resto-*lounge* branché qui attire la jeunesse dorée de la capitale. Grand écran et scène posés dans une grande salle haute de plafond, aménagé de tables basses avec en fond une bonne musique anglo-saxonne.

# Achats

## Nourriture

On trouve partout à Kathmandu de petites épiceries ouvertes sur la rue. Pour les fruits, les légumes et les épices en vrac, se rendre au ***marché d'Asan Tole*** *(plan d'ensemble, C3-4).* En principe, le ***marché fermier bio*** devrait suivre le déménagement du *Restaurant 1905,* à Naxal (à côté de Narayan Chura), le samedi matin. Pour le reste, plusieurs ***supermarchés*** dans le centre de Thamel, dont le ***Shop Right Supermaket*** *(tlj 9h30-22h),* toujours blindé de monde et pas forcément bon marché, mais on y trouve tout le ravitaillement nécessaire aux treks et, gros avantage, en conditionnements individuels.

***Everest Tea House*** *(zoom II,* ***170****) : place de Basantapur, Durbar Square. Dans l'immeuble du* Himalayan Java Coffee*, au rdc. ☎ 425-31-46. Tlj 8h-19h (20h en été).* L'une des maisons les plus réputées de Kathmandu avec un choix formidable de thés, en sachet ou en vrac. Conseils pro et avisés. Dégustation possible. Thés népalais et indiens majoritairement bio, commercialisés sous la marque Rakura, et quelques crus de cafés. Prix raisonnables et accueil adorable.

## Souvenirs divers

La plus grande concentration de boutiques se trouve à Thamel. On y trouve de tout mais surtout de l'artisanat et des fringues *made in Babaland,* sans oublier les vêtements de trekking contrefaits (attention à la douane au retour). On peut souvent négocier jusqu'à 2 fois moins cher que le prix demandé. Pour plus de détails, voir la rubrique « Achats » en fin de guide.

***Asan Tole*** *(plan d'ensemble, C3-4) :* pas moins de 6 rues convergent vers le bazar d'Asan Tole, au sud de Thamel. Super balade à faire au milieu de la foule (lire plus loin dans « À voir. Balade à pied de Thamel à Durbar Square »). Entre Thamel et Asan Tole, on trouve des échoppes vraiment locales et des petits temples toujours fréquentés et vénérés. Marchands d'épices, fruits et légumes, thé, viande, poisson, vêtements (mais de moins en moins traditionnels), beaux ustensiles en cuivre, électronique, objets de pacotille, etc.

***Indra Chowk*** *(plan d'ensemble, C4)* **:** *au sud d'Asan Tole, sur le chemin pour Durbar Square.* C'est le quartier des bijouteries.

***Kupondole :*** dans cette rue qui descend vers Patan (juste après le pont qui enjambe la Bagmati), quelques belles boutiques d'artisanat (voir plus loin dans la partie consacrée à Patan).

***Fair Circle*** *(zoom I, C3,* ***171****)* **:** *Thamel Marg. 98-02-81-51-00. Tlj 8h-20h.* Une grande boutique où l'on trouve aussi bien des vêtements en cachemire (étoles, pulls...) que des sets et trousses tissés de la région de Pokhara, des sacs, un peu de vaisselle et un large choix de bricoles à tous les prix. Une sélection pointue qui sort de l'ordinaire, témoin de la richesse des savoir-faire népalais. Tout est issu du commerce équitable et les prix sont fixes.

***Everest Pashmina Arts*** *(plan d'ensemble, E3,* ***180****)* **:** *petite impasse derrière* ABurger, *au niveau du 3247 Annapurna Marg, Gyaneshwor. ☎ 441-12-96. Panneau discret sur la gauche. Tlj sauf sam 10h-19h.* C'est la boutique moderne d'un vrai fabricant de châles et écharpes en pashmina (poils de chèvre de montagne), vendus à prix fixes et de très bonne qualité. Différents modèles et couleurs pour toutes les bourses.

***Folk Nepal*** *(plan d'ensemble, D2,* ***181****)* **:** *Lazimpat. ☎ 442-60-09. • folk nepal.com • En face du resto* Mike's Breakfast *(grosse enseigne verte). Dim-ven 9h-18h30, sam 11h-17h.* Un bel éventail de l'artisanat et de textiles à prix fixes mais raisonnables. Les bénéfices sont utilisés à des fins humanitaires. On peut aussi laisser vêtements et accessoires en fin de voyage, qu'ils redistribueront dans les villages.

***The Paper Parks*** *(zoom I, C2,* ***173****)* **:** *Thamel, juste à côté du restaurant* Thakali Blancha. *☎ 470-04-75. Tlj 9h30-19h30.* Le Népal se targue d'une tradition papetière artisanale millénaire, et Thamel regorge de petites boutiques qui commercialisent des articles (calendriers, cartes, lampions) en papier naturel, avec motifs souvent kitsch. Cette boutique sort du lot avec des feuilles de papier, vendues à l'unité, à teintes et motifs raffinés et colorés, des guirlandes, marque-pages, cartes, etc. de très bon goût et qui font de chouettes cadeaux à prix très corrects !

***Baber Mahal Revisited*** *(plan d'ensemble, D5)* **:** *tlj 11h-20h.* Jitu, digne héritier de la famille Rana (qui a régné sur le Népal jusqu'en 1951) et arrière-petit-fils du fondateur du fameux Singha Durbar, a transformé les dépendances du palais en une petite galerie commerciale dédiée à l'artisanat très haut de gamme. Prix en conséquence, bien sûr. Bon, pourquoi pas pour vous rincer l'œil... et vous offrir une collation dans le très chic salon de thé *Chez Caroline,* très apprécié des expats.

## Musique

Nombreux magasins de CD un peu partout. Que ce soit du folk, du planant ou du moderne, le choix est vaste et les prix défient toute concurrence. Vérifier toutefois la qualité du CD.
Pour les instruments de musique (percussions traditionnelles, *sarangis...*), privilégier les magasins spécialisés et les fabricants, vendant des instruments de bonne qualité, à des prix inférieurs à ceux des boutiques touristiques, dont les produits sont rarement satisfaisants.

***Saroj Instrumental Shop*** *(zoom I, B3,* ***175****)* **:** *Chhetrapati, à Thamel. ☎ 425-83-72. Tlj sauf sam 10h30-19h.* Tous types d'instruments : tambours (certains anciens), tabla, sitar, bols chantants (vendus au kilo !), le tout à des prix un peu élevés mais les instruments sont bien finis et l'on y trouve une vraie qualité de conseil.

***Singing Bowl Gallery & Museum*** *(zoom I, C3,* ***176****)* **:** *Kwabahal. ☎ 425-35-01. Tlj sauf sam 9h30-19h.* Une boutique pleine à ras bord de bols chantants tibétains, de toutes les tailles et de (presque) tous les âges. Les plus vieux (mais difficile à évaluer...) sont évidemment bien plus chers. Certains sont réalisés avec un mélange de plusieurs métaux (cuivre, fer-blanc, argent ou un peu d'or...).

# À voir

On peut ***se rendre à pied de Thamel à Durbar Square,*** via Asan Tole, Indra Chowk et Makhan. Une bonne balade de 30 mn à 1h selon votre rythme et le nombre d'arrêts, car ce petit circuit risque d'être émaillé de tranches de vie hautement photogéniques. Et si vous avez un peu plus de temps (environ 2h), on vous conseille de vous y rendre en suivant le « Petit itinéraire insolite au sud de Thamel » (voir plus bas) qui vous permettra de découvrir quelques détails bien cachés de Kathmandu.

## ***Durbar Square*** *(plan d'ensemble, B-C4, et zoom II)*

– ***Entrée :*** *env 1 000 Rps, à payer à l'une des 5 entrées principales (zoom II) ; gratuit moins de 10 ans ; brochure en français avec plan des monuments inclus.*
■ **Bureau du site** *(zoom II)* **:** *Basantapur. ☎ 426-89-69. Tlj 6h30-19h30 en été (18h30 en hiver).* En venant ici, possibilité de ***prolonger gratuitement son ticket jusqu'au lendemain*** *(avoir son passeport et son ticket d'entrée)* ***ou pour toute la durée du visa*** (dans ce cas, venir avec passeport, 1 photo d'identité et ticket d'entrée).
– ***Le meilleur moment pour visiter Durbar Square*** est sans conteste le matin, pour profiter du calme encore ambiant et de l'éveil de Durbar Square, avec ses parfums d'encens, tintements de cloches, dévots affairés pour la *puja,* pigeons par centaines, etc.

Arrivez donc par New Road, côté est. Toute la dimension du drame qui a eu lieu vous sera alors dévoilée. La grande place de Basantapur, transformée en marché aux souvenirs, était autrefois le parking des éléphants royaux. Malheureusement, aujourd'hui, le palais et la tour du même nom, de briques et de bois, sont très endommagés. Tout comme la partie néoclassique du palais royal, avec ses colonnes datant de 1908, tout fissuré... Heureusement, il y a d'autres choses à voir !

### DUR, DUR, DURBAR SQUARE...

*Véritable cœur historique de Kathmandu, il a beaucoup souffert des séismes de 2015. Adieu, le temple de Kasthamandap, dont le nom, qui signifie « temple de bois », est à l'origine même de Kathmandu... Adieu, Maju Dega Temple, qui dominait toute la place ! Pour autant, le Durbar n'a pas non plus été « rasé ». Et la reconstruction, financée par le prix des entrées, et en grande partie par l'aide internationale, est en cours. Un travail de titan. Car Durbar Square reste le lieu symbolique et religieux de la ville.*

***Kumari Ghar*** *(zoom II)* **:** *sur la place. Tlj 9h-12h, 16h-18h.*
Dans cette maison du XVIIIe s, gardée par 2 lions colorés, habite la *Kumari,* Déesse vivante, qui a, Dieu merci, survécu au tremblement de terre (vous en tirerez les conclusions que vous souhaitez !). La cour vaut le coup d'œil pour la richesse des motifs sculptés sur les portes et les fenêtres, typiques de l'architecture neware, le tout assemblé sans clous ni colle, et pour les bas-reliefs en pierre, à motifs traditionnels (éléphants, batailles) finement sculptés. La maison a bien tenu, mais elle est soutenue par des étais.
L'origine de la vénération de la *Kumari* remonte au XVIIe s, sous le règne de Jaya Prakash Malla. Ce souverain avait l'habitude de jouer aux dés avec la déesse Taleju, protectrice divine de la cité. Mais un jour, le roi commença à lui faire la cour, et Taleju s'enfuit. Elle revint le visiter dans un rêve pour le tourmenter au sujet de sa conduite inqualifiable. Celui-ci n'obtint son pardon qu'en promettant la vénération

annuelle de son « incarnation », *Kumari,* soit une fillette choisie vers l'âge de 4 ou 5 ans dans une famille bouddhiste de la caste neware des Shakyas, pourvue d'un corps et d'un horoscope sans défaut. En devenant *Kumari,* la petite devient automatiquement une déesse hindouiste. Une marque forte du syncrétisme religieux au Népal. Depuis ce jour, tous les rois du Népal, et maintenant le président, une fois l'an, viennent s'incliner devant elle pour obtenir sa bénédiction.

Il faut, en principe, faire une offrande pour voir apparaître la déesse. Mais, en théorie, elle montre son minois, à la fenêtre du milieu (juste en face de l'entrée), le matin entre 9h et 12h, puis entre 16h et 17h. Bon, ça dure quelques secondes tout au plus, et seulement quand elle veut. Son visage n'exprimera probablement rien, et il est interdit de la photographier. Si vous l'apercevez, la règle veut qu'on lui fasse le signe du « namaste » en guise de respect. À défaut vous entendrez certainement des voix d'enfants venus lui tenir compagnie.

Depuis 2017, la nouvelle *Kumari* de Kathmandu se nomme Trishna Shakya. Cette petite de 3 ans vivra cloîtrée dans son palais et n'en sortira que 2 à 3 fois par an, lors des grandes fêtes annuelles, sur son chariot (le sol étant impur !).

## PAS DE MARI POUR LA *KUMARI*

*Dès leurs 1res règles, les Kumari ne sont plus considérées comme des déesses vivantes. Elles sont alors remplacées et retournent à la vie ordinaire. Une perte de statut qui en a mené certaines à la folie. De plus, elles restent souvent célibataires puisque, d'après la légende, l'époux connaîtrait un funeste destin l'année qui suit. Jusqu'à il y a peu, elles ne recevaient aucune instruction. Désormais elles sont éduquées, et l'État leur verse une allocation équivalente à 14 000 € pour « service rendu ».*

🚶 ***Le Garuda du temple de Narayan*** *(zoom II)* **:** du temple dédié à Vishnu, totalement détruit, il ne reste que son « véhicule », soit un Garuda, mi-homme, mi-oiseau, un genou à terre... Tout un symbole.

🚶 ***Ashok Vinayak*** *ou* ***Maru-Ganesh*** *(zoom II)* **:** ce minuscule sanctuaire doré, à droite de l'ancien Kasthamandap, dont il ne reste que les 2 lions à l'entrée, est vénéré aussi bien par les hindous que par les bouddhistes. C'était autrefois le 1er temple visité par le roi après son couronnement. Y figure une des 4 représentations de Ganesh, censé protéger la vallée. Son toit doré a été ajouté au XIXe s.

🚶🚶 ***Nasal Devta Temple*** *ou* ***Nasal Devata*** *(zoom II)* **:** ce temple du XVIIe s ressemble plutôt à une riche maison avec ses 3 étages. *Nasal Devta* est le nom donné à la forme dansante de Shiva, que l'on observe à plusieurs reprises, ciselé dans le bois de la façade. C'est ici que se rendent danseurs et musiciens avant une représentation...

🚶 ***Singha Satal*** *(zoom II)* **:** restauré après le tremblement de terre de 1934, l'édifice était à nouveau en restauration au moment de celui de 2015... Il a tenu bon. Cette belle maison, à l'origine une auberge, sert aujourd'hui de lieu de célébration officielle. Jeter un œil aux 4 lions dans les angles...

🚶🚶 ***Asta Yogini, temple de Shiva et Parvati*** *(zoom II)* **:** impossible de le louper ! Shiva et Parvati observent en effet par la fenêtre tout ce qui se passe sur Durbar Square depuis des siècles. Ah, si ces concierges mystiques pouvaient parler !

🚶🚶🚶 ***Bhagwati Temple*** *(zoom II)* **:** *en face du temple de Shiva et Parvati.* Ouf, celui-ci aussi a résisté ! Mais cette belle construction à 3 toits, édifiée par le roi Jagat Jaya Malla, ne se visite plus. L'histoire dit qu'il abritait une représentation de Narayan... volée quelques années plus tard. Du coup, Prithivi Narayan Shah, grand admirateur de la déesse Bhagwati, apporta, lors de la conquête de Kathmandu, une représentation de celle-ci, jusqu'alors conservée dans son fort de Nuwakot. Chaque année, en avril, elle est convoyée à Nuwakot, avant de revenir ici où elle est conservée.

**Tāgo Gan** *(la grande cloche ; zoom II)* **:** juste en face, une imposante cloche protégée par un toit. Kathmandu a été la dernière ville de la vallée à se doter d'une cloche de cette taille au XVIIIe s. Utilisée autrefois comme signal d'alarme, elle ne sonne plus aujourd'hui que pendant les cérémonies d'octobre au temple de *Taleju*. Observer les chaînes qui la retiennent, ornées d'animaux fabuleux.

***Les fenêtres d'ivoire*** *(zoom II)* **:** sur la droite, après la grande cloche et à l'angle du palais royal, ne pas manquer ces fenêtres uniques au Népal, pas bien grandes et situées en hauteur. On découvre 3 fenêtres en ivoire, merveilleusement travaillées. La fenêtre centrale est recouverte d'or. De là, les rois Malla observaient les défilés et processions. On les a redécouvertes lors du nettoyage du palais pour le couronnement du roi Birendra en 1975.

**Seto Bhairav** *(zoom II)* **:** *juste à côté des fenêtres en ivoire.* Visible uniquement en septembre pour le festival d'Indra Jatra. Le reste de l'année, la statue demeure cachée derrière une imposante fenêtre faite de boiseries minutieusement entrelacées. Haute de 3,60 m, cette statue entourée d'un halo de flammes possède une couronne d'or. Lors du festival, un bambou est placé dans sa bouche, abreuvant les dévots de *rice beer...*

***Les gros tambours*** *(zoom II)* **:** recouverts d'une peau de cuir, ils ne servent que pendant le *festival de Dasain* (voir la rubrique « Fêtes et jours fériés » en fin de guide). Une inscription sur l'un d'eux précise qu'un buffle et une chèvre doivent être sacrifiés à leur intention une fois par an. La bâtisse a été restaurée un peu lourdement.

***Jagannath Temple*** *(zoom II)* **:** situé à l'entrée de l'ancien palais royal, c'est l'un des temples les plus anciens de la place (au moins du XVIe s). Grande richesse dans sa décoration et sur les poutres, dans la variété de ses motifs érotiques, très réjouissants... Pour ceux qui n'ont pas l'œil, ils sont situés sur la partie basse des poutres (appelés corbeaux) qui soutiennent le débord des toits sur le pourtour du temple. Miracle, il a survécu : le désir, ça conserve !

Juste à côté, la terrifiante et fascinante ***statue noire de Kala Bhairava*** *(zoom II).* Toujours très vénérée et colorée, abondamment alimentée en offrandes, la déesse de la Justice attire un monde fou avec ses nombreux bras ! Elle est faite d'une seule pierre. Le roi Pratap Malla (XVIIe s) l'aurait placée à cet endroit après sa découverte dans un champ au nord de la ville...

***Taleju Temple*** *(zoom II)* **:** *on ne le visite pas, seuls les Népalais peuvent pénétrer dans le sanctuaire principal une fois par an, le 9e j. du festival de Dasain. Possibilité de le surplomber depuis la terrasse du café-resto* De Taleju View. Le plus impressionnant, le plus beau et l'un des plus anciens (1564) du site. En tout, 3 étages de toits en cuivre doré s'élevant à plus de 36 m. Il fut longtemps interdit de construire plus haut que ce temple. Dédié à la déesse tutélaire des rois Malla, c'est le plus fameux des 3 temples de Taleju de la vallée. Sa porte d'entrée montre une remarquable utilisation de la terre cuite. On raconte que dans le Saint des Saints de cet édifice se trouve l'arc orné d'un fabuleux diamant que Rama utilisa pour tuer le roi de Lanka. Une autre légende dit que Prithivi Narayan Shah, le conquérant de Gorkha, offrit un sacrifice humain à Taleju pour fêter sa victoire. La déesse lui apparut alors en rêve et lui exprima son désaccord pour cette pratique barbare. Dès lors, les sacrifices humains ne furent plus jamais autorisés. À gauche de ce temple, sous un magnifique peuplier, une belle représentation de Vishnu et Garuda.

**Royal Palace et Hanuman Dhoka Durbar Museum** *(zoom II)* **:** *entrée par la porte d'Or, dans l'angle du palais, juste à côté de la statue de Hanuman, le dieu-singe. Tlj 9h-17h. Accès inclus dans le ticket général.*

Malheureusement, il a beaucoup souffert, et **le musée** (consacré au roi Birendra assassiné en 2001 et à la famille royale) **risque de ne pas rouvrir avant un bon**

**moment...** Noter les échafaudages qui enferment désormais la statue de Hanuman, le dieu-singe hindou, recouvert d'une pâte rouge orangé. Très vénéré, il fut consacré par le roi Pratap Malla au XVIIe s. Poète et linguiste, celui-ci fit également enchâsser la pierre gravée en 15 langues dans le mur le long du palais, sur la gauche, en signe de piété envers la déesse Kalika.
Sachez que cet édifice complexe, à la fois religieux, politique et administratif, a été commencé au XIVe s. Cependant, des indications montrent que le site était déjà utilisé par la dynastie Lichhavi au VIIIe s.
En attendant la réouverture des différentes cours du palais, chacune consacrée à une divinité différente, on entre par la grande cour de *Nasal Chowk,* quelque peu abîmée. Notez le grand édifice blanc qui a bien tremblé. Vous constaterez la présence chinoise (de grands panneaux la rappelle en permanence) concernant l'aide à la reconstruction des monuments. Autour de la grande cour, des vitrines exposent quelques palanquins et le trône du roi Birendra. Derrière les vitrines, et dans la galerie de gauche, une série de photos des Shah, la dynastie qui a supplanté les Malla au début du XVIIIe s. Puis on pénètre dans *Lohan Chowk,* en cours de restauration. Au milieu des échafaudages, on devine des parties d'édifices superbes, avec sculptures de bois d'une grande richesse. Vous pourrez la voir de nouveau prochainement, et accéder à *Mohan Chowk,* une cour dotée d'une superbe fontaine sculptée (avec animaux et divinités), et à *Sundari Chowk,* avec sa fontaine certes plus modeste...
– Tout au fond (vaguement fléché), ne pas manquer ***le petit musée.*** C'est un espace provisoire où ont été réunis photos, objets, peintures, aquarelles évoquant le terrible séisme de 2015. Réalisme et pudeur semblent avoir été les maîtres-mots de cette expo. Et c'est réussi, car on y découvre l'ampleur des dégâts et le terrible drame humain au-delà des monuments écroulés. Quelques maquettes de temples.



## *Petit itinéraire insolite au sud de Thamel*

Voici un itinéraire riche et varié, bien rythmé, et très peu touristique, pour découvrir le cœur et la vie de Kathmandu. D'après un petit bouquin édité par une Française : *Kathmandu, la cité cachée,* d'Annick Hollé, malheureusement indisponible. Compter 1h30.

➢ Départ de Jyatha, au niveau du ***Chusya Bahal*** *(zoom I, C3),* un ancien monastère bouddhique. Une paire de lions trône devant les portes surmontées d'un *torana* sculpté.

➢ Continuer à l'ouest vers Thahity Tole. En chemin, on remarque – côté gauche – une vieille porte gardée par 2 lions ; en fait les vestiges d'un édifice bouddhique ancien, aujourd'hui dominé par une façade moderne. Un peu plus loin, la place de ***Thahity Tole*** *(zoom I, C3)* est un carrefour animé (marchands, porteurs...) avec, au milieu, un gros stûpa bordé de moulins à prières, faisant face à un mignon petit temple hindou en brique. Traverser la place en diagonale et prendre la rue ***Naghal Tole*** qui descend vers Durbar Square. Au tout début, sur la gauche, noter, dans la boutique *Bahadur Photos* (on n'a pas dit *Balladur Photos*), un vieux cliché noir et blanc représentant la toute 1re voiture – une Chevrolet des années 1950 appartenant au 1er ministre – acheminée au Népal depuis l'Inde par une quarantaine de porteurs ! Pas mal de boutiques de tissus tibétains aussi. Continuer sur environ 50 m, jusqu'à une ruelle sur la droite. Voici la belle place ***Katheshimbu,*** appelée aussi *Shighal (plan d'ensemble, C3, et hors zoom I par C3).* Bordé de moulins à prières, le stûpa central est doté d'une curieuse coupole surmontée des traditionnels yeux du Bouddha sur fond doré. Il passe pour être la réplique du Temple des Singes de Swayambunath. Tout autour, ce n'est qu'une succession de stûpas et *chaitya* bardés d'offrandes... plus des boutiques de *thangka,* de thé ou encore d'épices.

➢ Ressortir du Katheshimbu et tourner à droite. Au passage, tout de suite à gauche, quelques échoppes de dentistes aux enseignes peu engageantes ! On débouche ensuite sur une autre place : ***Bangemuda Tole.*** Au milieu de la place, petit temple vieux de 4 siècles, et à gauche de l'entrée de la place, sous la *Raj Dental Clinic,* on trouve une *stèle* de pierre noire représentant le Bouddha debout, une posture rare, signe de son ancienneté. Du reste, datant du VI$^{e}$ s, elle n'aurait jamais été déplacée malgré les constructions successives qui se sont élevées tout autour. Traverser la place. Au coin sud, ne manquez pas ce curieux sanctuaire couvert de centaines de pièces de monnaie percées de clous. C'est le *dieu des Maux de dents.* Eh oui ! si l'une de vos dents vous fait souffrir et que nous n'avez pas envie de terminer sur le fauteuil d'un des praticiens alentour, plantez un clou dans la bille de bois pour liquider la douleur. Si, si, ça marche !

➢ À présent, poursuivez votre chemin vers le sud, en empruntant la rue bordée de magasins de tissus et costumes traditionnels népalais, jusqu'à la place de ***Bhedasing Tole,*** occupée par un sanctuaire hindou surplombant de hautes marches. Sur la gauche de la place, entre les marchands de poterie, un petit passage couvert mène au superbe temple Machendranath Bahal : à ne pas manquer !

***Machendranath Bahal*** *(plan d'ensemble, C4)* **:** *Janbahal,* ***Makhan Tole.*** *Temple dans une cour un peu en retrait de Makhan Tole, au niveau des panneaux verts Janbahal et Kel Tole (c'est le cas de le dire !). Griffons à l'entrée.* Datant du XVII$^{e}$ s, c'est l'un des temples les plus curieux, car il associe les cultes bouddhique et hindou, et l'un des plus beaux à nos yeux. Atmosphère très authentique, peut-être parce qu'il est l'objet d'une grande ferveur religieuse et qu'il est entouré de vieilles maisons en bois et brique, toujours habitées... Calme étonnant. De hautes grilles le protègent des vols, dit-on, mais aussi de la présence polluante d'innombrables pigeons. Bordée de moulins à prières, sa pagode à 2 étages de toits est décorée avec recherche. En parcourant la coursive qui le ceinture, à l'intérieur des grilles, on observe sur son mur près d'une centaine de médaillons en cuivre et dorés, représentant les postures du Bouddha Avalokitesvara ; une véritable collection iconographique ! Souvent, entre 8h et 10h, des musiciens se rassemblent ici pour chanter des psaumes sacrés. On s'assoit, on écoute et on laisse filer le temps.

➢ Quitter le temple par le même passage entre les magasins de poterie et retourner vers la place Bhedasing Tole. Remonter l'une des rues sur la droite (on passe devant une très belle maison de style newar, aux fenêtres de bois sculptées) pour gagner une autre placette parmi les plus pittoresques de Kathmandu : ***Kilagal Tole*** *(plan d'ensemble, B4).* Petite et cernée d'échoppes, vivante et colorée, c'est presque une composition médiévale.

➢ Quitter Kilagal Tole et continuer tout droit. Sur la gauche, on aperçoit bientôt un petit passage entre 2 immeubles s'ouvrant sur une vaste cour rectangulaire, ornée de quelques *chaitya,* bordée de vieilles maisons et de 1 ou 2 immeubles modernes en forme de cure-dents... À droite du stûpa blanc, 2 lions de pierre sont les gardiens d'un merveilleux patrimoine artistique : la ***Yitym Bahal*** *(plan d'ensemble, B4),* temple bouddhique dont la courette offre de magnifiques poutres inclinées, sculptées, des XIII$^{e}$ et XIV$^{e}$ s ; les plus anciennes de Kathmandu. Au fond, également d'autres poutres polychromes plus récentes.

➢ Quitter la grande cour par une petite porte carrée basse, sous une vieille maison, à l'opposé de celle par laquelle on est arrivé. Prendre à droite, passer l'offertoire en mosaïque de céramique sur la gauche, puis le balcon sculpté surmonté d'un infâme immeuble moderne (le fruit étrange d'une loi de conservation du patrimoine obligeant à intégrer les éléments d'architecture ancienne dans les constructions nouvelles), avant d'arriver à la grande rue menant à Durbar Square, vers la gauche. Une fois dans cette rue, prendre la 1$^{re}$ ruelle à droite jusqu'à une grande place bordée de vieux immeubles, certains très étroits et d'autres avec des fenêtres traditionnelles en bois, où se trouve un grand stûpa blanc. Derrière ce dernier, on admire un vieux temple – le ***Yetkha Bahal*** – avec une porte surmontée d'un très ancien *torana* (XIIe s), lui-même surplombé d'un balcon orné de danseuses célestes...

Voilà, c'est terminé. En parcourant cet itinéraire pas à pas, vous arriverez par l'autre entrée de Durbar Square. Pour suivre la visite des monuments de Durbar Square dans le sens où nous l'évoquons, il faudra alors vous rendre du côté de l'entrée principale, de l'autre côté, sur New Road.

## *De Durbar Square à Durbar Marg*



***Ratna Park*** *(plan d'ensemble, C-D-E4-5)* **:** il nous faut signaler cet immense parc, très connu, qui porte le nom de l'épouse du roi Mahendra. Pendant les tremblements de terre d'avril-mai 2015, il a accueilli de nombreux réfugiés venus planter la tente ou s'abriter sous des bâches.

***Narayanhiti Palace Museum*** *(plan d'ensemble, D2)* **:** *entrée à l'extrémité nord de Durbar Marg. Tlj sauf mar-mer et j. fériés 11h-16h (15h en hiver). La billetterie ferme 1h avt. Entrée : 500 Rps.* Le palais royal, qui a cessé de fonctionner en 2006 lorsque la monarchie a été supprimée, peut se visiter. On découvre le bâtiment, moderne et sans charme (hall d'accueil, bureau et chambre à coucher du roi, salles d'attente, de réunion et de banquet) mais, à moins d'éprouver un intérêt particulier pour les familles royales, rien de passionnant. Dans les jardins, on peut voir le lieu où la famille royale a été massacrée en 2001, avec une description précise des endroits où les coups de feu ont été tirés ! Il y a bien la salle d'honneur, à l'étage du palais, haute de 18 m et dominée par un énorme lustre. Mais bon...

***Garden of Dreams*** *(zoom I, C2)* **:** *Tridevi Marg, à Thamel. ☎ 442-53-40. • gardenofdreams.org.np • Tlj 9h-22h (guichet fermé à 21h). Entrée : env 200 Rps.* Ces jardins néoclassiques furent conçus dans les années 1920 par Marshal Kaiser Shumsher Rana, fils du 1er ministre de l'époque, puis ouverts au public. Bancs, bassin, fontaines, pavillons, petit théâtre, et même un café-resto chic, le *Kaiser Café,* cher mais paisible pour prendre un verre (voir plus haut « Où prendre le petit déj ?... »), même si la plupart des routards viennent siroter leur cannette à même la pelouse. Bref, une oasis de fraîcheur dans Thamel (mais dont l'accès est payant !). En soirée, avec les beaux éclairages qui le mettent en valeur et les coassements des grenouilles, c'est la balade romantique à ne pas rater...

# QUITTER KATHMANDU

## En bus

Pour la vallée de Kathmandu, on utilise les bus locaux, au départ de la *Old Bus Park* (couramment appelée *Ratna Park*) ou des minibus, plus rapides, au départ de *Bagh Bazar* (station voisine de *Old Bus Park*). Les bus pour les régions plus éloignées, eux, partent de *New Bus Park* (appelée aussi *Naya Bus Park* ou *Central Bus Park*).

***Old Bus Park*** *(Ratna Park ; plan d'ensemble, C-D4)* **:** c'est l'anarchie la plus complète et les points de départ sont assez éparpillés. Inutile de chercher seul votre bus car aucun panneau en anglais ! Prévoyez un peu de temps et faites-vous aider sur place ! C'est d'ici que partent en général les bus pour les villes du sud.

➢ Liaisons pour ***Patan, Jawalakhel*** (même route que Patan), ***Bodhnath, Banepa, Panauti, Swayambunath, Sankhu, Sundarijal*** (départ du trek d'Helambu), ***Jiri, Kirtipur, Balaju, Kalimati, Pharping*** et ***Dakshin Kali.***

➢ Également des bus locaux pour

***Bhaktapur,*** mais préférer la liaison au départ de Bagh Bazar.

***Bagh Bazar*** *(plan d'ensemble, C-D4)* **:**

➢ ***Pour Bhaktapur :*** minibus très fréquents, mais préférer les *express* (peu d'arrêts ; trajet env 45 mn), au même prix que les *local buses* (qui, eux, s'arrêtent partout). Arrêt en centre-ville.

➢ ***Pour Changu Narayan :*** compter 1h45-2h de trajet.

➢ ***Pour Nagarkot :*** pas de direct. Transit obligatoire par Kamalbinayak. Env 2h30 de trajet.

***Kanthi Path*** *(plan d'ensemble, C3)* **:** pour Pokhara et le parc national de Chitwan (Sauraha), prendre impérativement un *tourist bus,* dont les billets peuvent s'acheter dans les nombreuses agences de Thamel. C'est ce que l'on conseille de faire pour ne pas galérer. Celles-ci ne prennent en principe pas de commission. Nous vous recommandons d'**acheter vos billets au plus tard la veille.**

➢ ***Pour Pokhara :*** départ des *tourist buses* (avec les compagnies *Swiss Travels, Blue Sky, Loyal Travels, Holiday Adventure...*) à 7h (se présenter à 6h30). Compter 7-8h de trajet jusqu'à Pokhara. Certaines compagnies, comme *Greenline,* ont des bus confortables avec clim (et une pause déjeuner incluse dans le prix), mais forcément plus cher qu'un *tourist bus* normal. Cela dit, on conseille cette compagnie pour sa fiabilité au fil des années. Départ pour *Greenline* de leur gare routière privée sur *Tridevi Marg* (angle Kanti Path ; *zoom I, C2*). Infos et résa dans les agences ou auprès de la compagnie à Kathmandu *(☎ 441-71-99 ; • greenline.com.np •).*

➢ ***Pour le parc national de Chitwan*** *(Sauraha)* **:** liaisons en *tourist buses* avec les compagnies *Saibaba Travel, Baba Travels...* Départ vers 6h30-7h. Environ 6-7h de trajet. La compagnie *Greenline* dessert aussi cette destination à partir de sa propre gare routière de *Tridevi,* mais là encore, le confort se paie. Quelle que soit la compagnie, les bus vont jusqu'au *Bus Park* de Sauraha, à env 1 km du centre du village.

***New Bus Park*** *(hors plan d'ensemble par B1)* **:** à ***Gongabu.*** Prendre un taxi pour y aller (env 500 Rps depuis Thamel). Arriver au moins 30 mn en avance, car il est quasi impossible de trouver son bus immédiatement dans ce formidable capharnaüm ! Là encore, on vous conseille vivement d'acheter vos billets dans une agence, cela vous évitera bien des tracas inutiles.

➢ ***Pour Gorkha :*** bus direct. Trajet en 6h.

➢ ***Pour Janakpur :*** compter 9-10h de trajet.

➢ ***Pour Dhunche et Syabru Bensi*** *(points de départ des treks pour Langtang et Gosainkund)* **:** départs tôt le mat. Route éprouvante : compter 7-8h pour couvrir les 100 km qui séparent Kathmandu de Dhunche !

➢ ***Pour Delhi (Inde) :*** pas de liaison directe depuis New Bus Park (changement à Nepalganj). Pour une liaison directe, départ quotidien l'ap-m de Swayambhu (ouest Thamel) avec la compagnie *Loyal Travel & Tours (☎ 426-78-90 ; • loyaltours.com •).* Compter 32-35h. Bon voyage !

## En avion

***Compagnies aériennes***

Tous les billets peuvent s'acheter auprès des agences de voyages de Thamel. Ce ne sera pas plus cher et ils ont une vision globale des propositions aériennes en fonction des destinations et des jours. Bien pratique. Voici les sites des principales compagnies :

■ ***Buddha Air :*** • buddhaair.com •
■ ***Yeti Airlines :*** • yetiairlines.com •
■ ***Nepal Airlines :*** • nepalairlines.com.np •
■ ***Sita Air :*** • sitaair.com.np •

➢ Ces compagnies assurent de nombreux vols quotidiens pour ***Pokhara*** et ***Biratnagar*** (ville au sud-est), et quelques-uns pour ***Bharatpur*** (parc national de Chitwan), ***Bhairava, Lukla*** (aéroport le plus proche de l'Everest) et ***Nepalgunj.*** Quelques vols également pour ***Jomsom.*** Les autres aéroports du pays sont desservis 1 ou 2 fois/sem.

# LA VALLÉE

• Carte *p. 130-131*

**La vallée de Kathmandu est constituée d'un ensemble de villes et villages qui s'étirent sur une vingtaine de kilomètres, ayant chacun sa propre personnalité. Pas évident de distinguer au premier abord ce qui fait la différence entre Patan et Bhaktapur, entre Bodhnath et Pashupatinah. En effet, ces bijoux architecturaux, religieux et historiques (souvent les 3 à la fois) sont aujourd'hui enserrés dans un écrin pas toujours très reluisant, où l'urbanisation intense et la circulation infernale dominent. Mais une fois au cœur de ces villes, la magie et le charme opèrent. Au-delà du quarté de tête cité plus haut, d'autres villages plus éloignés méritent le détour. Si la beauté des temples n'étouffe pas forcément le visiteur, la contemplation des scènes de rue toutes simples et le sourire des habitants moins habitués aux touristes font la différence. On peut citer le village de Bungamati, le monastère de Khokana, Kirtipur ou encore Pharping, sans oublier, un peu plus loin, Changu Narayan ou encore Panauti. On fait alors un pas de côté que l'on ne regrette pas.**



## COMMENT VISITER LA VALLÉE ?

Tout dépend des endroits que l'on veut visiter. Si l'on se limite à l'agglomération de Kathmandu (Pashupatinath, Bodhnath, Patan), on peut parfaitement utiliser les taxis. Pour Bhaktapur et au-delà (Nagarkot, Dhulikhel, Panauti...), il revient moins cher de prendre des bus locaux, notamment si l'on a prévu d'y passer la nuit. En revanche, si vous souhaitez faire une grande virée dans la vallée en 2 jours, il peut être judicieux de louer les services d'un taxi. À 4 ce n'est pas si cher et le gain de temps sera appréciable, notamment pour aller voir des temples parfois éloignés du centre. Voir la rubrique « Arriver – Quitter » des villes correspondantes.

# SWAYAMBUNATH (SWAYAMBU)

**Le temple bouddhique de Swayambunath, appelé aussi *Monkey Temple* (bien que certains Népalais trouvent ce surnom irrespectueux), est perché sur une colline, à 2 km à l'ouest du centre de Kathmandu. À faire dès son arrivée pour se familiariser avec la topographie de l'agglomération. La vue sur la ville et la vallée est saisissante. Et, miracle, si les templions autour du stûpa ont légèrement souffert des séismes de 2015, le stûpa lui-même est resté intact. La fondation de Swayambunath remonterait à 2 500 ans, mais les bouddhistes ne la datent pas. Voici de toute façon le plus ancien stûpa de la vallée, considéré aussi comme l'un des 1ers sanctuaires bouddhiques au monde (il aurait été fondé il y a 15 siècles). C'est l'un des pèlerinages les plus populaires et émouvants. Y aller pendant les *fêtes newares* : le matin, le soir, tous les jours il s'y passe quelque chose.**

## UN PEU DE MYSTICISME

Dans notre rubrique « Il était une fois », Alexandra David-Néel nous raconte : « Au bout de la chaîne neigeuse des Himalayas, Ishwara, le dieu qui procède du bouddha primordial (l'Adi Bouddha, connu au Népal sous le nom de Swayambu), créa une vallée et celle-ci fut appelée Naghrad, ce qui signifie réservoir ou lac habité par une divinité serpent, un naga. Dans des temps très anciens, un bouddha nommé Vispashyi vint au Népal et y demeura sur une montagne à l'est du lac au naga. Un jour de pleine lune, il sema une graine de lotus dans le lac. Cela fait, il s'en retourna chez lui. Beaucoup de temps s'étant écoulé, la graine de lotus germa, puis produisit une fleur, et dans le cœur de ce lotus, Swayambu apparut sous la forme de lumière. »

## Arriver – Quitter

➢ ***En taxi :*** pas cher et rapide. Compter env 300-350 Rps depuis Thamel. Le taxi vous dépose au parking. De là, plus que quelques marches à monter jusqu'au sanctuaire.

➢ ***À pied :*** évidemment plus long (30-40 mn depuis Thamel) mais en fait beaucoup plus intéressant car ça permet de découvrir les quartiers populaires le long de la rivière Vishnumati (là où vivent les intouchables), les petits métiers, les temples, les crémations, etc. Et la communication avec les habitants s'engage facilement. La route est simple, tout le monde connaît, et vous apercevez le stûpa très rapidement.



## À voir. À faire

– ***Entrée du site :*** *env 200 Rps.* Tout en bas du Swayambunath, on peut continuer la route à gauche, jusqu'au chemin menant au stûpa, ou emprunter l'escalier monumental partant du portique. L'approche par l'escalier est superbe. Vous y verrez parfois les singes glisser sur la rampe comme des gamins. Ne pas transporter de nourriture sur soi, sinon ils risquent d'attaquer, et bien tenir son sac. Un truc : ne jamais les regarder dans les yeux. Attention, marches glissantes. En haut, un bosquet de *chaitya* entoure le stûpa.

***Le stûpa :*** une fois arrivé là, quelle vue ! De quoi y passer un bon moment... L'édifice lui-même abrite des reliques et des documents sacrés. Les 9 niches du stûpa central présentent de chaque côté des bronzes intéressants. Tout autour, des moulins à prières que les fidèles font tourner sur leur axe pivotant. Ils contiennent chacun un texte sacré. En les tournant, le dévot imagine que cette prière – ou *mantra* – est emportée par le vent pour le bien de tous les êtres.
Pour info, tout stûpa rencontré sur sa route doit être laissé à main droite. Ne faites pas comme le capitaine Haddock dans *Tintin au Tibet* : « Toi passer à gauche, Sahib ! »
Le stûpa n'est pas un monument unique. Il intègre des maisons d'habitation, des *sikhara* du XVIIIe s (stûpa en forme de temple hindou), *chaitya* et *pagodons* dans un joyeux désordre. Des 3 monastères tibétains, le plus grand a été détruit par le séisme de 2015 et sa restauration est en cours.

### T'AS DE BEAUX YEUX, TU SAIS ?

*L'énorme stûpa de Swayambunath est surmonté d'une flèche ronde à base carrée ornée des yeux bleus du Bouddha qui voit tout. Les 13 anneaux dorés symbolisent les degrés de la connaissance. Il est dit que l'espèce de point d'interrogation entre les yeux du Bouddha représente le chiffre 1 en écriture sanskrite. Affirmation de l'unité de Dieu par rapport au polythéisme hindou. Si la bouche est absente, c'est que le Bouddha, qui voit tout et sait tout, ne parle jamais !*

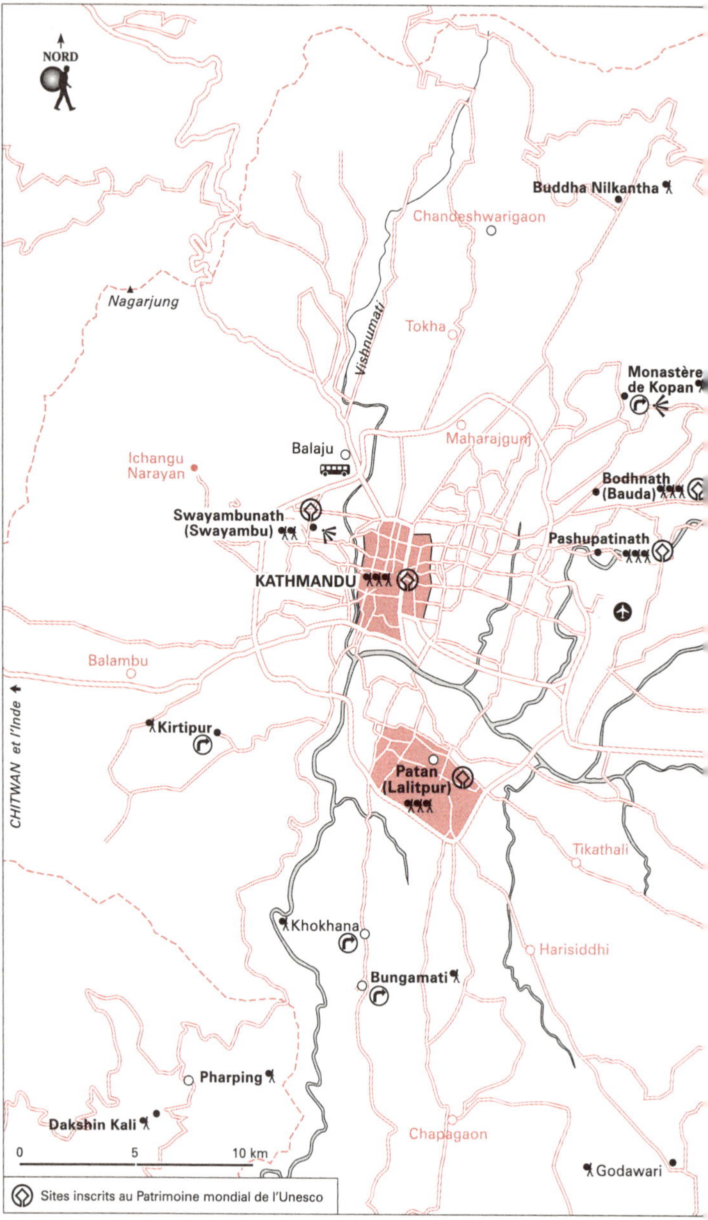

NORD
Buddha Nilkantha
Chandeshwarigaon
Nagarjung
Vishnumati
Tokha
Monastère de Kopan
Maharajgunj
Balaju
Ichangu Narayan
Bodhnath (Bauda)
Swayambunath (Swayambu)
Pashupatinath
KATHMANDU
Balambu
CHITWAN et l'Inde
Kirtipur
Patan (Lalitpur)
Tikathali
Khokhana
Harisiddhi
Bungamati
Pharping
Dakshin Kali
Chapagaon
0
5
10 km
Godawari
Sites inscrits au Patrimoine mondial de l'Unesco

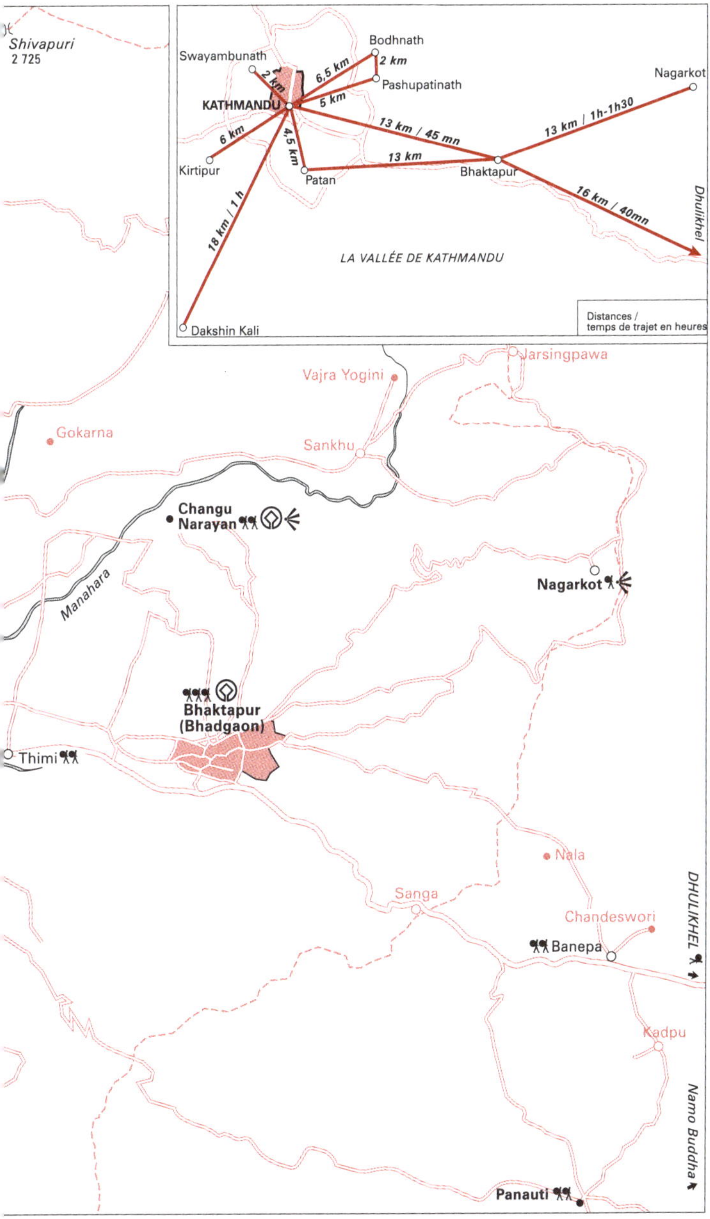


# LA VALLÉE DE KATHMANDU

Descendre vers l'autre versant, en zigzaguant entre les blancs *chaitya,* sortes d'ex-voto qui bordent les sentiers, pour la colline jumelle de Sarasvati.
– Outre des boutiques de souvenirs, on y trouve plusieurs petits restos d'où l'on peut embrasser une large vue sur Kathmandu.

**National Museum :** *à 1 km au sud du temple de Swayambu, à Chhauni. Tlj sauf mar et j. fériés 10h30-16h30 (14h30 lun ; 15h30 en hiver). Entrée : env 150 Rps.* Ce fut le 1er musée public du Népal. Cadre assez vieillot et peu de choses à voir. Dans l'*Art Gallery* et la *Bouddhist Art Gallery,* donc, une série de statues en bois, en pierre, en bronze, ainsi que des bas-reliefs en pierre, plus le produit des fouilles locales et une section peintures (voir le *Krishna lila* du XVIIIe s). Si vous passez par là.



# PASHUPATINATH

**À 5 km à l'est du centre de Kathmandu, non loin de l'aéroport, c'est l'un des lieux les plus sacrés du pays, un centre de pèlerinage et surtout de crémation, baigné par la rivière Bagmati – le Bénarès et le Gange du Népal en quelque sorte. Un lieu et une expérience humaine à ne pas manquer, même si vous êtes sensible.**
***Pashupati* est l'un des multiples noms du grand dieu Shiva. Si le site est vénéré depuis des temps très anciens, les bâtiments actuels, œuvre de Pratap Malla, datent du XVIIe s. L'histoire dit que ce rajah a accompli un acte de piété suite à un crime. Dans son harem qui abritait 3 000 concubines, il viola une fillette impubère et celle-ci en mourut. Ce libertin comprit alors la gravité de son comportement. Pour l'expier, il fit une retraite de 3 mois à Pashupatinath et s'occupa à agrandir et enrichir généreusement le sanctuaire.**
**L'atmosphère de l'endroit est toute imprégnée de cette terreur sacrée, propre aux lieux où Shiva règne. D'ailleurs, un des autres noms de Pashupatinath est « la vallée de l'Ombre ».**
– ***Photos à Pashupatinath :*** il n'est pas interdit de prendre des photos des crémations. Malgré tout, il est bon de se tenir à une distance respectable des familles (en général les touristes se situent sur la rive opposée). Il faut également essayer de garder en tête qu'il s'agit de funérailles, et que malgré l'extraordinaire animation qui règne autour des ghâts, les familles sont en deuil, peine et douleur sont omniprésentes.

## Arriver – Quitter

➢ ***De Kathmandu :*** si vous n'êtes pas à quelques euros près, le plus simple est d'y aller en taxi. Sinon, en bus depuis *Ratna Park* (départs très fréquents) en direction de Bodhnath. Ou encore en *tempo* collectif de Rani Pokhari. Depuis Bodhnath, on peut parfaitement y aller à pied (2 km).

## À voir

– ***Entrée du site :*** *il y a des entrées aux 4 points cardinaux, ouv tlj 6h-20h. Accès : env 1 000 Rps. Hors de ces horaires, accès libre.* L'endroit mérite qu'on prenne son temps. Il peut être fort judicieux de prendre un guide pour mieux comprendre les différentes étapes de la crémation, ainsi que les symboles et rituels hindous. À l'entrée sud, sur la gauche, environ 30 m avant la rivière, petit bureau de la *Guide Association of Pashupatinath.* Pour environ 1h de visite, compter autour de

1 000 Rps pour un petit groupe jusqu'à 3-4 personnes (à vous de négocier un peu). Ça vaut le coup si vous êtes plusieurs. En tout cas, ne pas hésiter à vous débarrasser gentiment des guides visiblement peu compétents qui ne manqueront pas de vous aborder. Prendre un guide officiel directement au bureau.

*À voir depuis l'entrée sud*

**Golden Temple :** *l'accès n'est autorisé qu'aux hindous.*
De l'entrée, on ne voit que le postérieur (et ses énormes coucougnettes...) de la statue imposante du taureau *Nandi* (véhicule de Shiva) dans la cour principale. Mais, en empruntant les escaliers sur la gauche du temple, on peut accéder à une plateforme sur la droite et bénéficier d'une belle vue sur le Nandi, de profil cette fois, et sur l'animation du sanctuaire. En redescendant les marches, on reprend la ruelle qui mène à la rivière. Elle est particulièrement animée, avec ses boutiques de fleurs, bondieuseries et ses *sadhus,* ces hommes et femmes couverts de cendre vivant en ascètes, en marge du monde. Leur front est marqué de 3 traits horizontaux. D'une main, ils portent le trident de Shiva, de l'autre, une sébile. C'est d'ailleurs ici qu'a lieu le grand rassemblement annuel des *sadhus* pour la *Shivaratri,* en février ou mars selon les années. Un spectacle à ne pas manquer. Attention ce jour-là aux pickpockets. Ils viennent de l'Inde pour faire les poches des touristes et des riches Népalais en pèlerinage.
*Teej* (en septembre) est une autre fête intéressante : ce jour-là, des milliers de femmes brahmanes venues de toute la vallée se rendent ici, toutes de rouge vêtues, pour prier au temple d'Or, danser et chanter, puis faire leurs ablutions dans la Bagmati. Tout le site leur est réservé (les entrées sont gardées par la police). Le spectacle des saris aux couleurs chatoyantes est tout simplement magnifique. Les femmes touristes peuvent franchir quelques barrages ; quant aux hommes, ils devront attendre au troquet du coin !

**Social Welfare Centre :** *en allant vers la rivière, prendre à droite à env 150 m avt le pont, c'est sur l'arrière (panneau discret). Photos interdites.* Dans un beau et vieux bâtiment orné de sculptures newares du XVIIe s, voici un émouvant refuge pour personnes âgées et défavorisées. Mère Térésa y a exercé ses talents au service des autres. Réfrénez vos envies de photographie et observez les visages de ces vieux et charmants Népalais, passant leurs journées au milieu d'un ensemble de 5 templions (quelque peu fissurés, d'ailleurs). On peut y faire des dons. En partant, observez l'animation autour du puits dans la ruelle voisine.

En continuant vers la rivière, sur la petite place entre les 2 petits ponts, voir le tout petit ***temple de Batchhla Devi*** qui présente des poutres très ouvragées avec d'intéressantes figures érotiques. Autre curiosité également après avoir franchi le pont, sur votre gauche, parmi les nombreux templions qui borde la rivière, un lingam de bonne proportion. Il est dit qu'autrefois s'y élevait un puits. En regardant dans ce puits, on pouvait voir la forme que l'on aurait et les conditions de sa nouvelle réincarnation. Devant l'effroi de beaucoup de Népalais, peu vertueux à l'époque, le prince régnant, Sankara Rajah, fit combler le puits et ériger le lingam à la place.

***Les bûchers de crémation*** (Burning Ghat) **:** *le long de la rivière, sur la rive du temple d'Or.*
Lors de votre visite, il est possible, voire fort probable, qu'une ou plusieurs crémations soient en train de se dérouler. La Bagmati se jetant dans le Gange, la crémation à Pashupatinath a la même valeur qu'à Varanasi (Bénarès). Si l'endroit est plus modeste, il n'en reste pas moins symboliquement impressionnant et questionne inévitablement sur la différence du rapport à la mort entre Orientaux et Occidentaux. Encore une fois, soyez discret si vous avez l'intention de photographier. Par respect, prenez vos clichés depuis la rive opposée !
D'un côté, les ghâts des pauvres, bases de pierre carrées sur lesquelles sont installés les bûchers. De l'autre, au pied du temple d'Or, ceux des riches, décorés

de fleurs quand ils sont utilisés. Quant aux ghâts de forme circulaire, sur l'autre rive, ils servent aux familles qui reviennent se recueillir, aux ablutions des *sadhus* et de plongeoirs aux gamins !

### CHERCHEURS D'OR

*Au pied des ghâts pour riches, il n'est pas rare d'apercevoir des hommes ou des enfants courbés en train de draguer la rivière à la main. Les défunts sont brûlés avec des bijoux, censés les purifier. Lorsque, à la fin de la crémation, les cendres sont jetées à l'eau, l'or est récupéré par ces « orpailleurs » d'un genre un peu particulier.*

Selon le rite hindou, la crémation doit avoir lieu dans les 24h qui suivent le décès. Les corps sont orientés vers le nord, en direction de l'Himalaya, berceau des dieux. C'est le fils aîné qui a la charge de mettre le feu dans la bouche du père. Lorsque la mère décède, ce rituel est assuré par le fils cadet. Pour remplir leur fonction, ils se rasent complètement le corps et portent pendant une année des vêtements blancs (signe de deuil). À la mort du mari, les femmes revêtent cette couleur toute leur vie et ne peuvent, en principe, se remarier, mais cette coutume tend peu à peu à disparaître, favorisée en cela par le gouvernement. Le défunt, qu'il soit riche ou pauvre, est recouvert d'un tissu orange (symbole de paix) et blanc.

Noter que près de 400 kg de bois (dont quelques kilos symboliques de bois de santal) sont nécessaires pour une consumation totale. Avec la hausse du nombre de crémations (due à l'accroissement démographique), une telle quantité de bois engendre de gros problèmes de déforestation et de pollution. Voilà pourquoi il est fortement question d'installer des fours électriques, voire électroniques, comme il en existe déjà en Inde. Même si leur utilisation se heurte à des traditions ancestrales, les rites devront sans doute finir par s'adapter aux contraintes économique, écologique et sanitaire (toxicité des fumées) devenues de plus en plus sérieuses.

## BODHNATH (BAUDA)

IND. TÉL. : 01

• Plan *p. 137*

**La plupart des Népalais l'appellent Bauda, ou même Bouddha. À 6,5 km au nord-est du centre de Kathmandu, cette ville (elle aussi, totalement intégrée dans l'agglomération de Kathmandu) est peuplée de nombreux Tibétains ayant fui après l'invasion chinoise. C'est aujourd'hui l'un des plus grands sanctuaires bouddhiques de la vallée. On y dénombre pas moins d'une cinquantaine de monastères et, surtout, s'y dresse le plus grand stûpa du pays (une centaine de mètres de circonférence). Son origine est un peu obscure, mais on pense qu'il date du XIVᵉ s.**

**Marchez autour dans le sens des aiguilles d'une montre, comme les fidèles, en faisant tourner ses innombrables moulins à prières, tout en récitant, en continu, le fameux mantra *Om mani padme hum* (à réciter avec une voix la plus grave possible). Il règne une ferveur assez particulière autour de ce stûpa, animé dès l'aube. Si vous avez la chance d'être ici pour *Losar,* le Nouvel An tibétain, il ne faut pas manquer les cérémonies qui ont lieu le matin sur le grand stûpa. Et l'atmosphère en soirée pendant une fête de la pleine lune s'y avère aussi particulière...**

**En général, le stûpa, comme les rues alentour, se vide assez tôt le soir (vers 20h), mais l'atmosphère à la nuit tombante est forte et singulière. Beaucoup de visiteurs font le choix de dormir à Bodhnath, notamment pour profiter des**

**lieux au plus tôt. C'est une bonne option, car l'ambiance y est très différente des autres villes de la vallée, plus tranquille et elle recèle quelques bonnes adresses.**

## Arriver – Quitter

➢ ***De Kathmandu :*** comme pour Pashupatinath, le plus facile est de prendre un taxi. Sinon, bus en permanence depuis *Ratna Park.*

## Adresse et infos utiles

– Se procurer la ***Boudha Map,*** gratuite, disponible dans un certain nombre d'hôtels. La plupart des adresses y sont pointées, ce qui évite de tourner en rond...

■ Plusieurs ***bureaux de change*** et ***distributeurs*** autour du stûpa et dans les rues adjacentes.

## Où dormir ?

Dormir à Bodhnath revêt parfois quelque chose de magique. Si l'on ne dort pas trop loin du stûpa ou d'un monastère, le matin, doux réveil vers 6h, au son des trompes tibétaines...

### De très bon marché à bon marché (moins de 20 $ ; 17 €)

🏠 ***Shechen Guesthouse*** *(plan A1,* ***10****) : dans l'enceinte du monastère du même nom, au nord du stûpa. ☎ 517-82-09. • shechenguesthouse.com.np • Résa très à l'avance conseillée (souvent complet) ! Petit déj inclus.* Dans un havre de paix (au sens propre), des chambres simples, accueillantes et fort bien tenues, parquetées et avec salle de bains. Elles donnent toutes sur un paisible jardin intérieur, lui aussi très soigné. Pratique, le resto de la *guesthouse* est aussi une table à recommander (voir « Où manger ? Où boire un verre ? »). L'adresse la plus bouddhiste du centre-ville. Mais vous ne serez pas seul(s)... En fait, c'est sans doute le meilleur rapport qualité-prix du centre dans cette catégorie.

🏠 |●| ***Dragon Guesthouse*** *(plan A1,* ***11****) : Mahankal, derrière le monastère de Shechen, au nord du stûpa. ☎ 517-81-62. • dragonguesth@gmail.com •* Une des *guesthouses* les moins chères de la ville dans un bâtiment de quelques étages, soit une vingtaine de chambres moquettées, très simples et sans charme, mais avec des salles de bains communes propres. Les matelas ont bien vécu en revanche. Environnement calme, et agréable petit jardin devant, entièrement clos. Pas mal de routards venus y poser leurs guêtres. Bon resto végétarien.

🏠 ***Lotus Guesthouse*** *(plan B2,* ***12****) : à quelques mn à pied du stûpa (accès fléché). ☎ 491-51-32. • lotusguesthouseboudha@gmail.com • À ne pas confondre avec l'hôtel* Lotus Gems, *plus proche du stûpa et moins cher.* C'est la plus ancienne *guesthouse* de Bodhnath, propriété du monastère voisin. Un bâtiment en U sur 1 étage, très calme, même si dès l'aube s'élèvent les prières des moines. Chambres monacales, sans charme particulier, avec des lits un peu rudes, quoique propres, et avec ou sans salle de bains. Ensemble correct. Elles donnent sur une grande pelouse reposante. Gros avantage, outre la localisation, les prix plancher. Pour un séjour de longue durée, 3 appartements à louer au mois.

🏠 ***Pal Rabten Khansar Guesthouse*** *(plan B2,* ***13****) : en remontant Phulbari St, à l'angle opposé de la ruelle du Garden Kitchen. ☎ 491-59-55. • prkguesthouse2015@yahoo.com •* Situé à un carrefour assez animé, à

2 pas du stûpa, ce gros bâtiment coloré aux fenêtres bleues a plutôt belle allure, sans compter qu'il possède un sympathique jardinet. Une vingtaine de chambres à l'ancienne, mais propres et plutôt confortables pour le prix. Toutes avec salle de bains (eau chaude). Cuisine à disposition.

***Amrita House*** *(plan B2, **14**)* **:** *dans une rue derrière le stupâ, près de la* Lotus Guesthouse. *98-13-12-16-42. • amritahousektm@gmail.com • Facebook. Résa impérative à l'avance.* Cette maison individuelle de style presque Art déco, noyée dans la verdure, abrite 3 chambres doubles avec salle de bains à partager et 3 appartements avec cuisine (à prix moyens). Une adresse confidentielle et bon marché. Dommage que les parties communes souffrent d'un singulier laisser-aller. Quelques tables dans le jardin, où sont servis petits déj, repas et boissons, dans une ambiance musicale zen.

***Bodhi Guesthouse*** *(plan A1, **15**)* **:** *Mahankal Rd. ☎ 517-81-27. • bodhiguesthouse.com • Petit déj inclus.* Si l'édifice de 4 étages n'a rien de particulièrement charmant, les prix très bas arrangeront nos lecteurs les plus serrés niveau budget. C'est simple mais correct et les chambres sont plutôt lumineuses. Ventilo sur demande. En revanche, les parties communes sont vraiment négligées. Un bout de jardin à l'arrière.

## Prix moyens (20-50 $ ; 17-42 €)

***Rokpa Guesthouse*** *(plan A1, **16**)* **:** *entre le stûpa et le monastère de Shechen. ☎ 447-97-05. • rokpaguesthouse.org • Chambres standards à prix moyens (fourchette haute). Petit déj inclus. CB + 4 %.* L'hôtel, fondé par l'ONG internationale *Rokpa,* soutient financièrement le *Children's Home* à l'arrière, qui aide les enfants des rues et les femmes isolées. Et les membres du personnel sont généralement d'anciens enfants recueillis par l'ONG. Les chambres sont partagées entre 2 édifices, l'un abritant des chambres un poil plus chics (avec clim). L'accueil, concocté par une équipe très jeune, y est adorable malgré le petit manque de professionnalisme. Chambres sans grand charme, assez fonctionnelles, impeccables et confortables (bonne literie). Standing très correct donc, mais des lampes de chevet ne seraient pas un luxe. On préférera si possible les *deluxe* en rez-de-jardin, plus agréables. Le resto est un autre atout du lieu (voir plus loin « Où manger ? »). Petite boutique d'artisanat.

***Hotel Butsugen*** *(plan A2, **17**)* **:** *derrière le stûpa, à quelques centaines de mètres de l'hôtel* Hayatt. *☎ 448-73-68 ou 69. • hotelbutsugen.com •* Cet hôtel en brique caché derrière un portail bien gardé se démarque par la qualité générale des installations, annoncée dès le hall, classe. Chambres cossues et stylées, lumineuses, avec clim et parquet. Coffre. De beaux arrangements alliés à un excellent confort (literies, insonorisation). *Butsugen* signifiant la vision du Bouddha, on peut les apercevoir du toit-terrasse, sur lequel donne une des chambres. Accueil parfait des patrons, pas peu fière de leur hôtel ! Petit resto à la cuisine internationale.

## Chic (50-80 $ ; 42-67 €)

***Lavee Residence*** *(plan B1, **18**)* **:** *à 10 mn à pied du stûpa. 98-08-99-61-75. • laveeresidence.com • Petit déj non compris.* Portail, longue allée éclairée, importante végétation et grande maison blanche... pour un peu, on se croirait chez l'ambassadeur ! *Lavee Residence* est l'histoire d'un coup de cœur, celui de Steven, un homme d'affaires suisse tombé sous le charme de cette magnifique demeure et passionné de déco. D'emblée, on est frappé par les volumes, cette belle volée d'escaliers qui mène aux chambres (ventilo, excellent matelas, superbe salle de bains), la noblesse des matériaux, le luxe des finitions, le confort des chambres, la déco... dont il peut se dégager une certaine froideur du fait de l'importance des espaces et du parti pris contemporain et dépouillé. Autour de la maison, le beau jardin sur lequel donnent les chambres est un éden au cœur de la ville. Une belle adresse confidentielle à prix chics

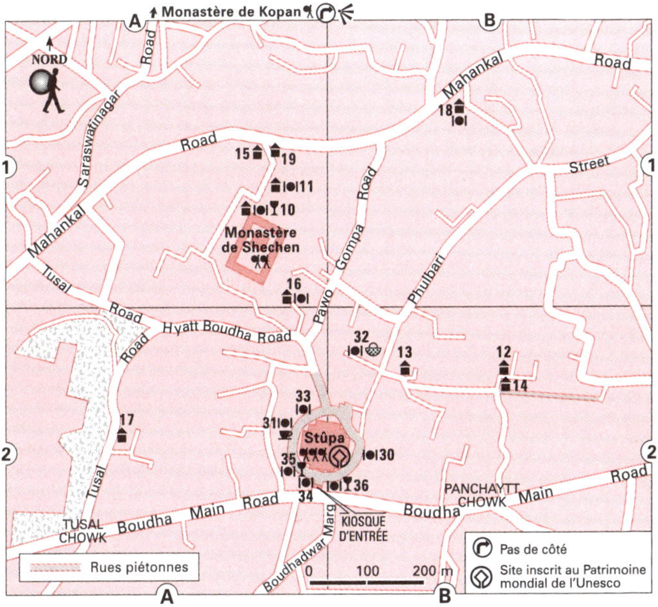


BODHNATH

**Où dormir ?**

**10** Shechen Guesthouse (A1)
**11** Dragon Guesthouse (A1)
**12** Lotus Guesthouse (B2)
**13** Pal Rabten Khansar Guesthouse (B2)
**14** Amrita House (B2)
**15** Bodhi Guesthouse (A1)
**16** Rokpa Guesthouse (A1)
**17** Hotel Butsugen (A2)
**18** Lavee Residence (B1)
**19** Bouddha Boutique Hotel (A1)

**Où manger ?**
**Où boire un verre ?**

**10** Rabsel Garden Café (A1)
**16** Resto de la Rokpa Guesthouse (A1)
**18** Restaurant du Lavee Residence (B1)
**30** Happiness Vegetarian Restaurant (B2)
**31** Himalayan Java Coffee (A2)
**32** Garden Kitchen (B2)
**33** Boudha Stupa Restaurant (A2)
**34** Pho 99 (A2)
**35** Nani's Kitchen (A2)
**36** Roadhouse Café (B2)

**Achats**

**32** Koru (B2)

mais sans excès. Petits déj et excellents repas à prendre dans le jardin (voir aussi « Où manger ? »).

***Bouddha Boutique Hotel*** *(plan A1,* ***19****)* **:** *Mahankal.* ☎ *517-84-17.* • *bouddhaboutiquehotel.com* • *Petit déj compris. À 10 mn à pied du stûpa.* Voici une adresse intéressante pour qui souhaite profiter d'un excellent niveau de confort sans tomber dans l'établissement de grand luxe aux prix démesurés. Sur 4 étages (ascenseur), l'établissement offre des chambres à la déco soignée, cosy et tranquille. Parquet, coffre, bouilloire pour faire un café et surtout une super literie et de belles salles de bains. Service impeccable.

## Où manger ? Où boire un verre ?

Bodhnath est célèbre pour son *chang* (bière d'orge). On y boit également de la *thomba,* bière chaude de millet à déguster avec une paille en bois. On reverse de l'eau chaude (bouillie) plusieurs fois. À la vôtre ! Au coucher du soleil, grimper sur une des nombreuses terrasses de restos qui entourent le stûpa.
Attention, les restaurants ferment plus tôt qu'à Kathmandu et, sauf événement particulier, la place du stûpa est fréquentée essentiellement par les chiens errants à partir de 21h...

### Très bon marché (jusqu'à 300 Rps ; 2,50 €)

🍴 Nombreuses petites gargotes pour fauchés, réputées pour leurs *momos.* Nourriture généralement bonne et économique. C'est aussi dans ces bouis-bouis que vous pourrez goûter aux bières tibétaines (*chang* et *thomba*).

🍴 ***Happiness Vegetarian Restaurant*** *(plan B2,* ***30****) : autour du stûpa. 📱 98-23-64-23-53. Tlj 7h-21h.* À l'étage, le nez dans le stûpa, on se nourrit dans l'esprit des lieux, pour ne pas dire des dieux, souvent en compagnie de moines pour qui le repas est... gratuit *(jusqu'à 200 Rps).* Resto *veg only,* donc plein de légumes gentiment cuisinés : céleri et champignons au poivre vert, brocolis, patates, chou, le tout à la vapeur ou sauté. Également tofu, nouilles, soupes, etc. Goûter le *healthy veg dishes,* délicieux. Sain, sympa et vraiment pas cher. Excellents petits déj également.

🍴 ☕ ***Himalayan Java Coffee*** *(plan A2,* ***31****) : autour du stûpa. ☎ 449-03-64. Accès par une petite galerie, au 1er étage. Tlj 7h-21h.* Cadre loft industriel très étudié, avec tables basses et fauteuils confortables aux lignes scandinaves. Le lieu rêvé pour faire une pause au cœur de l'après-midi autour d'un café bio et d'une bonne pâtisserie. Également salades, burgers et pâtes à toute heure.

🍸 ⛱ Terrasses avec vue sur le stûpa, comme du **Golden Eyes** et du ***Best View,*** mais seulement pour boire un verre.

### Bon marché (300-500 Rps ; 2,50-4 €)

🍴 🍸 ⛱ ***Rabsel Garden Café*** *(plan A1,* ***10****) : dans l'enceinte du monastère Shechen (voir plus haut « Où dormir ? »). Petit déj 7h-10h.* Resto essentiellement végétarien posé dans un jardin à la pelouse veloutée, qui propose des petits déj *(espresso),* sandwichs, *momos, thukpa, thali* ou pâtes et pizzas pour les adeptes de l'œcuménisme culinaire. Un lieu très zen pour manger ou seulement boire un verre à toute heure. L'une de nos adresses préférées.

🍴 ***Garden Kitchen*** *(plan B2,* ***32****) : à 5 mn à pied du stûpa. Tlj 8h-21h.* Adresse très prisée des locaux, des touristes, et même des moines. Certains y ont leurs habitudes. On y déguste une cuisine de qualité. Plats tibétains, népalais, indiens et chinois. Très agréable.

🍴 ⛱ ***Boudha Stupa Restaurant*** *(plan A2,* ***33****) : autour du stûpa, entrée par un passage puis escalier sur la gauche. ☎ 448-55-85. Tlj 8h-21h.* La terrasse tout en haut domine le stûpa. Sous cet angle et à cette hauteur, la vue est parfaite ! Certaines tables sont disposées le long de la balustrade, offrant une vue face au monument. On y vient pour les classiques *mixed veg, thaï red curry,* mais aussi pour les superbes *momos* (vapeur), frais et goûteux.

🍴 ***Pho 99*** *(plan A2,* ***34****) : autour du stûpa. 📱 98-01-14-33-30. Tlj 8h-22h.* Une cuisine 100 % vietnamienne à déguster dans des salles étroites et en longueur disposées sur 3 niveaux. Cosy comme tout. Soupes *phó* de qualité, ça va de soi, mais aussi simples *fried rice* et curries de toutes sortes, vraiment pas ruineux. Un bon panorama de cette cuisine pour changer un peu. Pour clore, délicieux gâteaux en vitrine au rez-de-chaussée, toujours très frais *(chocolate cake, apple tart...).*

### De prix moyens à chic (de 500 à plus de 800 Rps ; de 4 à plus de 6,50 €)

🍽 ☂ ***Restaurant du Lavee Residence*** *(plan B1, **18**) : à 10 mn du stûpa (voir « Où dormir ? »). 📱 98-08-99-61-75. Midi et soir.* Ça vaut le coup de s'écarter un peu du stûpa pour profiter du beau jardin de cette résidence de charme et de sa terrasse équipée de canapés de rotin et baignée d'une douce musique. Étonnamment, les prix sont contenus et l'on a été séduit par cette cuisine népalaise et occidentale, où l'on retrouve tous les classiques du panorama culinaire du pays... Sans oublier, proprio suisse oblige, une bonne raclette !

🍽 🍷 ☂ ***Nani's Kitchen*** *(plan A2, **35**) : autour du stûpa. ☎ 447-09-57. Tlj 7h-22h.* Au 4e étage de l'hôtel *Padma* (chic et trop cher !), une jolie terrasse moderne avec table de bois brut dont quelques-unes profitent d'une vue sur le stûpa. Carte internationale certes, mais de bon aloi, où quelques plats asiatiques au sens large (*momos*, soupes...) font bon ménage avec pâtes et sandwichs. Atmosphère un peu chic.

🍽 🍷 ***Roadhouse Café*** *(plan B2, **36**) : autour du stûpa, salle au 2e et terrasse au 3e étage. ☎ 491-64-46. Tlj 11h-22h.* Pour changer un peu du régime népalais, une salle branchée à l'occidentale avec musique pop et vue sur le stûpa (n'ayons pas peur des paradoxes). Également des tables en terrasse. Spécialité de pizzas au feu de bois, chères mais bonnes. Sinon, salades, sandwichs, soupes, *wraps* et pâtes. Également vin et cocktails.

🍽 ***Resto de la Rokpa Guesthouse*** *(plan A1, **16**) : voir plus haut « Où dormir ? ».* Quelques tables nichées dans un agréable jardin. On y sert des plats éclectiques, fort réussis. Une bonne adresse qui accueille les non-résidents.

LA VALLÉE DE KATHMANDU

## Achats

🧺 ***Koru*** *(plan B2, **32**) : à côté du Garden Kitchen. 📱 98-51-08-97-99. Tlj 9h-21h.* Propose une bonne sélection d'objets issus du commerce équitable. Comme souvent, les belles choses ont un prix ! À l'étage, *coffee shop* avec terrasse.

## À voir

L'animation autour du stûpa est foisonnante avec autant de moines que de pieux Népalais et de touristes qui tournent à l'unisson dans un incessant et harmonieux manège. Entre boutiques de souvenirs et bondieuseries (bijoux, *thangkas*, clochettes, moulins à prières...), quelques mendiants (certains de vrais « professionnels »), cireurs de chaussures, laïcs et moines, le lieu est très vivant et touristique tout à la fois. À toute heure, on tourne, on tourne – toujours dans le sens des aiguilles d'une montre – autour du grand stûpa au son de mantras bouddhistes lancinants. Le matin assez tôt est sans doute le moment le plus séduisant, car seuls les moines et les pèlerins les plus fervents sont présents, dans une douce lumière. La fin d'après-midi, quand le stûpa s'illumine, n'est pas mal non plus.

🏛 ★★★ **Le stûpa** *(plan A-B2) : l'accès est payant (400 Rps) si vous entrez par la porte principale qui donne accès au stûpa. Les pèlerins y viennent tôt le matin ou vers 18h. Si vous arrivez par d'autres rues, en général on ne demande rien. Accès à la 1re terrasse 4h-18h (19h l'été).* Le stûpa, composé de 5 terrasses, est le plus grand et le plus impressionnant du pays. Il est aussi resplendissant depuis sa rénovation, suite au séisme de 2015. Ses bâtisseurs en ont fait un mandala que seul le Bouddha pouvait contempler. Un mandala, c'est une figure où domine le cercle, la base du stûpa, qui symbolise l'eau, entouré de carrés (la terre) eux-mêmes cernés d'un ou plusieurs cercles extérieurs, soit une source de méditation.

La tour qui surmonte la coupole représente le feu, et la couronne terminale figure l'air et l'espace. Ainsi se superposent les 5 éléments de la symbolique bouddhique. Le stûpa abriterait dans son sanctuaire les cendres de Kashyapa, le prédécesseur du bouddha Sakyamuni. Les 13 marches qui séparent l'hémisphère du pinacle du stûpa symbolisent les 13 stades permettant l'accès à la connaissance parfaite, appelée *bodhi.* C'est de là que vient le nom de la ville « Bodhnath ». Quand vous aurez fini de tourner autour du stûpa, grimpez donc sur la 1re terrasse (la seule accessible) pour avoir une vue rapprochée des plus célèbres yeux du pays.

*Le monastère de Shechen* (*plan A1*) *: à l'opposé de la grande porte d'accès, au nord-ouest du stûpa (tt le monde connaît).* Il s'agit d'un vaste complexe établi dans les années 1980, en réponse à la destruction du monastère de Shechen au Tibet au moment de l'invasion chinoise. Ici se perpétue le *nyingmapa,* un des plus anciens courants religieux tibétains. 400 moines y vivent. Et Matthieu Ricard (docteur en neurosciences, philosophe, moine bouddhiste, auteur, conférencier et photographe français) y séjourne plusieurs mois par an. Profitez-en pour lire ses ouvrages, captivants ! Il n'y a pas grand-chose à voir au plan purement touristique, mais le monastère abrite un temple, une école bouddhique, une excellente *guesthouse* et un restaurant (voir plus haut « Où dormir ? » et « Où manger ? Où boire un verre ? »).

Bodhnath abrite une grande concentration de ***monastères,*** situés pour la plupart à quelques minutes à pied du stûpa, où les pèlerins aiment à séjourner quelques jours, 1 semaine ou bien plus. Repos, cours, conférences sur le bouddhisme, retraite, méditation ou simple curiosité... les motivations des visiteurs sont diverses et l'accueil toujours gentil. Le visiteur d'un jour peut toujours pénétrer dans un monastère, jeter un œil dans la cour, visiter un temple, échanger avec les moines ou les pèlerins qui seront toujours ravis de papoter avec vous. On peut aussi parfois assister à des rituels intéressants (danses masquées, concert de trompes géantes, etc.). Vous vous apercevrez également du dynamisme de la communauté tibétaine qui se manifeste d'ailleurs par le nombre élevé de monastères édifiés ces dernières années. Près d'une cinquantaine !

***Monastère de Kopan*** (*hors plan par A1*) *: ouv à la visite tlj 9h-16h (sauf durant les classes).* Possibilité de grimper jusqu'au monastère (demander Kopan Gompa), à 2-3 km au nord de Bodhnath, en 45 mn à pied (25 mn pour redescendre). On peut aussi y aller en taxi (mauvaise route, prix à négocier).

On peut ***séjourner au monastère sur réservation*** : *☎ 482-12-68. • kopanmonastery.com • Min 3 nuits pour les gens de passage, s'il n'y a pas d'étudiants ; portes fermées à 21h. Compter env 1 500 Rps/pers en pens complète.* Chambres simples ou doubles, monacales, forcément monacales, mais bien tenues. À vrai dire, les visiteurs viennent surtout ici pour faire une retraite ou un séjour dans le cadre d'activités organisées par le monastère (par exemple, un mois de cours résidentiel d'introduction au bouddhisme, mais il y a de nombreux autres programmes). Voir leur site web très complet. De là-haut, vue superbe sur la vallée.

***Restaurant du monastère :*** *ouv à ts, tlj 9h-17h. Special thali et lunch set pas chers du tt.* Si vous êtes venus jusqu'ici, on conseille vraiment de profiter du resto. De la salle (quelconque) ou de la terrasse, la vue sur la vallée est impressionnante (avec l'aéroport au loin sur la droite !) et l'on mesure bien son urbanisation croissante. Chouette ambiance en tout cas, où les moines en visite au monastère et les touristes sont à l'unisson pour profiter d'un bon repas (soupes, *fried dal,* simple mais bien fait). On peut aussi prendre un café ou un jus de fruits fraîchement pressé en terrasse.

– On peut ensuite continuer la balade jusqu'à ***Phulbari Gompa,*** un autre monastère, en 45 mn également. Continuer par le chemin qui part de l'entrée du monastère de Kopan.

Au village de Kopan, avant ou après avoir grimpé au monastère, plusieurs petits restos populaires, dont le ***Solukhumbu*** plus précisément à Phaika Chowk. Seul hic, son nom est écrit en alphabet népalais, alors demandez ! *Momos, thukpa, thanthuk* et *aloo parotha* (crêpe de pommes de terre), bon et très bon marché, à arroser d'une *chang* ou d'une *thomba.*

## BUDDHA NILKANTHA

**À une quinzaine de kilomètres au nord de Kathmandu. Ce site vaut surtout pour sa statue de 5 m de long, représentant Vishnu se reposant, allongé sur le serpent à mille têtes, Ananta. Entouré de grilles, heureusement assez basses pour pouvoir l'admirer. Y aller de préférence le matin pour la cérémonie qui s'y déroule vers 9h. En continuant plus au nord, on peut ensuite pénétrer dans le *Shivapuri National Park* par une route à moitié goudronnée, puis poursuivre à pied jusqu'au monastère.**

### LE REFLET QUI TUE

*Du temps de la monarchie, le roi du Népal était le seul être à qui l'entrée du sanctuaire de Buddha Nilkantha était interdite. Incarnation vivante de Vishnu, il ne pouvait se trouver face à la statue figurant sa propre image, au risque de mourir.*

*– Entrée du parc national : 1 050 Rps/pers (plus droit vidéo).*

➢ Pour y aller, *tempo* ou microbus partent de Rani Pokhari (Kathmandu).

### À voir

***Le monastère bouddhique (Nagi Gompa) :*** *pour accéder au monastère, on est obligé de payer l'entrée du Parc national. Puis guide obligatoire : env 1 200 Rps/pers la ½ j. de 1 à 12 pers (ce qui revient bien cher !). Compter env 3h A/R depuis l'entrée du parc pour faire la grimpette par la piste.* Montée assez raide (de 1 400 à 2 300 m) en lacets et à travers la forêt. On atteint ensuite des escaliers qui grimpent jusqu'au monastère. Très belle vue sur la vallée et bon accueil des nonnes. Les offices de ce monastère pour femmes se déroulent en principe de 7h à 10h, puis de 13h à 16h. On peut y participer. À 500 m se trouve un monastère pour hommes.

## PATAN (LALITPUR)

env 250 000 hab. IND. TÉL. : 01

• Plan *p. 143*

**Ancienne ville royale, autrefois capitale et ville d'art, Lalitpur (« la cité de la Beauté ») est située à moins de 5 km au sud de Kathmandu. S'il n'y avait la rivière Bagmati pour les séparer, la frontière entre les 2 villes serait d'ailleurs difficile à distinguer…**

**C'était auparavant un grand centre d'enseignement bouddhique, comme en témoignent les nombreux monastères éparpillés dans la ville. On aime à**

**rappeler que Lalitpur fut choisie par l'empereur Ashoka pour y élever l'un de ses 4 grands stûpas et serait, de ce fait, la ville bouddhique la plus ancienne d'Asie.**
**Patan ne possède sans doute pas le prestige ni surtout l'unité architecturale de Bhaktapur, mais son centre est vraiment plein de charme. C'est une pièce indispensable du puzzle newar de la vallée, même si elle a perdu une partie de son aspect médiéval du fait de sa proximité avec Kathmandu.**
**Le cœur de la ville s'avère particulièrement agréable et possède de forts beaux atouts : son magnifique petit *Durbar,* qui a beaucoup mieux résisté que celui de Kathmandu, avec son palais royal renfermant le plus beau musée du Népal est un véritable bijou. Et puis ses nombreux temples, ses artisans spécialisés dans le travail du métal et son hôtellerie de charme, installée dans d'authentiques maisons newares superbement réhabilitées, font de Patan une halte indispensable pour mesurer la richesse architecturale et historique de la vallée.**



## Arriver – Quitter

➢ ***En taxi :*** la meilleure solution... si l'on négocie serré. Compter env 200-300 Rps depuis Thamel.
➢ ***À pied :*** compter 1h30 depuis Kathmandu, mais le trajet n'est pas agréable en raison du bruit incessant et de la pollution.
➢ ***En bus :***
– ***De/vers Kathmandu :*** de Kathmandu, bus vert ou minibus blanc le long de Ratna Park, station en face du Bir Hospital. Vers Kathmandu, prendre le bus à la gare routière de Patan Dokha (plan A1).
– ***Pour Kirtipur :*** on conseille vivement le taxi (compter env 200 Rps).
– ***Pour Khokana :*** nombreux bus depuis Jawalakhel Chowk *(plan A2).*

## Adresses utiles

🛈 ***Tourist Information Centre*** *(plan B2)* **:** *ouv dim-ven 8h-19h, sam 10h-16h.* Un petit bureau sans grand intérêt, si ce n'est qu'on y trouve le plan détaillé de Patan (dispo aussi au Patan Museum).
■ ***Tourist Police*** *(plan B2,* ***1****)* **:** *au bout de Durbar Square. Tlj 8h-18h.*
■ ***Change :*** plusieurs bureaux de change et distributeurs autour de Durbar Square.
■ ***Alliance française*** *(hors plan par A1,* ***2****)* **:** *derrière la St Mary's School, dans le quartier de Jhamsikhel. ☎ 500-92-21. • alliancefrancaise.org.np • Bibliothèque ouv lun-ven 8h30-18h30.* Prêt de livres, CD et DVD. Grand choix de magazines et de journaux français récents, en consultation sur place. L'Alliance organise aussi le Festival du film français, des concerts de chanteurs francophones, la Semaine de la francophonie, la fête de la Musique, etc. On peut déjeuner à son bistrot, sur la terrasse, et faire la rencontre de Népalais désireux de causer la langue de Paname.

## Où dormir ?

La particularité de Patan, c'est son riche patrimoine de maisons newares, ce style si caractéristique de la vallée de Kathmandu, qui mélange la brique et le bois ouvragé. Beaucoup sont aujourd'hui restaurées et transformées en hôtel ou en chambres d'hôtes de charme, à prix moyens et chic. Attention, les plafonds de ces maisons traditionnelles étant souvent bas, les grands gabarits devront s'incliner pour ne pas se cogner la tête...
À savoir : globalement, les hébergements sont plus chers à Patan qu'à Kathmandu. Sans doute le prix à payer pour une vie plus tranquille... Et ici, les taxes (13 % de TVA + 10 % de service) sont rarement incluses (bien se le faire préciser lors de la réservation).

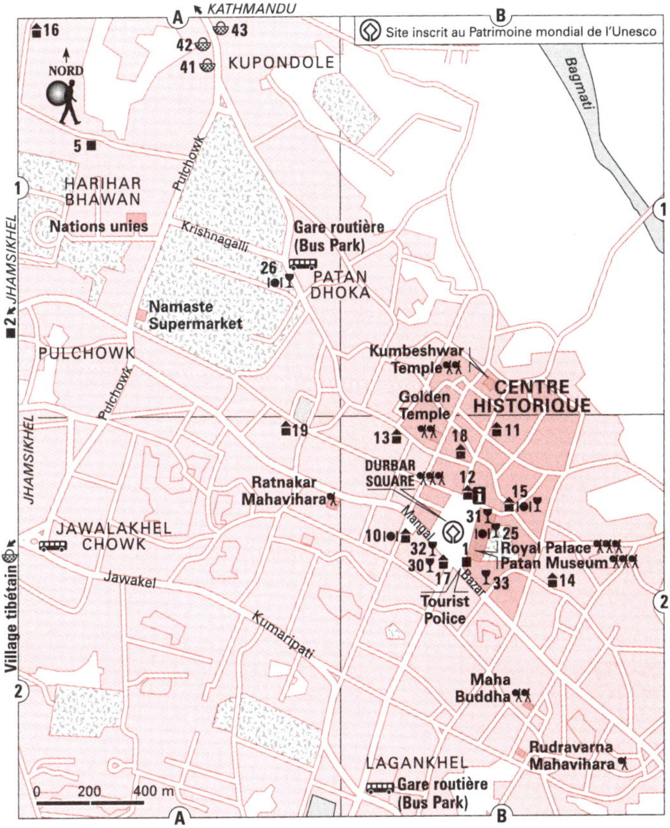


## PATAN

### Adresses utiles

- i Tourist Information Centre (B2)
- 1 Tourist Police (B2)
- 2 Alliance française (hors plan par A1)
- 5 Moksha Ayurveda & Panchakarma Center (A1)

### Où dormir ?

- 10 Café de Patan (B2)
- 11 Newa Chén (B2)
- 12 Pahan Chhen Hotel and Restaurant (B2)
- 13 Hira Guesthouse (B2)
- 14 Yamba Traditional Home (B2)
- 15 Hotel Zyu, Swotha Traditional Homes, The Inn Patan et Timila Hotel (B2)
- 16 Summit Hotel (A1)
- 17 Lalit Heritage Home (B2)
- 18 Gotha Chén House (B2)
- 19 Tajaa Pha (A2)

### Où manger ?

- 10 Café de Patan (B2)
- 15 Swotha Café et Silk and Salt (B2)
- 25 Patan Museum Café (B2)
- 26 Dhokaima Café (A1)

### Où boire un verre ?

- 25 Patan Museum Café (B2)
- 26 Dhokaima Café (A1)
- 30 Si Taleju (B2)
- 31 Café du Temple (B2)
- 32 Yala Layeku Kitchen (B2)
- 33 Himalayan Java Coffee (B2)

### Achats

- 41 Sana Hastakala (A1)
- 42 Mahaguthi (A1)
- 43 Dhukuti (A1)

## Bon marché (10-20 $ ; 8,50-17 €)

🏠 ***Café de Patan*** *(plan B2,* ***10****)* : *Mangal Bazar (à 100 m de Durbar Square).* ☎ *553-75-99.* • *cafedepatan.com* • Chambres basiques, la moitié avec, les autres sans salle de bains. Le prix varie également en fonction des étages. Curieusement, celles sans salle de bains sont presque mieux. Quelques-unes donnent sur un petit temple mais côté rue, donc assez bruyantes. Demander plutôt celle de l'agréable toit-terrasse. L'ensemble est très simple et sans charme, mais les prix sont en conséquence. Côté resto, bien qu'ouvert à tous, les verres et les repas n'y sont servis que jusqu'à 17h, ensuite on migre vers le patio. De là-haut, belle vue sur Patan et les montagnes environnantes.

## Prix moyens (20-50 $ ; 17-42 €)

🏠 ***Lalit Heritage Home*** *(plan B2,* ***17****)* : *Durbar Square, Mangal Bazar.* ☎ *553-00-21.* • *lalitheritagehome.com* • *Euros acceptés. Réduc pour plusieurs jours. CB + 3,5 %.* Un honnête compromis pour les budgets moyens. Cet hôtel logé dans une maison neware a été rénové de façon moderne, certes, mais quelques chambres ont une vue imprenable sur le Durbar. Préférer les chambres 201, 401, 402 et 403, disposant d'une vue dégagée. La 401 est petite mais possède sa terrasse quasi-privée. Plusieurs autres chambres dans une annexe à proximité, mais sans vue. Déco sobre avec mobilier en bois clair, sanitaires simples. Super *rooftop*. Tenue irréprochable. Accueil familial.

🏠 ***Hira Guesthouse*** *(plan B2,* ***13****)* : *Kwalkhu Rd.* ☎ *553-88-19.* 📱 *98-03-72-64-93.* • *hiraguesthouse.com* • Dans une impasse très calme à 2 pas de Durbar Square, l'une des plus belles maisons d'hôtes dans ce pur style newar. Murs de brique vernis, boiseries peintes en noir, l'authentique bâtisse vieille de 3 siècles a subi un lifting réussi. Les galeries desservant une poignée de chambres, les jolis tissus et les éclairages tamisés donnent du style et créent une belle intimité. On prend le petit déj dans une minuscule salle à la réception ou dans la cour commune. Petite sélection d'objets en vente à la réception. Quelques tables dans la courette et un *rooftop*.

🏠 ***Yamba Traditional Home*** *(plan B2,* ***14****)* : *Yangubahal, Kutisaugal 8.* ☎ *555-20-68.* 📱 *98-43-67-61-34.* • *yambanepal.com.np* • Encore une belle maison neware réhabilitée. Chambres douillettes avec ventilo auxquelles on accède par un étroit escalier en bois. Parquets blonds, literies confortables, atmosphère chaleureuse. Certaines chambres sont plus petites que d'autres et pas forcément très commodes dans leur agencement (lits collés contre les murs), mais on s'y sent bien. Sinon, 3 studios avec kitchenette, pratique pour les séjours prolongés. Accueil extrêmement prévenant et chaleureux des propriétaires.

🏠 ***Gotha Chén House*** *(Bijendra's House ; plan B2,* ***18****)* : *en venant du Durbar et de Swotha Traditional Homes, mais avt le* Newa Chén, *c'est à gauche derrière le petit temple aux 2 lions en pierre, puis très vite à droite par un étroit passage qui aboutit dans une courette ; pas de panneau, mieux vaut tél avt.* 📱 *98-51-01-56-96.* • *binjoshi@gmail.com* • Une maison particulière neware, vieille de 300 ans, avec de superbes boiseries bien sombres. Fonctionne plutôt comme des chambres d'hôtes que comme un hôtel. 3 chambres seulement, assez spacieuses, avec salle de bains basique, bricolée dans un coin de la pièce. Elles donnent sur une courette plutôt calme. Reste assez cher pour le service et le confort proposés.

## Chic (50-80 $ ; 42-67 €)

🏠 ***Hotel Zyu*** *(plan B2,* ***15****)* : *Swotha Square.* ☎ *553-40-52.* • *hotelzyu.com* • Juste derrière Durbar Square, cet hôtel loue une poignée de chambres cossues, confortables et assez raffinées. Un bon rapport qualité-prix-emplacement. Attention, les chambres à l'arrière donnent sur un petit temple, actif dès potron-minet ! Sinon, grand calme. Petit déj servi sur le *rooftop* d'où l'on profite d'un beau panorama sur les toits de la ville, mais on vous conseille plutôt de le prendre au *Swotha Café* (voir « Où manger ? »), juste en face, où il est bien meilleur.

**Newa Chén** *(plan B2,* ***11****) : Kobahal Tole. ☎ 553-35-32. • newachen.com • Dans le centre historique, devant un petit temple. Petit déj compris. CB + 4 %.* Cette belle maison neware est la 1re dans ce style à avoir ouvert à Patan. Vieille de 3 siècles et restaurée avec des fonds de l'Unesco, elle propose des chambres ravissantes, mais basses de plafond (attention à la tête !). Toutes avec lits posés à même le sol, un coin avec coussins (préférer celles avec sisal plutôt qu'avec moquette), plus une salle de bains impeccable. Petit déj servi dans le patio-jardin. Une adresse de charme à prix raisonnables. Excellent accueil des propriétaires, qui vivent dans l'une des bâtisses à l'arrière du jardin.

**Tajaa Pha** (plan A2, **19**) : *Chhayabahal. ☎ 553-37-70. 📱 98-51-03-94-44. En face du Jamal Pokhari (grand bassin).* Ce petit hôtel traditionnel de 4 étages, au confort moderne, jouit d'une jolie vue sur le bassin et sur la ville dans les étages supérieurs, qui constitue l'un de ses principaux atouts. Certes, à l'arrière le panorama n'est pas aussi glamour, mais le dégagement est tel que les chambres sont hyper claires et moins chères qu'à l'avant, pour un confort équivalent. Pour autant, on vous recommande de craquer le budget pour les chambres côté bassin et montagne. Déco sobre et contemporaine. Côté confort : bonne literie, frigo, ventilo et chauffage en hiver. Grimper sur l'un des 2 *rooftops* pour une vue à 360°, où l'on prend par ailleurs le petit déj. Chouette cuisine à dispo pour les clients. Accueil chaleureux et pro. Un excellent rapport qualité-prix, même si l'on n'est pas dans une maison traditionnelle.

**Timila Hotel** (plan B2, **15**) : *Tumbahal 12, à proximité du Durbar Square. ☎ 553-24-41. 📱 98-69-83-23-63. • hoteltimila.com • CB acceptées.* Sur 3 niveaux, voici un bel établissement de style newar, au cœur du centre historique. Chambres d'un excellent confort, avec clim, tommettes au sol, escalier de bois, bois blanc pour l'aménagement intérieur, bonnes finitions et déco chaleureuse. Également une familiale. En gros, c'est l'équivalent d'un petit trois-étoiles. Seul bémol : le petit déj, pas à la hauteur, bien qu'on le prenne sur le *rooftop.* À noter, le bon resto situé au rez-de-chaussée, le *Silk and Salt* (voir « Où manger ? »), tenu par une Française.

***Pahan Chhen Hotel and Restaurant*** *(plan B2,* ***12****) : sur Durbar Square, à côté du Tourist Info. ☎ 555-02-87 ou 88. • pahanchhen.com •* Hôtel chic mais pas prétentieux, de taille raisonnable, ayant conservé son style newar. Le confort est bien présent et la déco soignée, de même que le service, impeccable. Et on est au cœur de l'animation de Durbar Square. Certaines chambres dans les étages profitent d'ailleurs de la vue sur la place. Les demander en priorité.

## De plus chic à très chic (plus de 80 $ ; 67 €)

***Swotha Traditional Homes*** *(plan B2,* ***15****) : Swotha Square. ☎ 555-11-84. • traditionalhomes.com.np • Dans une impasse derrière Durbar Square. Doubles à partir de 90 $ (un peu moins cher en basse saison), petit déj inclus. CB acceptées.* Cette ancienne maison neware allie tradition et modernité. Escaliers en bois très étroits menant à des chambres spacieuses, mais basses de plafond et sobres dans le choix des matériaux bruts : sol en béton, murs en pierre, brique et bois, plus salle de bains design (mais pas de clim). Quelques-unes avec balcon et d'autres avec terrasse privative. Très réussi. Pour conclure, excellent café-resto au rez-de-chaussée (voir « Où manger ? »). Accueil impeccable.

**The Inn Patan** (plan B2, **15**) : *Swotha Square. ☎ 554-78-34. • theinnpatan.com • Au fond de l'impasse, juste après le Swotha Traditional Homes. Doubles env 80-100 $, petit déj inclus.* Un superbe ensemble newar de 150 ans. Une dizaine de chambres au-dessus du magnifique patio avec colonnes sculptées et balustrades en fer forgé. Attention, le 1er étage est très bas de plafond ! Ça va mieux au 2e, mais on se redresse surtout au 3e... On tient vraiment debout dans la plus belle chambre, la suite no 10, avec balcon et vue sur les toits et un bout du palais. Les nos 1 et 7 disposent également d'un balcon. En revanche, éviter celles de l'annexe côté rue, petites et bruyantes. Petit déj et repas servis dans le patio, sous la galerie. Spécialités continentales et bons plats népalais. Ambiance un peu tristoune cependant. On préfère le resto du *Swotha* voisin.

**Summit Hotel** (plan A1, **16**) : *Kupondole Heights. ☎ 552-46-94 ou 552-18-10. • summit-nepal.com • Excentré, au nord de Patan, près de la Bagmati River. Doubles env 80-160 €. Tarifs négociables, hors réduc sur Internet. Petit déj en sus.* Complexe luxueux qui reprend les codes du style newar, et dont le grand atout est la piscine au milieu d'un jardin luxuriant, parfaitement entretenu. Le prix des chambres varie du simple au double selon le style, la période et l'occupation (groupes fréquents en raison de la grande capacité d'accueil). Les *deluxe,* bien mieux que les *standard,* offrent une belle vue sur la montagne. Bref, un sommet, y compris dans les tarifs !

– Pour une expérience atypique, et uniquement pour ceux qui sont motorisés, voir aussi « Où dormir à Khokhana ? », dans les environs de Patan.

## Où manger ?

Curieusement, l'hôtellerie s'est bien développée ces derniers temps à Patan, mais la ville ne dispose pas de restos vraiment notables. Pas grand-chose autour du vieux quartier de Durbar Square. Sinon, il y a bien le quartier de Jhamsikhel (surnommé « Jhamel »), à 15 mn à pied à l'ouest du centre, mais sans véritable intérêt pour les touristes de passage.

### Autour de Durbar Square

#### De bon marché à prix moyens (300-800 Rps ; 2,50-6,50 €)

**Patan Museum Café** (plan B2, **25**) : *dans le jardin du musée de Patan, sur Durbar Square. ☎ 552-62-71. Tlj 7h-19h. On peut y aller sans avoir à payer l'entrée du musée. Pas mal de groupes en saison au déj, mieux vaut réserver.* Dans ce havre de paix magnifique et le joli jardin, on sert des plats chinois et népalais délicieux *(thalis, chowmein* et *momos),* des plats continentaux, ou plus simplement des snacks et en-cas. Une partie du jardin (que l'on peut voir) est réservée à la culture des légumes bio, servis dans l'assiette. L'une de nos meilleures adresses compte tenu du charme du lieu et de la qualité de la cuisine.

**Café de Patan** (plan B2, **10**) : *voir plus haut « Où dormir ? ». Tlj 8h-21h (service sur le rooftop jusqu'à 17h seulement).* À ne pas confondre évidemment avec le précédent. Celui-ci réunit en un seul lieu une modeste *guesthouse,* un restaurant à prix bon marché et une miniboulangerie. Parfait pour un déjeuner (grand ou petit), dans la cour intérieure ou, mieux, sur la terrasse arrière. Spécialités newares, comme le *nasa jwolan* ou le *kheim wo* (galette de lentilles surmontée d'un œuf), d'une grande simplicité, mais délicieuses. Plats chinois, indiens et pizzas aussi. Les becs sucrés pourront conclure leur repas par une pâtisserie à choisir dans la vitrine. Une bonne option au calme, à 2 pas de Durbar Square.

#### De prix moyens à chic (de 500 à plus de 800 Rps ; de 4 à plus de 6,50 €)

**Swotha Café** (plan B2, **15**) : *voir plus haut « Où dormir ? ». Tlj 7h-21h. Peu de tables, arriver de bonne heure ou réserver.* L'un des meilleurs restos autour de Durbar Square, et de loin.

Certes, le décor n'est pas historique mais plutôt contemporain, en fait une petite véranda moderne ouverte sur une courette. Cela dit, c'est calme, et la cuisine est excellente dès le petit déj. Tout est bon : pâtes, salades, quiches *of the day,* steaks et *thali* népalais, plus les suggestions du jour sur une grande ardoise. Accueil et service agréables.

**Dhokaima Café** (*plan A1,* ***26***) *: à Patan Dokha, à 10 mn à pied de Durbar Square. ☎ 552-21-13. Tlj 8h-22h.* Intérieur très chaleureux composé de plusieurs salles et espaces ouverts, au sol en terre cuite. Un peu de tout à la carte : petits déj, sandwichs, salades bio, *momos,* plats occidentaux, kebab népalais et gâteaux réputés. Cuisine de bonne qualité. Sert aussi du vin. Également un café, un bar, et même une librairie attenante. Musique traditionnelle de temps à autre. Une excellente adresse, pas si loin du centre.

**Silk and Salt** (*plan B2,* ***15***) *: dans la cour de l'Hotel Timala (voir « Où dormir ? »). 98-13-97-77-26.* Belle courette au calme, agrémentée de quelques plantes, ou un bout de salle joliment décorée, avec cuisine ouverte, le tout sur le thème de la route de la soie. Les proprios franco-suisses ont choisi le même esprit pour leur cuisine. Sur la courte carte se côtoient des plats turcs, afghans, népalais, birmans et thaïs. Un éclectisme et une qualité des préparations qu'il faut saluer. Et si les tarifs sont un rien élevés, l'originalité de la cuisine les justifient. Selon son appétit, on optera pour les *small bites* ou les *big bites.* Une bonne adresse dans un cadre agréable.

## Où boire un verre ?

Les bars-restos **Si Taleju** (*plan B2,* ***30***) et **Café du Temple** (*plan B2,* ***31***) possèdent des toits-terrasse stratégiques pour profiter d'une vue plongeante sur Durbar Square. Du *Si Taleju,* belle perspective sur la place du palais royal et les montagnes au loin, par temps dégagé. Très belle lumière généralement en fin de journée. Font aussi resto *(jusqu'à 21h env),* mais on ne conseille pas.

**Patan Museum Café** (*plan B2,* ***25***) *: dans le jardin du musée de Patan, sur Durbar Square. Tlj 7h-19h.* Un magnifique havre de paix, dans un jardin verdoyant. Parfait pour une pause après la visite du musée. Excellents jus frais.

**Yala Layeku Kitchen** (*plan B2,* ***32***) *: sur Durbar Square. Tlj 9h-21h.* On vient y boire un verre en journée pour le plaisir de s'asseoir en tailleur dans ce superbe édifice de style newar, à la longue façade façon coque de bateau, avec vue sur le Durbar.

**Himalayan Java Coffee** (*plan B2,* ***33***) *: Mangalbazar, Hakha Tole. Sur le côté de Durbar Square. Tlj 7h-21h.* Cette maison de café est une chaîne implantée dans les grandes villes. Même concept, même cadre branché et mêmes produits qu'à Thamel, avec l'assurance, toujours, d'un bon café issu de fermes biologiques népalaises. Bons gâteaux pour la pause sucrée. Il lui manque juste la vue sur Durbar Square !

– Voir aussi le **Dhokaima Café** (*plan A1,* ***26***) dans « Où manger ? ».

## Où se faire masser ? Où faire un Panchakarma ?

**Moksha Ayurveda & Panchakarma Center** (*plan A1,* ***5***) *: Bakhundole-03, Maitri Marg. ☎ 552-29-54. 98-51-23-37-55. • mokshaayurveda.com.np • Dans le quartier de Jhamsikhel, à 10 mn à pied de Patan Dokha. Pas évident à trouver ; prendre un taxi. Tlj 7h-20h. Résa obligatoire.* Créée par un groupe de médecins ayurvédiques qualifiés, la clinique propose aussi bien des consultations ponctuelles que des massages (30 mn ou 1h), très pro, qui requinquent après un bon trek ! On peut aussi y faire un *Panchakarma,* une cure médicalement encadrée qui consiste en une purification du corps et de l'esprit. Cours de yoga. Équipes sérieuses et prix raisonnables.

## Achats

Regroupées sur la route principale de ***Kupondole,*** avant le pont de la Bagmati River en filant vers Kathmandu, les 3 boutiques suivantes présentent un artisanat traditionnel de qualité, moderne dans le design, à prix fixes et raisonnables. On y trouve forcément son bonheur dans les sélections issues majoritairement du commerce équitable tout en faisant une bonne action.

***Sana Hastakala*** *(plan A1,* ***41****) : Kupondole, sur le trottoir de gauche, face à l'hôtel* Himalaya, *en allant vers* Kathmandu. *☎ 552-26-28. • sanahastakala.com • Tlj 9h-18h (10h-17h sam).* Une ONG qui fait travailler à 80 % des femmes défavorisées. Parmi le large choix exposé : vaisselle, tissus (nappes, sets de table, torchons), déco de Noël en tissu, écharpes en cachemire, bijoux, papier, etc.

***Mahaguthi*** *(plan A1,* ***42****) : Kupondole, sur le même trottoir que* Sana Hastakala, *env 100 m plus loin, du même côté. ☎ 552-16-07. • mahaguthi.org • Tlj 10h-18h (17h sam).* Même style et principe que ses voisins. On y trouve un peu de tout, des pashminas de belle qualité, des objets et bijoux... mais il se distingue par la sélection de vaisselle (tasses, mugs, plats) dont les formes et couleurs correspondent plus à nos standards.

***Dhukuti*** *(plan A1,* ***43****) : Kupondole, à 50 m après* Mahaguthi, *côté droit (attention à la traversée). ☎ 553-51-07. • acp.org.np • Tlj 9h-19h.* Boutique sur 3 étages, pour tous les goûts et toutes les bourses, des petits objets en feutrine à l'ameublement en passant par les tapis, les parures de lit, les nappes, les jouets ou encore des sacs et de bien jolies trousses. Là encore, produits de qualité et de bon goût.

***Le village tibétain de Jawalakhel*** *(Jawalakhel Handicraft Center ; hors plan par A2)* **:** *à env 1 km au sud du zoo et du grand carrefour de Jawalakhel (pas évident, y aller en taxi). ☎ 552-52-37. • jhcnepal.com • Ateliers de fabrication de tapis ouv tlj sauf sam 9h-17h. Règlement des achats de tapis obligatoirement en monnaie étrangère. CB acceptées.* En fait, ce n'est pas du tout un village. En passant la grande porte métallique on trouve surtout un grand atelier-hangar et quelques boutiques de tapis. il est surnommé *Tibetan Refugee Camp,* car des milliers de Tibétains ayant fui l'invasion chinoise se sont réfugiés là. Ils ne sont plus aujourd'hui que quelques centaines et ont conservé leurs coutumes et leurs pratiques religieuses, ainsi que leurs métiers traditionnels : cardage et tissage principalement, que vous pourrez observer dans le grand hangar. Dans les magasins à côté, vous trouverez tapis, pashminas, objets en cuivre ou bois et bijoux artisanaux. Prix fixes et assez élevés, notamment pour les tapis.

## À voir

Le Durbar Square de Patan a nettement moins souffert des séismes de 2015 que celui de Kathmandu. Cela dit, les poutres de bois qui soutiennent certains temples fragilisés et les nombreux échafaudages qui en encadrent d'autres témoignent des dégâts subis. Quant aux amoureux de l'art érotique, dont nous sommes, ils pleurent la perte du superbe *Jagannarayan Mandir,* longtemps surnommé « le temple du Kama Sutra ».
Quoi qu'il en soit, il ne faut surtout pas manquer le palais royal et son musée, le plus beau du pays !

### ***Durbar Square*** *(plan B2)*

*L'entrée de Durbar Square est payante, tlj 7h-19h, au niveau des kiosques au nord et au sud de la place : 1 000 Rps. Elle inclut la visite complète du palais royal et du musée de Patan. À l'entrée du site, des guides officiels et encartés, anglophones ou plus rarement francophones, attendent le chaland. Il en coûte env 1 000 Rps pour 1h (pour un groupe jusqu'à 7 pers).*

***La façade du Royal Palace** (palais royal) :* c'est la longue bâtisse face aux temples. Petit descriptif des 3 entrées principales qui donnent chacune accès à une cour intérieure ou *chowk* : on commence généralement par la porte centrale qui donne accès à la **cour de Mul Chowk,** gardée par 2 gros lions de pierre. Construite en 1666, c'est la plus ancienne. Le centre est occupé par un petit sanctuaire de Badya Mandir. Sur la droite, 2 statues remarquables personnifiant le Gange debout sur une tortue et la rivière Jumna ou Yamuna sur un makara (une bête plutôt étrange...). La porte de droite est protégée par Hanuman (le dieu-singe) et par Vishnu (sous sa forme terrifiante), et donne accès au ***Sundari Chowk.*** Au centre, une superbe fontaine de pierre, le *Tusha Hiti,* qui servait de bain royal. Cette fontaine en forme de bassin octogonal a été construite en 1670. Enfin, la 3e porte, ou ***porte d'Or,*** située à gauche de la façade, avec son riche tympan, véritable chef-d'œuvre, rivalise avec celle de Bhaktapur. Protégée par 2 lions, elle donne accès au *Keshav Narayan Chowk* et au superbe **Patan Museum.** Nous décrivons l'intérieur des cours après la description du musée.

**Patan Museum :** *accès par la porte d'Or (celle de gauche). ☎ 553-19-38. • asianart.com/patan-museum • Tlj 8h-18h30 (dernière entrée, le musée ferme à 19h). L'hiver, ferme 1h plus tôt en général. Accès avec le ticket d'entrée de Durbar Square.* S'il n'y a qu'un musée à visiter au cours de votre voyage, c'est sans doute celui-ci. Il est dédié aux 2 grandes religions du pays. Les œuvres présentées, essentiellement des statues hindoues et bouddhistes en bois, bronze ou cuivre doré, sont exceptionnelles par leur qualité. Elles sont vraiment bien mises en valeur, dans des niches délicatement éclairées, et s'accompagnent d'explications passionnantes (en anglais). On comprend ainsi les étroites relations, l'espèce de fusion entre les religions hindouiste et bouddhiste au Népal. Parmi les pièces remarquables, on peut citer, par exemple, les statues en bois de l'entrée, le *Vishnu carried by the Sunbird* (cuivre doré des XVIIe-XVIIIe s) ou encore le *Siddi Lakshmi* en bronze (XVIe-XVIIe s). Signalons aussi le trône royal, le manuscrit tantrique hindou, ou encore les masques d'Indra en cuivre repoussé (XIIIe-XIVe s). D'ailleurs, ne pas manquer les vitrines explicatives sur la fabrication des statues métalliques. Quelques belles gravures animent également les murs. La déambulation dans les nombreuses galeries du musée, organisées sur 3 niveaux et ordonnées autour du *Keshav Narayan Temple,* ménage quelques beaux points de vue sur la cour intérieure. Pour ne rien gâcher, on trouve aussi un très agréable café-resto dans les jardins (le *Patan Museum Café* ; voir « Où manger ? » et « Où boire un verre ? »).

***Mulchowk, Sundari Chowk et les galeries d'architecture :***
– ***Mulchowk*** est la cour intérieure du temple de Taleju. Entrée par la porte au centre de la façade du Royal Palace. De forme carrée, elle date du XVIIe s et impressionne par ses belles proportions. La porte centrale, dorée à l'or, a été restaurée. Elle est encadrée par Ganga et Jamuna, 2 divinités représentant l'eau purificatrice. En laiton doré et incrustations de pierres, elles reposent sur leur véhicule : un animal mi-crocodile mi-éléphant (un croquéléphant, quoi !) sur la gauche et une tortue sur la droite.
– À l'étage de Mulchowk, ***la galerie d'architecture*** présente les différents styles architecturaux des colonnes de temples. Mise en scène très réussie.
– ***Sundari Chowk :*** on y accède par un petit passage depuis Mulchowk. *Sundari* signifie « belle », un qualificatif bien peu représentatif de la beauté saisissante de cette cour. Tout autour, une débauche de fenêtres, poutres, portes et linteaux en bois sculptés telle de la dentelle, et typiques de la période Malla. Sur les sculptures, un mélange de divinités à la fois bouddhistes et hindouistes. Au centre de la cour, une magnifique fontaine en pierre cernée d'un serpent ondulant. Sur la fontaine, la « Sainte Trinité » : Vishnou, son épouse Laxmi et Garuda leur véhicule.

À l'étage du Sundari Chowk (se déchausser), une petite galerie présente des ***dessins architecturaux et gravures.*** Pas grand intérêt si ce n'est la vue, du 1er étage, sur la Sundari Chowk, dont on apprécie la beauté sous un autre angle. Au 2e étage, voir la fenêtre en ivoire finement ciselée, datant du XVIIIe s, et des fresques murales originelles (environ 1730) découvertes lors de la dernière restauration.

***Du nord au sud de la place***

***Bhimsen Mandir :*** Bhimsen, héros à la force légendaire du *Mahabharata,* est le dieu du Commerce et des Affaires. Les petits commerçants locaux viennent le vénérer. Déjà reconstruit au XVIIe s après un incendie, il est en cours de restauration. 2 lions, montures de Bhimsen, protègent son entrée. Belle façade dorée, richement décorée.

***Vishwanath Mandir ou temple de Vishnu :*** *à gauche du Bhimsen Mandir.* Gardé par 2 beaux éléphants en pierre surmontés de 2 cavaliers, dont celui de droite écrase de son pied le malin qui voudrait profaner les lieux. C'est une splendeur datant du XVIIe s, extraordinaire combinaison du travail de la brique et du bois !

***Krishna Mandir :*** *à la suite du temple de Vishnu, en face du musée.* C'est l'un des plus beaux, datant du XVIIIe s. Élevé en forme de sikhara, ce *mandir* en pierre fut construit pour commémorer le sacrifice des femmes du roi Yoganarendra Malla selon le rite du *sati.* Ce rite, aujourd'hui aboli au Népal mais se déroulant encore parfois en Inde malgré son abolition en 1829, veut que la veuve s'immole vivante dans le bûcher de crémation de son mari… Il est inaccessible bien que toujours actif lors des prières, mais on peut aisément admirer le fin travail de la pierre. En vis-à-vis, sur la colonne, trône une statue de Garuda agenouillé devant son maître, Vishnou (avatar de Krishna), et dont il est le transport. Même en hauteur, on apprécie la finesse de la créature fabuleuse, mi-homme, mi-oiseau.

Du ***Char Narayan Mandir,*** longtemps surnommé « le temple du Kama Sutra », il ne reste que 2 lions bien solitaires, et bien incapables de s'accoupler… Snif. Entièrement clos, il est en cours de reconstruction.

Un peu plus loin, la ***statue du roi Yoganarendra Malla,*** clinquante comme un sou neuf, est perchée sur une colonne de pierre, face au temple de Taleju. Le roi est agenouillé, protégé par un cobra. Sur la tête du serpent, un oiseau est associé à plusieurs prophéties. L'une d'elles dit que le jour où l'oiseau s'envolera, le roi mourra. Le roi est mort, mais le volatile est toujours là… Sur la gauche de la colonne, un autre temple de toute beauté, superbement restauré, dont l'entrée est protégée par 2 petits éléphants allongés. Juste à côté, sur la gauche, voir la ***grande cloche de Taleju*** et, enfin, le ***Radha Krishna Mandir,*** remarquable petit temple octogonal en pierre, surmonté d'une coupole, et dédié à l'épouse de Krishna.

## Autour de Durbar Square

***Maha Buddha*** *(temple aux 9 999 Bouddhas ; plan B2)* **:** *à l'angle de Durbar Square et du resto* Yala Layeku, *continuer sur 500 m et tourner à droite au niveau de la* Durbar Guesthouse, *puis encore 100 m à droite. Tlj 9h30-18h. Entrée : env 50 Rps, combinée avec Rudravarna Mahavihara.*
On entre par une galerie de marchands de bibelots religieux (belles boutiques dans le quartier des bronzes à la cire perdue) pour découvrir ce haut sikhara, un pain de sucre mangeant tout l'espace de la cour. Voir les effigies du Bouddha qui sont reproduites sur chaque brique. On vous avoue qu'on n'a pas recompté sur nos doigts, mais il y en a, en principe, 9 999.
Construit au XIVe s, le temple fut presque entièrement détruit par le tremblement de terre de 1934. Les artisans-potiers de Patan le reconstituèrent patiemment

suivant le même modèle. Un travail fabuleux. Faites-en le tour, comme tout le monde, dans le sens des aiguilles d'une montre et placez-vous à l'arrière d'où l'on a un peu plus de recul.
À côté, un microtemple dédié à la mère de Bouddha, Maya Devi, en présence du jeune Siddharta.

**Rudravarna Mahavihara ou Uku Bahal** *(plan B2)* **:** *au bout de la rue du Maha Buddha, tourner à gauche. Entrée : env 50 Rps, combinée avec Maha Buddha.* Beau monastère bouddhique avec une belle cour aux proportions harmonieuses, entourée de moulin à prières et remplie de monstres ailés, Garuda, lions et différents symboles bouddhistes comme le *dorje*. La façade du temple (dans la cour) est richement ornée et en partie dorée. Les étais de bois sculpté (les « corbeaux ») seraient les plus anciens de la vallée. À chaque angle de la courette, des petits singes sculptés avec des fruits.

**Kumbeshwar ou Shiva's Temple** *(plan B1)* **:** *à 2 mn du Golden Temple (c'est fléché depuis ce dernier).* Temple dont la fondation remonte au XIVe s. Pas aussi beau que celui de Bhaktapur et sans escalier monumental, mais l'un des derniers à posséder 5 toits. Splendides balcons sculptés. Gardé par le traditionnel taureau Nandi, véhicule de Shiva. Autour, des bassins agrémentés de sculptures remarquables, dont une de Ganesh. L'ensemble est très fréquenté, en particulier le jeudi, jour de visite traditionnelle de ce temple, et le samedi.

**Golden Temple (Hiranya Mahavihar** *; plan B1-2)* **:** *situé à env 200 m de Durbar Square. Tlj 8h-17h30 (fermeture des caisses). Entrée : env 50 Rps. Chaussures et ts objets en cuir interdits (vache sacrée oblige) ; tongs à disposition.* Ce temple bouddhique est l'un des plus beaux édifices de Patan. Des siècles durant, les artisans de la ville ont, par leur travail minutieux, d'une finesse inégalée, bâti leur réputation. Le résultat se retrouve dans cette gigantesque pièce d'orfèvrerie dont les origines remontent au XIIe s et où tout est gravé et ciselé. Il y règne une atmosphère religieuse très prenante. N'omettez pas de monter à l'étage pour assister aux prières des moines bouddhistes les jours de pleine lune. Chaque soir, on y célèbre l'office, mais de nombreux hindous viennent aussi s'y faire bénir. Noter le travail admirable des portes d'accès. Autrefois vivaient dans l'enceinte plusieurs tortues sacrées, symboles de longévité, nourries d'offrandes, mais elles ont été envoyées à Chitwan...

**Ratnakar Mahavihara** *(plan A2)* **:** *à 400 m à l'ouest de Durbar Square et du Patan Café. Repérable à ses lions gardant le temple.* Patan aussi a sa *Kumari*, soit une déesse vivante (lire les explications dans « À voir. Kumari Ghar » à Kathmandu), que l'on peut rencontrer à certaines heures. Se renseigner sur place.

➢ Enfin, se perdre dans les ruelles tout autour de Durbar Square et entrer dans les cours des maisons : petits temples en abondance, ateliers de bronze à la cire perdue...

## DANS LES ENVIRONS DE PATAN

**Bungamati :** *à 6 km au sud de Patan. Bus de la gare routière de Jawalakhel Chowk, à Patan.* Ce gros village édifié dans un cadre magnifique, entouré de rizières en terrasses, dont le centre abrite de belles maisons newares, simples et élégantes, a été très atteint par le tremblement de terre de 2015. Ce sont les 2 temples de la place principale qui ont le plus été touchés, réduits à un gros tas de briques. Si l'on vient arpenter les étroites ruelles du centre, c'est pour partir à la recherche des sculptures sur bois, spécialité du village. Ils ont pignon sur ruelle et on peut entrer voir le travail des artisans dans leurs ateliers-échoppes et discuter avec les artistes qui vous accueillent avec gentillesse. Ambiance conviviale et très peu touristique.

**Khokana :** *à un peu moins de 5 km au sud-ouest de Patan. Bus au départ de Jawalakhel Chowk ou Langankel. Sinon, plus rapide en taxi.* Ce village newar traditionnel a terriblement souffert des séismes : de nombreux bâtiments ainsi que le stûpa sont en ruine. Cela dit, la vie du village, qui paraît sortir d'un autre âge, offre quelques images simples de la vie rurale, loin de l'atmosphère de Kathmandu. Les femmes aux tenues colorées filent la laine de yack devant chez elles, partent aux champs avec leurs outils, les presses à huile de millet tournent à plein régime, le blé jonche les rues en saison, les écoliers en uniforme déambulent dans les rues avec leur cartable... Et la lumière qui rougeoie sur la brique y est splendide en fin d'après-midi. On y trouve le *Yomaree Café,* un petit café au cœur du village, pas loin de l'arrêt de bus, ainsi qu'une maison d'hôtes dans la campagne alentour :

***The Little House in the Rice-fields :*** *Khokana VDC, Lalite district, Ward 18, à Sanokhokana (à env 20 mn à pied du village). ☎ 559-04-70. 98-41-37-00-22. • nice-house-in-nepal.com • Pas évident à trouver ; téléphoner du village et on viendra vous chercher. Env 2 800-3 200 Rps pour 2 pers ; maison entière 8 500 Rps la nuit (remise long séjour). Réduc de 15 % pour nos lecteurs. Petit déj et repas en plus, sur résa ; réduc enfants.* C'est par un petit chemin tout cabossé que l'on accède à cette maisonnette en brique rouge, très simple, plantée au milieu des rizières... Quel calme ! Là, le charmant Gopal, qui parle un peu le français, propose 4 chambres sobres, avec murs blanchis à la chaux et draps bien propres, balcon pour 3 d'entre elles, et 2 douches communes et autant de toilettes. Également une familiale avec salle de bains. Terrasse pour le petit déj ou pour les groupes venant pratiquer le yoga. Produits le plus bio possible à la table d'hôtes, café compris. Sachez que les bénéfices vont à l'orphelinat voisin, créé avec l'aide de l'ONG française *Enfance Népal (• enfance-nepal.org •),* que l'on peut visiter. Une bonne cause donc, même si la maison souffre d'un certain laisser-aller, dommage. Conviendra essentiellement à ceux qui souhaitent être en immersion totale.

**Godawari :** *à 12 km au sud de Patan. Pour s'y rendre, bus ou minibus depuis Lagankhel (au sud de Durbar Square) ou Ring Rd (Police Station), à Patan, puis 10 mn de marche si l'on va au jardin botanique. Sinon, prendre un taxi (compter env 1 000 Rps depuis Patan). Après avoir visité le jardin botanique, vous pourrez éventuellement demander au chauffeur de vous conduire au sommet de la montagne Pulchowki.*

La route traverse une région fortement urbanisée, sans compter que beaucoup de monde vient pique-niquer dans le coin le week-end... En fait, Godawari vaut surtout le déplacement pour son vaste *jardin botanique* de plus de 80 ha *(tlj 9h30-17h ; entrée env 200 Rps + droit photo ; réduc enfant).* On se sent complètement dépaysé par le calme et la fraîcheur du lieu. Il faut malgré tout s'y connaître car le nom des plantes n'est, hélas, pas toujours spécifié.

La route grimpe ensuite à l'assaut de la montagne de *Pulchowki,* le plus haut sommet de la vallée (2 762 m). Cette escapade est seulement intéressante en mars-avril, quand fleurissent les rhododendrons. Vous serez alors ébloui par la forêt de rhododendrons géants *(lalli gurash) !* Le reste du temps, pas vraiment d'intérêt.

## KIRTIPUR

**À 6 km au sud-ouest de Kathmandu, cette ancienne forteresse semble encore vivre au Moyen Âge. Au cœur de cette grosse ville poussiéreuse,**

on découvre un centre qui a conservé son architecture neware et quelques temples. Les ruelles sont bordées de maisons vétustes et délabrées où subsistent quelques belles fenêtres sculptées.
C'est une belle découverte, assez peu touristique. Les habitants sont accueillants et la visite du centre historique est vraiment plaisante.
– ***Accès à la vieille ville :*** *100 Rps/pers (quand il y a quelqu'un au kiosque).*

## NE(Z)ANMOINS MÉLOMANE

*Kirtipur fut, au XVIIIe s, une cité très importante. Lors du processus d'unification du royaume, Prithivi Narayan Shah, roi de Gorkha, attaqua la ville. Une flèche ayant crevé l'œil de son frère, il ordonna que l'on coupe le nez de tous les garçons de plus de 10 ans. Mais, grand mélomane, il en dispensa... ceux qui savaient jouer d'un instrument de musique ! Il imposa aussi à cette localité le nom de Naskatpur, ce qui signifie « ville des nez coupés ». La ville a aujourd'hui troqué cette appellation contre celle de Kirtipur.*

## Arriver – Quitter

➢ Pour s'y rendre, bus verts fréquents depuis *Ratna Park* à ***Kathmandu.*** 45 mn de trajet. Ils vous laissent au pied du village. Également des bus jaunes depuis la gare routière de Lagankhel, à ***Patan.***

## Où dormir ? Où manger ?

***Homestay Nepal – Chez Babu :*** *à* ***Lanagol,*** *à 2 km de Kirtipur. ☎ 433-62-57. 📱 98-41-43-57-73. • familyhomestaynepal.com • Dans la campagne, autour de Kirtipur. Y aller en taxi, sinon, demander à ce qu'on vienne vous chercher. Env 23 $/pers en ½ pens.* Un peu à l'extérieur du village, dans la campagne (qui s'urbanise à grande vitesse !), une adresse chez l'habitant, simple et sympathique. Il s'agit d'un petit édifice en brique avec 4 chambres à l'étage (dont 3 avec salle de bains à partager), dont une familiale pour 3-5 personnes (la mieux pour la vue). Déco un peu vieillotte dans le style, bien que refaite récemment, mais c'est hyper propre et cosy. Et surtout, l'accueil chaleureux de Babu, guide de trek, qui connaît les alentours et la montagne comme quiconque, et de Belku, sa femme, une fine cuisinière, est touchant de gentillesse. Babu propose des visites guidées, sorties canyoning et treks, et Bella des cours de cuisine avec les légumes du jardin. Les repas se prennent en famille dans la grande cuisine.

***Newa Lahana :*** *au cœur de la vieille ville, à 2 mn à pied du temple Uma Maheshvara. 📱 98-41-92-97-77. Tlj 10h-22h. De bon marché à prix moyens.* Voici une adresse assez improbable, perchée dans une sorte de grand hangar ouvert et décrépi, au cœur du village. On grimpe dans les étages et on s'assoit en tailleur sur des nattes et des coussins posés sur le sol de béton devant des femmes en tenue neware qui concoctent des plats traditionnels *(samayabaji, bhoya, jaa...)* à base de pétales de riz et de haricots secs, plus des currys de légumes, feuilles vertes, condiments, viande ou non. Essayez donc le *fried lentil patty* ou la *rice flour crepe* (crêpe de riz qui tient bien au corps). Les plus aventureux opteront pour les *fried intestines* (inutile de traduire) ou les oreilles frites. Attention, c'est souvent bien relevé... mais délicieux ! Le tout à arroser de *chang* (bière) ou de *rakshi* (alcool de riz). Une adresse populaire où se retrouve la jeunesse locale, toujours étonnée de voir débouler quelques touristes égarés par de bonnes lectures.

## À voir

**Bagh Bhairava :** *devant la place avec le grand bassin verdâtre.* Le *temple du Dieu tigre,* d'allure massive mais superbe avec ses 3 étages, est reconnu comme sacré autant par les hindous que par les bouddhistes. Dans la courette, quelques templions. Superbes panneaux et étais (corbeaux) sculptés. Au 2e niveau, voir les épées, poignards et boucliers accrochés à la corniche, là sont ceux des combattants newars vaincus par le roi de Gorkha. En principe, musiciens tous les jours, matin et soir. De la terrasse, à l'arrière, panorama sur Kathmandu et les montagnes. En sortant du temple, prendre à droite, là où la colline s'élève le plus haut. Seuls les Népalais peuvent accéder au sanctuaire.

**Uma Maheshvara :** *on y grimpe par les ruelles de la partie ancienne de la ville, en demandant son chemin. Compter 5 mn à pied depuis le temple Bagh Bhairava.* Ce temple domine le bourg. Il permet de bien distinguer l'arête sur laquelle il est construit et l'on voit combien tout cela se révèle harmonieux. Panorama superbe sur les vallées verdoyantes, les montagnes par temps clair et... l'urbanisation galopante. Érigé au XVIIe s et dédié à Shiva, le temple a perdu 2 toits lors du tremblement de terre de 1934. Devant, 2 éléphants protègent l'édifice. Séduisants Shiva et Parvati dans le sanctuaire et remarquables corbeaux sculptés.

En continuant vers l'ouest, derrière l'Uma Maheshvara, on arrive à une ***ancienne porte de ville*** ; c'est d'ailleurs la seule qui ait été épargnée lors du démantèlement de l'enceinte censée protéger la ville des envahisseurs. Adorable placette d'une sérénité délicieuse.

En bas du bassin central, prendre la ruelle à gauche ; le ***temple d'Adibuddha,*** avec un *sikhara* du XVIIe s, se trouve 200 m plus loin. À 2 pas, le grand stûpa de ***Chitubihar.*** Ensemble très ancien et pittoresque, fusion harmonieuse des *chaitya* bouddhiques et de l'exubérance des sanctuaires hindous. Tout le quartier autour possède bien du charme. En descendant l'escalier passant sous les portiques, on découvre 2 fort belles statues de pierre. À gauche, une curieuse chapelle insérée dans un arbre.

# PHARPING

IND. TÉL. : 01

**À 18 km au sud-ouest de Kathmandu, au sommet de collines surplombant Kirtipur. Magnifique vue de la colline, d'où l'on découvre toute la chaîne himalayenne et la vallée de Kathmandu jusqu'à Bhaktapur et Nagarkot.**

## Où dormir ? Où manger ?

***Family Guesthouse :*** *dans le village, prendre le 1er chemin à droite. ☎ 471-04-12. 98-18-10-71-37. Doubles sans ou avec sdb env 20 $.* Pour les routards à budget modérés, un petit hôtel correct. Eau chaude solaire.

Pour le petit déj et les repas dans le village, on peut fréquenter le ***Haven Café*** (café bio et wifi) et le ***Himalayan Restaurant,*** tous 2 un peu plus haut, à l'angle du chemin qui mène au temple Vajra Yogini.

***Himalayan Height Resort :*** *en surplomb de Pharping, au terme d'une route chaotique ou à pied sur 2 km à flanc de colline depuis le parking du resort avt le village. Résa à Kathmandu : ☎ 437-13-97 ou 437-15-37. • everestlodges.com • Double env 120 $, avec petit déj (et beaucoup plus en ½ pens).* Un ensemble de bungalows construits à 1 850 m d'altitude par des Bhoutanais, au milieu d'une magnifique pinède avec des jardins fleuris. Géré par la chaîne *Everest Lodges.* Très isolé, joli, parfait pour ceux qui veulent s'offrir le calme total. Il y a même un spa. L'hôtel peut assurer le transport de et vers Kathmandu, ce qui s'avère assez indispensable par ici.

## À voir

**Le sanctuaire de Sesh Narayan :** peu de touristes s'y arrêtent ; les lieux sont pourtant charmants. Les villageois se lavent à la chute d'eau en contrebas, les femmes s'activent à leur lessive, les enfants jouent autour des bassins, pendant que les moines font la sieste à l'ombre. Ici, pèlerins bouddhistes se mêlent aux hindous. Très beaux bassins aux poissons sacrés. Au-dessus, un petit temple est encastré dans la roche, un monastère tibétain que l'on peut visiter.

**Le temple de Vajra Yogini :** *au village de Pharping, prendre la 1re rue à droite puis repérer le chemin qui monte à l'angle du* Haven Café, *en face de l'*Himalayan Restaurant. Il s'agit d'un ermitage à demi ruiné, au milieu des yuccas et des eucalyptus. Panorama sur toute la vallée.



# DAKSHIN KALI

IND. TÉL. : 01

**À 20 km au sud de Kathmandu. Pas grand-chose à voir, mais l'endroit est pourtant assez touristique. Vous n'échapperez ni aux vendeurs de souvenirs ni aux mendiants, car le lieu est connu pour la cérémonie en l'honneur de la déesse Kali, qui s'y déroule tous les jours, avec plus d'intensité les samedis (le mardi aussi, mais moins intéressant). Pour calmer la soif sanguinaire de la déesse et pour que le samedi (jour néfaste) ne se déroule pas trop mal, des centaines de Népalais s'y rendent pour sacrifier poulets et jeunes boucs, offrant à Kali fleurs, fruits et encens.**
**Attention, ce jour-là, la route étroite est souvent embouteillée sur plusieurs kilomètres. Des centaines de bus et de camions bondés de pèlerins empêchent l'accès au site et l'on doit parfois faire demi-tour ! Essayer de venir tôt. En revanche, on déconseille d'y dormir. À midi, tout est terminé.**

## Arriver – Quitter

➢ ***De Kathmandu :*** on conseille d'y aller en taxi à plusieurs, car en bus, c'est une vraie galère. Négocier alors la matinée pour visiter les environs : Dakshin Kali, Pharping et Kirtipur. Compter env 1 000 Rps aller-retour avec l'attente sur place.

## À voir

**Le temple des Sacrifices :** *du parking, accès par un long chemin bordé d'étals de légumes et d'offrandes et une centaine de marches. Ouv en permanence.* Construit au fond d'une vallée, c'est une sorte de cour où le sacrificateur décapite un par un, à la machette, les animaux qui lui sont présentés. Spectacle assez impressionnant puisque les officiants-bouchers pataugent dans le sang, mais, curieusement, assez dépourvu de ferveur religieuse et de charge émotive. Travail à la chaîne : dès que la tête tombe, les fidèles récupèrent vite les bêtes pour arroser de sang les bas-reliefs. Les touristes ne peuvent pas pénétrer à l'intérieur de l'enceinte, mais on peut observer la scène de derrière les grilles. Les poulets et autres bêtes sont ensuite dépouillés au bord de la rivière pour être mangés.

# BHAKTAPUR (BHADGAON)

165 000 hab. IND. TÉL. : 01

• Plan *p. 158-159*

**Située à 13 km à l'est de Kathmandu, Bhaktapur est sans aucun doute la plus belle ville de la vallée, la plus traditionnelle, la plus fervente, bref, la plus émouvante. Certes, les séismes de 2015 ne l'ont pas épargnée, faisant leurs lots de victimes et endommageant les quartiers des plus pauvres, toujours en attente de solutions de relogement. Sans compter quelques temples écroulés sur Durbar Square. Mais Bhaktapur, berceau de la culture neware, n'a pas attendu cette catastrophe pour entreprendre de nombreuses restaurations. Ici, le patrimoine culturel est tellement riche qu'on le bichonne ! La plupart des temples endommagés ont retrouvé leur superbe, pour la plus grande fierté de la population et le plaisir des touristes.**

**Cette ancienne capitale royale (du XIVe au XVIIe s), rivale de Patan et de Kathmandu, est une merveilleuse petite ville de paysans et d'artisans parsemée de palais, de temples et de superbes demeures (choisie par Bertolucci pour y tourner certaines scènes de son film *Little Buddha*). La plupart des voyageurs, fuyant la pollution et le bruit de Kathmandu, viennent loger sur place, car c'est un ravissement de voir le soleil se coucher sur les temples de la ville et de parcourir les rues pavées et piétonnes du centre-ville, une fois la nuit tombée, à l'affût de la moindre animation. La lueur d'une gargote secrète, la procession d'une fête traditionnelle, quelques anciens qui se rassemblent autour de bougies vacillantes, qui jouent de la musique et prient sur la terrasse des temples... même le patrimoine vivant est entretenu. Ainsi, on organise des concours de chants, de musique, et même de... prières ! Dans ce registre, si vous le pouvez, ne manquez surtout pas les fêtes du Nouvel An népalais *(Bisket Jatra)*, en avril, particulièrement exceptionnelles ici.**



## UN PEU D'HISTOIRE

La fondation de la ville par le roi Ananda Deva remonte au IXe s. Initialement, elle aurait été édifiée selon une carte en forme de mandala et incluse dans un « triangle magique » formé par les 3 temples de Ganesh, à l'extérieur de la ville, qui la protègent symboliquement.

Jusqu'au XVIe s, Bhaktapur a dominé politiquement et culturellement tout le pays. Elle a maintenu cette position jusqu'à la conquête gorkha en 1769. Depuis ce temps, Bhaktapur a toujours constitué un monde à part, avec une autarcie économique, mais aussi une féroce indépendance. Ici, la plupart des personnes âgées ne comprennent pas le népali. Leur langue est le newari, le plus « pur » que l'on puisse trouver au Népal. L'architecture et l'organisation de la ville révèlent tout l'art newar de la planification. Les quartiers *(tole)* s'articulent autour d'une place centrale avec un puits ou une source publique et des autels religieux attitrés. Ces *tole* servent également à protéger les récoltes. La ville s'est longtemps enrichie du fait de sa position privilégiée sur l'axe Inde-Tibet, grâce aux taxes sur les marchandises.

Longtemps appelée « la cité des Dévots », elle a également su conserver son caractère religieux. Ici, plus que partout ailleurs, tout est régi par les dieux, et vous serez surpris de l'atmosphère très particulière qui règne dans ce « temple habité ».

## Arriver – Quitter

➢ ***De/vers Kathmandu :*** des minibus et microbus relient *Bagh Bazar* à Kathmandu *(plan d'ensemble, C-D4)* et Bhaktapur. Préférer les *express* aux *local buses* qui s'arrêtent partout (même tarif). À Bhaktapur, arrivées et départs en face de la poste *(plan A2)*, à moins de 5 mn à pied de Durbar Square ; départ ttes les 10 mn env, 5h-19h (env 1h de trajet). Également des bus locaux (très lents) au départ de *Ratna Park* à Kathmandu *(plan d'ensemble, C-D4)* qui arrivent à Dudhpati *(plan A2)*. Sinon, on peut prendre un taxi pour env 1 000 Rps (selon négociation).

➢ ***De/vers Patan :*** bus fréquents, locaux ou *express*, 5h-19h. Départ de Lagankhel (à Patan) et de Dudhpati (à Bhaktapur ; *plan A2*). Env 45 mn de trajet.

➢ ***De/vers Nagarkot :*** bus ttes les 30-40 mn, 6h-18h (17h en hiver). Env 1h de trajet. À Bhaktapur, départ devant le petit étang de Kamal Pokhari, sur la route de Nagarkot *(plan D1)*.

➢ ***De/vers Banepa et Dhulikhel :*** les bus venant de la capitale s'arrêtent au *Suryavinayak Bus Park (plan A3)*. Passages permanents (5h-20h). Compter env 45 mn pour Banepa et 1h pour Dhulikhel.

➢ ***Changu Narayan :*** bus (ttes les 30-45 mn env) à prendre près du temple de Mahakali, au début de la route de Changu Narayan *(plan C1)*. Env 30 mn de trajet.

➢ ***Pokhara :*** à noter le bus *express* depuis *Suryavinayak Bus Park (plan A3)*. Départ tlj tôt le mat. Cela évite de repasser par Kathmandu.

LA VALLÉE DE KATHMANDU

## Infos pratiques

– ***Droit d'entrée dans la ville :*** *1 500 Rps/pers. Cher, mais on peut le transformer en* ***pass de 7 j.*** *à ts les kiosques d'entrée sur demande (avoir son passeport). Si vous voulez prolonger votre billet pour* ***tte la durée du visa*** *(avec passeport, plus une copie et 2 photos), il faut se rendre au TIC (Tourist Information Centre ; plan B2) à 2 pas du* Tourist Bus Park. *Tlj 6h-19h30. En principe,* money changer *et boutiques photo à proximité.*

– Il existe une quinzaine de ***points d'entrée*** : les 3 plus fréquentés se trouvent à l'est *(plan D2, **1**)*, au bout de Durbar Square *(plan B2, **1**)* et près de la gare routière pour Kathmandu *(plan A2, **1**)*. Également plusieurs guichets au sud, le long de la rivière *(plan A3 et B3, **1**)*.

## Adresses utiles

ℹ ***Tourist Information Centre*** *(plan B2)* **:** *à l'entrée ouest de Durbar Square. Tlj 6h-19h30.* Plan de la ville et quelques infos. Personnel sympathique et efficace.

■ ***Tourist Police*** *(plan B1)* **:** *à côté du* Tourist Bus Park. *Tlj 10h-18h.*

■ ***Change :*** *quelques bureaux de change dans le centre, notamment le* ***Bhaktapur Money Changer*** *(plan B2, **4**), dans Sukuldhoka, après le* Siddhi Home *sur la droite.*

■ ***Distributeurs d'argent :*** *une bonne dizaine de distributeurs dans la partie historique de la ville. On en trouve 1 juste à gauche du* Tourist Information Centre *(plan B2, **5**), un autre un peu plus à gauche, à côté de la boutique* Fujifilm. *Également de l'autre côté de Durbar Square, juste à gauche de la* Shiva Guesthouse *(plan B2, **5**).*

■ ***Santé :*** *pour tt problème sérieux, consulter à Kathmandu. Sinon, il y a l'hôpital de Bhaktapur (plan A2) et, en face, 2 pharmacies ouv 24h/24.*

## Où dormir ?

### De très bon marché à bon marché (moins de 20 $ ; 17 €)

🏠 ***Himalaya Guesthouse*** *(plan B2, **16**)* **:** *dans la rue qui mène à Pottery Square. ☎ 661-73-54. • himalayaguesthouse.com •* Un genre de pension de famille avec des chambres correctes et plutôt proprettes, de taille différente, certaines avec 2 lits doubles (format local), plus mobilier en bambou et draps aux motifs népalais. Moquette

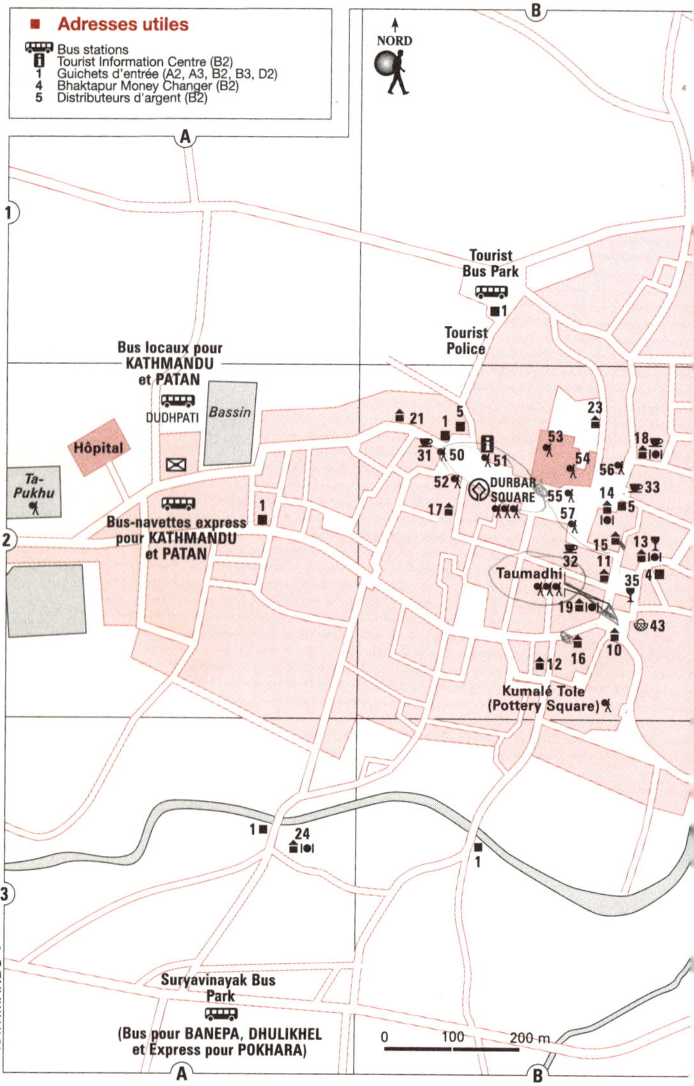


bien usée en revanche. Terrasse sur le toit. Pas un sommet, mais une petite adresse bon marché qui dépannera les budgets les plus serrés.

**Golden Gate Guesthouse** (*plan B2,* ***15***) *: une entrée à côté de la Shiva Guesthouse, une autre derrière. ☎ 661-05-34 ou 661-24-27.*

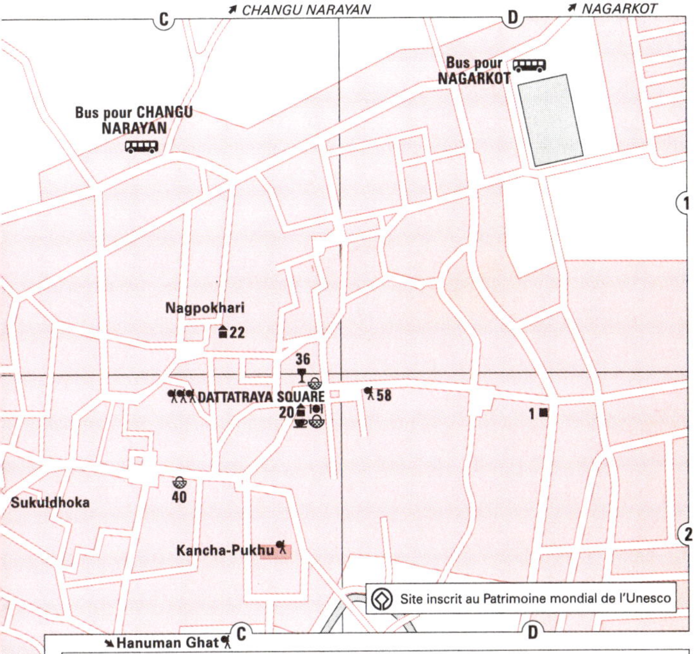


### Où dormir ?

10 Siddhi Laxmi Guesthouse (B2)
11 Newa Guesthouse (B2)
12 Cosy Hotel (B2)
13 Sunny Guesthouse et Siddhi Home (B2)
14 Shiva Guesthouse (B2)
15 Golden Gate Guesthouse (B2)
16 Himalaya Guesthouse (B2)
17 Khwapa Chhen Inn (B2)
18 Vajra Guesthouse (B2)
19 Bhadgaon Guesthouse (B2)
20 Peacock Guesthouse (C2)
21 Thagu Chhén Boutique Hotel (B2)
22 Milla Guesthouse (C1)
23 Tulaja Boutique Hotel (B2)
24 Hotel Heritage (A3)

### Où manger ?

13 Namaste (B2)
14 Café Corner (B2)
18 Restaurant de la Vajra Guesthouse (B2)
19 Restaurant de la Bhadgaon Guesthouse (B2)
20 Peaceful et Mayur Restaurant (C2)

### Où prendre le petit déj ou un bon café ? Où déguster un bon *jujudhau* ?

20 Himalayan Bakery (C2)
31 Jujudhau (B2)
32 Beans (B2)
33 Daily Grind (B2)

### Où boire un verre ?

35 New Café Nyatapola (B2)
36 Café De Peacock (C1-2)

### Achats

20 Peacock Tea & Spice Shop (C2)
40 Bhavisya (C2)
43 Traditional Thangka Painting (B2)

### À voir

50 Erotic Elephant Temple (B2)
51 Statues de Durga et Bhairava (B2)
52 Dwarika Temple (B2)
53 Royal Palace, Porte d'Or et National Art Museum – musée des Peintures et des Thangkas (B2)
54 Le palais aux 55 Fenêtres (B2)
55 Chyasilim Mandap et vestiges du Durga Temple (B2)
56 Siddhi Laxmi Temple et Fasidega Temple (B2)
57 Pashupatinath Temple (B2)
58 Dattatraya Temple, Pujari Math, musée du Bois sculpté et fenêtre du paon (D2)

## BHAKTAPUR



*• goldengateguesthouse.com • CB + 3,5 %.* Plusieurs catégories de chambres, plus ou moins spacieuses, avec ou sans sanitaires, ce qui expliquent les prix très différents. Plus on monte dans les étages, plus c'est clair et plus c'est cher. Les *deluxe,* qui jouent dans la catégorie prix moyens,

ont un balcon, et certaines, vue sur les montagnes. Bonne tenue générale, quel que soit votre budget (même les moins chères sans salle de bains sont correctes). Le calme est un autre atout de cette adresse qui donne sur une double cour. Resto. Bon accueil.

## Prix moyens (20-50 $ ; 17-42 €)

**Newa Guesthouse** *(plan B2, **11**) : Taumadhi Square. Du temple de cette place, prendre la ruelle sur la gauche et sur l'arrière, côté gauche. ☎ 662-04-22. • newaguest@gmail.com •* L'établissement est récent, fidèle au style newar et propose des chambres à un peu tous les prix, mais toutes avec salle de bains : piaules petites avec ventilo, plus grandes avec clim et même 2 avec terrasse, tout en haut. Ensemble impeccable, tout comme les sanitaires. Chambres dans les tons crème et lits à structure d'osier. Les plus petites sont vraiment intéressantes pour le prix demandé. Chouette adresse.

**Vajra Guesthouse** *(plan B2, **18**) : Balakhu 2, à 2 pas de Durbar Square. ☎ 661-07-82. 98-41-69-30-57. • vajraguesthouse.com • Fourchette basse. CB refusées.* Une jolie maison de style newar, à l'arrière de Durbar Square. Chambres toutes équipées de salles de bains (à l'ancienne mais impeccables) et, surtout, dotées d'une bonne literie. Les grands trouveront donc un lit à leur taille ! Celles dont le numéro se termine par 1 ou 2, au même prix, lorgnent du côté de la place ; les autres donnent sur un patio avec fontaine pas désagréable du tout. Accueil souriant, jeune et pro. Et toujours de la musique classique qui flotte dans l'air. Bon resto (voir « Où manger ? »). Une bien bonne adresse, où l'on se sent rapidement comme à la maison.

**Sunny Guesthouse** *(plan B2, **13**) : Taumadhi Square. 98-41-58-86-88. • sunnyguesthousenepal.com • Peu visible, dans une impasse derrière le Siddhi Home ; entrée par une boutique d'objets en bois sculptés.* Coup de cœur pour cette petite *guesthouse* cachée, de 4 chambres seulement, mais particulièrement soignées et élégantes, même si elles ne sont pas bien grandes. Les 303 et 305 sont les plus grandes, avec leur coin canapé. Mobilier en bois clair, murs blancs immaculés, jolis draps, déco sobre et bons éclairages. Chambres plus vastes sur l'avant, avec belles fenêtres ouvragées. Plutôt calme (malgré les cloches qui sonnent au petit matin !). Accueil sympathique. Un excellent rapport qualité-emplacement-prix.

**Cosy Hotel** *(plan B2, **12**) : dans une petite cour intérieure, à Pottery Square. ☎ 661-63-33. 98-41-28-55-18. • cosyhotel.com.np • Chambres « classiques » avec ventilo à prix moyens ; clim et parquet pour les plus chères. Petit déj compris.* Si l'architecture extérieure neware a été conservée, la structure intérieure offre tout le confort, dont une bonne literie, pas trop ferme, habillée d'une couette bien douillette. Un bémol peut-être pour certaines chambres un peu sombres (notamment celles du 1er étage donnant sur rue), d'autres à la déco surchargée, et la moquette dans les chambres *classiques.* Choisir de préférence celles sur cour et en hauteur et éviter celles sans vue. Terrasse sur le toit qui fait presque le tour de l'édifice, parfait pour prendre son petit déj, casser la croûte (bonne cuisine) ou boire un verre avec vue.

**Siddhi Laxmi Guesthouse** *(plan B2, **10**) : au fond d'une cour à laquelle on accède de Taumadhi Square. ☎ 661-25-00. 98-51-06-37-16. • siddhilaxmi.com.np •* Un peu caché, juste à côté d'un templion et d'une jolie cloche, ce petit hôtel propose une poignée de chambres proprettes, toutes avec salle de bains. Les plus chères disposent d'un balcon (mais sans intérêt, car minuscule et donnant sur une rue étroite). À noter les 3 chambres plus petites que les autres, bien moins chères. Quelques triples. Gentil accueil.

**Khwapa Chhen Inn** *(plan B2, **17**) : dans la petite rue à droite de l'entrée principale de Durbar Square (juste avt de pénétrer sur Durbar Square). ☎ 661-63-25 ou 26. • khwapachhen.com •* Bhaktapur a le secret des petits hôtels de charme. Celui-ci, installé dans une belle et imposante bâtisse de style traditionnel, n'a peut-être pas la palme, mais il remplit bien le contrat. Une entrée assez chic, avec quelques beaux objets exposés et des chambres de belle taille, simplement aménagées et d'un excellent confort (bonne literie, tommettes au sol mais pas de clim) et une superbe vue sur Durbar Square depuis la salle des petits déj (correct sans plus) ou le toit-terrasse. Accueil pro et souriant. Un très bon point de chute.

🏠 🍴 ***Siddhi Home*** *(plan B2,* ***13****) : sur Taumadhi Square. ☎ 661-20-04. • siddhihomehotel.com • Petit déj compris.* Un hôtel idéalement placé proposant de belles chambres récentes aux murs colorés. La plus belle est la triple, qui possède une alcôve et 3 fenêtres de style newar, parfaites pour observer l'animation de la ville ! Pas vraiment de charme mais des chambres fonctionnelles et salle de bains correctes. Bien isolé du bruit de la rue. Bon confort général et accueil souriant. Resto sur le toit. Un très bon rapport qualité-prix.

🏠 ***Shiva Guesthouse*** *(plan B2,* ***14****) : sur Durbar Square. ☎ 661-39-12. • bhaktapurhotel.com •* Une situation idéale, directement sur Durbar Square. Les 7 chambres (dont 5 donnent sur la place) sont d'un niveau très acceptable et l'atmosphère du lieu est plutôt familiale. À noter les 2 chambres avec salle de bains commune, vraiment très bon marché, parfaites pour les budgets serrés. On conseille les chambres au 2e étage, plus lumineuses. Salles de bains basses de plafond, mais l'ensemble fait le job. Bon resto également, au *Café Corner* (voir « Où manger ? »).

🏠 ***Tulaja Boutique Hotel*** *(plan B2,* ***23****) : Balakhu 10. ☎ 661-81-44. 📱 98-49-76-17-15. • tulaja.com • Petit déj compris.* Une sympathique adresse à la façade blanche, ce qui change un peu de la brique. Petit salon à l'entrée. Toutes les chambres également équipées : bonne literie, plancher, salle de bains, ventilo et chauffage en hiver, sans oublier le *rooftop* bien équipé, l'un des plus hauts de la ville. Super pour prendre un verre le soir venu.

## Chic (50-80 $ ; 42-67 €)

🏠 ***Peacock Guesthouse*** *(plan C2,* ***20****) : Dattatraya Square. ☎ 661-18-29. • peacockguesthousenepal.com • On entre par le* Mayur Restaurant. *Réserver longtemps à l'avance. CB + 4 %.* Sur la belle place Dattatraya, dans une superbe maison newar du XVIIIe s, chambres pas bien grandes et parfois sombres, mais bien décorées, avec nattes, murs blancs, mobilier en bois et joli linge de lit. Les nos 201 et 203 sont plus grandes et plus confortables. Petit déj à prendre au café du rez-de-chaussée, dans la superbe salle avec boiseries, décorée avec soin. Si c'est complet, propose non loin de là des appartements tout équipés. Dans la courette intérieure, couverte par un toit vitré, l'excellent *Mayur Restaurant* (voir plus bas « Où manger ? »).

🏠 🍴 ***Bhadgaon Guesthouse*** *(plan B2,* ***19****) : Taumadhi Square. ☎ 661-04-88 ou 11-42. • bhadgaon.com.np • Fourchette basse, et même en deçà selon la période. Petit déj inclus.* L'une des plus anciennes *guesthouses* de Bhaktapur est en fait un hôtel qui a du style et dont la plupart des chambres, spacieuses, ont été rénovées avec goût. Bonne literie, déco simple et zen. Son atout maître : sa localisation, hyper centrale, et l'excellent resto (voir plus bas « Où manger ? ») dans le patio intérieur. Du *rooftop,* vue imprenable sur la place.

## Plus chic (80-120 $ ; 67-100 €)

🏠 ***Milla Guesthouse*** *(plan C1,* ***22****) : au nord de Dattatraya Square, sur une petite place au-dessus du bassin Nag Pokhari. 📱 98-51-02-41-37 ou 98-51-02-70-12. • millaguesthousebhaktapur.com • Doubles 70-100 $. Réserver à l'avance.* Cette maison réhabilitée, en brique et bois, est nichée dans un quartier populaire et tranquille, pas touristique pour une roupie. Elle a été conçue par l'architecte du Patan Museum. Dans les 4 chambres, au décor recherché, on célèbre un art de vivre qui allie confort et tradition dans une chaude intimité. L'esprit est le même dans toutes les chambres, avec des salles de bains originales et un long balcon donnant sur la placette pour celles du 2e étage. Petits déj (et

LA VALLÉE DE KATHMANDU

repas sur commande) servis dans la salle à manger prolongée d'une agréable terrasse avec vue sur la montagne. Une adresse de charme, doublée d'un accueil aux petits soins des gérants. Rare !

**Thagu Chhén Boutique Hotel** *(plan B2, **21**) : Itachhen, dans la rue principale qui mène des stations de bus (en provenance de Kathmandu) à Durbar Square. ☎ 661-20-43. • thaguchhen.com • Compter 55-65 $ pour 2 pers. Petit déj inclus. CB + 4 %.* Une maison bien réhabilitée, avec 3 vastes appartements (pour 2 ou 4 personnes, avec canapé-lit) et un studio tout en haut. Tous les apparts sont bien équipés (kitchenette, salle de bains, TV satellite, clim sauf dans le studio). L'ensemble est assez zen, tranquille (on ne voit jamais personne !). On conseille le studio, qui offre une vue vraiment extra et une douche version XL. Des larges baies vitrées, à l'arrière, une vue dont on ne se lasse pas sur les montagnes. Possibilité de se faire servir un petit déj.

**Hotel Heritage** *(plan A3, **24**) : Barahipith, de l'autre côté de la rivière. ☎ 661-16-28. • hotelheritage.com. np • Compter env 110 $ pour 2, petit déj inclus (ttes les chambres au même prix).* Ce grand édifice sur 4 étages, construit pour accueillir les groupes n'a négligé ni l'architecture, ni la décoration. Murs de brique, parquet ou tommettes au sol, têtes de lit en bois sculpté, fenêtres ciselées, volumes généreux, clim, coffre, salles de bains parfaitement équipées (pierre noire, baignoire et peignoir...), voici un écrin traditionnel et moderne à la fois, qui compense largement les 15 mn de marche pour rallier Durbar Square. Mentionnons également le *Kutuymba Dining,* le resto. Malgré sa carte largement tournée vers l'international, il propose des recettes népalaises comme ce bel *heritage thali* et quelques plats indiens *(kadhai murgi, biryani...).* Bons desserts également. Le soir, faire un tour au *Tribal Bar,* qui complète agréablement le tableau, avec ses fauteuils de cuir et ses portes anciennes en guise de tables.

## Où manger ?

Attention : après 20h30, difficile de trouver un resto ouvert. Rabattez-vous alors sur les restos des hôtels avec terrasse sur le toit, où l'on vous servira avec plus de souplesse horaire (voir « Où dormir ? »).

Noter qu'à Bhaktapur, le service (10 %), n'est jamais compris et ajouté sur l'addition finale.

Enfin, ne partez pas sans avoir goûté le *jujudhau.* C'est le yaourt des rois de Bhaktapur, succulent quand il est fait à l'ancienne. Achetez-le dans un récipient en terre cuite (et non en plastique !). Les meilleurs sont vendus dans les échoppes de rues (on vous donne une super adresse plus loin !). On en sert aussi d'excellents dans les restos.

### De très bon marché à bon marché (jusqu'à 500 Rps ; 4 €)

Pour goûter la cuisine neware traditionnelle, rien ne vaut les ***gargotes locales*** très bon marché, généralement sans nom ni panneau et très prisées des locaux. Signalons, derrière le temple de Nyatapola, la gargote installée dans un ancien temple *(ouv tlj, en principe 12h-19h).* Bikumaya y sert depuis 40 ans son invariable *barat* (galette de lentilles) agrémenté d'un œuf et/ou de viande pour une poignée de roupies, préparé dans les gamelles à même le sol et à savourer au coude-à-coude dans l'une des petites salles. Authentique et délicieux ! Ici, la fraîcheur des produits et le débit sont bons, mais ce n'est pas le cas partout où l'hygiène peut paraître douteuse.

**Namaste** *(plan B2, **13**) : sur Taumadhi Square, dans une ruelle. Tlj 8h-21h.* En surplomb de la belle place et du temple de Nyatapola, cette vénérable maison de 500 ans, chapeautée d'une double terrasse, est un poste parfait pour observer l'animation. Les petites salles sont bien vieillottes et l'ensemble manque de tenue, mais dans l'assiette, on déguste d'excellents *momos* et un bon *chicken shashlick* ou des currys peu ruineux. Et surtout, bon accueil familial.

**Café Corner** (*plan B2,* ***14***) **:** *sur Durbar Square. Tlj 7h-21h. Bon marché.* Le restaurant de la *Shiva Guesthouse* est bien pratique, car il est toujours ouvert et donne directement sur Durbar Square. Une dizaine de tables à tout casser dans la salle et une ambiance de taverne touristique pour goûter le *chicken shashlick,* copieux et soigné, ou les classiques népalais, corrects, qui côtoient un *veg stroganoff* qui s'est perdu en route. On aime bien aussi s'installer le long des 2 grandes tables basses directement sur le trottoir pour boire un coup.

## Prix moyens (500-800 Rps ; 4-6,50 €)

**Mayur Restaurant** (*plan C2,* ***20***) **:** *sur Dattatraya Square. ☎ 661-18-29. Tlj 10h-20h. Fourchette haute.* Le restaurant de la *Peacock Guesthouse* (dans la cour intérieure) passe pour être l'un des plus raffinés en ville. On confirme et on apprécie le lieu en lui-même, bien agréable et décoré avec soin. Cuisine asiatique « fusion » goûteuse et créative, parfumée et bien relevée, qui change des standards locaux sans les renier. Spécialité de *pad thaï* et *chicken kung Pao noodles.* Excellents *spinach momos.* Carte de vins et cocktails pour parfaire la soirée et réchauffer l'ambiance.

**Restaurant de la Vajra Guesthouse** (*plan B2,* ***18***) **:** *Balakhu 2, à 2 pas de Durbar Square. ☎ 661-07-82. 98-41-69-30-57.* Dans la journée on profitera du *rooftop* et le soir on se repliera dans le patio abrité, pour déguster une cuisine goûteuse, préparée avec soin. Le *nepali thali* est bien réalisé, tandis que le *Vajra's authentic newari food* joue sa partition sans fausse note. On peut aussi se contenter d'un bon expresso dans la journée, dans la partie café qui donne sur le bout de trottoir de cette ruelle tranquille.

**Restaurant de la Bhadgaon Guesthouse** (*plan B2,* ***19***) **:** *Taumadhi Square. ☎ 661-04-88. Tlj 7h-22h.* Idéalement situé pour se poser en journée, côté café (sur la gauche en entrant), ou ripailler au calme dans l'agréable patio verdoyant ou en terrasse sur le *rooftop,* avec vue imprenable sur la trépidante place Taumadhi. La carte rend honneur aux classiques locaux (*momos,* plats chinois, *sizzler,* soupe, *nepali set* et currys bien relevés), sans négliger les plats occidentaux.

**Peaceful** (*plan C2,* ***20***) **:** *sur Dattatraya Square. ☎ 661-13-69. Tlj 11h-21h.* Dans la cour du fond d'une superbe maison neware du XVIIIe s, au calme. On peut manger dehors ou dans une salle dépouillée, avec un grand mur de brique. Bonne cuisine fraîche et généreuse. On vous recommande le *chicken shashlick* (brochettes de poulet) ou le *thali newar.* En dessert, ne pas manquer le *jujudhau,* l'excellent yaourt local. Parfait aussi pour boire un verre *in peace,* en journée comme en soirée.

## Où prendre le petit déj ou un bon café ?
## Où déguster un bon *jujudhau* ?

**Jujudhau** (*plan B2,* ***31***) **:** *juste avt la porte d'accès à Durbar Square. Tlj 7h30-21h.* Pour l'un des meilleurs *jujudhau* de la ville, c'est dans cet improbable caboulot populaire que l'on se donne rendez-vous. Crémeux et onctueux à souhait, on le déguste comme il se doit dans un petit bol en argile. Et le patron se régalera de vous voir vous régaler !

**Beans** (*plan B2,* ***32***) **:** *sur un côté de Durbar Square. Tlj 7h-21h.* Un petit café sympa comme tout, avec banquettes années 1970 et quelques tables aux tabourets tournés vers le Durbar. Excellents expresso et cappuccino à base de café bio, à accompagner d'un bon gâteau maison (*banana* ou *carrot cake,* brownie, muffin...). Très cool !

**Himalayan Bakery** (*plan C2,* ***20***) **:** c'est le café de la *Peacock Guesthouse* (voir « Où dormir ? »), logé dans

LA VALLÉE DE KATHMANDU

une magnifique maison neware. Banquettes et coussins pour déguster son expresso ou un bon jus fraîchement pressé accompagné d'un délicieux gâteau, voire d'un sandwich. Pas donné, mais c'est justifié.

**Daily Grind** (plan B2, **33**) : *juste à l'écart de Durbar Square. Tlj 6h-21h.* Un petit lieu moderne et vitré, avec des fauteuils bas qui invitent à se relaxer et à passer un petit moment pour boire un café (excellent), manger une part de gâteau *(apple pie, muffins, almond cake...)* tout en écrivant ses cartes postales. Musique cool. La terrasse au 1er étage est une bonne alternative avec vue dégagée.

## Où boire un verre ?

***New Café Nyatapola*** *(plan B2,* ***35****)* : *au centre de Taumadhi Square. Tlj 8h-20h.* Ce café-resto situé à l'étage d'une ancienne pagode offre une vue imprenable sur la place et le temple éponyme. Très touristique, cela dit. Un mirador parfait pour boire un pot en journée. Cuisine pas terrible.

***Café De Peacock*** *(plan C1-2,* ***36****)* : *sur Dattatraya Square. Tlj 9h-21h.* Magnifique maison neware sur l'une des plus belles places de la ville. Installé au 1er étage, sur les banquettes en bois du balcon, on est à la bonne hauteur pour profiter de la vue, boire un verre ou grignoter un morceau.

## Achats

### Souvenirs, masques, thangkas, papeterie, épices, poterie...

La majorité des boutiques se situent dans la rue qui va de Durbar Square à Taumadhi, et sur l'axe principal qui relie Taumadhi à Dattatraya Square. Nombreuses échoppes de babioles en tous genres et de cachemires. La ville est réputée pour ses masques en papier mâché, ses marionnettes représentant des divinités, ses sculptures sur bois et bien sûr ses *thangkas*. Également célèbre pour ses beaux papiers, on trouve des boutiques de qualité un peu partout. On peut d'ailleurs visiter l'une des nombreuses fabriques artisanales dans les environs.

***Traditional Thangka Painting*** *(plan B2,* ***43****)* : *sur Taumadhi Square.* ☎ *661-12-43.* ● *madhuchitrakar@hotmail.com* ● C'est la boutique-atelier de Madhu Krishna, accueillant et connaisseur (il est issu d'une illustre famille, artiste depuis plus de 2 siècles). Là aussi on y apprend qu'art, philosophie et spiritualité ne font qu'un. Passionnant.

***Bhavisya*** *(plan C2,* ***40****)* : *Inacho-6, dans la rue qui mène à Dattatraya Square.* *98-43-26-86-54.* ● *bhavisya.ch* ● *Tlj 10h-17h.* Un petit condensé de ce que l'on trouve un peu partout en ville : tirelires, sacs en tissu, boîtes, etc. Les articles proposés sont réalisés par des artisans locaux soutenus par l'association suisse du même nom et rémunérés au plus juste.

***Peacock Tea & Spice Shop*** *(plan C2,* ***20****)* : *sur la place Dattatraya.* *98-41-39-72-33.* ● *peacocktea@yahoo.com* ● *Tlj 9h-18h (plus tard l'été).* Ratna, le propriétaire qui parle quelques mots de français, se fera un plaisir de vous expliquer les différences entre les thés, vous faire humer le parfum des épices et vous expliquer les vertus médicinales de certaines plantes. Prix raisonnables. Les lecteurs du *Routard* sont particulièrement bienvenus.

***Poterie*** : de très nombreuses *échoppes*, plus particulièrement du côté de Kumalé (Pottery Square), produisent et vendent des pots, vases, tirelires et autres objets décoratifs en argile, un peu kitschouilles quand même. Parfois les finitions laissent à désirer (bien regarder ce que vous achetez). Par ailleurs, autant le savoir, ces poteries sont assez fragiles.

## À voir

### Durbar Square, d'ouest en est

– **Entrée :** *1 500 Rps, à payer à l'une des entrées principales. Voir plus haut « Infos pratiques ».*

**Erotic Elephant Temple** *(plan B2,* ***50****)* **:** si vous l'abordez en venant de l'arrêt des minibus pour Kathmandu *(plan A2),* observez ce minuscule templion, sur la droite, environ 100 m avant la porte où il faut acquitter le droit d'entrée. Les frises érotiques à la base des corbeaux (pièces de bois qui tiennent le toit) y montrent des animaux en pleins ébats amoureux. Le couple d'éléphants est particulièrement savoureux !

**Les statues de Durga et Bhairava** *(plan B2,* ***51****)* **:** immédiatement à gauche en entrant sur Durbar, après l'office de tourisme, devant la *Shree Padama Higher Secondary School.* Encadrées par 2 lions, on trouve 2 énormes stèles du XVIIe s représentant *Durga* et *Bhairava* avec des colliers de têtes de mort autour du cou. Durga a 18 bras alors que Bhairava n'en a que 12. Ces statues encadraient autrefois la porte d'entrée du *Basantapur Durbar,* un palais détruit lors du tremblement de terre de 1934. On dit qu'elles plurent tellement au monarque qui les avait commandées qu'il fit aussitôt couper les mains de l'artiste pour éviter qu'il n'en sculpte d'autres aussi belles...

**Dwarika Temple** *(Krishna Temple ; plan B2,* ***52****)* **:** en face des statues précédentes, un beau temple de brique et de bois, datant du XVIIe s, avec d'élégantes sculptures représentant les divinités hindoues. Statue de Krishna à l'intérieur. En vis-à-vis, sur la colonne, Garuda prie devant son maître.

Juste sur la gauche (et un peu à l'arrière), le ***Kedarnath Temple,*** un sikhara (en épi de maïs) en brique et bien restauré, avec ses petites portes assez basses. Notez également, à gauche, l'architecture en bois de l'ancien quartier général de la police royale, actuel *Temple View Restaurant,* harmonieux édifice tout en longueur et sur 1 étage.

**National Art Museum** *(musée des Peintures et des Thangkas ; plan B2,* ***53****)* **:** *à gauche de la porte d'Or. ☎ 661-00-04. Tlj sauf mar 10h-17h (lun 10h-15h). Entrée : 150 Rps + droit photo (gratuit pour les portables), ticket valable aussi pour le musée du Bois sculpté et celui du Bronze et du Cuivre, situés place Dattatraya.* De chaque côté de la porte d'entrée, qui était autrefois l'entrée du palais royal, 2 gros lions, mais surtout 2 statues plus intéressantes, l'une représentant Hanuman, le dieu-singe, et l'autre Narsingh, l'homme-lion (avatar de Vishnu). Le musée n'est pas bien grand, son organisation et son éclairage franchement datés, mais il vaut le détour. À l'intérieur, on admire tout d'abord quelques pierres gravées dans le couloir d'entrée, ainsi qu'une poignée de remarquables sculptures de divinités hindoues (XV-XVII[e] s), avant de profiter de la magnifique et intéressante collection de *thangkas* (XVII-XIX[e] s), réunies sur 2 niveaux. Une bonne approche si on a l'intention d'en acheter une ensuite chez un marchand. On peut mesurer ainsi tout ce qui différencie une belle *thangka* ancienne d'une mauvaise copie. L'origine des *thangkas* est souvent attribuée aux Tibétains. En réalité, ce sont les Newars de Bhaktapur qui les ont exportées jusqu'à Lhassa. Ils fondèrent alors des écoles pour l'enseignement de leur technique. À l'étage, noter la série de gravures (copies) de portraits de rois, aussi moustachus que sévères. Parmi eux, celui de Birendra Bir Bikram Shah, assassiné en juin 2001 avec sa famille. Voir encore l'ensemble de petits panneaux peints sur bois, empreint d'une certaine naïveté. Puis une autre collection superbe de *thangkas* (mal mise en valeur). Étonnante longue peinture sur tissu du XVIIIe s narrant la vie de Krishna-lila et divisée en 6 bandeaux. Tout au fond, encore un ensemble de 16 petites peintures du XVIIIe s qui frappent par leur simplicité, mettant en scène les principaux épisodes de la vie de Vishnu.

**Royal Palace et Porte d'Or** (plan B2, **53**) **:** *à droite du musée.* 2 longs bâtiments reliés par la porte d'Or, chef-d'œuvre de l'orfèvrerie népalaise représentant une déesse à 4 têtes. Réalisée au XVIIe s, en cuivre doré, elle a très peu subi les dommages du temps. Un militaire la garde en permanence. La franchir pour aller voir, tout au fond sur l'arrière, le *temple de Taleju,* dont l'entrée est interdite aux non-hindous. Voir tout de même l'incroyable porte sculptée en bois. Les fins piliers et linteaux sont tous passés sous les ciseaux du sculpteur. Voir le naja entrelacé à 7 têtes et les nombreuses petites scènes inscrites dans ces cercles. Les corbeaux sont également richement ciselés (où l'on devine quelques restes de polychromie). Si les portes sont ouvertes, vous pourrez peut-être apercevoir de loin la superbe cour réservée à la *Kumari (Kumari Chowk),* même si elle ne vit pas sur place. Elle n'est retenue qu'une fois par an, durant la période de *Dasain.* À cette période, le temple est le lieu d'un sacrifice de buffles terriblement sanglant ! Âmes sensibles, s'abstenir. De toute façon, on ne peut observer que de la porte et la foule est compacte... À voir à côté, en revanche, le *bassin royal* cerné de cobras sacrés, en pierre, et celui central au milieu du bassin, le corps dressé à la verticale. Le canal qui l'alimentait, long de 10 km, desservait au passage 63 fontaines.

### DÉESSE OU ROUTARDE : IL FAUT CHOISIR

*Sajani Shakya, consacrée Kumari ou « Déesse vivante » de la ville de Bhaktapur à l'âge de 2 ans, a perdu son statut en juillet 2007, alors âgée de 9 ans. Elle a défié les règles en se rendant aux États-Unis afin d'assurer la promotion d'un documentaire britannique sur les traditions népalaises. Un « geste impur » ont considéré les hauts dignitaires religieux !*

En ressortant du palais, lever les yeux pour admirer la statue du roi Bhupatindra Malla, agenouillé et les mains jointes, qui a survécu au séisme de 2015. C'est à ce roi, grand protecteur des arts, que l'on doit la majorité des extraordinaires monuments de la ville. On ne peut avoir qu'une idée partielle aujourd'hui de ce qu'était la splendeur de Bhaktapur à son apogée. Le Durbar (palais) ne comptait pas moins de 99 cours intérieures ! Bhupatindra, grand joueur d'échecs, en avait conçu les plans en forme de damier. Seul le roi, dit-on, savait s'y retrouver. Le palais était aussi vaste que celui de Kathmandu, et les bâtiments d'habitation comportaient 7 étages.

**Le palais aux 55 Fenêtres** (plan B2, **54**) **:** sur la droite de la porte d'Or, c'est le noyau originel et le plus pur des bâtiments royaux. Il a été entièrement reconstruit après le tremblement de terre de 1934 et a bien survécu au dernier. Remarquer les fenêtres aux linteaux finement sculptés et encastrés dans la brique. À partir du 2e étage, une dentelle de bois qui forme une galerie de 55 fenêtres juxtaposées. L'utilisation de la vitre n'apparut au Népal qu'au XXe s, et la première fut installée dans ce palais. Les treillis de bois qui ornent les fenêtres sont encore en usage dans de nombreuses maisons.

**Chyasilim Mandap** (plan B2, **55**) **:** *devant le palais aux 55 Fenêtres.* À l'origine, ce *mandap* de forme octogonale était utilisé par les souverains comme loge pour assister au déroulement des processions et aux fêtes. Construit au XVIIIe s, il fut détruit

### UNE ENTORSE SALUTAIRE À LA TRADITION

*Pour résister à de nouvelles secousses, le Chyasilim Mandap fut reconstruit avec une structure en fer, ce qui est rituellement interdit pour un temple et entraîna de ce fait une vive polémique. Cela dit, le séisme de 2015 a prouvé que c'était un bon choix : le temple est resté debout tandis que son voisin en pierre, le temple de Durga, qui paraissait bien plus solide, s'est totalement écroulé.*

par le tremblement de terre de 1934, puis reconstruit grâce à l'ancien chancelier allemand Helmut Kohl, d'après une photo prise en 1866 par un photographe français, Gustave Le Bon. Avec comme base ce cliché de plus d'un siècle, les artisans newars purent reconstituer l'édifice construit par leurs ancêtres. Ils furent aidés aussi par l'apport de quelques éléments d'origine (piliers et étais)... qui avaient été dérobés par le chef de la ville après le séisme et offerts à des membres de sa famille.

Toujours face au palais aux 55 Fenêtres, seuls l'imposante ***cloche de Taleju,*** et sur l'arrière 2 éléphants, 2 lions, un chapiteau sculpté et quelques bas-reliefs rappellent encore la présence du ***Durga Temple*** (ou *Vatsala Temple ; plan B2,* ***55***), qui s'est écroulé pendant le séisme de 2015.

***Siddhi Laxmi Temple*** *(plan B2,* ***56****)* ***:*** *à l'angle du palais aux 55 Fenêtres.* Sensé rappeler le célèbre *Krishna Mandir* du Durbar Square de Patan, il a dû être démonté en raison des nombreuses fissures qui le fragilisaient ! Son escalier est vraiment remarquable. Décoré de statues d'animaux, avec notamment des dromadaires (tout en haut de l'escalier), représentation rare au Népal où cet animal est inconnu... Pas de doute que les caravanes de marchands sont passées par ici. Observer aussi les rhinocéros et les rituels gardiens accompagnés d'enfants et de chiens méchants. Noter, juste en face, le long édifice sur 1 étage, *bâtiment en bois du Tawa Shattal,* endommagé par le séisme de 2015, mais actuellement restauré. Beaux piliers sculptés et délicats chapiteaux.

***Fasidega Temple*** *(ou Silu Mahadev-Narayan Temple ; plan B2,* ***56****)* ***:*** *à droite du Siddhi Laxmi Temple.* De ce temple, qui n'était certes pas le plus intéressant, il ne reste que le socle à 6 paliers et son bel escalier d'animaux. Noter les éléphants et les lions reconstitués à l'aide de joints bien épais... De là-haut, on a tout de même un beau point de vue sur la place et les toits.

***Pashupatinath Temple*** *(plan B2,* ***57****)* ***:*** *face à la Shiva Guesthouse.* C'est le plus ancien temple de Bhaktapur (XVe s), dédié à Shiva, réplique exacte de celui de Kathmandu. Miracle, il a tenu, peut-être grâce à l'énergie vitale dégagée par sa superbe collection de 24 figures érotiques, postures amoureuses et exercices physiques particulièrement réalistes sculptés sur les étais... N'hésitez pas à les passer toutes en revue, elles sont aussi magnifiques qu'instructives. Et après toutes ces parties de jambes en l'air, pas étonnant qu'on y voit même... un accouchement (scène assez rare) ! Traditionnellement, c'est ici qu'avaient lieu les présentations entre les futurs époux (CQFD). Comme pour le Jagannah Temple du Durbar, à Kathmandu, lui aussi épargné, il semblerait que le désir, ça conserve !

**RÉVOLUTION SEXUELLE**

*L'art érotique, si florissant à Bhaktapur, est une application imagée du tantrisme, une philosophie qui émergea au VIe s en Inde. Ses textes et rituels prônent l'éveil de tous les sens, y compris charnels, et s'adressent à tous. Ainsi, le tantrisme a ouvert son enseignement non seulement à toutes les castes, mais aussi aux femmes, sans pour autant rejeter les croyances fondamentales hindoues et bouddhiques.*

## Autour de Durbar Square

À proximité du Durbar, et constituant avec lui l'ensemble monumental de Bhaktapur, la place ***Taumadhi Tole,*** absolument ravissante, où l'on peut voir le fameux ***temple de Nyatapola,*** dédié à Siddhi Lakshmi, déesse de la Fortune. Il s'agit du plus beau temple de Bhaktapur, autre miraculé des séismes de 2015, construit pour rivaliser avec les autres villes royales. Voir l'escalier très raide, bordé

de statues : elles représentent 2 lutteurs, puis 2 éléphants, 2 lions, 2 griffons, et enfin 2 déesses, chaque couple étant 10 fois plus fort que celui de l'étage en dessous. Au sommet, trône le temple avec ses 5 toits superposés (son nom signifie d'ailleurs « 5 toits ») représentant les 5 éléments : l'eau, la terre, le feu, l'air et l'espace. On en a une large vue sur la place depuis la terrasse du *New Café Nyatapola* (voir plus haut « Où boire un verre ? »). Édifié en 1708, c'est le plus haut du pays (30 m).
À droite, le ***temple de Bhairav,*** très vénéré et gardé par 2 petits lions en bronze (les originaux ont malheureusement été volés). Ce fut le 1er construit sur cette place. Dédié à la forme terrible de Shiva. Mais Bhairav, placé là, manifesta un grand mécontentement, frappant les habitants de nombreuses épidémies. Après consultation de prêtres et de sages, le conseil fut donné de placer, non loin du dieu courroucé, la grande déesse des Tantras : *Siddhi Lakshmi.* Le temple aux 5 étages fut donc construit. Le roi, suivi de la foule, y apporta le 1er les briques nécessaires. Bhairav ne manifesta plus jamais sa colère. L'ensemble produit un effet fantastique. L'un des rares temples dont la base soit rectangulaire et non carrée. Si vous observez bien les angles du dernier toit, vous y verrez des oiseaux prêts à prendre leur envol. C'était une idée du roi Yoga Narendra Malla. Peu avant sa mort, il fit savoir que tant que ces oiseaux ne se seraient pas envolés, il resterait parmi son peuple, quand bien même son corps serait sans vie. Tous les rois qui régnèrent ensuite suivirent cet exemple. Quelle poésie !
Prendre la rue située sur la droite du temple et faire environ 30 m. Sur la droite, franchissez ensuite la porte de la *Siddhi Laxmi Guesthouse,* débouchant sur le ***Til Mahadev Narayan Temple.*** Cette construction à double toit et incrustations de carrelage (de cuisine ?), dédiée à Vishnu, est l'un des temples les plus anciens de la ville. Une légende – encore une – raconte que la statue du dieu que ce temple renferme fut trouvée, enfouie sous un tas de graines de sésame, chez un marchand. Malgré des ventes régulières, ce tas de graines ne diminuait miraculeusement jamais. Une fois l'an, le dieu est massé avec du beurre, et des gâteaux au sésame lui sont offerts en souvenir de cet événement. C'est aussi le lieu de célébration du *ihi,* une cérémonie où les jeunes filles prépubères sont mariées symboliquement au dieu Vishnu. Porte du temple dorée et corbeaux joliment sculptés.

**Pottery Square** *(Kumalé Tole ; plan B2)* **:** *le quartier des potiers se situe autour d'une petite place.*
Il suffit de marcher 5 mn pour atterrir en plein Moyen Âge. Les techniques n'ont guère changé depuis des siècles, même si les tours en pierre sont lentement remplacés par des roues de camions, plus malléables. La glaise vient de Thimi, un village à l'ouest de Bhaktapur, où a lieu la fameuse *fête des Couleurs* (lire plus loin « Dans les environs de Bhaktapur »). 3 grands fours modernes ont été installés derrière la place, mais on peut encore voir le four traditionnel (sous un auvent), où les poteries sont cuites à l'ancienne, à l'étouffée, sous une épaisse couche de cendre, intercalées dans des couches de paille à laquelle on met le feu. D'où les nombreuses bottes de foin empilées autour de la place...
Ne pas hésiter à se perdre dans les ruelles alentour pour saisir des images pittoresques de la vie quotidienne, à s'engager dans les courettes où sèchent les poteries avant d'être cuites et peintes par les artisans. D'août à novembre, les places se couvrent de tapis de riz qu'on fait sécher. Pour le Nouvel An népalais, en avril, on y érige un mât sous les encouragements de la foule. Mais le mât principal du Nouvel An, bien plus impressionnant (environ 25 m de haut), est érigé sur la vaste esplanade à l'est de Pottery Square *(plan B3).*

**Dattatraya Square** *(plan C-D2)* **:** pour y aller, prendre la rue entre le temple de Nyatapola *(plan B2)* et le Bhairav. Sukuldhoka, l'artère commerçante de Bhaktapur, est bordée de maisons superbes et d'échoppes pittoresques. Aller tout au bout (c'est assez long) jusqu'à la belle et vaste place, bordée de temples et de demeures médiévales. Celle-ci était le centre de Bhaktapur avant qu'il ne se déplace au XVII^e s sur le Durbar. Magnifique. Ne pas hésiter à se perdre ensuite dans les ruelles du quartier, notamment dans le quartier de Nagpokhari, en direction du *Tourist Bus Park...* On rencontre toujours des habitants prêts à aider pour retrouver son chemin !

– ***Dattatraya Temple*** *(plan D2,* ***58****)* **:** *sur la place.* Il date du XV^e s et revient de loin. Pendant les 2 séismes de 2015, il a tangué comme un bateau dans la tempête, mais a finalement résisté ! Ce superbe temple est consacré au dieu Dattatraya, une « combinaison » de 3 dieux : *Brahma, Vishnu* et *Shiva.* Il est également vénéré par les bouddhistes, qui le considèrent comme un cousin du Bouddha. Au mois de février, des centaines de pèlerins venus de tout le Népal et de l'Inde envahissent la place pour célébrer *Shiva Ratri,* en son honneur. La légende veut, comme souvent, que le temple ait été fait du bois d'un seul arbre. Il offre la particularité d'avoir 3 toits superposés et des galeries ouvertes à chacun des étages. La partie frontale a été rajoutée tardivement, d'où sa forme peu habituelle. Remarquer les scènes érotiques sur les étais et les statues des 2 lutteurs *malla* qui gardent l'entrée. Le soir, ne pas manquer les musiciens et les vieux Newars qui prient et chantent gaiement sur sa terrasse. C'est un enchantement que de s'asseoir et passer un moment à écouter et partager des sourires avec les musiciens à l'heure où la plupart des visiteurs ont abandonné les lieux.

– Derrière, à droite en venant du centre, se trouve le ***Pujari Math*** *(plan D2,* ***58****),* ancien monastère absolument superbe. Ce sont les fenêtres ornées de paons faisant la roue qui ont donné son surnom de ***Peacock House*** à la maison. Voir la fameuse ***fenêtre du paon*** (commandée par le roi Yaksha Malla au XV^e s) dans la petite rue à gauche, à l'arrière du bâtiment, quand on lui fait face. L'édifice abrite aujourd'hui le ***musée du Bois sculpté*** *(mêmes horaires que le National Art Museum, tlj sauf mar). Billet 150 Rps, jumelé avec le National Art Museum et le musée du Bronze et du Cuivre ; supplément photos.* Le plus intéressant est encore de jeter un œil à la superbe cour, avec ses fenêtres finement ciselées, ouverte même quand le musée est fermé. En face, dans une autre belle maison, le *musée du Bronze et du Cuivre,* ouvert aux mêmes horaires que le précédent mais moins passionnant.

– En remontant d'environ 200 m vers Sukuldhoka (rue qui mène à Dattatraya), on arrive à ***Kancha-Pukhu*** *(plan C2)* avec son grand bassin aux eaux verdâtres. De là, une ruelle pavée rejoint la place Dattatraya.

***Hanuman Ghat*** *(hors plan par C2)* **:** *à 200 m env au sud de la place Dattatraya.* Entre la route et la rivière, au milieu de *chaitya* et autres autels, se dressent les plus gros lingams du Népal qui marquent l'entrée des ghâts. Un coup d'œil sur le pilier le plus à gauche, vous y découvrirez un Shiva nu très en forme ! Franchir l'arche pour entrer dans le cimetière : plusieurs statues représentent Ganesh, un bouddha assis, etc. Au bout, du bord de la rivière, on aperçoit, sur l'autre rive, les autels carrés où ont lieu des crémations. Une atmosphère étrange s'en dégage.

***Ta-Pukhu*** *(plan A2)* **:** *grand bassin à l'ouest de la ville, à gauche de l'hôpital et presque en face de la caserne des pompiers.* Si vous avez le temps, à ne pas manquer. Encore appelé *Siddha Pokhari* en népali, entièrement refait, ce n'était auparavant qu'un cloaque infect. Il était déjà décrit au VII^e s dans les carnets de voyage d'un Chinois. C'est aujourd'hui le lieu de rendez-vous des gymnastes et autres yogis le matin et des amoureux à la tombée du jour. Pour une poignée de roupies, on vous donnera du pain rassis que vous pourrez jeter aux milliers de poissons qui y ont désormais élu domicile. Et puisque nous sommes dans l'animalerie, continuez donc la route jusqu'au *Sallagharigrove,* un petit bois de pins qui abrite une colonie de roussettes (chauve-souris) chassées de Kathmandu. À la tombée de la nuit, lorsqu'elles s'éveillent, le spectacle est impressionnant. Rassurez-vous, elles ne mangent que des fruits.

## DANS LES ENVIRONS DE BHAKTAPUR

À ***Thimi,*** bourgade située entre Bhaktapur et l'aéroport de Kathmandu, la grande fête, c'est la ***fête des Couleurs,*** qui a lieu pendant les festivités du Nouvel An népalais. Le matin, dans la ville basse, les jeunes, bien allumés, s'aspergent de poudre orange (attention, ça part vite et gare aux yeux et aux oreilles !). Ça continue dans la ville haute l'après-midi, où l'on assiste aussi à des séances de piercing sur la langue... La ville possède par ailleurs un intéressant stûpa.

## CHANGU NARAYAN

IND. TÉL. : 01



**À 6 km au nord de Bhaktapur. L'arrivée surprend. Un ensemble médiéval, composé de très anciens et rustiques bâtiments. Même les maisons récentes respectent la cohérence architecturale neware, ce qui confère au cœur du village une fière allure. Il se compose essentiellement d'une longue rue piétonne, qui monte doucement vers le temple principal, soutenu par des jambes de bois. Ce temple éblouit par la richesse de son histoire. Les étalages pour touristes s'alignent tout le long de la voie (négociez ferme).**
– ***Accès au village :*** *350 Rps (valable 1 sem), à acheter au kiosque à l'entrée du village.*

### Arriver – Quitter

➢ ***En taxi :*** la route, qui grimpe depuis Bhaktapur, fait 6 km. Env 30 mn de trajet.
➢ ***En bus :*** bus réguliers depuis Bhaktapur (à prendre à Dekocha, près du temple *Mahakali,* à la limite nord de la ville) ou depuis Kathmandu (ce sont les mêmes bus, départ de *Ratna Park*).
➢ ***À pied :*** la campagne entre Changu Narayan et Bhaktapur est sympa mais, on l'a dit, ça grimpe. Si vous souhaitez marcher, mieux vaut prendre le bus ou le taxi jusqu'à Changu Narayan et redescendre vers Bhaktapur à pied (env 1h30).

### Où dormir ? Où manger ? Où prendre un café ?

Quelques modestes restos dans le village, nichés entre les échoppes de souvenirs qui jalonnent l'unique rue.

#### Bon marché (10-20 $ ; 8,50-17 €)

***Changu Guesthouse :*** *en haut de la rue principale, juste avt le temple, sur la gauche. 98-41-65-21-58. • sarita bhatta@hotmail.com* • Sur 3 niveaux, une adresse toute simple à l'architecture récente mais aux accents vaguement newars. Chambres avec salle de bains sans chichis, au calme. Celles du rez-de-chaussée sont très bon marché. Une autre plus grande un poil plus chère. Basique et fonctionnel.

***Prakash Fast Food and Coffee Shop :*** *dans la rue principale, presque tt en haut, sur la droite.* *Chowmein, fried momo, chopsuey...* Du simple, du familial, à grignoter avec la vue sur la vallée en toile de fond depuis la terrasse à l'arrière.

***Café 4644 :*** *dans la rue principale, dans la partie basse, sur la gauche.* Petit café moderne tenu par des jeunes, avec de jolies tables basses en bois massif sur le trottoir surélevé. Parfait pour un thé ou un café avec un bon muffin maison. D'ailleurs, c'est tout ce qu'ils ont !

## À voir. À faire

**Le temple :** *tt en haut de la rue principale.* Au IVe s av. J.-C., le roi Handatta Burma fit construire 4 temples dédiés à Narayan (un des noms de Vishnu) et ce, aux 4 points cardinaux de la vallée. Le temple de Changu est l'un de ceux-là et, de ce fait, l'un des plus anciens. Il est dit également que l'histoire écrite du Népal commence là, avec la plus ancienne inscription découverte à ce jour, gravée dans la pierre par le roi Manadeva Ier en 464. Le 1er temple fut détruit par les Moghols, le suivant brûla en grande partie au XVIIe s, fut restauré, puis subit de nouveaux dommages lors du tremblement de terre de 1934 et abîmé par celui de 2015. Malgré toutes ces vicissitudes, le lieu conserve de nombreux chefs-d'œuvre du passé, et nulle part ailleurs on ne trouve de vestiges aussi significatifs de la dynastie Licchavi (du Ve au IXe s). À admirer (entre autres), autour du temple : des sculptures en pierre fabuleuses, comme cet étonnant *Vishnu* allongé (sur la gauche du temple en arrivant), le *Vishnu Vaikunthnatha* (assis sur Garuda) du XIIIe s, ou encore cette *statue de la reine Buvana Laksmi* en bronze doré (dans une petite cage en fer forgé sur le devant du temple, c'est à dire à l'arrière en arrivant). Sans oublier les magnifiques panneaux et *toranas* ornant la porte du sanctuaire, dont 2 lions gardent l'entrée, ainsi que des poutres polychromes sculptées. Belle vue sur la vallée.

**Le musée local :** *dans la rue principale, un peu avt le temple, sur la droite (fléché). Tlj 8h-18h. Entrée : env 300 Rps. Visite guidée.* Voici un petit musée privé, certes sans prétention et pas très bon marché, mais abritant un petit inventaire à la Prévert. Au rez-de-chaussée, des pots servant de poids (mesures en *mana*), une balance népalaise, un rouet et ce riz... vieux de plus de deux siècles. À l'étage, une collection de chapeaux, 2 petits morceaux de météorite, des pièces de monnaie de toutes périodes, dont des pièces en argile et une en cuir et la plus petite pièce de monnaie du monde (elle figure dans le *Guinness Book*) ! Également de gros billets de banque datant des rois Tribhuvan et Mahendra. Enfin, au dernier étage, un autel pour les *pujas* (offrandes), un coin cuisine... De la terrasse, beau point de vue sur la vallée.

➢ ***Randonnée :*** possibilité de rejoindre Nagarkot à pied, par un chemin qui part du village et suit la ligne des crêtes. Compter 3-4h de marche dans un paysage superbe.

## NAGARKOT

IND. TÉL. : 01

**À 26 km à l'est de Kathmandu et 13 km de Bhaktapur, par une route de montagne, caillouteuse et en état très moyen. C'est la station d'altitude de la vallée, le seul domaine montagneux (1 900 m) où l'on a une petite chance de voir la chaîne de l'Everest en période de mousson. Mais ne vous faites pas trop d'illusions car si le ciel se dégage, le spectacle ne dure pas longtemps... Bref, il faut se débrouiller pour être là au bon moment. D'octobre à mars, les montagnes sont nettement plus visibles, le meilleur moment pour les observer étant le coucher du soleil (au lever, elles sont à contre-jour). Pas mal d'hébergements là-haut. Ceux situés dans le centre du village sont vraiment les uns sur les autres, réalisés dans une jolie cacophonie architecturale (on ne conseille pas). Si l'on s'éloigne un peu du bourg (à peine 10 mn à pied), on trouve des adresses plus tranquilles et vraiment charmantes, dans des coins plus agréables. Nagarkot en elle-même n'a rien de bien folichon, autant le savoir, mais c'est la nature que l'on recherche ici et des petites randos que l'on vient faire. Et là, c'est top ! Attention, en décembre-janvier, il peut faire très froid à Nagarkot (5 °C de moins que dans la capitale) : se munir de vêtements chauds.**

– ***Accès au village :*** *env 350 Rps.*

## Arriver – Quitter

➢ ***De/vers Bhaktapur :*** minibus env ttes les 30 mn (à partir de 5h), généralement bondés. Retour depuis Nagarkot jusqu'à 17h. Trajet en 1h env. En taxi, compter env 1 800-2 000 Rps.

➢ ***De/vers Kathmandu :*** plus de bus direct, il faut changer à Bhaktapur. Sinon, prendre un taxi. Compter 2 500-3 000 Rps.

➢ ***De/vers Bodhnath :*** bus pour Sankhu, puis un autre pour Nagarkot.

## Adresses utiles

ℹ ***Informations touristiques*** *(Nagarkot Naldum Tourism Development Committee)* **:** *non loin de l'arrêt des bus. ☎ 668-01-92. 📱 98-51-19-26-17 (Caron). Tlj sauf sam 10h-17h.* Demander Caron Dhoju (pas toujours là), il parle bien le français et connaît parfaitement la ville et la vallée. Carte pour les randonnées (gratuites), organisation d'excursions et de randos et même possibilité de parapente. Si Caron est absent, n'hésitez pas à l'appeler sur son portable, il sera toujours dispo pour vous donner des infos.

ℹ ***Informations sur les randos aux environs de Nagarkot :*** • *nagarkotoutdoors.com* • Ce site vous donnera plein d'infos sur Nagarkot et ses environs. Pour une rando guidée de 2h, compter env 30 $ pour un groupe de 6-8 pers max. Pour 4h, env 40 $. La plupart des hébergements organisent sur demande des randos avec guide. C'est une bonne solution car sur certains sentiers il y a peu ou pas d'indications.

■ ***Change et distributeur :*** Century Bank, *env 50 m après l'office de tourisme, sur la droite (dim-jeu 10h-16h, ven 10h-13h).* Change et service de transfert *Western Union.* La plupart des hôtels acceptent la carte de paiement, avec ou sans commission. Cela dit, on vous conseille de changer avant de venir, c'est plus sûr.

## Où dormir ?

La plupart de nos adresses se situent à 10-15 mn à pied de l'arrêt de bus, en allant vers la gauche au carrefour principal. Si vous le souhaitez, on vous réveillera à l'aube pour le lever du soleil sur les montagnes... si le temps est clair. Sinon, on vous laissera faire tranquillement la grasse matinée.
Tous les hôtels font resto, mais rien ne vous empêche d'aller manger ailleurs.

### De très bon marché à bon marché (moins de 20 $ ; 17 €)

🏠 ***Hotel Greenland :*** *à 10 mn de la station de bus. ☎ 668-00-32. 📱 98-41-91-61-10.* Un édifice tout vert, sur 2 étages, offrant des chambres avec vue partielle sur les montagnes, auxquelles on accède par un étroit escalier métallique extérieur. Elles sont spacieuses, lumineuses et confortables, simples mais vraiment très correctes, avec salle de bains propre. Grande terrasse avec vue. Fait aussi resto.

🏠 ***Hotel Cirrus :*** *à 10 mn de la station de bus. ☎ 668-00-03. 📱 98-60-51-71-81.* Chambres impeccables, pas bien grandes mais propres (salle de bains notamment), avec grandes fenêtres laissant entrer la lumière. Plus on monte dans les étages, plus le prix grimpe (tout en restant fort raisonnable). Une bonne adresse fonctionnelle à défaut d'être charmante. La moitié avec balcon et 3 avec vue sur les montagnes.

🏠 ***Sherpa Alpine Cottage :*** *un peu avt le Fort Resort, à la fourche. ☎ 668-00-15. 📱 98-41-26-52-31.* • *sherpacottage@gmail.com* • Un minuscule lieu, familial et attachant, bien que vraiment limite sur le plan du confort et de l'hygiène, autant le savoir. Des quelques cabanes en bois, bricolées et agrippées à la colline, on retiendra les nos 4 et 5, cette dernière avec toute petite terrasse (les demander en priorité). Le dortoir, rudimentaire, est très bon marché (5 petites places avec matelas mousse posés au sol), situé au-dessus de la réception, sous le toit. Plus basique tu meurs ! Conviendra seulement aux randonneurs de passage et vraiment désargentés (sanitaires communs, de la plus simple expression). Resto tout mimi, sur la terrasse extérieure. Bon accueil de Tshering.

## De prix moyens à chic (20-80 $ ; 17-67 €)

**Farm House :** *sur la piste sinueuse de Sakhu, à 3 km de l'arrêt de bus, après le Country Villa Hotel. ☎ 620-20-22 ou 691-24-63. 98-41-43-73-98. Résa à Kathmandu à l'hôtel Vajra : ☎ (01) 427-15-45. • nagarkotfarm house.com • Compter env 50-65 $ pour 2 pers en ½ pens (obligatoire).* Notre adresse préférée pour se mettre au vert, à l'écart du village. D'abord l'environnement, de toute beauté. On est ici bien isolé de tout, perché sur un promontoire agrémenté d'un beau jardin. On peut assister au lever comme au coucher du soleil. Les chambres sont de belle taille et chaleureusement décorées, équipées de couettes épaisses, salle de bains, poêle et grand balcon avec transats pour admirer la vue. On se sent vraiment bien ici. La salle à manger, avec sa cheminée et son coin salon, rappelle les refuges de haute montagne, avec leur atmosphère conviviale. Produits issus du potager et du verger cultivés par Rudra. Pavillon de lecture et de méditation. Petit stûpa. Organise des excursions dans les villages voisins et des treks dans les environs.

**Hotel at the End of the Universe :** *non loin du Mahankal Temple et du Fort Resort. ☎ 668-01-09 ou 668-00-11. • endoftheuniverse.com.np • Prix modérés à chic.* Un petit complexe hôtelier perché sur les hauteurs, dans un site tranquille et charmant. Plusieurs types d'hébergements : des minuscules huttes (très basses de plafond), avec un simple matelas au sol et une ampoule. Prix écrasés. Pour les petits groupes, une sorte de structure en plastique en forme d'igloo pouvant accueillir 8 personnes (matelas au sol). Puis des chambres doubles, dont quelques-unes à prix modérés, avec salle de bains, mais aux murs parfois bien humides. L'ensemble est globalement agréable. Ambiance jeune et cool, y compris au resto-bar (voir plus bas « Où manger ? »). Une adresse qui donne envie de poser son sac quelques jours...

**Everest Manla Resort :** *à 3 km du village en partant vers la droite au carrefour principal, en direction de la tour d'observation. ☎ 668-01-08. 98-51-19-26-17. • everestmanla.com • Prix moyens, fourchette basse. Possibilité de ½ pens à prix intéressant.* C'est le logement le plus élevé du secteur (2 030 m), invisible de la route puisqu'il faut descendre un escalier abrupt (ne pas se charger de lourds bagages) pour se retrouver accroché à la montagne, du côté où le soleil se lève. Rien de luxueux, c'est même plutôt basique, mais les chambres avec leur look de chalet sont propres et tranquilles. Toutes avec salle de bains (eau chaude) et balcon donnant sur les montagnes au-delà de la vallée. Vue incroyable par temps clair. Bons repas sur demande. Les alentours sont assez négligés en revanche. Une adresse pour les amateurs de calme et de simplicité.

**Stupa Resort :** *à 5 mn de la station de bus. ☎ 668-01-99. 98-01-21-73-25. Prix moyens, ttes les chambres au même prix.* Un joli ensemble plutôt harmonieux pour une fois, couleur crème et sur 3 niveaux. Chambres vraiment bien tenues (salles de bains impeccables), avec larges baies vitrées, ce qui les rend lumineuses. Sur le devant, carré de pelouse soigné, équipé de quelques tables et qui offre une chouette vue sur la vallée.

**Resort Eco-Home Nagarkot :** *en face du New Dragon et proche du Sherpa Alpine Cottage. ☎ 668-01-80. • hotelecohome.com • Prix moyens, fourchette basse. CB refusées.* Dans une grosse et longue bâtisse jaune, des chambres plutôt correctes et colorées, drapeaux de prière sur les murs, salle de bains sans histoire et petit balcon. Feu de cheminée le soir. Pas vraiment de vue, en revanche. L'endroit est tenu par Semanta, un Népalais facétieux, et Anita, une Allemande accueillante (pas toujours là), tous 2 impliqués dans des actions et œuvres humanitaires (vous pouvez notamment, par eux, financer la scolarisation d'un enfant).

### Très chic (plus de 120 $ ; 100 €)

**Country Villa Hotel :** *au début de la route de Sankhu. ☎ 668-01-28. Résa à Kathmandu : ☎ (01) 400-66-12. • hotelcountryvilla.com • Doubles env 105-145 $ selon confort (taxes incluses). Prix spéciaux sur leur site, ou essayer de négocier... CB acceptées (sans com).* 3 grands bâtiments merveilleusement situés à flanc de montagne pour jouir pleinement du paysage. Chambres pas bien grandes mais vraiment confortables et pleines de charme, à un tarif tout de même très élevé ! Les suites sont plus chères, mais toutes ont un balcon avec vue saisissante sur la vallée. C'est bien sûr l'attrait principal du lieu, notamment au lever du soleil. À noter encore les parties communes, vraiment soignées et décorées avec goût. Plusieurs terrasses permettent d'admirer les montagnes au loin. Sinon, resto très recommandable, présentant une carte alléchante et un super buffet le soir (voir « Où manger ? »). Personnel charmant. Peut fournir des guides sur demande pour les randos. Petit bar douillet avec de grandes baies vitrées pour profiter de la vue, bien au chaud. Bref, le grand luxe.

## Où manger ?

### De bon marché à chic (de 300 à plus de 600 Rps ; de 2,75 à plus de 5,50 €)

Au carrefour principal, quelques gargotes et restos pas trop chers, vraiment très simple, qui propose un honnête *dal bhat,* végétarien ou non, plus des plats de nouilles ou de riz, currys, *chowmein, wai wai...*

**Resto de l'Hotel at the End of the Universe :** *voir « Où dormir ? ». Prix moyens.* Un petit resto cosy, en demi-cercle, avec beaucoup de bois, mezzanine et coin salon avec un gros poêle, de larges baies vitrées et une terrasse donnant sur les 2 vallées. Un endroit chaleureux pour goûter au *nepali thali* ou au *chicken biryani,* avec des noix de cajou, coco et raisins secs, excellents. Plats continentaux aussi. Musique live de temps à autre. Décidément, il y a une bonne ambiance à l'autre bout de l'univers !

**Resto du Resort Eco-Home :** *voir « Où dormir ? ». Dans l'idéal, commander 1h à l'avance. De prix moyens à chic.* On vous conseille l'hôtel, mais rien ne vous empêche, si vous dormez ailleurs, de venir manger ici. Salle tout en longueur, agréable, avec feu de cheminée et cuisine ouverte. 2 menus, un népalais et un continental, plus la carte. Plats soignés et copieux. Bar accueillant. Un bien bon souvenir !

### Plus chic à beaucoup plus chic (plus de 1 000 Rps ; 8,50 €)

**Restaurant du Country Villa Hotel :** *au début de la route de Sankhu. ☎ 668-01-28. Plats à partir de 500 Rps, buffet à volonté env 1 600 Rps (plus taxes et service) proposé quasi ts les soirs. CB acceptées (sans com).* Ce bel hôtel accueille aussi les non-résidents qui viennent profiter du superbe buffet, soit dans la salle chaleureuse équipée de longues tables de bois, soit sur la généreuse terrasse avec panorama sur les montagnes. On conseille d'y aller en fin d'après-midi pour l'apéro et pour la vue, et poursuivre par le dîner avec son buffet. Si vous n'êtes pas en fond, la carte propose quelques plats tout simples et à prix doux.

## DANS LES ENVIRONS DE NAGARKOT

**La tour d'observation :** *à 4 km au sud, tt le monde connaît. Du parking, 2 mn de marche par des escaliers. GRATUIT.* Pour une vue à 360° sur tous les sommets de 7 000 à 8 000 m, quand les nuages ne les cachent pas. Sur la plateforme, une vilaine tour d'observation métallique à laquelle on accède par une échelle plutôt hasardeuse. Un paysage panoramique grandiose. Si les montagnes sont belles, non d'un *momo* que le site est mal entretenu !

➢ Plein de **balades** à pied que vos hébergements pourront vous indiquer. Certains pourront vous proposer un guide pour vous accompagner. On peut aussi faire appel à Caron (voir « Adresses utiles, Informations touristiques ») pour plus d'infos ou visiter l'excellent site • *nagarkotoutdoors.com* • En voici quelques-unes parmi d'autres, à entreprendre avec un guide, sauf la *Nature Eco Walk,* faisable seul. Renseignez-vous auprès de votre hébergement ou du kiosque d'infos touristiques.

**Nature Eco Walk :** un petit trek facile à 1 900 m d'altitude. 5 km en boucle en moins de 2h, à travers les forêts de pins pour observer et écouter les oiseaux. Départ de Nagarkot, à proximité de Mahankal School.

**Le temple de Changu Narayan :** 4h de marche à 1 500 m. En redescendant dans la vallée, on longe la ligne de crêtes, on traverse les villages tamang et la forêt jusqu'au temple. Guide conseillé.

**Panoramic Trail :** compter 2-3h, dont la 1re partie est commune au *Nature Eco Walk,* puis on poursuit par le *Panoramic Trail,* sans difficulté.

**Dhulikhel :** une grande balade de 18 km, entre 2 200 et 2 500 m. Guide conseillé. Compter 5h30-6h avec de magnifiques vues sur les montagnes et une incursion dans la culture tamang, communauté d'origine tibétaine. Départ à proximité du camp militaire.



## PANAUTI

IND. TÉL. : 011

**Situé à 19 km au sud-est de Bhaktapur. Comment expliquer la présence, dans ce petit village perdu, d'un tel ensemble religieux ? Tout simplement parce qu'il y eut un royaume de Panauti... et que les souverains d'alors ne manquaient pas de goût. Si la ville en elle-même n'a guère d'intérêt, elle abrite en son cœur une remarquable rue piétonne, bordée de maisons traditionnelles, aboutissant au temple. Et c'est magnifique.**

### Arriver – Quitter

➢ ***De/vers Kathmandu :*** bus locaux (plutôt lents et bondés donc) depuis *Ratna Park* à Kathmandu. Sinon, des bus relient sans arrêt Banepa à Panauti.

➢ ***De/vers Dhulikhel :*** changer à Banepa.

### Où dormir ?

L'hébergement est assez médiocre.

**Hotel Panauti :** *à 2 pas de la belle rue principale du village et à env 200 m de la station de bus.* ☎ *44-00-55.* 📱 *98-41-41-65-48.* • *hotelpanauti.com* • *Env 600-1 500 Rps la double, sans ou avec sdb.* Chambres convenables dans un édifice de brique en L.

Très correct pour une nuit. Fait aussi resto, plutôt bon au demeurant.

**Ananda Café and Guest House :** *juste un peu à droite du temple Indreshwar Mahadev. 98-42-44-12-54.* Chambres simplissimes à l'étage d'une humble demeure. On est ici chez l'habitant et on dort comme à la maison.

Dans la rue principale piétonne, également la **Aghaa Cheh Guesthouse** (*98-23-74-88-07*), côté gauche quand on arrive. Là encore, un hébergement simple chez l'habitant.

## À voir

**Le temple à trois toits de l'Indreshwar Mahadev :** *de la place principale, suivre la petite rivière Punyamati le long de la pittoresque rue principale piétonne. Entrée : 300 Rps (pas toujours quelqu'un).* Avant d'arriver au temple, on longe la belle rue piétonne, très tranquille et bordée de jolies maisons newares, simples et élégantes tout à la fois. Rien d'ostentatoire, c'est ce qui les rend charmantes. Le temple lui-même est consacré à Shiva (on aperçoit en effet les lingams entourant le temple et le Nandi, le taureau qui lui sert de véhicule), date du XVe s. C'est probablement aujourd'hui le plus ancien du pays dans son état originel et dans le plus pur style népalais qu'on puisse imaginer. 8 lions lui assurent une garde vigilante. Les étais, en bois brut finement sculpté, présentent tous les dieux et déesses du *Mahabharata.* Admirer la *stèle de Surya narayan* (qui fait face à l'entrée du temple) sur son attelage sacré. D'autres édifices autour, pas moins intéressants. Le temple est en attente d'être inscrit sur la liste du Patrimoine mondial de l'Unesco... Toujours dans la même cour, sur la droite, observer le **Unmatta Bhairav temple,** qui se distingue par ses 3 divinités en bois polychromes situées dans des niches.

**Le temple de Brahmayani :** *de l'autre côté de la rivière, seul au pied de sa colline. Aller tt au bout de la rue piétonne et prendre le pont suspendu sur la gauche qui traverse la rivière. Puis à droite. Le temple est à 50 m.* Petit temple isolé, mignon comme tout, sur 3 niveaux et datant du XVIIe s. Très cher au cœur des habitants de Panauti. Après l'avoir restauré en 1981 suite à une consultation de la population, l'équipe française du CNRS a également entrepris des travaux destinés à améliorer la vie quotidienne des habitants (canalisations, réfection des rues, don de 4 000 t de blé par an et construction d'écoles). Ce temple étant assez bas, on peut observer facilement le travail des poutres (corbeaux).

Le temple de Brahmayani appartient au quartier de **Triveni Ghat,** qui en compte au total une vingtaine *(entrée : env 300 Rps).* La beauté du paysage rivalise avec la finesse des temples. C'est un important lieu de pèlerinage hindou, la **Panauti Mela,** qui rassemble tous les 12 ans plusieurs centaines de milliers de personnes (le prochain est pour 2022 !). D'autres temples au sommet de la colline. Autre fête importante : le **Jya Punhi,** qui ne dure qu'un jour, au moment de la pleine lune du mois d'août.

## LA BALADE DU NAMO BUDDHA

Voici, au départ de Panauti, une superbe balade tout à fait réalisable dans la journée et sans difficulté majeure. Noter que l'itinéraire peut se poursuivre du Namo Buddha vers Dhulikhel, moins intéressant toutefois. De Panauti au Namo Buddha, compter environ 2-3h de marche aller simple, à un rythme paisible. Du Namo Buddha à Dulhikel, 3-4h de marche.

### ➢ *De Panauti au Namo Buddha*

Traverser la rivière par le pont suspendu, longer le cours d'eau jusqu'au *temple de Brahmayani.* Suivre quelque temps la route, puis, en contrebas, une grande cuvette couverte de rizières. Un petit chemin en moraine, très étroit, passe au milieu. Au fond, sur une colline, on entraperçoit déjà le Namo Buddha. Après la rizière, une fourche. Prendre à droite, vers l'unique village au fond des collines. Juste après cette bourgade, la piste se met à grimper. À un embranchement bien distinct, prendre à gauche. Au milieu d'un nouveau hameau, prendre à droite (faire confirmer par un paysan que c'est bien la route du Namo Buddha !). Itinéraire un moment assez ardu à travers les champs de maïs, avant d'aborder une voie plus large, moins abrupte, qui aboutit à un hameau offrant un somptueux panorama sur la vallée.

– *Variante pour les plus fatigués :* il est possible de prendre un bus jusqu'à Patisone, terminus au pied de la montagne. Reste à grimper en une petite heure la pente douce conduisant au stûpa.

Le Namo Buddha est un beau stûpa dans les dégradés de jaune, avec son collier de moulins à prières.

Face à la vallée, emprunter un petit raidillon qui part à gauche du stûpa. Après la montée, on parvient au ***monastère bouddhique*** où les moines font retraite (ne pas oublier de contourner par la gauche ni de se déchausser pour pénétrer dans le monastère). À voir également, les offrandes de biscuits secs et de briques de jus de fruits !

### L'OFFRANDE DE BOUDDHA

*Arrivé au petit monastère au-dessus du stûpa, un bas-relief raconte la légende dont ce lieu a tiré son nom. Le Bouddha avait appris qu'une tigresse avait été tuée par un chasseur au sommet de la colline. Il s'y rendit et y trouva 4 petits tigres gémissants et affamés. Il ressentit tant de compassion pour eux qu'il prit lui-même la forme d'une tigresse et mit son propre corps en pièces, offrant ses entrailles aux petits !*

S'il y a de la place, possibilité pour ceux qui sont intéressés par le bouddhisme d'être hébergés au ***monastère*** (renseignements au bureau d'accueil, au-dessus du parking). Selon la saison, on peut aussi y aller en voiture (route défoncée durant la saison des pluies). Chambres bon marché, en demi-pension. Autre option, la ***Monk's Hostel*** *(98-08-78-60-43),* construite à flanc de montagne (du parking, suivre le panneau jusqu'au grand portail noir, entrer malgré le panneau d'interdiction ; accueil dans le grand bâtiment vitré). Des chambres avec vue sur la vallée, en demi-pension ou pension complète au confort monacal, mais vastes et lumineuses. Très bien tenu.

***Namo Buddha Resort :*** *à **Kanodada,** à 1,5 km au nord de Namo Buddha (très facile à pied, à travers bois, sinon par la route en voiture). ☎ 691-22-12. 98-51-10-68-02. • namobuddharesort.com • Résa préférable. Env 120-150 € en ½ pens pour 2. Également un large cottage à louer pour 6 pers, env 165 €, sans repas. Repas complet (café compris) possible pour les non-résidents (sur résa seulement) : 10 €. CB + 3,5 %.* Situation exceptionnelle, à 1 800 m d'altitude, d'où l'on voit, par temps clair, l'Himalaya. Tenus par Ingrid, une Allemande, une douzaine de chalets de construction traditionnelle (en pierre, boue et ardoise), adorable et au charme rustique, pouvant héberger de 2 à 6 personnes. Certains cottages, les *small,* sont équipés de toilettes, mais la douche est dans un espace commun (absolument impeccable !), les cottages *medium* possèdent des sanitaires privés complets. Sauna possible (payant). Les excellents repas, comme les petits déj, sont concoctés avec les produits bio de la ferme (sur place) et servis dans la grande pièce commune chaleureuse ou en terrasse. Tout le personnel, adorable, vient des villages alentour. Une ambiance paisible et vraiment extra, idéale pour se ressourcer ! Le soir, après une rando, sur la terrasse, on se sent bien, tout simplement.

À Namo Buddha, autour du stûpa, possibilité de se restaurer dans ***plusieurs échoppes*** rudimentaires qui servent du thé et des boissons fraîches. Sinon, dans l'unique ***restaurant*** où se nourrissent les moines, devant le parking.

➢ ***Du Namo Buddha à Dhulikhel***

Passé le monastère, on aperçoit une ligne de crêtes. Se fixer l'unique hameau et la route de terre au loin comme point de mire. Arrivé sur la route, la suivre à gauche tout du long. Elle mène directement à Dhulikhel, niché dans une vallée sereine. Cependant, la route est longue et peu attrayante. Du Namo Buddha, possibilité de redescendre en bus. Liaisons régulières pour Dhulikhel et Kathmamdu.

## DANS LES ENVIRONS DU NAMO BUDDHA

### *Rando vers le village de Magarsalu*

Hors des sentiers battus, à 4h de route de Kathmandu, en direction du Solu. Cette rando s'effectue dans le cadre de l'association Samdo (voir « Avant le départ », « Associations humanitaires » dans « Népal Utile » en début de guide). Pas de téléphone, réservation impérative par mail • *samdoproject@gmail.com* • On s'y rend soit en bus local puis marche de 3h, soit en jeep privée, puis marche de 1h. Il est aussi possible d'associer cette visite avec un séjour au monastère de Namo Buddha (voir ci-dessus), ou avant un trek dans la région sherpa du Solu.
Ce village *tamang* accueille des touristes chez l'habitant. Au programme, participation à la vie paysanne, cueillette, plantation, préparation du repas puis repas en famille ou simplement balade dans les villages. Une belle occasion de vivre au rythme de ce village bouddhiste.



## DHULIKHEL

IND. TÉL. : 011

**Autre bourgade réputée pour son point de vue sur l'Himalaya. Située à 43 km de Kathmandu, sur la route chinoise qui traverse de beaux paysages de rizières (c'est-à-dire la route qui mène au Tibet, construite par les Chinois, mais aujourd'hui bien endommagée par les séismes de 2015). Ici, c'est surtout les montagnes situées à l'ouest de la chaîne de l'Everest (Gauri Sankar, Langtang...) que l'on peut apercevoir. La ville moderne ne présente aucun intérêt, traversée par la route super passante qui se dirige vers la frontière chinoise. La partie ancienne du village, sans être désagréable, ne dégage pas de charme particulier. C'est pourquoi il ne faut pas hésiter à s'éloigner un peu pour profiter de la nature et surtout de la vue exceptionnelle ! On vient ici pour la partie campagnarde de la ville, du côté de Kavre et Bhattidanda, à 30 mn à pied de l'arrêt de bus. Les rares « restos » ferment tôt et toute forme de vie disparaît après 20h30-21h. Emporter un bon bouquin !**

### Arriver – Quitter

➢ ***De/vers Bhaktapur et Kathmandu :*** bus locaux très fréquents partant, à Kathmandu, de *Ratna Park* et passant par Bhaktapur (le long de la route qui longe la ville par le sud). Env 1h30 de trajet entre Kathmandu et Dhulikhel.

➢ ***De/vers Namo Buddha :*** intéressant surtout à pied (voir plus haut « La balade du Namo Buddha ») mais il est possible aussi, quand la route est carrossable, d'y aller en bus local ou en 4x4.

## Où dormir ? Où manger ?

### De très bon marché à bon marché (moins de 20 $ ; 17 €)

🏠 🍽 ***Tashidelek Guestlodge :*** *à* ***Bhattidanda-Kavre,*** *à 30 mn à pied de la station de bus, sur la route de Namo Buddha, à env 1,5 km de Dhulikhel. ☎ 49-06-81. 📱 98-41-31-06-04. • tashidelek.com.np • ½ pens possible.* Un petit coup de cœur pour cette adresse du bout du monde. Accueil chaleureux de Prem et sa petite famille. Dans leur maison en dur, avec jardinet, un dortoir de 4 lits et une poignée de chambres. Belle vue et environnement campagnard. Dommage que le *rooftop* ne soit pas aménagé. Une adresse pour routards et randonneurs. Petit déj avec pain tibétain, omelette et patates sautées, et bons repas. Prem, qui est aussi guide, vous conseillera avec enthousiasme sur les balades à faire.

🏠 🍽 ***Hotel Haweli :*** *après le village, à 1 km du centre, sur la route de* ***Bhattidanda-Kavre.*** *📱 98-49-00-11-16. • hotelhaweli2019@gmail.com •* Des chambres sur 2 étages dans un petit hôtel de brique, gentillet et à bon prix. Toutes avec salle de bains, simples et propres. Équipement minimum mais l'ensemble est très correct. Vue sur les montagnes depuis 4 chambres ou depuis le *rooftop,* mais pas aménagé. Le patron, Kumar, parle bien l'anglais.

🏠 🍽 ***Innate Pension :*** *Kavrepalanchowk, 1. ☎ 49-04-00. 📱 98-41-27-92-82. • innatepension.com • Passer la poste et la police, c'est une maison rouge sur la droite, légèrement en hauteur.* L'enjoué et chaleureux Uttam a fondé une école dans le village reculé de Saping, puis a ouvert cette pension pour en faire un support financier. En logeant ici, on aide le village. Quelques chambres doubles avec salle de bains privée et 1 dortoir de 3 lits avec salle de bains commune. Ensemble vraiment basique mais pas cher, c'est son atout principal. Cuisine à dispo.

🏠 🍽 ***Art Gallery in Nawaranga*** *(ou* ***New Nawaranga Guesthouse)*** ***:*** *dans le « vieux village », si l'on peut l'appeler ainsi. ☎ 49-02-26. Très bon marché.* Coincé entre 2 constructions, cette petite adresse accueille les routards du monde entier depuis plusieurs décennies. Certes il n'y a pas de vue et l'endroit est un peu en perte de vitesse, mais il dépannera les plus désargentés. Très *roots* et hyper simple. Un dortoir et une petite dizaine de chambres, basiques et sombres, avec sanitaires communs pour la plupart (toilettes à la turque). Lits durs. Pas d'une propreté étincelante, mais c'est une des dernières adresses « historiques » du secteur. D'autres piaules un poil mieux, avec salle de bains privée (eau chaude). On se retrouve dans la sympathique cuisine-resto-salle d'expo, pour le moins croquignolette, avec ses murs couverts de dessins et de peintures. Purna, le proprio, est un personnage.



## DANS LES ENVIRONS DE DHULIKHEL

👁👁 ***Balade à pied dans les environs :*** des guides locaux peuvent vous guider dans les alentours. Se renseigner auprès de votre hébergement. On peut aussi contacter Prem, de la *Tashidelek Guestlodge,* qui parle bien l'anglais et pourra vous guider.

👁👁 ***Le temple de Chandeswori :*** *à* ***Banepa,*** *ville reconstruite après le terrible incendie de 1962 et, malheureusement, sans intérêt. Pour le temple, compter env 10 mn de marche depuis la grande route qui traverse Banepa. En taxi depuis Dhulikhel, compter 500 Rps.*

En surplomb de la rivière, un temple superbe à 3 toits, au cœur d'une pittoresque cour ceinte d'édifices de brique. Les poutres sculptées (ou « corbeaux ») sont d'une finesse extraordinaire, bien que maculés par les fientes de pigeons. À droite du temple, une fresque représente le dieu Bhairava, avatar maléfique de Shiva. Noter les hauts piliers devant le temple portant des lions et paons en bronze doré. En sortant du temple, prendre à droite, contourner la maison et traverser la rivière (un peu cracra). On découvre alors la sculpture impressionnante, d'un ***Vishnu couché*** au bord de l'eau, sculptée dans la roche, sur un lit de serpents, les ornements habituels de la divinité.

# À L'OUEST DE KATHMANDU

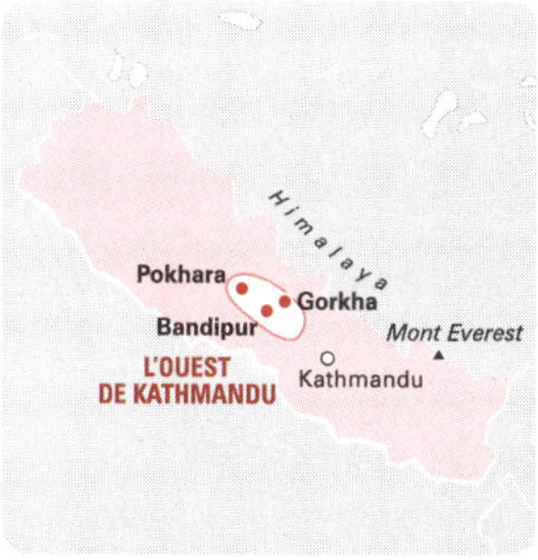


La route qui traverse sur 200 km le plateau de Kathmandu à Pokhara connaît un trafic dense, chaotique et parfois éprouvant (à éviter en période de mousson). Heureusement, on peut éventuellement faire halte à Gorkha (un peu à l'écart tout de même !), mais surtout à l'adorable Bandipur, véritable petit havre de paix sur le trajet, offrant une histoire et une architecture remarquables, ainsi qu'un panorama sur les grandioses sommets.
Au bout du périple (et au commencement parfois d'un autre), Pokhara, moderne, sportive, mais aussi tellement plus calme que Kathmandu, s'est développée dans sa partie (archi) touristique au bord du lac Fewa, lui conférant presque une petite allure de station balnéaire. C'est le point de départ de plusieurs treks, dont celui, légendaire entre tous, du *tour des Annapurna,* et une excellente base pour la pratique de nombreuses activités annexes (du kayak au VTT en passant par le raft et le parapente). Bref, un passage (quasi) obligé au Népal.

## GORKHA

IND. TÉL. : 064

À mi-chemin entre Kathmandu et Pokhara, à une petite vingtaine de kilomètres de la route principale (il faut alors prendre un autre bus), ce gros village niché à 1 140 m d'altitude, au pied du massif du Manaslu (8 163 m), fut la capitale d'un petit royaume édifié au XVI$^{e}$ s par la tribu des Gorkhas, alors commandée par Dravya Shah. C'est ici, du haut de la forteresse, que son descendant, le maharadja Prithivi Narayan Shah, créa au XVIII$^{e}$ s la célèbre et redoutable armée gorkha. En 1769, après avoir soumis et unifié les petits États indépendants des confins de l'Himalaya, il fonda le Népal moderne, dont il devint le premier roi, installant alors son palais à Kathmandu. Durant le conflit anglo-népalais de 1814-1815, ses soldats menèrent la vie dure aux tuniques rouges. Après le traité de paix qui mit fin aux hostilités, ils devinrent des mercenaires très appréciés pour le compte de la Compagnie des Indes.

### LES MEILLEURS SOLDATS DU MONDE

*Au service de la couronne britannique depuis plus de 2 siècles et sur tous les théâtres d'opérations, les Gorkhas sont considérés parmi les meilleurs soldats au monde. Ce corps d'élite est composé de Népalais dont la fidélité est sans faille. Le* khukuri *(couteau recourbé) est leur signe distinctif.*

**Gorkha a beaucoup souffert des séismes de 2015. L'épicentre du premier tremblement de terre se trouvant à proximité, une bonne partie de l'ancien *Gorkha Durbar* s'est écroulée, ce qui peut limiter l'intérêt du détour.**

## Arriver – Quitter

***Station de bus :*** *sur la place juste au-dessous du vieux village, au niveau du minuscule rond-point.*

➢ ***Kathmandu*** *(156 km)* **:** de la capitale, les bus partent de la *Central Bus Station* (demander « Gangabu » au taxi). Départs tôt le mat, mais venir en avance pour trouver le bon bus ! De Gorkha, nombreux bus et minibus quotidiens vers Kathmandu. Départs 6h30-15h (rarement après). Env 6h de trajet avec un bus local et 5h avec les *tourist bus.*

➢ ***Pokhara*** *(125 km)* **:** départ à l'aube aussi. Env 3-4h de trajet. De Gorkha, quelques bus le mat seulement. Se renseigner sur place.

## Adresse utile

***Tourit Information Centre :*** *pile au-dessus de la station de bus et du petit rond-point. ☎ 42-15-92. • gorkhavisit.com • Tlj en principe. Dans les faits il est assez peu ouvert.*

## Où dormir ? Où manger ?

À la descente du bus, ne vous laissez pas embobiner par les rabatteurs. Sachez que les petites *guesthouses* du village ne sont vraiment pas folichonnes. Mais en voici une qui sort du lot :

### De bon marché à prix moyens (10-25 $ ; 8,50-21 €)

***Hotel Gorkha Bisauni :*** *Gorkha Bazar. ☎ 42-01-07. 98-51-01-08-57. • hotelgorkhabisauni.com • À l'entrée de la ville moderne, sur la droite en montant.* Fort bien situé en surplomb de la route et de la vallée verdoyante, un hôtel sans charme particulier, mais globalement très correct et assez propre. Chambres sans ou avec salle de bains privée (elles coûtent du simple au double). Literie dure, et humidité possible (selon la saison) aux étages inférieurs. Bien mieux, les chambres à l'étage, plus chères, lumineuses et avec vue. Eau chaude. Terrasse pour profiter du coucher du soleil. Personnel aimable. Correct pour 1 ou 2 nuits. Resto dans le jardin proposant une cuisine népalaise et internationale de bon aloi.

# À voir. À faire

***Gorkha Museum – Tallo Durbar Palace :*** *dans le village, au-dessus de la station de bus. ☎ 42-01-45. Tlj sauf mar et j. fériés 10h30-16h30 (15h30 nov-janv). Le lun jusqu'à 14h30. Entrée : 100 Rps. Droit photo et vidéo : 200-500 Rps.* Superbe palais en brique de style newar, endommagé lors des séismes de 2015 mais bien restauré. Il fut construit à la fin du XIXe s pour un prince héritier en exil... Les fenêtres en bois sculpté autour de la cour centrale sont de purs joyaux. À l'étage, on trouve le petit musée consacré à cette dynastie qui fonda la ville et le Népal moderne : portraits, peintures de scènes historiques et guerrières, objets usuels en cuivre, armes (dont les fameux *khukuri* des guerriers gorkhas), canons, fusils, pistolets, sabres, trône royal, documents anciens, instruments de musique (dont une flûte creusée dans un tibia humain), numismatique. Belle vue sur la vallée.

⚲ ⪡ ***Gorkha Durbar :*** *au-dessus du vieux village, au sommet d'une colline. Compter 1h de dure grimpette depuis le vieux village ou prendre un taxi (env 800 Rps avec temps d'attente). À l'arrivée, encore une petite volée de marches pour atteindre le Durbar. Ouv en théorie tlj sauf sam 10h-17h. Accès GRATUIT (jusqu'à présent). Attention : cuir interdit (chaussures, ceinture, blouson). Notez que le temple de Kali n'est accessible qu'aux hindouistes.* Forteresse Shah du XVIe s, stratégiquement construite sur une colline fortifiée, on y jouit d'une vue imprenable sur les sommets enneigés du massif du Manaslu. Des différents petits temples et du Royal Palace, il ne reste pas grand-chose après le passage du séisme de 2015. Il subsiste toutefois une partie du *Chaughera Durbar,* et surtout, tout en haut, le *Temple de Kali,* avec ses toits pyramidaux en encorbellement et ses fenêtres sculptées dans le plus pur style newar. Sur le 1er temple, on peut observer quelques scènes érotiques taillées dans le bois des solives. Au-dessus, le temple dédié à la déesse Kali, dont on dit qu'on risque de mourir si l'on contemple sa terrible effigie. À la date de la demi-lune *(astami),* de nombreux sacrifices y sont effectués l'après-midi. Des pèlerins apportent leurs offrandes sous forme de chèvre, de poulet, et même de buffle. La forteresse est alors inondée d'une mare de sang. Âmes sensibles s'abstenir !

⚲ Petite ***balade*** sympathique à faire à pied : depuis Gorkha Durbar, marchez en longeant la crête vers ***Tallokot*** (30 mn), un village plus à l'est qui comporte 2 anciens fortins. En chemin, vous passez devant la statue du roi Ramsha. Continuez et, à partir de Tallokot, redescendez par les villages en contrebas. Au passage d'une maison de retraite d'anciens soldats gorkhas, n'hésitez pas à vous arrêter : ils seront ravis de vous accueillir pour discuter.



## DANS LES ENVIRONS DE GORKHA

⚲⚲ ⪡ ***Le temple de Manakamana :*** *env 12 km au sud de Gorkha, sur la route de Kathmandu ; côté gauche après Mugling. ☎ (01) 443-46-90. • chitawoncoe.com.np/manakamana • Tlj 9h-12h, 13h30-17h. Billet téléphérique : 11 $ aller simple ; 20 $ l'A/R ; réduc.* Perché à 1 302 m, c'est un joli petit temple hindou à 2 toits, construit au XVIIe s en brique et bois sculpté, et ceinturé de cloches. L'endroit est un haut lieu de pèlerinage. Pour y accéder, il existe un sentier de 12 km mais, depuis 1998, c'est une étonnante télécabine construite par des Autrichiens qui permet de rallier le temple en une dizaine de minutes. Panorama impressionnant ; mais à éviter en période de vacances scolaires et le samedi si vous ne souhaitez pas attendre 2h minimum. Restos au point de départ.

# BANDIPUR

IND. TÉL. : 065

**Charmant et adorable vieux village typiquement newar, à 145 km à l'ouest de Kathmandu, sur la route de Pokhara. Il est juché à 1 030 m sur une montagne à la végétation luxuriante. Bandipur se résume en une longue et unique rue piétonne, au bord de laquelle on peut admirer la remarquable architecture préservée des temples-pagodes et des maisons traditionnelles aux fines boiseries sculptées.**
**L'ensemble est somme toute assez simple, mais il s'en dégage un charme indicible. Pas une voiture à l'horizon, juste les cris des gamins qui jouent dans la rue sous le regard bienveillant des anciens. Et tout le long, de chouettes petites adresses pour dormir. Un parfum rural et une atmosphère paisible qui fait de Bandipur une halte vivement conseillée pour une nuit sur la route de Pokhara.**

## UN PEU D'HISTOIRE

Au XVIIIe s, fuyant la conquête gorkha, quelques familles de riches commerçants de Bhaktapur s'établissent ici. Bandipur devient en quelques années le point de passage incontournable entre l'Inde et le Tibet. Avec la taxation des marchandises, la cité prospère et s'embellit. Mais après 1950, avec la construction de la route entre Kathmandu et Pokhara, Bandipur perd de son importance. Les descendants des 1ers commerçants préfèrent rejoindre leur village d'origine...

## Arriver – Quitter

➢ ***En bus :*** tous les bus (excepté ceux de la compagnie *Greenline*) s'arrêtent, sur la route Kathmandu-Pokhara, à *Dumre Bazar,* d'où l'on peut rejoindre le village, à 8 km, en reprenant un bus qui y grimpe (liaisons ttes les 30 mn env). On y emprunte l'ancienne route des échanges indo-tibétains. Rizières en terrasses, forêt peuplée d'oiseaux, sources... Des minibus et jeeps y montent aussi. Si vous avez réservé un hôtel, demandez qu'on vienne vous chercher.

➢ ***En voiture :*** une petite route sinueuse à une voie, mais goudronnée, relie le village à la route Kathmandu-Pokhara. Parking payant à l'entrée du village, donc pas de circulation dans la rue principale.

## Adresse utile

🅸 ***Information Centre :*** *dans la rue principale, presque en face de* The Old Inn Bandipur. • *bandipurtourism.com* • *Horaires aléatoires.* Infos sur les transports et les excursions.

## Où dormir ? Où manger ?

Plusieurs familles proposent une poignée de chambres dans des maisons traditionnelles, toutes situées le long de la rue principale, appelée *Bandipur Bazar.* Nous indiquons la position de nos adresses à droite ou à gauche de la rue.

### Très bon marché à bon marché (de 1 000 à 2 000 Rps ; 8,50-17 €)

🏠 ***Newa Guesthouse :*** *Bandipur Bazar, sur la droite.* ☎ *52-00-79.* 📱 *98-46-11-75-96.* • *kintupradahan@gmail.com* • *Fourchette basse.* Dans une jolie maison traditionnelle, 5 chambres simples et correctes avec sanitaires communs. Resto sur terrasse. Vue sympa sur la rue ou les montagnes. Accueil familial gentil.

🏠 ***Hotel Red Rose :*** *Bandipur Bazar, sur la droite.* ☎ *52-01-39.* 📱 *98-17-17-60-75.* Maisonnette toute blanche, modeste et proprette de l'extérieur. Simplissime (sanitaires communs un rien vieillots) mais pas cher et vue extra sur la vallée.

🍴 ***Shristi Resto and Café :*** *Bandipur Bazar, sur la gauche. Tlj 6h-22h.* Petite cantine familiale et bon marché, avec quelques tables sur le minitrottoir en surplomb de la rue. Plats locaux, comme à la maison.

🍴 ***The Himalayan Café and Bar :*** *Bandipur Bazar, sur la gauche. Tlj 6h-23h.* Petit troquet agréable et soigné, à la carte éclectique : *fried rice,* pasta, pizzas et excellent expresso.

### Prix moyens (20-50 $ ; 17-42 €)

🏠 ***Bandipur Village Resort :*** *à l'entrée du village, sur la droite.* ☎ *52-01-43.* 📱 *98-61-25-24-90.* • *bandipurvillageresort@gmail.com* • *Petit déj en sus, à prendre sur le toit.* Belle maison ancienne aux chambres très correctes, toutes avec sanitaires et ventilo (pas de clim). S'ajoutent 2 annexes modernes avec moins de charme, dans le village, pourvues de chambres fonctionnelles et propres, toutes avec salle de bains. Literie dure. Jardin agréable et arboré. Une bonne adresse accueillante à prix un peu élevés cependant.

***Old House Café and Lodge :*** *Bandipur Bazar, sur la gauche. 98-46-08-23-71. Fourchette basse.* Si sur le devant la maison affiche une architecture traditionnelle neware, les chambres, toutes avec salle de bains, lumineuses et propres, se situent sur l'arrière, le long d'un édifice en rez-de-chaussée bordé par une terrasse-coursive commune. Vue sur la vallée très agréable. Tranquillité totale. Fait aussi resto.

***Bandipur Chhen :*** *Bandipur Bazar, sur la gauche. 98-49-06-56-27. • bandipurchhen.info@gmail.com • Fourchette moyenne.* Traditionnelle maison neware, comme ses voisines, dont l'étroit escalier de bois mène à une poignée de chambres (4 avec petit balcon), toutes avec salle de bains et ventilo. Si elles ne sont pas bien grandes, il s'en dégage une atmosphère chaleureuse que l'on apprécie.

### Plus chic (80-120 $ ; 67-100 €)

***The Old Inn Bandipur :*** *Bandipur Bazar, sur la gauche. ☎ 52-01-10. Résa à Kathmandu : ☎ (01) 442-26-17 ou 18. • theoldinnbandipur.com • Doubles 100-120 $, taxes et petit déj compris. Formules buffet 800-900 Rps.* Vieille maison traditionnelle du centre avec tapis et mobilier anciens. Belles chambres confortables (parfois petites), toutes bénéficiant d'une vue romantique soit sur les montagnes, soit sur la rue. Déco soignée avec poutres au plafond, tommettes cirées au sol, balcon de bois verni et *rooftop* extra. Propreté exemplaire. Bouillotte au fond du lit en hiver. Jolie vue sur la campagne depuis la terrasse pleine de charme, avec plantes et tables de bois. Au resto, excellent *thali* mais plats occidentaux quelconques. Une belle adresse de charme à l'accueil attentionné.

***Old Inn Panchebaja :*** *Bandipur Bazar, tt au bout de la rue piétonne. ☎ 52-01-10. Résa à Kathmandu : ☎ (01) 442-26-17 ou 18. • theoldinnbandipur.com • Mêmes prix que la maison mère.* C'est l'annexe du *Old Inn Bandipur* (voir plus haut), située elle aussi dans une ancienne demeure neware. Même déco, même type de confort et atmosphère comparable. Seule la grande terrasse manque à l'appel, mais rien n'est laissé au hasard dans cet établissement de qualité.



## À voir. À faire

***Bindebasini Mandir :*** à l'extrémité du *bazar* (la rue principale pavée), mignon petit temple-pagode à 2 toits témoin du savoir-faire des artisans newars. À l'intérieur, une des formes de Durga, la déesse destructrice. L'activité est à son comble lors du festival de *Bisket* en avril : l'idole est alors placée sur un chariot pour un tour de la ville en musique.

***Khadga Devi Mandir :*** *au bout de la rue principale, monter la rue en escaliers à gauche du précédent, après l'hôtel* The Old Inn Panchebaja. *On y est en 5 mn.* Dans la cour d'une école, un autre temple à 2 toits, moins spectaculaire mais très vénéré. Il contient une épée sacrée, dont la légende raconte qu'elle fut offerte par le dieu Shiva à Mukunda Sen, l'ancien roi de Palpa, dont Bandipur était la vassale (XVIe s). Au cours du festival de *Dasain,* en septembre-octobre, l'épée est sortie pour servir au sacrifice d'un mouton, puis portée ensuite à travers la ville lors d'une procession étonnante.

***Mahalaxmi Mandir :*** *en contrebas de la rue principale, par un étroit sentier juste face à* The Old Inn Bandipur. *On l'atteint en 5 mn.* Cerné par la verdure, ce joli temple-pagode médiéval est dédié à la déesse de l'Abondance : magnifiques portes en bois sculpté, des arches et des linteaux dont le travail frise la perfection.

**Tundikhel :** au nord de la ville. Un grand champ d'où l'on peut embrasser un panorama grandiose les jours de beau temps. Les sommets au coucher ou au lever de soleil laissent rêveur. Baladez-vous dans les environs avec un guide pour découvrir les nombreuses grottes, dont ***Pataali Dwar,*** « la porte de l'Enfer » avec ses concrétions calcaires, ou encore ***Siddha Gufa.*** C'est le gouffre le plus profond du Népal, qui est loin d'avoir livré tous ses secrets.

# POKHARA

255 000 hab. IND. TÉL. : 061

• Plan d'ensemble *p. 187* • Lakeside (zoom) *p. 191*



**Au centre du Népal, à 200 km de Kathmandu et à 825 m d'altitude, Pokhara est bordée au sud par les rives tranquilles du lac Phewa, le deuxième plus vaste du pays. Avec les sommets enneigés des montagnes qui encerclent son horizon nord, notamment les massifs du Dhaulagiri, de l'Annapurna et du Manaslu culminant à plus de 8 000 m, on profite là d'un panorama absolument extraordinaire ! Sur moins de 30 km, l'altitude passe de 1 000 m à plus de 7 500 m. C'est le seul endroit au Népal où les montagnes s'élèvent aussi vite. La ville n'était accessible qu'à pied jusqu'à la fin des années 1960, lui conférant alors une dimension mythique. La construction d'une route vers la capitale et d'un aéroport a précipité son ouverture au tourisme. Pokhara s'impose aujourd'hui comme LA destination phare des touristes attirés par le fameux *tour des Annapurna,* un trek de renommée mondiale. Pokhara propose aussi d'autres itinéraires de randonnée plus courts, accessibles aux marcheurs moins expérimentés, et toutes sortes de sports et loisirs : canyoning, rafting, kayak, escalade, VTT, parapente, golf... Bref, une ville incontournable avec davantage de verdure et de tranquillité que Kathmandu, et surtout moins de pollution. On peut y circuler à vélo avec plaisir. Évidemment Lakeside, le quartier touristique de Pokhara, s'est transformé en une succession ininterrompue de *guesthouses,* restos et boutiques en tous genres. Il s'en ouvre plusieurs dizaines de nouvelles chaque année et c'est loin d'être terminé.**
**Avec la mise en service d'ici 2021-2022 du nouvel aéroport international, Pokhara va subir un accroissement soudain de sa fréquentation touristique (notamment indienne et chinoise qui adorent le coin !).**
**À noter que le climat plutôt chaud et humide contraste avec l'atmosphère sèche et froide des montagnes environnantes.**
**Pokhara n'a pas trop souffert du séisme d'avril 2015.**

**Adresses utiles**

- Nepal Tourism Board, Immigration Office, police touristique et bureau de l'Annapurna Conservation Area (A3)
- 1 Tourist Bus Park (B3)
- 2 Prithivi Chowk Bus Park (B2)
- 3 Baglung Bus Park (B2)
- 4 Hari Chowk Bus Station (B1)
- 5 Mountain Overland (A3)

**Où dormir ?**

- 47 Lemon Tree Guesthouse (A2)
- 48 Three Sisters Guesthouse (A2)
- 49 Castle Resort (hors plan par A2)
- 50 Waterfront Resort (hors plan par A2)
- 52 Shangri-La Village (hors plan par A3)
- 53 Fish Tail Lodge (A3)

**Où manger ?**

- 63 Krazy Gecko (hors plan par A2)
- 77 The Freedom Café & Bar (hors plan par A2)

**À faire**

- 101 Blue Sky Paragliding (A2)
- 110 Purna Yoga (hors plan par A2)

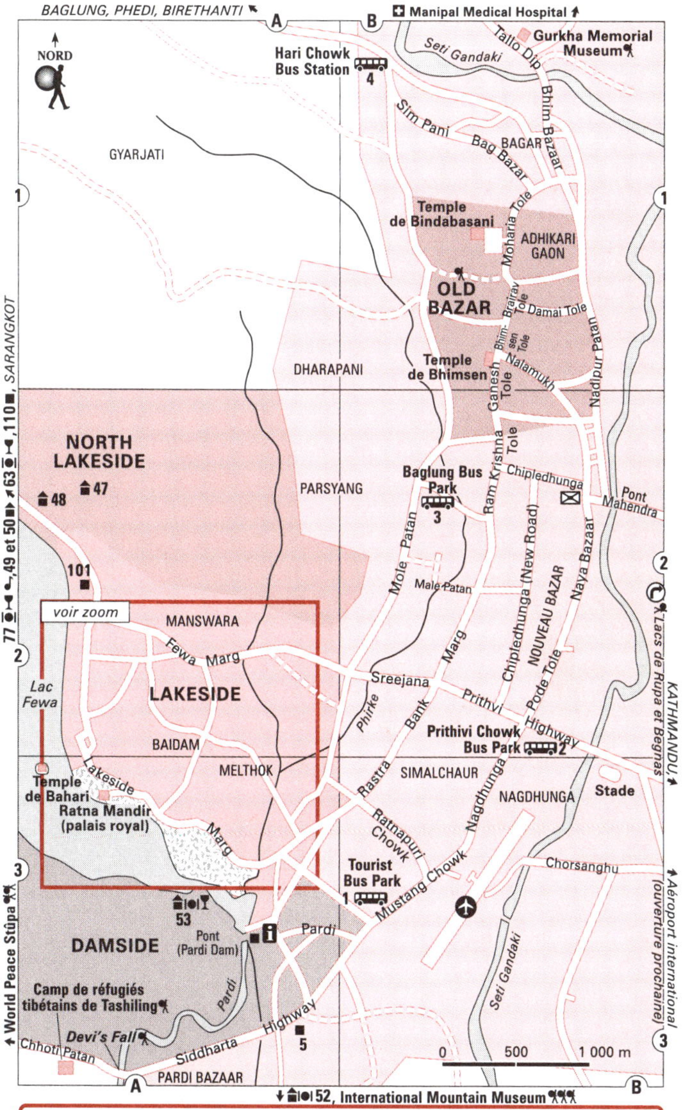


**POKHARA – Plan d'ensemble**



## Arriver – Quitter

### En voiture

➢ À 200 km à l'ouest de ***Kathmandu*** par une route très fréquentée sinueuse mais en assez bon état. Paysages magnifiques. Compter 6h de trajet.

➢ À env 150 km au nord-ouest de ***Sauraha*** (Chitwan). Le trajet rejoint la route Kathmandu-Pokhara. Durée : 4h-4h30.

## En bus

– *Important :* éviter le bus en période de mousson à cause des glissements de terrain qui coupent les routes.
Pokhara compte 3 gares routières :

***Tourist Bus Park*** *(plan d'ensemble, B3,* ***1****)* ***:*** *entre l'aéroport et Lakeside.* Y arrivent les *tourist buses* de Kathmandu, du Chitwan, de Lumbini, de la frontière indienne et de Besisahar (au départ du trek des Annapurna). Des taxis attendent à chaque arrivée de bus (env 400-500 Rps à négocier jusqu'à Lakeside, qui se trouve à 30 mn à pied...). En saison, les bus de la *Greenline* vont jusqu'à l'entrée de Lakeside.
***Prithivi Chowk Bus Park*** *(plan d'ensemble, B2,* ***2****)* ***:*** des bus locaux relient Kathmandu, le Chitwan et la frontière indienne. Au vu de l'état des véhicules, on déconseille cette alternative.
***Baglung Bus Park*** *(plan d'ensemble, B2,* ***3****)* ***:*** pour les départs en trek vers l'ouest (Birethanti, Nayapul, Beni...).
***Hari Chowk Bus Station*** *(plan d'ensemble, B1,* ***4****)* ***:*** bus pour Astam et Ghachok.

➢ ***De/vers Kathmandu :*** prendre de préférence un *tourist bus* (une quinzaine de compagnies), plus confortable, plus rapide et plus sûr que les bus locaux. Dans un sens comme dans l'autre, ils partent tôt le mat. Arriver 30 mn avt les horaires annoncés. Compter env 7h-8h de trajet, selon l'état de la route et l'importance du trafic. On recommande volontiers la compagnie ***Greenline*** *(4th St ; zoom A3,* ***8*** *; ☎ 46-44-72 ou 📱 98-46-03-22-70 ; • greenline.com.np • ; résa de préférence 3-4 j. avt),* plus chère, mais avec clim à bord et déjeuner inclus. Départ tlj tôt le mat. Les bus arrivent et partent de Lakeside (arrêt devant l'agence). À Kathmandu, départ de la gare routière de Tridevi Marg (à Thamel). Autre compagnie : ***Mountain Overland*** *(plan d'ensemble, A3,* ***5*** *; à Damside). ☎ 46-67-03 ou 46-67-74 ; • mountainoverland.net •).* Mêmes prestations et prix que *Greenline.* Départ de la *Tourist Bus Park.* Également avec ***Jagadamba Travel.*** Le bus s'arrête tout le long de Lakeside Marg (se faire préciser l'arrêt le plus proche par l'agence ou l'hôtel qui vous vendra le billet). Ils ont aussi un bus de nuit. Avec ***Travel Nepal*** *(☎ 46-51-41),* bus tlj de la *Tourist Bus Park (plan d'ensemble, B3).*
➢ ***De/vers le Chitwan (Sauraha) :*** avec *Greenline* (voir ci-dessus), départ le mat dans les 2 sens. Compter 5-6h de route (avec changement à Kurinta, pour déjeuner). Avec *Mountain Overland,* départ également le mat, mais du *Tourist Bus Park.*

## En avion

✈ ***Aéroport de Pokhara*** *(plan d'ensemble, B3)* ***:*** *à env 2 km au sud-est de Lakeside.* Compter env 500 Rps entre l'aéroport et le quartier touristique de Lakeside (selon l'endroit). Le nouvel aéroport international devrait être mis en service d'ici 2021-2022. Pour l'heure, c'est toujours l'ancien qui est en fonction. Voici les principales compagnies aériennes :
■ ***Buddha Air :*** *☎ 46-49-97 (à l'aéroport). • buddhaair.com •*
■ ***Yeti Airlines :*** *☎ 46-38-88 ou, à l'aéroport, 46-58-88. • yetiairlines.com •*
Leurs bureaux se trouvent principalement à l'aéroport, mais n'importe quelle agence de Lakeside pourra vous conseiller et vous vendre des billets (même prix, voire parfois moins cher que sur le Net ou qu'en direct avec les compagnies).

➢ ***De/vers Kathmandu :*** plusieurs vols/j. avec les 2 compagnies citées plus haut, bien souvent dans des ATR de 72 places. Compter env 120 $ et 30 mn de vol. On conseille d'acheter le billet retour vers Kathmandu avant le trek. Et pour mieux profiter de la vue sur les montagnes (si elles ne sont pas dans les nuages !), asseyez-vous à gauche au départ de Pokhara et à droite depuis Kathmandu.
➢ ***De/vers Jomsom :*** plusieurs vols/sem, voire quotidiens en saison, avec

*Tara Airlines* et *Goma Airlines.* Env 30 mn de vol. Peut être annulé en raison des conditions météo.

➢ ***De/vers Bharatpur*** *(Chitwan)* **:** vols réguliers avec *Buddha Air* et *Yeti Airlines.*

## Adresses utiles

### Infos touristiques

ℹ ***Nepal Tourism Board, Gandaki Province Office*** *(plan d'ensemble, A3)* **:** *Damside, Rastra Bank Chowk.* ☎ *46-52-92 ou 46-30-29.* • *welcomenepal.com* • *À l'extérieur de Lakeside. Tlj 10h-17h (sam 10h-14h).* Quelques brochures en anglais et carte de la ville (gratuite...quand il y en a). Achat de la *TIMS Card* et de permis de trek. Assurance OBLIGATOIRE (à prendre dans votre pays d'origine), même si vous partez seul en randonnée. Apporter 2 photos (photomatons à proximité), votre passeport et 2 000 Rps pour les individuels. Si vous n'en avez pas, service de photos gratuit et immédiat sur place. Passer par une agence de trek fait l'économie de cette formalité... Plus d'infos sur • *welcomenepal.com* • Sur place, également le bureau de l'Annapurna Conservation Area (voir plus loin), zone protégée englobant le tracé du fameux tour des Annapurna. Bureau de la police touristique à côté (voir plus loin).

■ ***Immigration Office*** *(plan d'ensemble, A3)* **:** *dans le même édifice que le* Nepal Tourism Board, *au fond du jardin.* ☎ *46-51-67.* • *immi.gov.np* • *Tlj sauf sam et j. fériés 10h-15h (13h le ven).* Pour la prorogation de visa. Apporter son passeport, son formulaire rempli sur le net et imprimé, 1 photo et 45 $ (payable en roupies) pour 15 jours d'extension. Ensuite, c'est 3 $ par jour supplémentaire, pour un maximum de 150 jours de présence cumulée dans le pays sur une année civile. Ajouter 25 $ pour un visa à entrées multiples. Si vous êtes en retard pour votre extension de visa, vous paierez un *late fee* (taxe de retard) en plus.

■ ***Nepal Mandala Book Shop*** *(zoom A2,* ***6****)* **:** *Lakeside Marg, au rdc.* ☎ *46-32-03. Tlj 9h-22h.* Le plus important marchand de livres de Pokhara, avec un petit choix de bouquins en français sur le thème de l'Himalaya. Également les cartes des itinéraires de treks.

### Argent, change

■ ***Banques :*** *tlj sauf sam 10h-16h30 (13h ven).* Plusieurs sur Lakeside, toutes dotées d'un ATM (*Visa* et *MasterCard*) et permettant de changer vos euros ou encore de se faire envoyer de l'argent. Ne pas oublier son passeport.

### Santé, urgences

■ ***En cas d'urgence :*** ☎ *100.*

✚ ***Hôpitaux :*** ***Manipal Medical Hospital*** *(hors plan d'ensemble par B1), Fulbari (au nord-est de la ville).* ☎ *52-64-16 ou 17.* Prestations correctes (en tous cas le meilleur hôpital de la ville), mais en cas de problèmes médicaux sérieux, mieux vaut un rapatriement sur Kathmandu.

■ Plusieurs petites ***pharmacies*** sur Lakeside.

■ ***Police touristique :*** *Rastra Bank Chowk, juste à côté du* Nepal Tourism Board *(plan d'ensemble, A3). Également un* ***kiosque*** *(zoom A2,* ***9****) sur Lakeside, juste en face de Bahari Path (13th St) et un autre (zoom A3,* ***9****) à l'angle de Saluko Patan Path (16th St).*

### Transports

■ ***Location de vélos :*** *plusieurs loueurs sur Lakeside. On donne le nom de son hôtel. Compter autour de 500 Rps/j.* Généralement en bon état, ce qui ne dispense pas de faire un rapide contrôle technique.

■ ***Location de scooters et de motos :*** *un peu partout le long de Lakeside. Prévoir 1 500-2 500 Rps/j. selon le type d'engins, avec 2 casques.*

🚗 ***Taxis :*** on en trouve très facilement sur Lakeside, mais il est moins aisé de leur faire mettre le compteur. Négocier fermement le prix de la course avant.

En dehors de Lakeside, les taxis sont rares ; penser au retour.

## Treks et agences

■ ***Bureau de l'Annapurna Conservation Area*** *(plan d'ensemble, A3)* **:** *Rastra Bank Chowk, au Nepal Tourism Board. ☎ 46-33-76. • ntnc.org.np • Tlj 10h-17h (16h nov-janv).* Pour obtenir le droit d'accès à la zone protégée des Annapurna : se munir de 4 photos d'identité, de 3 000 Rps, et remplir le formulaire. Le sésame est délivré en quelques minutes. Y aller de préférence à l'ouverture. Les agences de trek s'occupent pour vous de cette formalité. Infos et dépliant en anglais sur la zone. Également quelques panneaux explicatifs intéressants.

■ ***Sisne Rover Trekking*** *(zoom A2, 7)* **:** *Lakeside Marg. ☎ 46-18-93. • sisnerover.com •* Une agence aux services multiples, réputée pour son sérieux et le respect dont elle fait preuve à l'égard de ses guides.

■ ***Autres agences :*** il y a des dizaines d'agences de treks à Pokhara. Certaines sérieuses, d'autres moins. Pas évident de faire le tri. On propose plusieurs adresses fiables à Kathmandu et on conseille de passer par l'une d'elles car elles ont fait leurs preuves au fil des années. Certaines ont des agences relais à Pokhara.

– ***Attention :*** les vêtements, duvets et sacs à dos de marques internationales sont des contrefaçons pas chères mais parfois de bonne qualité. Après votre trek, on conseille de les offrir à vos guides et porteurs ; ça évitera ainsi une contravention en cas de contrôle à la douane française.



■ **Adresses utiles**

- **6** Nepal Mandala Book Shop (A2)
- **7** Sisne Rover Trekking (A2)
- **8** Bus Greenline (A3)
- **9** Police touristique (A2 et A3)

**Où dormir ?**

- **20** Gauri Shankar Guesthouse (A3)
- **21** Hotel Elia (A2)
- **23** Kumari Lodge (A3)
- **24** Mechi Resort (A3)
- **26** Hotel Fire on the Mountain (A3)
- **27** Holy Lodge (A3)
- **28** The Mountain House (A2)
- **29** Hotel Nirvana (A3)
- **30** Hotel Lake Side (A3)
- **32** Nanohana Lodge (A3)
- **33** Hotel Karuna (A2)
- **34** Hotel ABC (A2)
- **35** The Sacred Valley Inn (A3)
- **36** The Silver Oaks Inn (A2)
- **37** Hotel Noble Inn (A2)
- **38** Blue Planet Lodge (A3)
- **40** Mum's Garden Resort (A3)
- **41** Hotel Trekkers Inn (A3)
- **44** Temple Tree Resort (A3)
- **45** Mountain Villa (A2)
- **46** Bagaincha Wellness Resort (A3)

**Où manger ?**

- **60** Maili Bhancha Ghar (A3)
- **61** Pokhara Thakali Kitchen (A3)
- **62** The Old Lan Hua Chinese Restaurant (A3)
- **64** Everest Steak House (A2)
- **65** Full Power Restaurant and Bar (A2)
- **67** Byanjan (A2)
- **68** French Crêperie (A2)
- **69** Tea Time Bamboostan Café et Olive Café (A2)
- **70** Zhan Da Shi Restaurant (A3)
- **71** Fewa Lake Restaurant (A3)
- **72** Fewa Paradise Restaurant (A2)
- **73** Moondance Restaurant (A3)
- **74** Bamboo Bar et Gravity Resto and Bar (A2)
- **75** Natssul (A3)
- **76** Asian Tea House et Almond's (A2)

**Où prendre le petit déj ?**

- **72** German Bakery (A2)
- **78** Pâtisserie de l'Hotel Barahi (A3)

**Où boire un verre ? Où sortir ?**

- **72** Fewa Paradise Restaurant (A2)
- **90** Busy Bee Café (A2)
- **91** Paradiso Bar and Grill (A2)
- **92** All in One (A2)

**Achats**

- **102** Pokhara Teahouse (A2)

■ **À faire**

- **46** Bagaincha Wellness Resort (A3)
- **100** Seeing Hands Clinic (A3)
- **102** Sunrise Paragliding (A2)
- **103** Rapid Runner (A3)
- **104** Annapurna Paragliding et Himalayan Frontiers Nepal (A2)
- **105** Paddle Nepal (A2)
- **106** Pokhara Mountainbike Adventure (A2)
- **108** Himalayan Frontiers Paragliding (A3)

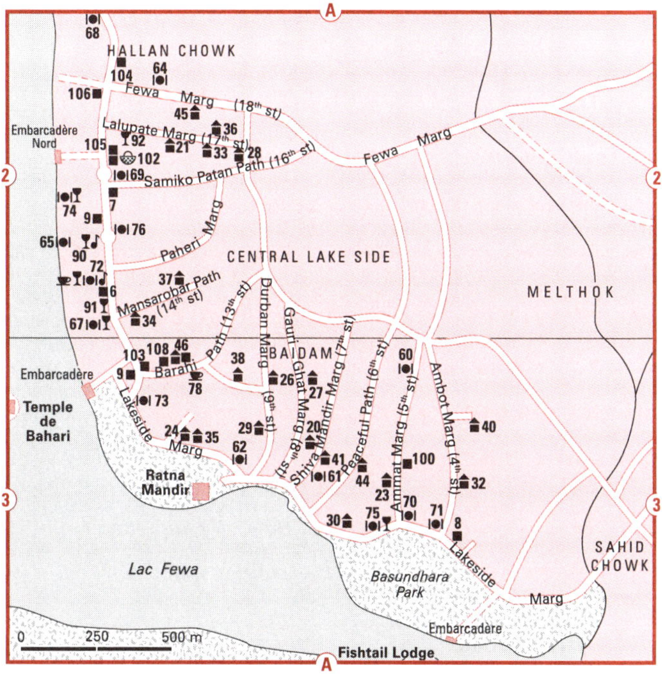


POKHARA – Zoom

## Où dormir ?

L'essentiel des hébergements se trouve sur Lakeside, la zone touristique incontournable de la ville. Si le quartier a perdu de son charme et a littéralement explosé sur le plan immobilier, cette forte concentration d'hôtels, *guesthouses,* restos, boutiques et agences de treks n'est pas sans avantages. À noter que pour certains hébergements, les prix annoncés ne comportent pas toujours les taxes : 10 % de service et 13 % de taxe. Bien vous le faire préciser lors de la réservation. La plupart des hôtels sont équipés de ventilos, moustiquaires et wifi.

*Conseil :* n'hésitez pas à discuter les prix et à faire jouer la concurrence, car les tarifs affichés sont rarement ceux pratiqués, surtout en basse et moyenne saisons. Un grand nombre de *guesthouses* dans la rubrique « Très bon marché » et « Bon marché » proposent des chambres sans ou avec salle de bains, à des tarifs allant du simple au double.

### *Sur Lakeside*

### Bon marché (10-20 $ ; 8,50-17 €)

☗ ***Hotel Elia*** *(zoom A2,* ***21****)* **:** *Lalupate Marg (17th St).* ☎ *46-54-40.* • *hotelelia.com.np* • Dans un 1er édifice proche de la rue, des chambres basiques mais propres, vraiment pas chères, avec salle de bains commune et lits durs. Puis, au fond du jardin, dans un second bâtiment coloré, des chambres avec salle de bains, tout aussi bariolées et impeccablement tenues (prix modérés). Certaines avec clim et toutes avec balcon. Vaste jardin bien tenu, avec même des poules qui se baladent. Accueil familial. Une bonne adresse tranquille à budget variable, mais toujours adapté au confort proposé.

**Holy Lodge** (zoom A3, **27**) : *Gauri Ghat Marg (8th St). ☎ 46-34-22. • holylodge.com.np* • Dans un quartier calme, ce petit édifice de 2 étages avec jardinet abrite des chambres avec salle de bains, avec ou sans clim d'un bon rapport qualité-prix. Accueil familial souriant.

**Gauri Shankar Guesthouse** (zoom A3, **20**) : *Shiva Mandir Marg (7th St). ☎ 46-24-22. • gaurishankarhostel@gmail.com • Dortoirs ou chambres avec sdb. Pas de petit déj.* Ensemble très propre et d'un bon rapport qualité-prix. Plusieurs dortoirs de 4 à 8 lits, avec salle de bains privée pour les plus petits. Vraiment pas cher du tout. Les chambres les plus chères, à l'étage, sont assez lumineuses. Un bout d'espace vert sur le devant, idéal pour prendre le thé avec une tranche de cake maison. Une excellente adresse.

**Mechi Resort** (zoom A3, **24**) : *Lakeside Marg, un peu en retrait de la rue. ☎ 46-21-31. 98-23-44-02-99. • mechiresort.com • Accès par une petite allée.* Au calme, car pas directement sur la rue, cet hôtel classique brille plus par sa propreté que par son charme. Les chambres sont simples, correctes, et celles avec salle de bains commune se révèlent vraiment bon marché, de même que celles avec sanitaires, à peine plus chères (on les conseille). En revanche, on a été moins convaincus par les sortes de cottages sur l'arrière, avec clim. Bien plus chers.

**Hotel Fire on the Mountain** (zoom A3, **26**) : *Durbar Marg (9th St). ☎ 46-54-61. Petit déj en sus.* Au cœur d'un quartier résidentiel tranquille, une *guesthouse* toute simple et même assez vieillotte, pour toutes les bourses, du lit en dortoir de 3 lits à la chambre avec ou sans sanitaires. Même si les couleurs s'écaillent un peu, c'est globalement correct, surtout pour le prix. Bon accueil familial. Jardin et potager sur l'arrière.

**The Mountain House** (zoom A2, **28**) : *Lalupate Marg (17th St). ☎ 46-50-15. 98-06-52-81-12. • pokharaguesthouse.com* • Au cœur d'un quartier résidentiel, traverser le jardinet pour atteindre le bâtiment à 3 étages abritant des chambres avec salle de bains, fonctionnelles et nickel dont la moitié avec clim (spacieuses et impeccables). Celles de l'édifice à l'arrière sont plus sombres, avec ventilo. Tenue par une famille souriante.

**Kumari Lodge** (zoom A3, **23**) : *Ammat Marg (5th St). ☎ 46-43-84. • kumarilodge.webs.com • Pas de petit déj.* Passé le carré de pelouse, cette paisible maison à la façade toute verte, moderne et sur 2 étages propose des chambres aménagées simplement, avec sanitaires complets. Un peu tristoune mais tranquille et fonctionnel. Propreté sans faille. Accueil familial attentionné. Service de laverie et consigne à bagages, résa de bus.

**Hotel Nirvana** (zoom A3, **29**) : *Durbar Marg (9th St). ☎ 46-33-32. • hotelnirvana@hotmail.com • Petit déj en sus (copieux). Résa conseillée en saison.* On recommande cet hôtel tenu par Ganga et Ailsa, un gentil couple népalo-écossais qui organise aussi des treks. Une petite quinzaine de chambres vastes et propres, avec sanitaires complets, ventilo et balcon sur les montagnes pour les plus onéreuses (prix moyens). Les moins chères se situent au rez-de-chaussée. Une excellente adresse.

**Hotel Lake Side** (zoom A3, **30**) : *Lakeside Marg. ☎ 46-50-73. • trekkershotel.com • Petit déj inclus.* L'hôtel est situé à l'arrière d'un petit espace commercial. Façade en pierre grise, cerclé de balcons. Il abrite des chambres confortables (avec salle de bains, ventilo) et propres (éviter toutefois celles du rez-de-chaussée). Agréable jardin au calme et fauteuils en terrasse. Un bon rapport qualité-prix. Sur le devant de l'hôtel, bon resto chinois, fréquenté par... des Chinois, c'est un signe.

## Prix moyens (20-50 $ ; 17-42 €)

**Hotel Karuna** (zoom A2, **33**) : *Lalupate Marg (17th St). ☎ 46-56-44.*

*• hotelkaruna.com • Fourchette haute.* On apprécie bien ce petit hôtel sur 4 étages aux chambres équipées de clim et salle de bains. La moitié donne sur le devant et profite d'un généreux balcon (les demander en priorité, elles sont au même prix). Hyper calme, bonne atmosphère, prestations de qualité pour le tarif demandé. Tenu par une équipe toute jeune et sympathique dont le patron est Nim, également le responsable de *Paddle Nepal*.

**The Silver Oaks Inn** (zoom A2, **36**) : *Lalupate Marg (17th St). ☎ 46-21-47. 98-56-02-93-80. • hotelpokhara.com •* Beau bâtiment massif derrière un petit jardin soigné, agrémenté de 3 chênes (d'où le nom) et de quelques tables à l'ombre. Chambres colorées, balcon et clim pour certaines, le tout impeccable et vraiment agréable. Bon accueil familial. Sur l'arrière, petite plantation de café que l'on boit sur place.

**Nanohana Lodge** (zoom A3, **32**) : *Ambot Marg (4th St). ☎ 46-44-78. • nanohanalodge.com • Large gamme de tarifs, allant de « Prix modérés » à « Chic » pour les deluxe. Pas de petit déj. Sur présentation de ce guide, réduc de 10 % sur le prix de la chambre.* Une très bonne adresse au calme, cernée de jardins et de potagers. L'hôtel propose plusieurs niveaux de confort, tout en gardant des prix raisonnables eu égard à ses prestations : propreté exemplaire, salle de bains dans les chambres éclairées par plusieurs fenêtres. De votre lit, vue sur les montagnes. Énergie fournie par panneaux solaires (« if no hot water, you don't pay ! »). Terrasse verdoyante à chaque étage et *rooftop* sympa. Accueil familial chaleureux de M. Kul (prononcer « cool », ça ne s'invente pas !).

**Mountain Villa** (zoom A2, **45**) : *183 Fewa Marg (18th St), Lakeside. ☎ 46-19-54. 98-46-02-75-11. • hotel-mountainvilla.com • Petit déj inclus.* Bien sûr, il faut faire abstraction de la grande artère qui passe sur le devant. Passé le porche, on parvient à un plaisant jardin et à des chambres propres et agréables, réparties sur 2 étages. Au calme de la rue principale pour celles donnant sur le jardin. Bon accueil du patron qui s'occupera de tout (billets de bus, taxi...). Bon rapport qualité-prix.

**Blue Planet Lodge** (zoom A3, **38**) : *Durbar Marg Lane 1/12, Lakeside. ☎ 46-57-06. 98-56-03-57-06. • blueplanetlodge.com • Petit déj inclus.* Dans un quartier résidentiel, petit hôtel familial parfaitement tenu par un couple népalo-belge. Des chambres aux couleurs différentes, plutôt confortables, avec salle de bains, certaines avec clim, joli mobilier en bois et balcon avec vue sur l'Himalaya pour celles du haut (les plus chères). Jardin au calme sur le devant. Bon rapport qualité-prix.

**Hotel Noble Inn** (zoom A2, **37**) : *Mansarobar Path (14th St). ☎ 46-49-26. • nobleinn.com • Petit déj inclus.* Au bout d'un jardin bien à l'écart de Lakeside, des chambres bien tenues, toutes avec salle de bains. L'hôtel est précédé d'une jolie pelouse aménagée avec transats et tables. Les moins chères (prix modérés) se trouvent dans l'édifice au fond du jardin, avec ou sans clim. Également 2 dortoirs de 6 lits vraiment pas chers, avec salle de bains commune. Celles dans les étages (plus onéreuses et plus lumineuses) profitent de leur balcon d'une vue sur les sommets enneigés. Accueil familial sympa.

**Hotel Trekkers Inn** (zoom A3, **41**) : *Shiva Mandir Marg (7th St). ☎ 46-32-44. • trekkersinn.com • Petit déj en sus. Fourchette haute. Résa recommandée en saison.* Grandes chambres lumineuses, confortables, toutes avec salle de bains et clim. Ascenseur. Les suites, en hauteur, appartiennent à la catégorie chic et offrent d'une vue sur les sommets de l'Himalaya ou le lac.

**Hotel ABC** (zoom A2, **34**) : *Mansarobar Path (14th St). ☎ 46-19-34. • hotelabc.com.np •* Propreté à tous les étages dans cet hôtel familial, sorte de grosse maison blanche, plantée dans un jardin tranquille bien entretenu. Chambres de différents niveaux de confort, avec ou sans salle de bains (prix allant du simple au double). Balcon pour la plupart. Bien tenu malgré l'état de la moquette, fumée jusqu'à la trame. Eau chaude via des panneaux solaires. Une excellente adresse, à l'écart de la cacophonie de Lakeside.

☗ ***The Sacred Valley Inn*** *(zoom A3, **35**)* **:** *Lakeside Marg.* ☎ *46-17-92.* • *sacredvalleyinn.com* • Maison agréable, avec jardinet et plantes vertes. Quelques chambres avec salle de bains commune à prix très modérés, les autres, impeccables, possèdent une salle de bains privée, et un balcon pour certaines. Les plus chères (en haut) donnent sur une terrasse avec vue sur les montagnes (notamment le *Fish Tail*).

## Chic (50-80 $ ; 42-67 €)

☗ ***Mum's Garden Resort*** *(zoom A3, **40**)* **:** *dans une petite impasse perpendiculaire à Ambot Marg (4th St).* ☎ *46-34-68.* • *mumsgardenresort.com* • *Petit déj inclus.* Au fond d'une allée, 2 petits bâtiments en pierre locale se partagent une douzaine de chambres spacieuses avec salle de bains et ventilo, impeccables. Balcon donnant sur les montagnes, cachées parfois par les arbres mais qui servent du coup de perchoir et refuge à la faune aviaire ; le soir, on a droit à un vrai concert ! Agréable jardin où l'on prend le petit déj agrémenté de miel maison (selon la saison). Accueil chaleureux dans cet établissement à taille humaine.

☗ ***Bagaincha Wellness Resort*** *(zoom A3, **46**)* **:** *Barahi Path (13th St), face à l'hôtel Barahi.* ☎ *46-67-72.* 📱 *98-02-82-44-40.* • *bagaincharesort.com* • Hôtel moderne et au calme, qui propose une vingtaine de chambres agréables donnant sur une belle piscine (accessible aux non-résidents). Jolies chambres tout confort, avec clim, bois clair et mobilier de qualité. On loge ici surtout pour le bien-être du corps et de l'esprit : spa, fitness, acupuncture, massages... *Coffee shop* et resto. Bon rapport qualité-prix-accueil.

## Très chic (plus de 120 $ ; 100 €)

☗ ***Temple Tree Resort*** *(zoom A3, **44**)* **:** *Peaceful Path (6th St).* ☎ *46-58-19.* • *templetreenepal.com* • *Doubles 160-180 $, petit déj compris.* Hôtel de charme, pimpant et lumineux, dont les chambres sont réparties dans plusieurs jolis bâtiments en brique, pierre sèche et bois. Une cinquantaine en tout, très confortables et décorées avec un goût sûr, toutes avec terrasse sur le jardin. L'ensemble est organisé comme un petit village, autour de la superbe piscine. Également un centre de soin avec massages, jacuzzi, sauna, bar et boutique. Pour ceux qui en ont les moyens, une adresse de luxe à 2 pas de l'animation de Lakeside.

### *Au nord de Lakeside*

Ambiance plus *roots* et sensiblement différente dans cette partie de la ville, plébiscitée par les routards au long cours et pas encore atteinte par la folie immobilière. Le logement y est moins cher et on y trouve une succession de petites baraques au bord de l'eau pour manger pas cher.

## Très bon marché (moins de 1 000 Rps ; 8,50 €)

☗ ***Lemon Tree Guesthouse*** *(plan d'ensemble, A2, **47**)* **:** *Lakeside Marg, Khahare.* ☎ *46-52-07.* 📱 *98-46-07-96-02.* • *lemontreeguesthouse2011@gmail.com* • *Suivre la rue principale vers le nord, la guesthouse se trouve en hauteur, en longeant des potagers en terrasses (panneau).* Un petit édifice adossé à la colline, avec vue sur le lac par-dessus des immeubles. Une poignée de chambres simples avec salle de bains et ventilo, correctement tenues par Ananta et Parbati. Étroit balcon commun dans les étages.

☗ Très nombreuses adresses comparables en confort et en prix dans ce secteur, qui poussent en permanence.

## De bon marché à prix modérés (10-30 $ ; 8,50-25 €)

☗ ***Three Sisters Guesthouse*** *(plan d'ensemble, A2, **48**)* **:** *Lakeside Marg, Khahare.* ☎ *46-68-83.*

● 3sistersadventure.com ● Petit déj compris. *Guesthouse* agréable, tenue par 3 sœurs qui forment des Népalaises au métier de guide de trek. Petites chambres impeccables, au mobilier en bois, et nickel, avec salle de bains. Certaines donnent sur la courette. À l'étage, salle pour se restaurer avec vue directe sur le lac et bibliothèque.

## Chic (50-80 $ ; 42-67 €)

**Castle Resort** *(hors plan d'ensemble par A2,* ***49****) : à un peu plus de 1 km au nord de Lakeside, après Three Sisters. ☎ 46-19-26. 📱 98-56-02-07-84. ● pokharacastle.com ● Accès en voiture par une mauvaise piste, ou à pied en 15-20 mn par un petit chemin (ça grimpe). Chambres du simple au double selon confort. Petit déj inclus.* Perché tout en haut de la colline au-dessus du lac, l'hôtel, à l'architecture originale, est un véritable havre de paix dominant le lac. Tenu par un couple irlando-portugais fort sympathique. Cadre parfaitement reposant. Le bâtiment, couleur brique, ainsi que la petite tour abritent des chambres doubles plus ou moins grandes (le prix varie en fonction), mais aussi 2 familiales (avec clim) pouvant accueillir respectivement 5 et 8 personnes. Quelques-unes avec vue sur le lac (les demander en priorité). Le potager alimente le resto, tandis que la petite piscine est bienvenue par temps chaud, tout comme le pub pour siroter une bonne bière. Super adresse et rapport qualité-prix extra.

## Plus chic (80-120 $ ; 67-100 €)

**Waterfront Resort** *(hors plan d'ensemble par A2,* ***50****) : sur Sidi Height, Lakeside. ☎ 42-01-03 ou 00-04. ● waterfronthotelnepal.com ● Petit déj buffet inclus.* Hôtel de standing international d'une soixantaine de chambres, organisé sur 3 niveaux, avec un relatif respect de l'architecture locale malgré sa taille. Chambres spacieuses (toutes avec clim) proposant un excellent confort et une décoration soignée. On s'y sent bien. Celles avec balcon sont les plus intéressantes (un poil plus chères), avec vue sur le lac. Piscine de belle taille, offrant elles aussi la vue sur le plan d'eau. Accueil professionnel, ce qui ne gâche rien. Resto international de qualité.

# À Damside

## Très chic (plus de 120 $ ; 100 €)

**Shangri-La Village** *(hors plan d'ensemble par A3,* ***52****) : Gharipatan. ☎ 46-22-22. ● hotelshangrila.com ● Dans le secteur du Eye Hospital et de l'International Mountain Museum ; très excentré. Doubles 200-250 $, petit déj inclus. Voir les excellentes promos sur leur site.* Une soixantaine de chambres très confortables et décorées avec goût sur une note ethnique. Remarquable agencement, beaucoup d'espace et souci du détail (peignoir). Au choix : balcon avec vue sur les montagnes ou terrasse couverte sur le jardin coloré luxuriant et sa jolie piscine (accessible aux non-résidents). Accueil pro et charmant.

**Fish Tail Lodge** *(plan d'ensemble, A3,* ***53****) : au sud de Lakeside, sur l'autre rive du lac. ☎ 46-50-71. Résa à Kathmandu : ☎ (01) 422-95-70. ● fishtail-lodge.com ● Doubles 230-260 $ selon confort ; petit déj 20 $. Voir aussi leurs promos sur leur site.* Amusant, on y accède par un petit bac tracté par un gardien à l'aide d'une corde ou en barque ! Au cœur d'un magnifique et immense jardin avec piscine, de 4 grands cottages circulaires abritent de petites chambres *standard* proposant un bon confort et disposant d'une terrasse privée avec vue sur le lac pour certaines. Également des *deluxe* au fond du jardin, confortables et spacieuses, avec balcon. Les prix sont largement surévalués, dommage, mais il faut surveiller les promos sur leur site ! Les non-résidents peuvent toujours venir y prendre un verre : le spectacle au soleil couchant est inoubliable. Location de kayaks.

## Où dormir dans les environs un peu éloignés ?

**Annapurna Eco-Village :** *au village d'**Astam,** à env 20 km au nord-ouest de Pokhara.* ☎ *46-55-49.* 📱 *98-56-02-88-29.* • *ecovillagenepal.com* • *Bureau à l'hôtel Marigold, à Lakeside, qui peut organiser le trajet (env 45 mn-1h). Sinon, bus de la station Hari Chowk (plan d'ensemble, B1, **4**) tlj, dans l'ap-m pour Astam (durée 1h30), puis 10 mn de marche. Résa à l'avance. Prévoir 3 500 Rps/pers en pens complète. Chambre double sans repas env 2 500 Rps.* Juché sur un plateau à 1 600 m d'altitude, le village profite d'une vue imprenable sur l'Annapurna et le Manaslu, aussi bien au lever qu'au coucher du soleil. La famille qui réside sur place a construit plusieurs cottages en pierre tout simples, avec salle de bains pour la moitié d'entre elles, en utilisant les matières premières disponibles de la région. Toutes avec balcon et vue sur le village et la montagne. Nattes au sol. Les repas sont préparés à partir de produits locaux. Tout est conçu pour fonctionner en autonomie. Une belle façon de s'immerger dans la vie d'un village et de ses habitants. Stages de yoga et de méditation et nombreuses balades à faire dans le coin. Accueil adorable.

**Annapurna Mon Village :** *dans le village de **Ghachok,** Kaski (district de Pokhara), à 20 km au nord de Pokhara (compter 1h de route). Bus ttes les 2h de la station de bus Hari Chowk (plan d'ensemble, B1, **4**).* 📱 *98-56-02-53-15.* • *annapurnamonvillage.com* • *ou auprès de Himalayan Frontiers Nepal (zoom A2, **104** ;* ☎ *46-17-06 ou 20-63 ;* • *himalayanfrontiers.com.np* •*). Doubles sans ou avec sdb 2 500-3 500 Rps/pers en pens complète (taxes comprises), ou 3 600-5 000 Rps sans ou avec sdb pour 2 pers, avec seulement le petit déj. Réduc de 10 % pour nos lecteurs sur les résas en direct.* Jolie maison d'hôtes située au cœur d'un village à 1 212 m d'altitude, au pied de la chaîne des Annapurna et du mont Machhapuchhare, sur un plateau dominant la rivière Seti. Les chambres sont réparties dans 5 maisons au style traditionnel (pierre et bois), joliment rénovées. Basanta est à l'accueil et parle bien l'anglais. Douches chauffées par des panneaux solaires. Au resto, cuisine simple et traditionnelle, à base de produits locaux et de légumes du jardin. On peut aussi cuisiner soit même. Pour flâner, agréable terrasse. Location de VTT. Bon point de départ pour des randonnées peu fréquentées et pour partir à la découverte de la vallée (sources chaudes, cascades...). Parapente et rafting à proximité.

## Où manger ?

Lakeside compte des restos par centaines, dont beaucoup proposent le même menu à des prix très proches : plats continentaux, italiens, chinois, indiens, mexicains, grecs ; sans oublier bien sûr le *dal bhat* national et le poisson frais du lac ou des rivières alentour. Les horaires varient : ceux qui servent le petit déj ouvrent dès 7h, les autres vers 11h, mais tous, sauf exception, servent toute la journée, mais plus après 22h. La plupart sont équipés du wifi.

### *Sur Lakeside*

### Très bon marché (moins de 300 Rps ; 2,50 €)

**Asian Tea House** *(zoom A2, **76**) : sur Lakeside Marg, dans un minuscule renfoncement à l'angle du Almond's Restaurant.* 📱 *98-04-10-89-18. Tlj 6h-21h.* Mr Obama (soyons honnêtes, c'est un surnom !) est le président de son minuscule resto (4 tables), dont l'aspect somme toute rustique pourra en faire hésiter certains. Ceux-là passeront leur chemin, tandis que les autres s'attableront pour un *dal bhat* familial et copieux, une soupe du jour ou un *chowmein* reconstituant. Les prix sont très bas mais les *chocolate momo and honey* vous feront prendre de l'altitude. Une adresse décalée comme on les aime.

**Maili Bhancha Ghar** *(zoom A3, **60**) : Ammat Marg (5th St).* ☎ *46-28-32. Maison grise (enseigne en népalais). Tlj 10h-15h, 19h-22h.* Installés aux quelques tables basses et jusque dans la cuisine, les gens du coin se bousculent pour dévorer un fabuleux *dal bhat* mitonné par la gentille Maili ! Pas de carte, uniquement du *dal bhat* ! Une adresse populaire pour une « immersion totale », où qualité et sourire sont au rendez-vous.

**Pokhara Thakali Kitchen** (zoom A3, **61**) : *Shiva Mandir Marg (7th St).* ☎ *46-73-79. Tlj 8h-22h.* Cadre simple et dépouillé, construit en bois et agrémenté d'une cheminée centrale. Côté menu, une cuisine népalaise raffinée pour le plus grand plaisir de nos papilles. Spécialité de *thali* à la chèvre. Une adresse de caractère à prix doux, plébiscitée par les habitants.

## Bon marché (300-500 Rps ; 2,50-4 €)

**Bamboo Bar** (zoom A2, **74**) : *au bord du lac, sur la promenade piétonne.* ☎ *46-61-64.* Un endroit idyllique pour se relaxer dans un canapé et oublier la fureur de la ville. La grande terrasse découverte se poursuit au fond par une généreuse paillotte circulaire avec canapés bas en bambou. Une petite carte de qualité à prix modérés et une bonne sélection musicale pour l'ambiance.

**Full Power Restaurant and Bar** (zoom A2, **65**) : *au bord du lac, le long de la promenade.* *98-14-13-69-74. Tlj jusqu'à 21h30.* Le nom de ce resto apparaît bien pompeux, en parfait décalage avec la modeste paillotte familiale aux tables basses, face au lac, où l'on profitera d'un simple et savoureux poisson grillé ou des brochettes au barbecue le soir (vraiment pas chères). Bonnes frites maison. À l'écart de la trépidante Lakeside, ça fait du bien.

**Moondance Restaurant** (zoom A3, **73**) : *Lakeside Marg.* ☎ *46-18-35. Tlj 7h-22h.* Pour beaucoup, la meilleure table de Pokhara avec un heureux brassage des genres culinaires (de l'Italie à l'Inde en passant par les États-Unis). De quoi contenter tout le monde. Grande salle chaleureuse avec mezzanine circulaire en bois et cheminée centrale, précédée d'une petite terrasse sur rue. Le cadre est donc élégant, le service chic mais étonnement les prix des plats sont modérés (ils s'échelonnent de « Bon marché à prix moyens »). Sur la carte, plats *veggie, fried rice* délicieux et copieux, mais aussi de généreux steaks et belles pizzas. On s'est régalés dans une bonne ambiance plus internationale que népalaise.

**The Old Lan Hua Chinese Restaurant** (zoom A3, **62**) : *Lakeside Marg.* ☎ *46-37-97.* Ce resto chinois de Pokhara déroule une carte qui relève de l'encyclopédie (photos pour les plats principaux), pour autant de saveurs originales à côté des menus standardisés des restos du quartier. On s'est régalés pour pas cher. Déco kitsch, sur 2 niveaux, avec lanternes rouges et aquarium.

**Gravity Resto and Bar** (zoom A2, **74**) : *au bord du lac, le long de la promenade.* *98-16-63-40-58. Tlj 8h-22h.* Parfait pour un moment zen au bord du lac, bien installé dans des canapés bas et en bambou ou sur de gros coussins. Bon poisson grillé, mais aussi plats indiens végétariens, un peu de chinois et de tibétain. Parfait aussi pour un verre dans l'après-midi ou la soirée. Bonne musique en toile de fond.

**Byanjan** (zoom A2, **67**) : *Lakeside Marg.* ☎ *46-62-71.* Des tons blanc et bleu, des meubles en bois peint, une allure de pub breton. D'autant qu'il se trouve à proximité du lac. Cadre aéré et cuisine bien tournée : poisson frais grillé du lac, *nepali thali,* plats indiens ou pizzas, un grand écart culinaire qui ne se fait pas au détriment de la qualité. Chicha pour les amateurs. Ambiance plus « bar » dans la première partie avec canapés et tables basses. Tout au fond, terrasse ouverte, avec vue sur le lac.

**Tea Time Bamboostan Café** (zoom A2, **69**) : *Lakeside Marg.* ☎ *46-43-86.* En terrasse sur rue ou dans l'agréable salle ethnique avec sa cheminée centrale qui crépite en hiver. On y déguste sans se ruiner de bons plats faisant allègrement le tour de l'Asie, avec une halte au Népal évidemment. Bons currys thaïs. Service impeccable.

**Zhan Da Shi Restaurant** (zoom A3, **70**) : *Lakeside Marg.* *98-08-13-29-77.* L'autre bon resto chinois de la ville. Généreuses tables rondes pour les grandes familles, rideaux rouges... Clientèle majoritairement chinoise, scotchée devant les chaînes taïwanaises. Du coup, on avale distraitement ce qui se révèle une savoureuse et authentique cuisine. Beaucoup de choix, comme d'habitude, et menu illustré (ça aide !). Spécialité de *hot pot.* On vous regarde à peine, mais la nourriture est bonne et c'est l'essentiel.

**Almond's** *(zoom A2, **76**)* **:** *Lakeside Marg.* ☎ *46-02-71.* Resto à l'étage (vaste salle ou terrasse sur rue) où l'on s'assoit autour de quelques tables basses (ou non) pour apprécier une honnête cuisine locale : *momos, nepali set, thukpa, curries* et *chowni.* Bon rapport qualité-prix.

***Fewa Paradise Restaurant*** *(zoom A2, **72**)* **:** *Lakeside Marg.* ☎ *46-21-83. Tlj 7h-22h.* Dans un bout de jardin donnant sur le lac, en journée. Comme partout, carte longue comme le bras avec une litanie de plats internationaux multiples et variés. Bonne cuisine locale ou asiatique, accompagnée de concerts de musique et de danses traditionnelles (voir « où boire un verre ? »). Et c'est surtout pour cela que l'on vient ici. Bien aussi pour boire un verre au soleil couchant, au bord du lac.

## Prix moyens (500-800 Rps ; 4-6,50 €)

***Olive Café*** *(zoom A2, **69**)* **:** *6 Lakeside Marg.* ☎ *46-25-75.* Agréable resto avec quelques tables en bordure de rue, jardin au calme à l'arrière et étage. Cuisine éclectique à base méditerranéenne, mais aussi plats indiens, steaks et hamburgers. On a aimé le *chwe-la,* une recette neware où le poisson du lac a mariné dans une mixture d'épices secrètes. Délicieux ! Choix de bières belges et de vins. Service souriant.

***French Crêperie*** *(zoom A2, **68**)* **:** *Lakeside Marg, dans la partie nord.* *98-06-66-77-05. Tlj jusqu'à 21h30.* Las du *dal bhat* ? Fatigués des momos ? Voici un lieu dédié aux crêpes bien françaises, réalisées par un Népalais mais sur de vrais billigs bretons ! Et force est de constater qu'elles sont goûteuses et copieuses. La carte propose les classiques (zut, il n'y a pas d'andouille de Guémené !) et certaines plus audacieuses comme la *happy moutain* ou la *hungry treakkers* pour les affamés. Jolie petite terrasse à l'étage.

***Natssul*** *(zoom A3, **75**)* **:** *Lakeside Marg.* *98-06-74-33-94.* Resto-bar coréen sur 2 étages, avec véranda et terrasse ouvertes sur le lac. Déco brute, murs en ciment, bois clair et large baie vitrée. À la carte : soupes et sushis coréens *(kimbab), fish cake soup,* bœuf ou poulet. Essayer le *bulgogi,* une viande marinée dans la sauce soja, puis grillée (à partager à plusieurs). Quelques tables basses avec coussins.

***Fewa Lake Restaurant*** *(zoom A3, **71**)* **:** *Lakeside Marg.* ☎ *46-53-95.* Cadre chaleureux pour une cuisine qui conviendra à tous les goûts (attention aux épices). Jeter un coup d'œil au plat du jour. Terrasses au 1er et au rez-de-chaussée. Pratique pour ceux qui logent dans le secteur, mais on ne fait pas le détour exprès. Accueil attentionné.

***Everest Steak House*** *(zoom A2, **64**)* **:** *Fewa Marg (18th St).* *97-76-14-68-28. Au 1er étage. Tlj 14h-22h.* Les carnassiers apprécieront la grande carte de viandes (savoureux chateaubriand) accompagnées de frites et de légumes. Pour les autres, cuisine internationale (mexicaine et italienne, entre autres). Idéal pour se requinquer après un trek.

## *Au nord de Lakeside*

## Bon marché (300-500 Rps ; 2,50-4 €)

***Krazy Gecko*** *(hors plan d'ensemble par A2, **63**)* **:** *à 20 mn à pied (5 mn en taxi, 10 mn à vélo).* *98-41-24-90-81. Tlj 8h-21h.* Littéralement les pieds dans le lac, dans un site très tranquille et plein de charme. Les petites tables de bois s'alignent au bord du lac, sous les arbres ou sous des paillottes bricolées sur pilotis. Déco style « cabane dans les bois », gros coussins posés devant des tables basses, ou tables traditionnelles. Très agréable pour siroter un verre un après-midi de grosse chaleur (bières, cocktails...). On peut aussi profiter d'un bon *buddha bowl,* un *pad thaï* ou avaler une viande cuite au barbecue. Personnel jeune et aimable.

**The Freedom Café & Bar** *(hors plan d'ensemble par A2,* ***77****) : Bangladi, Pame Rd.* ☎ *46-41-35.* Ensemble original de paillotes en bordure du lac avec chouette vue, certaines comme des petits salons en rond autour d'un point d'eau. Cuisine du monde, *falafels, nachos,* assiettes de légumes plantureuses, *momos, freedom special vegetarian,* pizzas... Bon et pas cher. Concerts tous les soirs en saison (et 3 fois/sem en basse saison) dans une ambiance relax et vieux billard qui en a vu de toutes les couleurs. Louent aussi des petits bungalows bon marché face au lac (mais vraiment limite).

## Où prendre le petit déj ?

Outre les quelques adresses ci-après, la plupart des restos de Lakeside précités ouvrent tôt le matin et proposent une carte de petits déj.

**German Bakery** *(zoom A2,* ***72****) : Lakeside Marg, un peu plus haut que le* Fewa Paradise Restaurant *et juste à l'entrée du* Boomerang Restaurant. *Tlj 6h-22h.* Comptoir appétissant de viennoiseries et de gâteaux, type forêt-noire, *natürlich !* Pain de mie pour se préparer des sandwichs. On peut s'installer avec ce qu'on a acheté aux tables du resto *Boomerang* et y commander un excellent café, à accompagner par un bon *chocolate roll, opera cake* ou croissant...

**Pâtisserie de l'hôtel Barahi** *(zoom A3,* ***78****) : Barahi Path, à l'entrée de l'hôtel.* Excellentes viennoiseries et parts de tartes, que l'on accompagne d'un café ou d'un thé ; à déguster sur place dans une petite salle climatisée.

## Où boire un verre ? Où sortir ?

Nombreux bars et discothèques distillant pas mal de décibels, ce qui permet de les repérer. Allez-y à l'instinct, mais sachez que tous ferment à minuit !

**Busy Bee Café** *(zoom A2,* ***90****) : Lakeside Marg, au fond d'une allée. Tlj jusqu'à 2h du mat. Musique live ts les soirs 20h-23h (puis DJ).* Une institution ! Ambiance surchauffée dans ce bar aux petites terrasses aménagées de grosses tables et banquettes en bois. Large choix de cocktails et musique live (rock, blues, reggae...) tous les soirs. 2 billards en contrebas, jardinet au fond et salle en mezzanine. Le grand rendez-vous nocturne de Pokhara, où l'on atterrit fatalement à un moment ou à un autre. Fait aussi bar à chicha.

**Paradiso Bar and Grill** *(zoom A2,* ***91****) : Lakeside Marg. Tlj jusqu'à env 2h.* Live bands *tlj 20h-23h30.* Voici un autre grand bar qui hésite entre le pub et le *saloon,* avec au fond un bout de terrasse arborée où gît une vieille coccinelle égarée. Des grands écrans partout pour les évènements sportifs.

**Le long du lac** *(zoom A2) : le long de la promenade. Tlj jusqu'à env 22h.* En vous baladant le long du lac, les quelques restos populaires, simples et familiaux que l'on croise sont également de chouettes adresses pour se poser en fin d'après-midi ou le soir. Avec une bonne bière, on est tranquillement installé sur un canapé bas, notamment aux restos *Gravity Resto and Bar, Full Power Restaurant* ou encore au *Bamboo Bar* (voir « Où manger ? »).

**All in One** *(zoom A2,* ***92****) : Lalupate Marg (17th St). Tlj 7h-21h.* Un petit lieu tranquille pour un jus frais, un café ou un *smoothie.* On n'y vient pas exprès, mais si l'on réside dans le secteur, c'est un lieu peinard, avec de jolis notes de musique qui flottent dans l'air.

**Fewa Paradise Restaurant** *(zoom A2,* ***72****) : Lakeside Marg.* ☎ *46-21-83. Tlj 7h-22h.* Dans un bout de jardin donnant sur le lac, en journée, ce resto s'avère fort agréable pour un verre. Et tous les soirs de 19h à 21h, concerts et danses traditionnelles. Sympa.

À L'OUEST DE KATHMANDU

## Achats

On trouve de tout à Pokhara, et surtout de l'artisanat tibétain. Cela dit, le shopping à Kathmandu reste financièrement plus intéressant, une bonne partie des marchandises venant d'Inde... ou de Kathmandu ! Il faut marchander, même si les prix vous paraissent raisonnables, mais la concurrence fait que l'on obtient souvent une bonne remise.

– ***Bijoux :*** dans les boutiques du vieux *bazar (plan d'ensemble, B1),* notamment des bagues et des colliers en or et en argent, d'un style assez chargé. Les pierres proviennent surtout d'Inde et des hauts plateaux népalais. En dehors du *bazar,* dans des sites plus touristiques, ne vous laissez pas embobiner par les vendeuses de rue tibétaines, elles sont gentilles mais insistantes et vendent de la vraie camelote !

– ***Vêtements :*** les boutiques de broderie de tee-shirts pullulent sur Lakeside. Les soi-disant *pashminas* 100 % (pourquoi pas 150 % tant qu'on y est ?) sont bien sûr de la viscose, du coton, de la soie ou des mélanges de tout ça...

– ***Vêtements pour treks :*** 1 boutique sur 3 sur Lakeside vend des vêtements et chaussures de toutes sortes et de tous niveaux de qualité, mêlant les vraies et les fausses marques. Ouvrez l'œil et faites le bon choix !

***Pokhara Teahouse*** *(zoom A2,* ***102)*** ***:*** *Lakeside Marg. 98-46-06-42-48. Tlj 9h-21h.* Une des boutiques qui propose des thés de qualité, provenant de l'Ilam, mais aussi d'Inde.

## À voir

On vient à Pokhara avant tout pour les possibilités de trekking dans les environs, et particulièrement dans la chaîne des Annapurna (voir la rubrique « Trekking » dans « Népal utile »), mais aussi pour pratiquer des activités aquatiques (raft, canyoning, kayak...) et aériennes (parapente). Et s'il n'y avait qu'une seule chose à visiter, ne manquer pas l'excellent *International Mountain Museum.*

***International Mountain Museum*** *(hors plan d'ensemble par A3)* ***:*** *Rata Paira, dans le quartier de l'hôtel Shangri-La Village. ☎ 46-07-42. • internationalmountainmuseum.org • Pour s'y rendre depuis Lakeside, compter env 1 200 Rps l'A/R en taxi (attente comprise) ; moins cher en bus. Tlj 8h-18h (dernière entrée 17h30). Entrée : 500 Rps ; réduc.* On recommande la visite de cet écomusée consacré à l'Himalaya népalais, ses habitants et ses sommets du toit du monde. À grand renfort de cartes, mannequins vêtus de costumes traditionnels des différentes ethnies vivant dans les montagnes (thakali, tamang, gurung, sherpa...), ustensiles divers, objets du quotidien, vannerie... Présentation d'un film de 18 mn : *Great Mountain and Culture in Khumbu Area (ttes les heures 9h-17h).* Également des infos sur la topographie, la géologie (vitrines de roche des montagnes), la faune et la flore, et un quiz amusant, histoire de ne pas trekker idiot !

Puis on admire les photos des 14 plus hauts sommets du monde (à plus de 8 000 m), tous situés dans l'Himalaya : photos panoramiques, histoire de leur

### UNE ASCENSION EXCEPTIONNELLE

*À une époque où peu de Népalais s'intéressaient à l'alpinisme, Tensing Norgay participa à des expéditions dès 1935. Il avait alors 21 ans. En 1953, il parvint au sommet de l'Everest avec Edmund Hillary. Né au Tibet, élevé au Népal, il ne savait ni lire ni écrire, mais parlait plusieurs langues. Suite à son expédition victorieuse, il est devenu directeur de l'Institut de formation des alpinistes et a monté une agence de trek avec sa femme. Un parcours qui l'a conduit au sommet de la gloire.*

« conquête ». On passe en revue les 1ers binômes d'alpinistes internationaux, tels que Maurice Herzog et Ang Tharkay Sherpa lors de leur ascension de l'Annapurna en 1950, ou Edmund Hillary et Tensing Norgay Sherpa en 1953 pour l'Everest. Noter l'évolution du matériel utilisé (anoraks, sacs à dos, piolets, chaussures...), vraiment dérisoire à l'époque compte tenu des rudes conditions à affronter. On fait aussi connaissance de la première femme (une Japonaise) qui parvint au sommet de l'Everest en 1975. Vitrine dédiée au sherpa le plus rapide du monde, avec une ascension de l'Everest en 20h et 24mn.
Le musée n'oublie pas d'évoquer la créature emblématique de ces montagnes, le yeti, apportant même quelques preuves de son existence, mais si ! Enfin, les amas de déchets descendus du camp de base de l'Everest prouvent que certains n'accordent que peu de respect à une nature qui, soi-disant, les fascine... Une visite à ne pas manquer.

## 14 RENCONTRES AUX SOMMETS

*C'est le 29 octobre 2019 que l'on apprenait que le sherpa Nirmal Purja, alpiniste népalais de 36 ans, avait pulvérisé le record des « ascensions express », enchaînant les unes après les autres les grimpettes des 14 sommets de plus de 8 000 m en seulement 6 mois et 6 jours ! Un incroyable exploit physique bien entendu, mais aussi stratégique quand on sait que les fenêtres d'ascensions pour certains sommets sont très courtes et se referment sans prévenir. Le précédent record était détenu par le polonais Jerzy Kukuczka. Il réalisa cet exploit en plus de... 7 ans. Celui de Nirmal n'est pas près de tomber !*

**World Peace Stûpa** *(hors plan d'ensemble par A3)* **:** *de l'autre côté du lac. Tlj 6h-17h (dernière entrée) ; jusqu'à 17h30 en été. Accès en barque et à pied ou en taxi. Pour la 1re solution : depuis la rive de Lakeside jusqu'à l'autre rive (env 350-400 Rps la barque selon l'embarcadère ; env 600 Rps l'A/R), puis un sentier monte vers le stûpa (une bonne heure de marche). Il est préférable d'y aller le matin et de ne pas partir seul en se joignant à un groupe ou d'en constituer un (risques – minimes – d'agression). Mieux vaut laisser ses valeurs en lieu sûr. 2e solution : en taxi pour env 1 500 Rps l'A/R (se grouper et négocier) depuis Lakeside par une piste chaotique vers la fin, avec arrêt possible à Devi's Fall au retour, à préciser à l'avance à votre chauffeur). Compter 20 mn en voiture puis 10-15 mn de grimpette par les escaliers.*
C'est un stûpa tout blanc, construit par des Japonais juste après 1945. Il appartient à un réseau de près de 80 *peace pagodas* construites à travers le monde, dont l'ambition est de promouvoir la paix et l'amour entre les hommes... Les statues du Bouddha placées aux 4 points cardinaux proviennent de pays différents : du Japon pour celle en façade (à l'est), du Sri Lanka à l'ouest (posture méditative), celle en bronze côté nord a été offerte par la Thaïlande, tandis que celle du sud a été réalisée au Népal et symbolise la naissance du Bouddha.
De là, par temps très clair (en saison sèche), magnifique vue sur la chaîne des Annapurna qui se reflète majestueusement dans les eaux du lac. Plusieurs petits cafés sur place.
On peut ensuite redescendre vers Damside, et en profiter pour voir en passant *Devi's Fall,* avant de revenir en taxi à Lakeside.

**Devi's Fall** *(plan d'ensemble, A3)* **:** *à env 2 km au sud-ouest de Lakeside sur la route de Butwal. Grand panneau orange à droite de la route. Tlj 6h-18h. Entrée : 30 Rps.* Nombreuses boutiques de souvenirs à l'entrée. Il s'agit d'une petite mais vigoureuse chute d'eau qui, pendant la mousson, se jette à grand fracas dans un gouffre profond. Tout autour, quelques magasins de souvenirs, un petit jardin. Bof bof... et aucun intérêt à la saison sèche.

**Le camp de réfugiés tibétains de Tashiling** *(plan d'ensemble, A3)* **:** *env 500 m après Devi's Fall.* ☎ *46-04-47.* Pour ceux qui ont du temps car seul l'atelier de tissage de tapis, *Tashiling Handicraft Center and Carpet Showroom,* revêt véritablement de l'intérêt. Les plus fortunés pourront investir dans un tapis, d'excellente qualité mais coûteux. Ce centre accueille aussi des logements, une école, une petite clinique... À part ça, monastère tibétain et quelques boutiques d'artisanat. Le village, avec ses maisons basses en dur, n'a pas de caractère particulier. Pour ceux qui veulent approfondir leur approche du monde tibétain, tours organisés avec • *tibetanencounter.com* •

**Gurkha Memorial Museum** *(plan d'ensemble, B1)* **:** *Ki Singhpul Marg.* ☎ *44-17-62.* • *gurkhamuseum.org.np* • *Tlj 8h-16h30. Entrée : 250 Rps + droit photo et vidéo. Brochure en anglais.*
Impressionnée par la bravoure des soldats népalais, dits gorkhas, durant la guerre anglo-népalaise, l'armée britannique décida de les recruter dès 1815. La tradition perdure encore aujourd'hui, où 230 Gorkhas intègrent chaque année – après de rudes sélections – les rangs des régiments d'élite anglais et de la police de Singapour. Leur arme emblématique : une redoutable machette appelée *khukuri* qu'ils portent tous à la ceinture. Sur 2 étages, dans une présentation assez vieillotte mais à travers une foule de photos en noir et blanc (entraînement, explications sur les combats...), uniformes et autres accessoires militaires en vitrine, ce musée évoque l'histoire de ces combattants qui font la fierté de leur pays. On passe en revue les différents régiments qu'ils composent et les théâtres d'opérations où leur bravoure a fait ses preuves : les 2 guerres mondiales, Bornéo, les Malouines, les guerres du Golfe, le Kosovo, l'Afghanistan... Quelques vidéos bien datées également. À noter que leurs pilotes d'hélicoptère sont eux aussi équipés du *khukuri.*
Pour les amateurs, sachez que le musée vend des « vrais » khukuris, et non de pâles copies touristiques que l'on trouve dans les magasins de souvenirs.

**Old Bazar** *(bazar de Pokhara ; plan d'ensemble, B1)* **:** *au nord-est de la ville, entre le temple de Bhimsen, au sud, et le temple de Bindabasani, au nord.* Rien de vraiment transcendant, mais de part et d'autre de cette rue, on observe encore quelques façades de maisons anciennes, toutes avec leurs petites échoppes au rez-de-chaussée, fermées par d'antiques portes en bois. C'est tout ce qui reste du bazar de Pokhara, qui, jusqu'au début des années 1960, vivait essentiellement du commerce et du troc. Si le bazar a aujourd'hui perdu sa diversité, on déniche néanmoins quelques boutiques de bijoux et objets en or et argent dans les ateliers d'orfèvres ouverts sur la rue.

## À faire

**Balades en bateau sur le lac :** en fin d'après-midi de préférence, mais prudence car le vent peut se lever, rendant le retour un peu difficile. On peut louer des barques (et même des embarcations à pédales ou de petits voiliers) aux différents embarcadères situés sur Lakeside *(zoom A2 et A3).* Les prix sont affichés sur un panneau : environ 510-710 Rps pour 1h (en ramant soi-même) ou 710-910 Rps pour la même durée (avec rameur). Également location de kayak chez ***Rapid Runner*** *(zoom A3,* ***103*** ; voir plus bas). Plus amusant, plus maniable et moins cher que les barques.

**Balade à pied le long du lac, entre l'embarcadère nord et celui menant au temple de Bahari** *(zoom)* **:** en fin d'après-midi, promenade sympa et piétonne pour profiter du coucher du soleil, du calme des lieux, ou pour une petite halte à l'une des agréables terrasses.

– ***Aller à la piscine :*** pour se détendre après un trek ou se rafraîchir en été. *Compter autour de 500-1 000 Rps (réduc enfants).* À 2 pas de Lakeside, la meilleure option demeure les grandes piscines, de l'hôtel ***Bagaincha Wellness Resort*** *(zoom A3, **46** ; 500 Rps)*. L'hôtel ***Shangri-La Village*** *(hors plan d'ensemble par A3, **52** ; 1 000 Rps !)*, un peu éloigné de Lakeside, dispose d'une piscine pas si grande mais nichée dans un jardin soigné.

– ***Massages et soins :*** même « punition » après un trek, soulager ses douleurs, détendre les muscles. Vous en rêviez sur les hauteurs ? Même si l'on n'a pas crapahuté avant, on recommande chaudement. Il existe de très nombreux « salons de massage » à Lakeside, à la réputation plus ou moins bonne, parfois douteuse. Demander conseil à votre hôtel.

■ ***Seeing Hands Clinic*** *(zoom A3, **100**) : Ammbot Marg (5th St), Basundhara Park (prendre la petite rue, juste après le Zhan Da Shi Restaurant). ☎ 46-57-86. 📱 98-56-02-04-99. • seeinghandsnepal.org • Tlj 10h-18h ; sur résa en dehors de ces horaires. Compter 2 000-2 900 Rps selon massage et durée (1h ou 1h30).* Une adresse recommandée et réputée pour la qualité de ses soins. Cet organisme a été fondé en 2005 par des thérapeutes britanniques, qui ont formé de jeunes Népalais aveugles ou malvoyants, mis au ban de la société en raison de leur handicap. Cette activité leur offre un moyen de subsistance et une certaine autonomie. Ils pratiquent 2 techniques : le *swedish massage* (relaxant) et le *sport massage* (thérapeutique et peut être un peu douloureux). Également de la réflexologie.

■ ***Bagaincha Wellness Resort*** *(zoom A3, **46**) : Barahi Path (voir « Où dormir ? »).* Tous les soins pour le corps à des prix accessibles.

■ ***Purna Yoga*** *(hors plan d'ensemble par A2, **110**) : Si Bagar, sur une des collines au nord de Pokhara. 📱 98-41-43-68-77 (résa indispensable). • purnayoga.com.np • Pour s'y rendre depuis Lakeside, prévoir 30 mn à pied ou 10 mn en taxi. Tlj 6h-20h30.* Perché sur une colline et dominant le lac, un beau centre consacré à la pratique du yoga, qui propose diverses options de 1 à 21 jours, ainsi que des programmes spéciaux (détox et bien d'autres...). Nourriture délicieuse, et personnel aux petits soins.

## Parapente et ULM

L'activité la plus pratiquée se déroule dans un cadre unique et grandiose, au-dessus du lac avec vue sur la chaîne de l'Himalaya. Il y a quelques dizaines d'agences qui proposent cette activité. Mais nombre d'entre elles n'utilisent pas les services de guides diplômés et assurés. C'est pourquoi nous proposons une petite sélection, ce qui ne vous empêche pas de vous renseigner sur place. C'est une expérience inoubliable, mais pas donnée : compter environ 8 500 Rps pour 30 mn et autour de 13 000 Rps pour 1h, mais ces tarifs sont variables selon les périodes. On vole en général le matin ou en début d'après-midi. À notre avis, un vol de 30 mn est suffisant. ***Réservation indispensable au moins la veille,*** en se renseignant sur les prévisions météo, les vols dépendant des conditions climatiques. Les départs s'effectuent de Sarangkot, une colline à 8 km au nord de Pokhara (transfert toujours inclus). Au-delà du vol d'initiation en tandem, formations possibles. Voici quelques agences fiables... jusqu'à présent.

■ ***Blue Sky Paragliding*** *(plan d'ensemble, A2, **101**) : Lakeside Marg. ☎ 46-47-37. 📱 98-56-02-73-44. • paragliding-nepal.com •* Agence népalo-suisse sérieuse et réputée, proposant des vols en tandem pour les débutants, mais aussi des *para-treks, cross-country flight* (oct-mars seulement) et autres *fly expeditions* (2-3 jours) pour les confirmés, sans oublier les cours dispensés par des instructeurs chevronnés.

■ ***Sunrise Paragliding*** *(zoom A2, **102**) : Lakeside Marg. ☎ 46-31-74. • sunrise-paragliding.com • Vols à 9h30-11h30-13h30, de 20 mn à 1h.* La plus ancienne agence de parapente de Pokhara, toujours fidèle au poste. Très fiable.

■ ***Avia Club Nepal*** *(zoom A3) : Lakeside*

*Marg, en face de l'embarcadère du* Fish Tail Lodge. ☎ *46-33-38 ou 46-59-44 (aéroport).* • *aviaclubnepal.com* • *En ULM, compter env 115-450 $ (taxes comprises). Vols spectaculaires de 15 à 90 mn. Parapente 30-50 mn.* Propose des vols en ULM en tandem ou en ULM caréné (sorte de petit avion), plus un combiné parapente-ULM. Pour une découverte de la vallée et des sommets depuis les airs. Sensations garanties !

■ ***Annapurna Paragliding*** *(zoom A2,* ***104****)* **:** ☎ *46-50-16.* 📱 *98-56-03-43-93.* • *annapurnaparagliding.com* • Là encore, une agence sérieuse pour parapente en tandem ou formations.

■ ***Himalayan Frontiers Paragliding*** *(zoom A3,* ***108****)* **:** Barahi Path *(13th St).* ☎ *46-72-04 ou 05.* • *himalayanfrontierspara.com* • Encore une adresse fiable.

## Rafting, canyoning, kayak

Très populaire aussi, Pokhara se situant à la croisée de plusieurs rivières convenant à la pratique de ces sports. La plus empruntée est la rivière *Trisuli,* entre Pokhara et Kathmandu, mais il y en a beaucoup d'autres, comme le *haut Seti* (turbulent !) et le *bas Seti* (assez facile, et permet en plus de rejoindre le parc de Chitwan), la rivière *Kaligandaki* (venant des Annapurna), et la terrifiante *Marshyangdi* (pour rafteurs confirmés). Les expéditions durent d'une demi-journée (haut Seti) à plusieurs jours, tout dépend de la longueur de la rivière et de la distance qui la sépare de Pokhara.

■ ***Paddle Nepal*** *(zoom A2,* ***105****)* **:** *Lakeside Marg.* ☎ *46-57-30 ou 36.* 📱 *98-56-03-13-92.* • *paddlenepal.com* • *Compter 75-100 $ la journée de kayak selon la rivière et 51 $ la ½ j. de rafting (env 1h30 sur l'eau) non loin de Pokhara. Sortie canyoning env 85 $. Réduc de 5 % sur ttes les activités pour nos lecteurs sur présentation du guide de l'année.* Agence très sérieuse tenue par Nim (Népalais) et son épouse (Canadienne). Avec eux, vous êtes entre de bonnes mains ! Loue aussi des kayaks, organise des descentes en canyoning, des expéditions en kayak de plusieurs jours et des excursions mixtes canyoning et raft.

■ ***Rapid Runner*** *(zoom A3,* ***103****)* **:** *sur la 13th St, près de l'angle avec Lakeside.* 📱 *98-56-02-20-71.* • *rapidrunnerexpeditions.com* • *Loc de kayak sur le lac (env 300 Rps pour 1h). Organise aussi des descentes en rafting à la ½ journée (compter 40 $) ou à la journée.* Tenu avec sérieux par Birendra.

## VTT

■ ***Pokhara Mountainbike Aventure*** *(zoom A2,* ***106****)* **:** *Hallan Chowk.* ☎ *46-62-24.* 📱 *98-04-13-47-88.* • *nepalmountainbike.com* • Circuits de différents niveaux, tous accompagnés d'un guide. Une bonne façon de partir sportivement à la découverte des fabuleux paysages de la région.

■ ***Himalayan Frontiers Nepal*** *(zoom A2,* ***104****)* **:** *dans les locaux d'Annapurna Paragliding.* 📱 *98-56-02-53-15.* • *himalayanfrontiers.com.np* • Propose des treks de 4-5 jours à 18 jours dans la région des Annapurna. Également des tours à VTT, depuis la demi-journée jusqu'à 10 jours.

# DANS LES ENVIRONS DE POKHARA

Outre le fameux *tour des Annapurna* (voir la rubrique « Trekking » dans « Népal utile » en fin de guide), on peut faire de nombreux autres treks dans les environs proches de Pokhara.

À environ 2h de marche au nord-ouest de Pokhara, sur la route de Naudanda, se trouve le village des réfugiés tibétains de ***Tarshi Palkhiel.*** On peut aussi y aller en bus (de la *Baglung Bus Station*) ou en taxi (environ 1 000 Rps l'aller-retour). Sur place, spécialité de tapis tibétains dont on peut voir la fabrication. Grand monastère. La campagne est très belle dans le coin.

À faire aussi, au nord-ouest immédiat de Pokhara, l'excursion jusqu'à ***Sarangkot*** pour profiter du lever de soleil. Commander la veille un taxi (environ 1 200-1 500 Rps) pour 5h du mat' environ (5h30 en hiver) devant l'hôtel, et se faire déposer au début du chemin qui mène (en 30-40 mn de grimpette) à la plateforme de Sarangkot (accès : 30 Rps). Si les lieux ne sont pas trop embouteillés, le taxi vous dépose au parking, presqu'en haut, il ne reste alors que 5 mn de marche pour vous retrouver sur une terrasse d'observation. De là, vue formidable sur le Machapuchare et le lac Fewa bordant Pokhara. On insiste sur le fait de partir tôt car le ciel est alors clair, et il se bouche ensuite rapidement. Pour revenir à Pokhara, on peut redescendre à pied vers le lac (en 2-3h). Sentier facile assez fréquenté.

Dans le même genre mais plus long (compter la journée et prévoir un guide – environ 20 $ ; demander à n'importe quelle agence), on peut prendre le taxi (compter 1 500 Rps l'aller simple), tôt le matin toujours, jusqu'à ***Naudanda,*** à environ 25 km au nord-ouest de Pokhara. De là, à 1 430 m d'altitude, la vue est splendide lorsque le massif des Annapurna est dégagé. On peut ensuite rentrer à pied vers Pokhara par les sentiers qui longent la crête des collines, parallèle au chemin qui va vers Sarangkot. On traverse alors des rizières, on fait des rencontres et, en plus, la vue est magnifique ! Après le petit village de ***Maula,*** grimpez jusqu'au temple ; là encore, panorama sublime ! Puis on arrive à Sarangkot, où l'on peut casser la croûte... Depuis Sarangkot, la descente sur Pokhara prend 2-3h.

À 15 km à l'est de Pokhara, sur la route de Kathmandu, se trouvent les ***lacs de Begnas et Rupa,*** accessibles par la route. Pour s'y rendre, bus réguliers à prendre devant le *Moondance Restaurant (zoom A3, **73**),* sur Lakeside. Il vous dépose à 300 m des lacs. Sinon, taxi (env 1 500 Rps l'aller-retour). Le magnifique lac de Begnas est affecté à la pisciculture. On peut le traverser en barque pour pas cher. Négocier directement avec les habitants et pas à l'endroit où tous les passeurs attendent. Nombreux oiseaux : hérons, aigrettes, limicoles, etc. Possibilité de dormir et de se restaurer dans le village en surplomb, situé entre les 2 lacs.

***Nirmal Pokhari :*** excursion d'une bonne demi-journée à faire avec un guide. Prendre un bus jusqu'au pied de la colline où se situe le village de Nirmal Pokhari, qu'on rejoint en 2h à travers rizières et forêts. Vue splendide sur Pokhara et les sommets ! Retour sur Pokhara par d'autres hameaux pour découvrir les pics sous de nouveaux angles. Balade très agréable d'environ 5h en tout. Vous ne le regretterez pas.

## Pour ceux qui n'ont pas le temps de faire le trek du *tour des Annapurna* mais qui souhaitent en avoir un aperçu

Possibilité de faire plusieurs petits treks en direction du sanctuaire des Annapurna ou de Jomsom.

➢ ***Pokhara-Phedi-Dhampu-Tolka-Landruk-Jhinudanda-Nayapul (New Bridge)-Pokhara :*** *3 j. version rapide, 4 j. version plus longue (avec le village traditionnel de **Ghandruk**). Permis de trek obligatoire.* À l'aller, prendre, sur Baglung Bus Park *(plan d'ensemble, B2, **3**),* un bus pour Phedi (ou taxi pour environ 1 000 Rps). Au retour, bus ou taxi de New Bridge (Nayapul). On trouve des auberges dans chaque village. Très conseillé de prendre un guide. Il sert d'interprète, donne plein de renseignements sur la vie des gens. Ce n'est pas si cher que ça, et encore moins à plusieurs. Le petit déj devant les sommets de l'Annapurna et du Machapuchare est tout simplement fabuleux !

➢ ***Pokhara-Nayapul (New Bridge)-Ulleri-Ghorepani-Tatopani-Ghandruk-Nayapul-Pokhara :*** *4-5 j., selon votre allure. Permis de trek obligatoire.* Surnommé

« le balcon des Annapurna », il permet de découvrir le point de vue inoubliable sur les Annapurna depuis ***Poon Hill*** (3 200 m), accessible depuis Ghorepani en 1h de montée. Y aller au petit matin. De là-haut, on observe le Dhaulagiri (8 167 m), superbe.

➢ ***Pokhara-Bhumdi-Bhanjyang (Panchase)-Bhadaure-Australian Camp-Astam-Pokhara :*** *en 5 j. Permis de trek non obligatoire.* Aller en taxi à Naudanda. Première demi-journée très belle, avec visite de villages, maisons circulaires, une école, etc. Le soir, avant Bhumdi, on loge au *Tea House.* Le 2e jour, 5-6h de marche plus fastidieuse jusqu'au sommet du Panchase, puis dodo à Bhanjyang (plusieurs hébergements, dont le *Happy Heart Hotel*). Le 3e jour, marche de 4h jusqu'à Bhadaure (nuit au *Green Hill Guest-house*) ou alors on prolonge jusqu'à l'*Australian Camp* pour les plus courageux. Le 4e jour, 5h de marche jusqu'à Astam (beau *lodge* mais un peu cher), d'où la vue est magnifique par beau temps (ou alors on gagne Damphus). Le 5e jour, retour à Phokara via Phedi.

## Où dormir au cours de ces treks ?



On trouve plusieurs auberges dans chaque village. Voici néanmoins quelques recommandations, mais il y en a plein d'autres :

À la sortie du village de ***Phedi,*** la très sympa *Hilary Guesthouse.* Vue splendide et agréable jardin.

À ***Ghorepani,*** on conseille la *Hill Top Lodge,* avec vue superbe sur la montagne. L'hôtel *Snow Land* est bien aussi, très propre. De même le *Snow View.*

À ***Tatopani,*** rendez-vous à la *Dhaulagiri Lodge.* Excellente cuisine et cadre fleuri. Sources d'eau chaude à proximité. Sinon, le *Trekker Lodge,* avec un excellent petit déj à prendre dans le jardin.

À ***Ghandruk,*** où se trouve un intéressant écomusée, la *Ghandruk Guesthouse,* sur les hauteurs du village, très propre. Leurs *momos* sont réputés. Également le *Grung Cottage* avec vue, dans le centre.

À ***Ghasa,*** les trekkeurs apprécient le beau jardin de la *Florida Guesthouse,* avec sa vue sublime sur le mythique Annapurna 1, conquis par Maurice Herzog en 1950.

À ***Kolpani*** on conseille le *See You Lodge,* avec son accueil thakali généreux et sa vue sur le Dhaulagiri, tout proche.

À ***Marpha,*** un étonnant jardin planté de pommiers vous attend à la *Paradise Guesthouse,* aussi connue pour sa vue magnifique sur le Nilgiri. *Dhaulagiri Guesthouse and Roof Top Restaurant* n'est pas mal non plus. On y mange bien.

Dans le village même de ***Jomsom,*** le *Omsoom Lodge.* Voir aussi le *Trekkers Lodge* ou le *Majesti Lodge.*

À ***Kagbeni,*** c'est l'*Hotel Shangri-La,* en plein village, ou le *New Annapurna Lodge.*

À ***Muktinath*** le chaleureux *Hotel Bob Marley.* Billard, musique pop-rock, eau chaude, bonne cuisine (sur fond de chants tibétains au petit déj, de Bob Marley le soir !), et formidable vue en rafale sur le Khatungkang, le Tilicho Peak et le Nilgiri. Autre option, l'*Annapurna Inn.*

Sur les hauteurs de ***Thrungla Phedi,*** repos conseillé à la *Thrungla Guest-house.*

Redescente vers ***Yak Kharka,*** où la *Ganggapuna Guesthouse* est cernée par les yacks ! Une bonne occasion de s'initier à la cuisine au beurre... de yack. Également l'*Hotel Dream.*

À ***Manang,*** la *Tilicho Guesthouse* offre une vue originale sur le lac, ou la *Himalayan Singi Guesthouse.*

À ***Humde,*** on conseille l'*Annapurna Guest-house.*

Dans le vieux village de ***Pisang,*** tout près de la rivière, aller à la *Maya Guesthouse.*

Et enfin, à ***Chame,*** les guides sont emballés par la bonne table de la *Komala Lodge.* Sinon, le *Shangri-La Guesthouse.*

# LE TÉRAÏ

Limitée au nord par les contreforts de l'Himalaya, c'est une étroite plaine de 50 km de large qui borde tout le sud du Népal, juste à la frontière indienne. Le Téraï demeure la grande région agricole du pays, arrosée par de nombreux cours d'eau et jouissant d'un climat subtropical. Entre plantations, savanes, prairies marécageuses et forêts tropicales, le coin est parsemé de quelques villes, parfois industrielles, et de nombreux villages traditionnels perdus dans la campagne...

Au cœur du Téraï, le fameux *parc national de Chitwan,* classé au Patrimoine mondial de l'Unesco, très couru des touristes, abrite rhinocéros unicornes, tigres du Bengale, éléphants sauvages... Autant d'espèces en voie d'extinction que l'on peut aussi observer lors d'un safari dans le *parc national de Bardia,* plus à l'ouest. Moins facile d'accès, celui-ci demeure peu fréquenté, et donc plus agréable à explorer.

Autre temps fort du Téraï : *Lumbini,* le village natal du Bouddha, également classé au Patrimoine mondial de l'Unesco. Et puis, tous ceux qui peuvent prendre leur temps sortiront des sentiers battus car la région se révèle intéressante et riche en tranches de vie authentiques.

Ici, la plupart des ethnies du pays sont représentées, avec une majorité de Tharus (voir la rubrique « Population » dans « Hommes, culture, environnement »). Près de la moitié de la population du Népal vit dans cette province, et la courbe de croissance ne cesse d'augmenter.

Mais la région reste aussi très vulnérable aux conditions climatiques extrêmes. Les fortes moussons de ces dernières années (comme en juillet 2016 ou en août 2017) ont fait déborder les rivières de leur lit, provoqué de graves inondations et la mort de centaines de personnes. De plus, les récoltes perdues de cette zone fertile paupérisent un peu plus la population et le pays.

## Arriver – Quitter

➢ ***En voiture :*** par la route de Mugling, ou par celle plus directe qui relie Naubise (26 km de Kathmandu) à Hetauda via Daman. Une halte à Daman, avec sa tour d'observation, peut se révéler intéressante.

➢ ***En bus :*** nombreux départs de Kathmandu, desservant les principales villes de cette région. Se renseigner dans les agences et au *Central Bus Park* (voir « Quitter Kathmandu »). Les bus de *Mountain Overland* et *Blue Sky* desservent quotidiennement Sauraha (entrée du parc national de Chitwan) depuis la capitale et Pokhara.

➢ ***En avion :*** pour les plus fortunés, possibilité de rejoindre Bharatpur (parc national de Chitwan), Bhairahava (Lumbini) et Nepalgunj (parc national de Bardia). D'autres aéroports ne sont praticables qu'en dehors de la mousson.

# LE TÉRAÏ DU CENTRE

## LE PARC NATIONAL DE CHITWAN

IND. TÉL. : 056

• Carte *p. 209*

**Autrefois domaine des chasses royales, ce site naturel d'exception devient le tout premier parc national du Népal en 1973. Avec ses 932 km² de forêt tropicale, savanes et plaines marécageuses le long des rivières Rapti, Reu et Narayani qui la traversent, cette réserve affiche une biodiversité très dense (lire ci-après) que l'on explore en saison, en jeep, à pied ou en pirogue, obligatoirement accompagné d'un guide certifié.**

### UNE BIODIVERSITÉ D'UNE GRANDE RICHESSE, MAIS MENACÉE



Des recensements sont régulièrement effectués au sein de la réserve. Ainsi, on dénombre pas moins de 650 variétés de plantes, 569 types d'oiseaux, 22 variétés d'amphibiens (17 espèces de tortues, dont 5 d'eau) et 21 de reptiles (de charmantes bébêtes, telles que crocodiles, pythons, cobras ou varans jaunes – appelés *golden monitor lizard*). Mais la réserve est surtout connue pour abriter l'une des dernières populations mondiales de rhinocéros unicornes (503 individus), de tigres du Bengale (environ 130 spécimens... très discrets !), et d'ours lippus (autour de 200 *sloth bears*). On observe aussi daims, singes, éléphants sauvages, et plein d'autres animaux inhabituels dans nos régions.

Malgré la création de la réserve, certaines espèces restent menacées. C'est le cas des ours lippus, dont la population décroît en raison de la perte de leur habitat due aux incendies de forêt, et du braconnage : les Chinois, les Népalais et les Indiens sont en effet persuadés que les reins des ours possèdent des vertus thérapeutiques. Le gavial du Gange est une des 2 espèces de crocodiles existant dans le parc. Mais leur nombre demeure très restreint. Seulement 1 % de leurs œufs deviennent des reptiles adultes. En cause : les braconniers (qui récupèrent les œufs) et les prédateurs naturels, mais aussi leur fragilité (les œufs ont besoin d'une température constante de 31 °C pour arriver à éclore). Ce n'est pas faute d'avoir tenté leur réintroduction (voir encadré).

Plus généralement, la rivière Rapti qui traverse le parc est envahie par une espèce invasive : la *Mecania micrantha* (jacinthe d'eau). Cette plante originaire d'Amérique du Sud a été introduite en Asie au XIXᵉ s pour orner les jardins d'eau. Très bien acclimatée, sa rapide prolifération pose aujourd'hui de sérieux problèmes environnementaux :

#### RECHERCHE SAURIEN SACHANT NAGER

*Pour lutter contre l'extinction des gavials, ces crocos à longue et étroite mâchoire, des milliers de petits sauriens ont été élevés avant d'être relâchés dans le fleuve. Mais aujourd'hui, le bilan est maigre. En cause, leur incapacité à s'adapter à la vie sauvage une fois habitués à recevoir la nourriture. Trop faibles, pas assez musclés, ils mouraient de faim faute de pouvoir attraper le poisson dans les eaux à fort courant. Ce programme de réintroduction a coûté une fortune pour une conclusion déroutante : la place du gavial est-elle désormais dans les parcs animaliers ?*

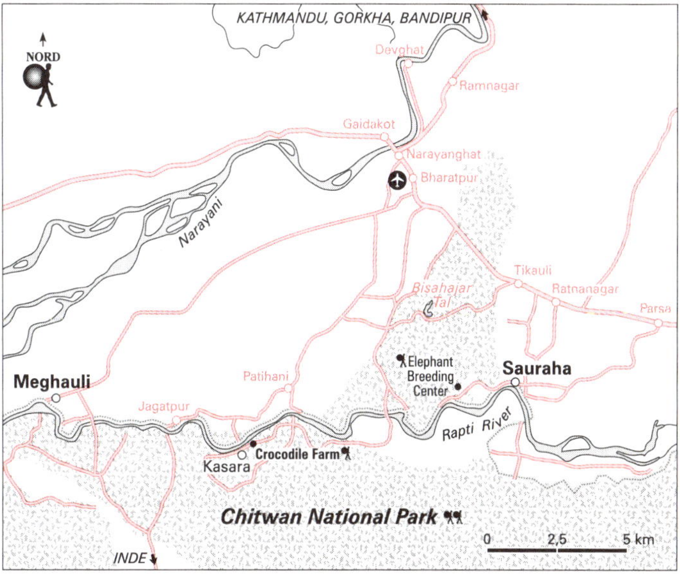

LE PARC NATIONAL DE CHITWAN



l'écosystème se trouve profondément modifié car elle empêche le développement d'autres espèces et forme comme un écran à la surface de l'eau. Les rayons du soleil ne pénétrant plus, la photosynthèse d'espèces végétales à la base de la chaîne alimentaire ne se fait pas. Moins de poissons, moins de ressources pour les populations riveraines pour qui l'accès au cours d'eau et la navigation sont en plus devenus difficiles. Enfin, les larves de moustiques trouvent là un terrain idéal pour s'épanouir au risque d'engendrer de graves maladies, telles que le paludisme ou la bilharziose. Compliqué de venir à bout de cette plaie aquatique. L'arrachage est rendu inefficace du fait de sa croissance rapide. Et les moyens chimiques sont peu réalistes dans le cadre de la sauvegarde de la biodiversité. Reste à limiter les nutriments agricoles et industriels qui se déversent dans l'eau et favorisent son développement.

## QUAND Y ALLER ?

Le parc est ouvert toute l'année. Octobre-mai demeure la meilleure période pour l'explorer. Le climat est alors bien agréable. Les mois de mars, avril et mai sont vraiment propices à l'observation de la faune car les herbes sont rases, et les animaux se regroupent autour des points d'eau à cause de la sécheresse. En automne, même si les herbes hautes ne facilitent pas le repérage, la nature est très belle, et l'on peut tout de même voir de nombreux animaux. Nous déconseillons d'y aller entre juin et septembre, car la mousson fait déborder les rivières, rendant les pistes du parc impraticables. Et puis, il fait très chaud et les animaux se cachent continuellement de la pluie.

– ***Attention :*** prévoir un répulsif antimoustiques. La dengue, maladie transmise par un moustique qui pique le jour, se développe sensiblement dans le Téraï, surtout en période de mousson, de fin avril à fin septembre-début octobre.

## SAURAHA

• Plan *p. 211*

Principale porte d'entrée du parc national, ce gros village artificiel s'est développé au rythme du tourisme. Sa longue rue principale, délimitée par *Hatti Chowk* (statue d'éléphant) d'un côté et *Gaida Chowk* (statue de rhinocéros) de l'autre, est bordée de nombreux hôtels à tous les prix avec, pêle-mêle, sans ordre apparent, boutiques, restos, agences d'excursions et... des éléphants qui déambulent nonchalamment guidés (heureusement) par leurs cornacs. Vision un peu surréaliste. Du village, on peut facilement organiser des visites du parc.



## Arriver – Quitter

### En bus

***Sauraha Bus Park :*** *à env 1 km au nord du carrefour principal.* Attention aux rabatteurs à l'arrivée à la gare.

➢ ***Kathmandu :*** on conseille de prendre un *tourist bus* (une quinzaine de compagnies), plus confortable, plus rapide et plus sûr que les bus locaux. À Kathmandu, départs de la gare routière de Kanti Path. Dans l'autre sens, départs du *Bus Park* de Sauraha. Compter env 6h de voyage selon l'état de la route sinueuse (165 km) et l'importance du trafic. Au départ de la gare routière de Tridevi Marg à Kathmandu, on recommande volontiers les compagnies *Kasara* (☎ 98-45-02-32-35), *Blue Sky* (☎ 98-56-02-02-82 ; • blue-sky-tours.com •) ou *Mountain Overland* (☎ 98-55-02-56-98 ; • mountainoverland.com •), plus chères mais avec clim à bord. Réserver 1 à 2 j. à l'avance dans n'importe quelle agence ou à l'hôtel. Pour le retour (départ le matin de Sauraha), il convient aussi d'anticiper la réservation.

➢ ***Pokhara :*** 1 bus direct le mat avec *Mountain Overland*. Compter 5-6h de trajet.

### En avion

✈ ***Aéroport de Bharatpur*** *(carte parc national de Chitwan)* **:** *à env 15 km au nord-ouest de Sauraha.* L'aéroport est desservi par les compagnies aériennes *Buddha Air* (☎ 52-49-75 ; • buddhaair.com •), *Yeti Airlines* (☎ 52-31-36 ; • yetiairlines.com •) et *Simrik Airlines* (☎ 53-15-50 ; • simrikairlines.com •). Leurs bureaux se trouvent à l'aéroport ou en ville, mais n'importe quelle agence de Sauraha peut se charger de vos réservations.

– À partir de l'aéroport, compter 1 500 Rps en taxi pour rejoindre Sauraha. Enfin, sachez que les hôtels de Sauraha assurent le transfert aéroport gratuitement.

➢ ***Kathmandu :*** selon saison, compter 3-10 vols/j. dans des avions à hélice de 15 à 20 places. Env 20 mn de trajet et 110 $ l'aller simple, taxes incluses.

➢ ***Pokhara :*** 2 vols/j. avec *Buddha Air*, le mat. Compter env 100 $ l'aller simple, taxes incluses.

## Adresses utiles

■ ***Banques, change*** *(plan B2)* **:** de part et d'autre du carrefour central de Sauraha, plusieurs banques (avec distributeur *Visa* et *MasterCard*) permettent de changer euros, dollars et chèques de voyage, ou encore de se faire envoyer de l'argent *(ouv tlj sauf sam 10h-15h).* Ne pas oublier son passeport. Également des bureaux de change ouverts tard, mais pratiquant des taux moins avantageux que ceux des banques et même des hôtels. Possibilité de négocier.

■ ***Location de vélos :*** *plusieurs loueurs dans la rue principale, notamment* Chitwan Handicraft & Souvenir. *☎ 97-75-58-02-64. Compter env 300 Rps/j.* La meilleure manière de se déplacer ici.

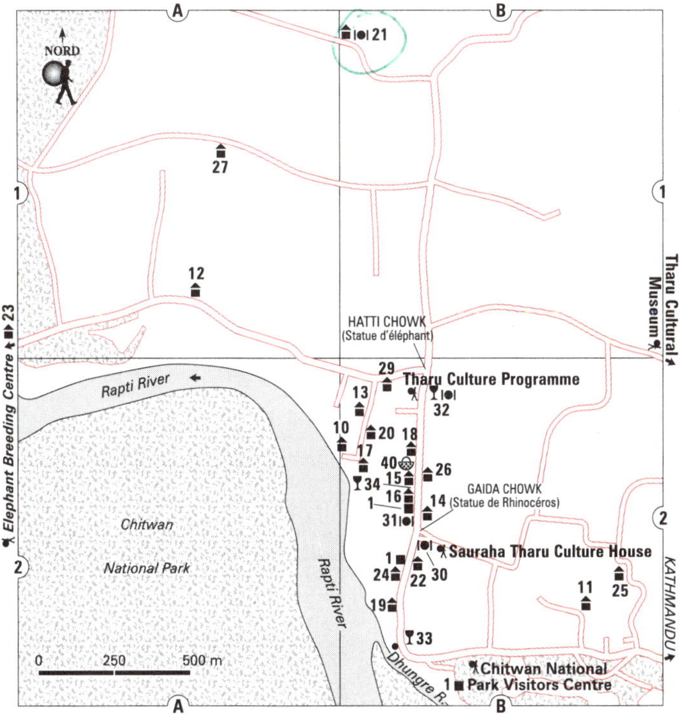


## SAURAHA



### Adresse utile

**1** United Jungle Guide Service (B2)

### Où dormir ?

**10** Jungle Wildlife Camp (A-B2)
**11** Rainbow Safari Resort (B2)
**12** Jungle Resort (A1)
**13** Tharu Lodge (B2)
**14** Family Guesthouse (B2)
**15** River View Jungle Camp (B2)
**16** Rhino Lodge and Hotel (B2)
**17** River Bank Inn (B2)
**18** Chitwan Resort Camp (B2)
**19** Holy Lodge (B2)
**20** Safari Club (B2)
**21** Sapana Village Lodge (B1)
**22** Royal Park Hotel (B2)
**23** Green Mansions (hors plan par A1)
**24** Hotel River Side (B2)
**25** Hotel Parkland (B2)
**26** Travellers Jungle Camp (B2)
**27** Sweet Home (A1)
**29** Hotel Jungle Lodge (B2)

### Où manger ? Où boire un verre ?

**21** Resto du Sapana Village Lodge (B1)
**30** Mustang Thakali Bancha Ghar (B2)
**31** KC's Restaurant (B2)
**32** Alfresco Restaurant (B2)
**33** Sunset Bars (B2)
**34** Accoustica Shisha Bar (B2)

### Achats

**40** Eco Bee Product (B2)

## Agences et associations

■ ***United Jungle Guide Service*** *(plan B2,* ***1****) : 3 bureaux, l'un à 20 m au nord du carrefour principal, un 2e en face du* Royal Park Hotel *et le dernier non loin du* Visitors Centre *à l'entrée du parc.* ☎ *69-36-91.* 📱 *98-12-21-60-12.* • *unitedjungleguide.com* • Comme son nom l'indique, cette agence est le fruit de l'association des guides de Sauraha. Ces derniers, plutôt que d'errer dans les rues à l'affût de clients potentiels, ont décidé de se regrouper pour offrir un meilleur service. L'argent récolté est ensuite partagé à parts égales. Une bonne idée ! Propose tous types de tours, d'une durée variable, jusqu'à l'excursion de plusieurs jours avec nuits chez l'habitant (en bordure du parc), en passant par les safaris en jeep, l'observation d'oiseaux *(bird watching)* dans le parc et aux alentours, la descente de rivière en pirogue...

## Où dormir ?



Toutes nos adresses sont équipées de ventilo, moustiquaires et du wifi. La majorité fait resto, mais rien ne vous empêche d'aller manger ailleurs. Elles organisent aussi toutes les balades que vous souhaitez dans le parc. Il n'est plus possible de dormir à l'intérieur de la réserve.

### De très bon marché à bon marché (moins de 20 $ ; 17 €)

🏠 ***Tharu Lodge*** *(plan B2,* ***13****) : sur la route de l'Elephant Breeding Centre, par un chemin sur la gauche (panneau).* ☎ *58-02-55.* 📱 *98-45-24-35-19.* • *tharulodge@gmail.com* • *Très bon marché.* Non loin de la rivière, des bungalows de taille différente, agréablement disposés dans un jardin fleuri, tous équipés de salle de bains, d'un ventilo et d'une terrasse. Certains bénéficient de la clim et de l'eau chaude. Lits bien fermes. Vraiment très correct pour le prix, d'autant qu'une petite piscine devrait prochainement être construite. Possibilité de louer des vélos.

🏠 ***Family Guesthouse*** *(plan B2,* ***14****) : dans la rue principale, à 2 pas du carrefour central.* ☎ *58-00-81.* 📱 *98-16-28-78-23.* • *oldandwild@hotmail.com* • *Très bon marché.* Les petites chambres, toutes simples, de plain-pied et un peu sombres, sont équipées de salle de bains et ventilo. Très propres et pas chères. Sinon, rendez-vous dans le bâtiment au fond du jardin pour des chambres climatisées et spacieuses au rez-de-chaussée ou plus chères à l'étage. Accueil familial gentil. Très bon rapport qualité-prix.

🏠 ***Hotel Jungle Lodge*** *(plan B2,* ***29****) : sur la route de l'*Elephant Breeding Centre. 📱 *98-55-06-61-80.* • *hoteljunglelodge.com* • *Bon marché. Petit déj compris.* Une dizaine de chambres dans 2 bâtiments de plain-pied, la plupart avec un grand et un petit lit, au calme dans un jardin, pas très loin de la rivière et de la grande rue ; nickel. Accueil sympa.

🏠 ***Jungle Resort*** *(plan A1,* ***12****) : sur la route de l'*Elephant Breeding Centre, *côté droit (panneau).* ☎ *58-00-39.* • *heritagejungleresort.com* • *Bon marché.* Devant un petit jardin, cette rangée de maisons basses abrite des chambres sommaires bien tenues, toutes avec salle de bains. Les plus chères, avec clim, sont plus récentes. Un bon plan.

### Prix moyens (20-50 $ ; 17-42 €)

🏠 ***Jungle Wildlife Camp*** *(plan A-B2,* ***10****) : sur la route de l'*Elephant Breeding Centre, *par un chemin sur la gauche (panneau).* ☎ *58-00-93.* 📱 *98-55-06-20-93. Résa à Kathmandu :* ☎ *(01) 426-89-31.* • *nepaljunglesafari.com* • Au bord de la rivière Rapti, animée par les éléphants à l'heure du bain et où les animaux du parc viennent parfois boire. Quel spectacle ! Les 2 bâtiments verts renferment des chambres nickel avec salle de bains. Les plus chères (fourchette haute), à l'étage, sont pourvues d'une terrasse et de la clim. Resto au-dessus de la rivière, avec transats sur le toit. Accueil pro sympa. Une bonne adresse.

**Rainbow Safari Resort** *(plan B2, **11**) : près du guichet du parc.* ☎ *58-01-03.* 📱 *98-51-07-57-15. Résa à Kathmandu :* ☎ *(01) 425-22-38. Fourchette basse.* L'édifice principal abrite des chambres fonctionnelles impeccables avec salle de bains. Également des chambres du même tonneau dans un long bâtiment bas donnant sur le jardin frais et reposant, toutes avec terrasse privée. Accueil sympa.

**River View Jungle Camp** *(plan B2, **15**) : dans la rue principale, près du carrefour central, en face d'un bureau de change.* ☎ *58-00-96. • rvjcnepal.com • Fourchette haute.* Voici de jolies maisonnettes en brique abritant d'agréables chambres confortables et très propres, toutes avec salle de bains et terrasse donnant sur le superbe jardin en bord de rivière. Les plus chères appartiennent à la rubrique « Chic ». Bon resto sur place. Accueil chaleureux. Excellent rapport qualité-prix.

**Rhino Lodge and Hotel** *(plan B2, **16**) : dans la rue principale, à 2 pas du carrefour central.* ☎ *58-00-65 ou 91. • rhinolodge.com.np • Fourchette basse.* Plusieurs bâtiments à étage enserrant un très beau jardin fleuri en bord de rivière, où les rhinocéros du parc viennent parfois boire. Chambres confortables et propres avec salle de bains, et clim pour les plus onéreuses. Bon accueil.

**River Bank Inn** *(plan B2, **17**) : sur la route de l'*Elephant Breeding Centre*, par un chemin sur la gauche (panneau).* ☎ *58-04-50.* 📱 *98-55-06-25-12. • riverbankinn.com.np •* Proche de la rivière, donc idéal pour le coucher du soleil, le bâtiment abrite des chambres simples et propres, certaines vraiment grandes, toutes à la déco vieillottes. Une poignée profite d'une vue sur l'eau. Bon rapport qualité-prix-situation. Terrasse avec vue sur la rivière.

**Sweet Home** *(plan A1, **27**) : Ratnanagar, à 1,5 km du centre.* ☎ *58-01-97. • sweethomechitwan.com • Transfert gratuit sur résa depuis l'arrêt de bus. Petit déj inclus.* Un hôtel au calme, dans un environnement campagnard (rizières en saison, *mustard flowers* en décembre). Des chambres impeccables, certaines avec balcon, plus quelques familiales. Les plus chères possèdent la clim. Douche à l'italienne, ventilo et TV. Fait resto (terrasse sur le toit avec vue). Bon petit déj. Prêt de vélos. Arrange aussi les tours au parc et dans les environs. Bon accueil en anglais de Krishna, à la fois pro et très chaleureux.

**Chitwan Resort Camp** *(plan B2, **18**) : dans la rue principale, tt proche du carrefour central.* ☎ *58-00-82.* 📱 *98-41-28-27-68. • chitwanresortcamp.com • Fourchette basse.* Les bungalows (dont certains climatisés) entourent un jardin fleuri parsemé de petits kiosques. Environnement agréable pour des chambres simples, mais impeccablement tenues, toutes avec salle de bains et petite terrasse privée. Resto sur place.

**Holy Lodge** *(plan B2, **19**) : juste au sud du carrefour principal.* ☎ *58-02-79.* 📱 *98-45-06-57-24.* Chambres simples et propres, disposant toutes de salle de bains et de balcon. Certaines donnent directement sur la rivière. Idéal pour admirer le coucher du soleil. Resto et bar sur place.

**Hotel River Side** *(plan B2, **24**) : au bout de la rue principale, côté rivière.* ☎ *58-00-09.* 📱 *98-45-27-15-98.* Une vingtaine de chambres fonctionnelles, propres et dotées de salle de bains, réparties dans plusieurs bâtiments roses plantés dans un carré de verdure en bord de rivière. TV dans les plus chères, situées à l'étage, avec terrasse. Eau chaude aléatoire. Fait aussi resto. Service dilettante.

**Safari Club** *(plan B2, **20**) : à env 500 m du carrefour principal, sur la route de l'*Elephant Breeding Centre*, par un chemin sur la gauche (panneau).* ☎ *58-04-81 ou 82. • chitwansafariclub.com •* Bâtiments kitsch à étage renfermant des chambres fonctionnelles avec salle de bains, TV et terrasse privée face à un carré de gazon fleuri. Très propre et à 2 pas de la rivière.

## Chic (50-80 $ ; 42-67 €)

**Sapana Village Lodge** *(plan B1, **21**) : au nord du village, en pleine*

LE TÉRAÏ

*campagne.* ☎ *58-03-08.* ● *sapana lodge.com* ● *Chambres doubles, triples et familiales, avec clim mais sans TV.* Cadre idyllique au bord de la rivière où les 5 éléphants du *lodge* viennent s'abreuver au petit matin (on ne les monte pas). *Sapana* signifie « rêve » en népalais. C'est celui d'un homme, Dhruba, le sympathique proprio, qui, aidé par des amis néerlandais, a créé ce complexe. En plus de proposer des prestations de qualité, il soutient une coopérative de femmes tharus (centre d'artisanat sur place, développement du microcrédit) et aide à la scolarisation d'enfants de la communauté. Les différents bâtiments pourvus d'un étage sont décorés sobrement et avec goût (pas mal d'objets recyclés). Environnement calme, si ce n'est les bruits de la faune la nuit... Excellent resto sur place avec vue sur la rivière depuis la terrasse (voir plus loin « Où manger ? Où boire un verre ? »). Spa, yoga, terrasse pour la méditation. On plébiscite ! Notez aussi que le *lodge* organise une journée à la rencontre des éléphants (marche, nettoyage de leur enclos, nourrissage...) avec les 3 repas inclus.

**Royal Park Hotel** *(plan B2,* ***22****) : au bout de la rue principale, près de la rivière.* ☎ *58-00-61. Résa à Kathmandu :* ☎ *(01) 441-29-87.* ● *royal parkhotel.com.np* ● Voici d'agréables maisonnettes plantées au cœur d'un grand jardin fleuri avec micro-piscine. Plaisantes chambres nickel, confortables et aménagées avec soin en utilisant de beaux matériaux. Resto-bar avec terrasse. Accueil pro. L'un des hôtels « chic » du coin, qui ne vide pas pour autant le porte-monnaie.

**Travellers Jungle Camp** *(plan B2,* ***26****) : dans la rue principale.* ☎ *58-00-13.* 📱 *98-55-05-58-45.* ● *nepaljun glecamp.com* ● Autour d'un joli jardin fleuri, planté de manguiers, ces maisons basses ou à étage renferment des chambres propres avec salle de bains et terrasse ; clim et TV pour les plus chères, situées au 1er. Resto sur place et, au bout du jardin... 2 éléphants.

### Plus chic (80-120 $ ; 67-100 €)

**Green Mansions** *(hors plan par A1,* ***23****) : à env 2 km de Sauraha, sur la route de l'*Elephant Breeding Centre, *par une piste sur la droite (panneau).* ☎ *58-00-88. Résa à Kathmandu :* ☎ *(01) 422-18-54.* ● *greenman sionsresort.com* ● Au beau milieu des champs agricoles parsemés de cahutes paysannes en terre et bambou, une trentaine de jolies chambres, distribuées dans plusieurs belles maisonnettes en dur. Eau chaude solaire et déco discrète de bon goût. Le tout dans un joli jardin fleuri, tout proche du parc. Resto sur place. Accueil prévenant.

**Hotel Parkland** (plan B2, **25**) : *dans la campagne, du côté du guichet du parc.* ☎ *58-03-44.* 📱 *98-55-06-20-68.* ● *hotelparkland.com.np* ● Plusieurs bâtiments à étage cernant un large jardin verdoyant, ombragé et fleuri. Chambres fonctionnelles et bien tenues mais sans grand charme, toutes avec clim et terrasse privée. Agréable jardin. Fait aussi resto. Accueil serviable.

## Où manger ? Où boire un verre ?

Plein de baraques à *momos* ou brochettes le long de la rue principale, au nord du carrefour principal. Ici, la spécialité ce sont les *momos* de buffle, qu'on trouve quasi partout. Ça cale et ce n'est vraiment pas cher. On trouve aussi des petits restos de campagne chez l'habitant, très sympa, mais pas faciles à dénicher.

**Mustang Thakali Bancha Ghar** *(plan B2,* ***30****) : au carrefour central.* Cadre, genre cantine, moins charmant que ses voisins immédiats, certes, mais plats nettement plus goûteux (tout est relatif quand même), à prix très raisonnables. Traditionnel *thakali,* mais aussi des plats chinois, indiens et autres. Cuisine ouverte.

LE TÉRAÏ

**KC's Restaurant** *(plan B2,* ***31****) : au carrefour central. ☎ 58-03-09. Tlj midi et soir.* Le plus vieux resto de Sauraha. Le nom *KC's* vient du fait que le proprio appartient à l'ethnie des Khatris et à la caste Chhetri... La salle-terrasse ouvre sur un vaste et magnifique jardin donnant sur la rivière, avec balançoire. Grande cuisine ouverte où l'on mitonne un excellent poisson d'eau douce, servi avec de bons légumes. Également des plats internationaux de très bonne tenue, avec une petite préférence pour leur cuisine indienne. Excellent service.

**Resto du Sapana Village Lodge** *(plan B1,* ***21****) : à env 15 mn à pied au nord du village. Voir « Où dormir ? ».* Cuisine travaillée, bon poisson frais, goûteux *dal bhat,* le tout servi dans un cadre enchanteur, au bord de la rivière.

**Alfresco Restaurant** *(plan B2,* ***32****) : à 50 m de la statue de l'éléphant, dans la rue principale, à côté de la Suryodaya Guesthouse. ☎ 58-00-08.* Le rendez-vous des locaux et des touristes, installés à la terrasse du 1er étage. Bien pour boire un verre avec vue sur l'animation du village. En revanche, cuisine internationale moyenne.

**Sunset Bars** *(plan B2,* ***33****) : au bout de la rue principale, après le Holy Lodge, face à la rivière.* C'est ici qu'il faut venir boire un verre en fin d'après-midi pour admirer le coucher du soleil. La zone s'est modernisée. Des dizaines de cafés alignent leurs transats face à la rivière.

**Accoustica Shisha Bar** *(plan B2,* ***34****) : au nord du principal carrefour, côté gauche en remontant la rue. Tlj 7h-22h.* À l'étage, on vient y boire un verre, tester une chicha, pipe à eau très répandue au Proche-Orient, plus inhabituelle sous ces latitudes, et écouter de la musique. Concerts régulièrement programmés en saison le vendredi.

LE TÉRAÏ

## Achats

On trouve de tout à Sauraha, dans la rue principale, miel compris.

**Eco Bee Product** *(plan B2,* ***40****) : entre le Chitwan Resort Camp et le River View Jungle Camp.* Pour les amateurs, une production maison de bon miel. On déguste tous les produits avant d'acheter.

# À faire : la visite du parc national de Chitwan

*Le guichet du parc se trouve à l'extrémité de la rue principale, face à la rivière (plan B2). • chitwannationalpark.gov.np • Tlj 6h-9h, 12h-16h. Billet : 2 000 Rps.*

– **Avertissement :** pour votre sécurité, il est INTERDIT de pénétrer dans le parc seul. Il est OBLIGATOIRE de prendre un guide (souvent 2 imposés) pour le visiter. À la tombée de la nuit, il faut être rentré au bercail, car les rhinos sillonnent la jungle à la recherche de leur nourriture et d'un point d'eau, tandis que les tigres voraces, d'ordinaire discrets, se mettent en chasse. Si un rhino charge, monter (si possible...) sur un arbre (solide de préférence) et attendre patiemment, ou alors courir sur le côté et jeter un vêtement assez loin pour détourner la bête qui, à défaut de bien voir, a un odorat particulièrement développé et sera attirée par l'odeur de l'habit. Ne pas prendre ces conseils à la légère car les rhinos font souvent des victimes ! Ils sortent parfois aussi du parc la nuit pour ravager les terres cultivées et viennent même jusque dans les jardins des hôtels ! Se méfier surtout des femelles flanquées de leur rejeton.

Mais l'animal le plus dangereux reste le *sloth bear,* un ours avec un collier de poils plus clairs autour du cou. Il s'attaque à l'homme et grimpe aux arbres. Si on le voit de loin, s'éloigner lentement, sans courir. Sinon, impossible de lui échapper, sauf, paraît-il, en frappant le sol ou (plus téméraire) en lui tapant sur le nez avec un bâton, ou encore en se livrant à un striptease, abandonnant un à un ses vêtements derrière soi. Entraînez-vous avant le départ !

Le tigre du Bengale, lui, est un grand prédateur d'un naturel peureux. Il s'attaque rarement aux hommes. Mais si cela arrive, sachez simplement que la chair humaine devient alors son mets favori ! Rassurez-vous, aucun problème si vous êtes à dos d'éléphant ou en jeep, et de toute façon, on en recense de moins en moins dans le parc.

– La visite se fait avec 1, parfois 2 guides anglophones certifiés, qui accompagnent les différentes activités : trek, descente de rivière en pirogue, balade à dos d'éléphant (mais là, on déconseille, lire plus loin), excursion en jeep, etc., et se chargent aussi d'acheter le billet d'entrée. Selon la durée de votre séjour sur place, vous pouvez opter pour une ou plusieurs activités, le plus simple étant de s'adresser à l'une des agences de Sauraha (voir plus haut « Adresses utiles ») ou aux hôtels qui proposent des packages tout compris : pension complète sur 1 à 3 nuits et activités. Noter que le *Visitors Centre* pratique des tarifs gouvernementaux, plus chers que dans les *lodges* ou les agences.

Bien sûr, plus vous passerez de temps dans le parc, meilleures seront vos chances de rencontrer ses habitants, sachant que le tigre et l'ours lippu se font très discrets... Le matin à la fraîche et la fin de l'après-midi demeurent les meilleurs moments pour l'observation des animaux. On conseille de porter des vêtements de couleur neutre, de ne pas se parfumer et de ne faire aucun bruit. Par ailleurs, oublier les shorts et les sandales, inadaptés aux « virées dans la jungle ». Des jumelles vous seront très utiles, ainsi qu'une lotion antimoustiques.



## Activités

**Descente de rivière en pirogue :** *compris dans un package proposé par une agence. 2 points de départ reliés en jeep, soit jusqu'à l'*Elephant Breeding Centre *(à env 3 km du centre), puis marche dans la forêt jusqu'à l'embarcadère de Baghmara, soit jusqu'à Jankaoli, à 15 mn en voiture au sud de Sauhara.* La balade la plus sympa à faire dans le parc. Les pirogues, d'une capacité de 10 à 15 personnes, sont creusées d'un seul tenant dans des fromagers, ces arbres aux racines larges et impressionnantes. Proche de l'eau, on observe les oiseaux et surtout les crocodiles des marais (*mugger crocodile* en anglais), ainsi que des gavials endormis (sauf vers la fin de la mousson), qui ont vraiment l'air d'être empaillés. On reconnaît ces derniers à leur gueule fine et allongée, comparativement aux crocodiles des marais, bien mastoc. Par chance, ils n'ont pas l'air de vouloir attaquer les pirogues. Les pêcheurs sont parfois moins chanceux ! Néanmoins, une balade très sereine, qui permet aussi d'admirer une grande variété d'oiseaux.

**Excursion en jeep :** *janv-mai seulement. Compter env 500 Rps/pers pour une excursion de 2h, également des balades de 4h possibles (2 départs/j.) dans de vieux 4x4 brinquebalants avec plateforme et sièges. Se rendre la veille dans une des agences du village pour former un petit groupe qui remplira la jeep (jusqu'à 9 places).* On parcourt environ 40-50 km, ce qui est assez long, sans garantie de voir beaucoup d'animaux, ce qui n'en fait pas notre balade préférée... Plus de chance de voir des daims que des rhinocéros, même si, heureusement, ça arrive. Éviter la place à côté du chauffeur, plus basse et donc à la visibilité moins bonne. Il est aussi possible de faire une balade d'une journée (environ 80 km), mais là, il faut vraiment être un acharné du 4x4 !

**Avec les éléphants :** la balade à dos d'éléphants reste malheureusement toujours l'activité emblématique du coin. Elle a donné lieu à de nombreuses dérives conduisant à des réactions dangereuses de la part d'animaux maltraités (coup de trompe, etc.). De même, prendre un bain avec les éléphants n'est pas conseillé. Les défenseurs de l'espèce rappellent que le bain doit être un moment de socialisation et de jeu pour les pachydermes, sans que les visiteurs n'interviennent.

Aujourd'hui, l'association StandUp4Elephants œuvre pour améliorer les conditions de vie des mammifères captifs... et de leurs cornacs, à peine mieux lotis selon l'organisation. Il s'agit, à terme, de les rendre à « un état de semi-liberté dans un sanctuaire national ». En attendant, elle a lancé le programme *Elephant Happy Hour* (lire plus bas) pour sensibiliser et accompagner les propriétaires vers de nouvelles pratiques : lui apporter des soins plus réguliers et une nourriture plus adéquate, ne plus l'entraver, abandonner le dressage des plus jeunes, s'apparentant à de la torture *(« hard training »)* qui peut durer de 1 à 3 semaines.

### UN PROCESSUS BIEN CRUEL

*Pour les domestiquer, les dresseurs font subir au pachyderme un rituel, dont le but est de briser l'esprit de l'animal. Par la violence (mise en cage, chaînes, lances en métal, privation de nourriture...), ils le forcent à se soumettre. Une fois le rituel terminé, l'éléphant est psychologiquement cassé et prêt à obéir à l'homme.*

Cette prise de conscience s'opère dans l'ensemble des pays d'Asie, même si dans chacun d'eux la situation est très différente. Au Népal, la population sauvage et domestique est modeste et relativement stable, notamment du fait d'une campagne anti-braconnage qui porte ses fruits. De plus, la grande majorité des éléphants domestiques travaillent dans le tourisme. Leurs conditions de vie peuvent donc évoluer dans un sens positif, car elles ne dépendent que de la demande des visiteurs. À nous de jouer !



**Elephant Happy Hour** (promenade avec un éléphant) ou **visite de la Maison des Éléphants** : *rens et inscriptions min 24h avt par tél au 98-09-25-00-86, sur la page Facebook de l'association StandUp4Elephants, auprès du Shantiko Kitchen (à Sauraha, au niveau de la Rhino Statue), ou sur • info@su4e.org • su4e.org • Prix : 2 000 Rps/pers pour l'Elephant Happy Hour (durée : env 3h, comprenant une séance d'infos, le transport aller-retour jusqu'au lieu de rdv et la promenade elle-même). Pour la Maison des Éléphants, prix libre.* L'association a 2 objectifs : d'une part mettre à la retraite des éléphants âgés ou malades en les rachetant (mais le prix reste très élevé) ; d'autre part, démontrer aux propriétaires qu'il est possible d'utiliser autrement les éléphants captifs, pour qu'ils vivent en meilleure santé. L'association leur loue l'animal le temps d'une balade, avec des touristes qui ne montent plus sur son dos mais marchent avec lui, en l'observant faire ce qu'il veut : se nourrir, se rouler dans la boue, se baigner dans la rivière ou se gratter longuement contre un arbre. Ils ont l'occasion d'interférer avec lui en début et en fin d'activité en lui offrant fruits et légumes.
Si aucun pachyderme n'est disponible pour la balade, il est possible de visiter **la Maison des Éléphants** (également sur rdv). La visite inclut une présentation du refuge, ainsi qu'une rencontre avec une éléphante sauvée du circuit touristique, doublée d'une information détaillée sur les conditions de vie des éléphants captifs au Népal et les contraintes pesant sur toutes actions visant à les améliorer. Une initiative éthique, à saluer, et une occasion unique d'approcher avec respect cet animal extraordinaire.

***Observation des oiseaux :*** *compter env 4 500 Rps/pers pour une journée complète ou 2 500 Rps pour 4h.* Les ornithologues en herbe (ou pas) auront peut-être la chance d'apercevoir quelques-unes des 569 espèces recensées dans la réserve : ibis noirs, aigrettes, hérons, petits cormorans, martins-pêcheurs pour ne citer qu'eux, sans compter les nombreux oiseaux migrateurs.

***Tower Night Stay :*** *proposé par ttes les agences. Départ à 16h30, retour à 7h. Compter 3 500 Rps/pers, en ½ pens.* Pour les inconditionnels de la vie sauvage, il est possible de passer une nuit dans la jungle, hors du parc, dans une *Nepali Macchan,* une cabane perchée dans un arbre.

## À voir

***Visitors Centre*** *(plan B2)* **:** *à côté du guichet du parc, qui se trouve à l'extrémité de la rue principale, face à la rivière. Tlj.* Quelques panneaux explicatifs sur la faune, la flore et l'ethnologie locales. Il faut se donner la peine de lire. Parfois, un conférencier peut vous en dire plus (se renseigner sur sa présence, aléatoire).

***Elephant Breeding Centre*** *(centre de reproduction des éléphants ; hors plan par A1)* **:** *à env 3 km de Sauraha, dans la zone tampon. Compter 45 mn à 1h de marche depuis Sauraha, mais on peut y aller à vélo par une route en grande partie goudronnée ou l'inclure dans la descente de rivière en pirogue. Tlj 6h-16h. Entrée : 100 Rps. Conseil : venir de 6h à 10h ou dès 16h jusqu'au coucher du soleil, car entre-temps, les éléphants sont dans la jungle pour se nourrir (min 250 kg de verdure/j. chacun !).* Ce centre a pour vocation de préserver l'espèce en favorisant les conditions de reproduction des éléphants domestiques au Népal. On en compte une centaine, le double en ajoutant ceux qui appartiennent aux *lodges.* Il faut savoir qu'un propriétaire n'a pas forcément intérêt à ce que la femelle tombe enceinte, car entre la gestation de 2 ans et l'allaitement, ce sont 4 ans d'inactivité et donc de perte de revenus pour lui et sa famille... Par ailleurs, il est très difficile de rendre ces animaux à l'état sauvage (il existe une expérience tentée au Sri Lanka), d'où cette option choisie par le centre. On observe ici, sous de hauts et longs auvents en tôle, des pachydermes de tous âges : nouveau-nés avec leurs parents, « ados », jumeaux... Dans une salle à l'entrée, quelques panneaux explicatifs (en anglais) renseignent sur les principales caractéristiques de ce 2e plus grand animal terrestre après son cousin d'Afrique. Au Népal, on recense encore 130 éléphants sauvages, ainsi qu'un troupeau de 50 à 75 individus qui migrent chaque année de l'Inde. À Chitwan, on en compte entre 25 et 30. La plupart se trouvent en fait à Bardia, une réserve à l'ouest du pays.
Voir aussi l'*Elephant Stable,* près de l'entrée du parc, le lieu où les pachydermes viennent se reposer après leur dure journée de balades touristiques.

### POUR NE PAS SE TROMPER

*Sur les 350 espèces d'éléphants qui existaient il y a 50 millions d'années, il n'en reste aujourd'hui plus que... 2 : celle d'Afrique et celle d'Asie. L'éléphant d'Asie, de taille plus modeste, possède un seul doigt à sa trompe (2 chez le cousin africain), mais 2 bosses sur son crâne et des oreilles plus petites. Par ailleurs, seuls certains mâles portent des défenses, et pas les femelles.*

***Tharu Culture Programme*** *(plan B2)* **et *Sauraha Tharu Culture House*** *(plan B2)* **:** *le 1er se trouve sur la route principale, au nord du carrefour central, le 2d à l'est du carrefour principal. Entrée : 200 Rps. Ts les soirs ; début du spectacle entre 18h30 et 20h (selon saison). Durée : 1h.* Présentation des danses traditionnelles tharus, danse du paon et autre *stickdance.* Ambiance bon enfant. En revanche, éviter les visites des habitations tharus, organisées de façon pas toujours très respectueuse. Si vous logez en *lodge,* vous aurez aussi droit à ce genre de spectacles...

***Tharu Cultural Museum*** *(hors plan par B1-2)* **:** *à l'est du village. Tlj 7h-18h. Entrée : 100 Rps.* Exposition d'objets usuels, d'outils agricoles appartenant à cette communauté principalement rurale, la première à s'être installée dans le Téraï et la plus importante ethnie du Népal. Plusieurs panneaux (en anglais) et quelques scènes, illustrées par des mannequins, expliquent les principales étapes qui rythment la vie des habitants (mariage, cérémonies liées à l'accouchement, fêtes religieuses, etc.). Modeste, mais permet d'en apprendre un peu plus sur le peuplement de la région.

**Crocodile Farm** *(carte parc national de Chitwan)* **:** *à* ***Kasara,*** *au milieu du parc, à env 18 km de Sauraha (nécessaire d'y aller en jeep). Ouv tlj du lever au coucher du soleil. Entrée : 100 Rps.* On y soigne les œufs de reptiles recueillis dans le parc et l'on y aide les petits à grandir, avant d'en relâcher certains à l'âge adulte. On peut ainsi voir plusieurs espèces dans des enclos, à différents stades de leur vie : le gavial, au museau étroit et allongé, peut atteindre 7 m, mais il ne mange que du poisson. Le *mugger,* lui, est plus court et trapu. En revanche, il dévore tout, y compris des hommes s'il en a l'occasion ! Ce lieu sert aussi de centre de soins pour les reptiles orphelins ou mal en point.

## MEGHAULI

Avec l'interdiction désormais de dormir dans le parc et la forte densité d'hôtels à Sauraha, le village de Meghauli (prononcer « mégaoli »), situé à l'orée de la réserve offre une alternative pour qui recherche le calme en pleine nature. D'autant que l'environnement bucolique au bord de la rivière Batari est enchanteur.
Peu de choix dans les adresses pour l'instant, mais du coup, la région est tranquille. Ce point de départ permet aussi de visiter une autre partie de la réserve, moins fréquentée. Les hébergements organisent toutes les excursions dans le parc et s'occupent de l'achat du billet d'entrée.



### Arriver – Quitter

Prévoir un transfert avec votre hébergement depuis les gares routières de Narayangadh ou Bharatpur. Compter env 1h30 de route et de piste depuis Bharatpur.

### Où dormir ?

Les hébergements proposent en principe des forfaits de 2 nuits et 3 jours, qui comprennent, outre la pension complète, une journée et demie d'excursion dans le parc.

**Chitwan Bamboo Lodge :** *dans le village principal, avt la rivière, à gauche.* 98-45-42-00-51. • *chitwan bamboolodge.jimdo.com* • *Forfaits 3 j./2 nuits 150 $/pers ou 4 j./3 nuits. Possibilité de résa à la nuitée seulement ; prévoir 1 500 Rps pour 2. Pas de CB.* Petite marche le long de la rivière Batari avant d'accéder plus haut à 2 rangées de bungalows au milieu des champs. Architecture traditionnelle en roseau, qui ne sacrifie pas le confort pour autant puisque chaque hutte dispose d'une salle de bains... carrelée ! Salle commune avec un bar ; ambiance western. Très bon accueil.

**Barahi Jungle Resort :** ☎ *69-54-47. Résa à Kathmandu : (01) 441-11-13.* • *barahijunglelodge.com* • *Prévoir 950 $ pour 2 le forfait de 2 nuits/3 j. (230 $/nuit pour 2, avec le petit déj mais sans les activités). CB acceptées.* Le *resort* de luxe au bord de la rivière Rapti, avec le parc national en ligne de mire. Bungalows au toit de chaume, construits sur pilotis (bas). Chambres tout confort à la déco tendance jungle avec, pour chacune, un balcon offrant une vue magnifique sur la rivière et le parc national. Spa et bar sur place.

# LE TÉRAÏ DE L'OUEST

## LUMBINI

IND. TÉL. : 071

• Plan p. 222-223

**Petite par sa taille, cette ville, à la frontière indienne, revêt une importance capitale quant à l'histoire des civilisations : Lumbini est en effet le berceau du bouddhisme. C'est là que naquit Siddharta Gautama, encore appelé Sakyamuni, en un mot, le Bouddha. Héritier d'une famille royale, Siddharta découvre la misère du monde à l'âge de 29 ans au cours de quatre promenades à cheval dans la ville. Il décide alors de tout abandonner et de chercher la voie de la délivrance de toutes les souffrances humaines. Après des années d'ascèse et de méditation, il reçoit enfin l'Illumination qui fait de lui le Bouddha « Éveillé ». Lire aussi la partie consacrée au bouddhisme dans la rubrique « Religions et croyances » en fin de guide.**

**Si aujourd'hui la région est peuplée de musulmans, d'hindous et de bouddhistes, Lumbini reste un lieu de pèlerinage sacré pour les 600 millions de bouddhistes du monde entier. Le site, très ancien puisque les premières habitations remonteraient au VI^e s av. J.-C., est également appelé *Rupandehi.* Il fut longtemps plus célèbre pour ses souvenirs que pour ses monuments. En 1967, le secrétaire général de l'ONU, le Birman U'Thant, bouddhiste convaincu, vient en pèlerinage à Lumbini. Il est choqué par l'état d'abandon du site sacré. Il lance alors « le plan Lumbini » et le place sous l'égide de l'Unesco. L'idée est de créer ici une capitale universelle du bouddhisme, dans le berceau même où naquit, il y a près de 2 500 ans, le fondateur de cette grande philosophie religieuse orientale.**

### Arriver – Quitter

#### En bus

La plupart des bus s'arrêtent devant l'entrée principale du site *(plan D1).*

➢ ***Sauraha (Chitwan) :*** bus direct seulement à 6h30. Env 4h30 de trajet pour parcourir 180 km.

➢ ***Kathmandu :*** trajet direct le mat à 4h et le soir à 18h30-19h30 avec des bus touristiques (avec ou sans clim). Prévoir 8-9h de trajet.

➢ ***Pokhara :*** la compagnie *Mountain Overland* (98-57-02-56-98 ; • mountainoverland.com •) assure 1 départ/j., tôt le mat, dans les 2 sens. Sinon, bus local pour Bhairahava, et de là, bus touristique (sans clim).

#### En avion

➢ ***Kathmandu :*** plusieurs vols/j. à destination de Bhairahava, à env 20 km de Lumbini, avec *Shree Airlines* (☎ 52-42-60 ; • shreeairlines.com •), *Buddha Air* (☎ 52-68-93 ou 52-28-93 ; • buddhaair.com •) et *Yeti Airlines* (☎ 52-75-27 ou 52-75-28 ; • yetiairlines.com •). Durée : 25 mn.

### Adresse utile

■ ***Distributeurs automatiques*** *(plan C1 et D1,* ***1****)* **:** *de part et d'autre de la rue, face à l'entrée principale.*

## Où dormir ?

Beaucoup d'hôtels se sont implantés dans le nouveau village, en bordure du complexe. Les adresses les moins chères se situent près de l'entrée principale, les catégories supérieures étant plus éloignées. N'hésitez pas à négocier, surtout en basse saison et dans les établissements haut de gamme.

### De très bon marché à bon marché (moins de 20 $; 17 €)

**Lumbini Village Lodge** *(plan C1, **10**)* **:** *à 100 m de l'entrée principale du site.* ☎ *58-04-32.* *98-47-03-06-34.* • *lumbinivillagelodge@yahoo.com* • *Très bon marché.* Les chambres sont distribuées autour d'un patio tout en longueur, ouvert en son extrémité sur la campagne. La plupart sont assez basiques, mais elles sont toutes équipées de ventilo et salle de bains. Les plus chères profitent de plus d'espace. On aime bien les 2 terrasses agrémentées de plantes vertes qui surplombent la rue. Loue des vélos, des scooters et organise des visites du Mayadevi Temple, aux villages des environs et à Kapilavastu, à 28 km de Lumbini, ancienne capitale royale où vécut Siddharta Gautama avant de devenir Bouddha. Très bon accueil.

**Buddha Bhoomi Guesthouse** *(plan D1, **11**)* **:** *dans une rue quasi en face de l'entrée principale du site.* ☎ *58-03-26.* • *buddhabhoomiguesthouse@gmail.com* • *Bon marché.* Si l'environnement champêtre est jonché de détritus, en attendant de nouvelles constructions, les chambres simples, avec ventilo et aux salles de bains carrelées, sont correctes pour le prix. On peut y acheter ses tickets de bus. Bon accueil.

**Lumbini Guesthouse** *(plan C-D1, **12**)* **:** *dans la rue principale, quasi face au Lumbini Village Lodge.* ☎ *54-08-28. Bon marché.* Le grand bâtiment blanc à l'arrière de la réception (sombre) abrite des chambres carrelées, avec salle de bains et ventilo. Pas mal pour le prix.

### Prix moyens (20-50 $ ; 17-42 €)

**Sunflower Travellers Lodge** *(plan C1, **13**)* **:** *non loin de l'entrée principale du site.* ☎ *58-00-04.* *98-08-12-04-32.* • *sunflower-tl.com* • Le petit jardin bien entretenu à l'avant lui donne un côté plaisant. Cet hôtel, tenu par des Chinois, propose des chambres propres avec ventilo. Matelas bien fermes ! Massage, réservation de bus. Resto.

**Ananda Inn** *(plan D1, **14**)* **:** *dans une rue quasi face à l'entrée principale du site.* ☎ *58-03-24.* • *hotelanandainn.com* • *Fourchette haute.* Bâtiment en brique à l'intérieur plutôt moderne et au charme supérieur à la moyenne. Très bon rapport qualité-prix et accueil à la hauteur. Fait également resto ; voir plus loin « Où manger ? ».

### Très chic (plus de 120 $ ; 100 €)

**Lumbini Hotel Kasai** *(plan A2, **16**)* **:** *au nord du complexe, près de la World Peace Pagoda.* ☎ *40-40-36 ou 37.* • *lumbinihotelkasai.com* • *Double 150 $, taxes et petit déj inclus.* Principalement fréquenté par une clientèle japonaise. Chambres spacieuses et impeccables au charme toutefois classique. Les suites, dans un style japonisant, sont beaucoup plus chères. Sur place, 2 restos, un occidental et un japonais (voir plus loin « Où manger ? »).

**Buddha Maya Gardens** *(plan D1, **15**)* **:** *à 500 m au sud de l'entrée principale.* ☎ *58-02-20. Résa à Kathmandu :* ☎ *(01) 470-06-32.* • *bmg.com.np* • *Doubles 90-120 $ selon confort, petit déj inclus mais pas les taxes (23 %).* Les grands bâtiments en brique abritent 2 types de chambres : aux « moins chères », d'un mauvais rapport qualité-prix, préférer les *super deluxe*, spacieuses, carrelées et dotées de belles salles de bains. La plupart ont vue sur le jardin et le bassin de lotus. Prix toutefois un peu excessifs. Resto sur place.

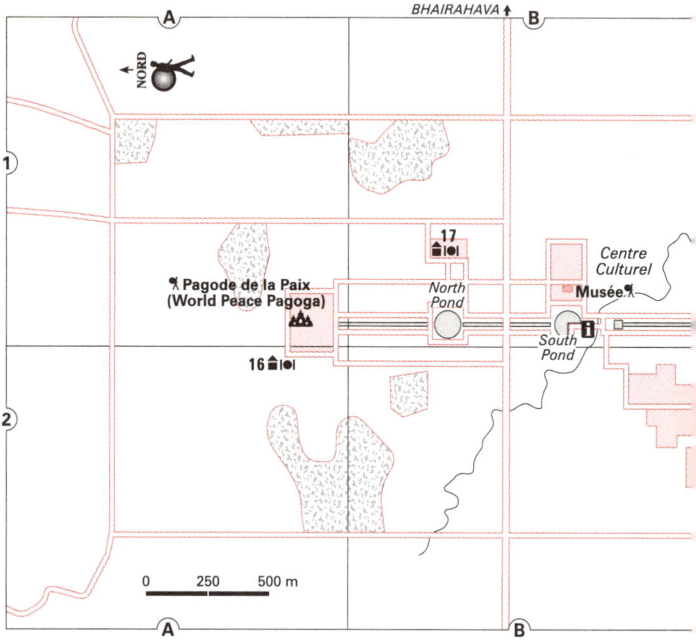


| | |
|---|---|
| ■ **Adresse utile** | **11** Buddha Bhoomi Guesthouse (D1) |
| **1** Distributeurs automatiques (C1 et D1) | **12** Lumbini Guesthouse (C-D1) |
| | **13** Sunflower Travellers Lodge (C1) |
| **Où dormir ?** | **14** Ananda Inn (D1) |
| **10** Lumbini Village Lodge (C1) | **15** Buddha Maya Gardens (D1) |

***Lumbini Hokke Hotel*** *(plan B1, **17**)* **:** *au nord du complexe, près de la World Peace Pagoda.* ☎ *40-40-56 ou 57.* • *hokkelumbini.com* • *Double env 140 $.* Chambres au style occidental et japonais dans de petits bâtiments en brique autour d'un gazon impeccable. Les chambres orientales, avec matelas au sol, peuvent accueillir jusqu'à 4 personnes ; des panneaux coulissants *(washi)* séparent les espaces. Une expérience à vivre pour des Occidentaux. Les « occidentales » sont plus petites. Ensemble propre et bien tenu.

## Où manger ?

***Three Vision*** *(plan D1, **20**)* **:** *face au Lumbini Village Lodge. Tlj 8h-21h. Bon marché.* Quelques tables sur la rue (attention aux mouches) ou à l'intérieur. Une petite carte sans prétention et sans surprise : plats

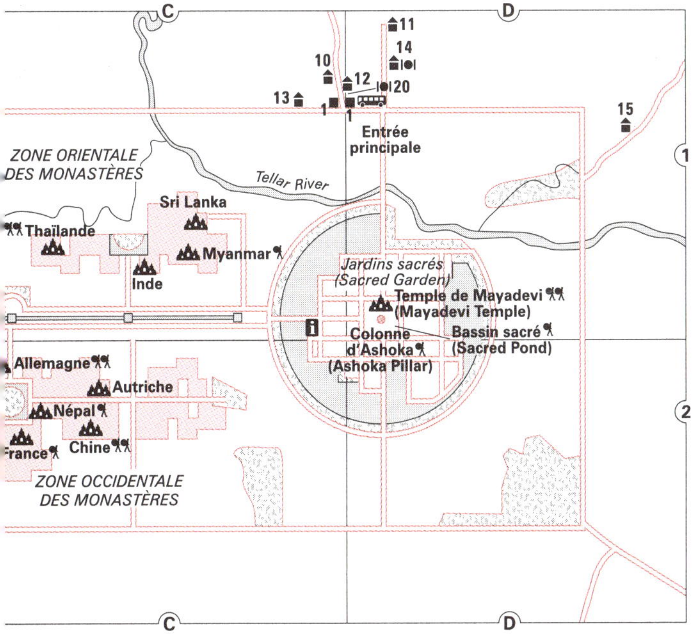


## LUMBINI

**16** Lumbini Hotel Kasai (A2)
**17** Lumbini Hokke Hotel (B1)

**Où manger ?**

**14** Resto de l'hôtel Ananda Inn (D1)
**16** Resto japonais du Lumbini Hotel Kasai (A2)
**17** Resto du Lumbini Hokke Hotel (B1)
**20** Three Vision (D1)

népalais, indiens et chinois. Bon rapport qualité-prix.

**|●| *Resto de l'hôtel Ananda Inn*** *(plan D1,* ***14*****)** **:** *dans la rue quasi en face de l'entrée principale du site. Voir plus haut « Où dormir ? ». Plats bon marché.* On peut se poser dans la grande salle ou dans le petit jardin à l'arrière avec une table installée sous un kiosque. Plats, indiens pour la plupart, pas mauvais du tout, à prix très raisonnables. Très bon accueil.

**|●| *Resto japonais du Lumbini Hotel Kasai*** *(plan A2,* ***16*****)** **:** *voir plus haut « Où dormir ? ».* Tables basses autour desquelles on mange en tailleur, à genou ou les pieds sous la table (un espace est prévu à cet effet, bien pratique pour ceux qui n'ont pas l'habitude). Cadre agréable, en bois et larges baies vitrées. *Teriaky, foilyaki* en *set* (avec soupe miso, riz et légumes). Bon et copieux. Dans une 2e salle, on sert des plats occidentaux dans un décor ad hoc. Service pro.

**|●|** Voir aussi le ***resto du Lumbini Hokke Hotel*** *(plan B1,* ***17****)* qui jouit d'une bonne réputation (catégorie « Chic »). Spécialités japonaises et thaïes.

# À voir

## Le site

Sur une vaste zone de 5 km², chaque pays abritant une communauté bouddhiste a la possibilité de financer et de bâtir une pagode ou un monastère, selon son style national. Les constructions ont commencé dans les années 1990 et se poursuivent encore aujourd'hui.
Le site a du charme : l'eau (le canal, l'étang qui entoure les jardins sacrés) et la verdure en font un lieu de promenade agréable pour les uns, de méditation privilégié pour les autres. Il est aussi animé par les nombreux bouddhistes venus souvent en famille... et surtout d'Inde (environ 70 %).

### Infos pratiques

- ***Orientation :*** le complexe est divisé en plusieurs parties distinctes. Au sud, les jardins sacrés avec le temple de Mayadevi et la colonne d'Ashoka. Au nord, le centre d'information et le musée. Un canal relie les deux, s'étirant du sud au nord sur une longueur de 1,6 km. Il sépare la zone monastique en une partie orientale et occidentale.
- ***Guichets et tarif :*** *il existe 2 guichets, l'un au centre d'information, à l'extrémité nord du canal (plan B1, tlj 6h-18h), l'autre au niveau des jardins sacrés (plan C1, tlj 5h-20h). Entrée : 200 Rps ; droit photo : 100 Rps.*
- ***Horaires :*** les monastères ouvrent en principe jusqu'à 19h et ferment entre 12h et 13h. Les prières se déroulent généralement le matin entre 5h30 et 6h30, en soirée vers 18h30-19h.
- ***Comment visiter le complexe ?*** À pied, mais compte tenu de la superficie, on marche beaucoup. En *tuk-tuk* : ils attendent tous à l'entrée principale et dans la zone des monastères.

### Les jardins sacrés

*Au sud du complexe. On se déchausse avt d'entrer dans l'enceinte des jardins.*
C'est là que la reine Mayadevi mis au monde Siddharta Gautama. Entourés par un vaste étang circulaire, les jardins réunissent le temple de Mayadevi, la colonne d'Ashoka et le bassin sacré, témoins de cet événement fondateur.
Pour se mettre dans l'ambiance, il faut imaginer la reine qui fait route depuis Kapilvastu où elle réside (actuelle Tilaurakot, à 23 km de Lumbini) vers son village natal de Devadaha pour accoucher. En chemin, elle se repose dans les jardins de Lumbini où elle ressent les premières contractions. Elle se baigne et se purifie dans le bassin avant de donner naissance au Bouddha.

***La colonne d'Ashoka*** *(Ashoka Pillar ; plan D2)* **:** l'empereur indien Ashoka opte pour la non-violence et se convertit au bouddhisme au IIIe s av. J.-C., après la sanglante bataille de Kalinga, dans l'actuel État de l'Orissa, en Inde. Il visite Lumbini en 249 av. J.-C. et va contribuer jusqu'à la fin de son règne à répandre cette philosophie à travers tout le continent. Il engage même des officiers, qui sont chargés d'insuffler au peuple droiture et vertu. Il érige plus de 84 000 stûpas renfermant des reliques du Bouddha, et plusieurs colonnes sur lesquelles il fait inscrire des règles de moralité, telles que le respect envers les anciens, l'amour à l'égard de toutes les créatures terrestres, l'honnêteté, etc.
Sur celle de Lumbini, on peut lire : « 20 ans après son couronnement, le roi Piyadasi (Ashoka) visita en personne Lumbini, lieu de culte, car c'est ici que le Bouddha, le sage des Sakyas est né. Il construisit un mur pour délimiter précisément le lieu de la naissance du Bouddha et érigea une colonne pour commémorer sa visite. Parce que le Bouddha est né ici, il a exempté le village de taxes religieuses et a soumis les habitants au paiement de seulement un huitième des impôts habituels sur leurs revenus agricoles. »

La colonne ne fut redécouverte qu'en 1896 par le gouverneur de la province, Khadga Shumsher, qui précéda de peu un archéologue allemand, Aloïs Führer. Le site avait été laissé à l'abandon pendant plus de 5 siècles pour des raisons encore inconnues. L'inscription trouvée sur la colonne apporta la preuve qu'il s'agissait bien du lieu de naissance du Bouddha.

*Le temple de Mayadevi* *(Mayadevi Temple ; plan D1)* **:** le temple fut érigé au IIIe s av. J.-C. après la visite de l'empereur Ashoka. Lumbini demeura un important lieu de pèlerinage pendant plusieurs siècles. Il fut restauré au moins jusqu'au XIVe s, puis il sombra dans l'oubli. Lorsque le gouverneur Shumsher et l'archéologue Führer redécouvrirent Lumbini, ils trouvèrent un modeste édifice construit sur les ruines du 1er temple. Mais les fouilles menées successivement depuis la fin du XIXe s mirent au jour 2 vestiges majeurs pour les bouddhistes : l'empreinte du Bouddha et la sculpture de la nativité.
La pierre en grès avec l'empreinte du Bouddha *(The marker stone)* fut excavée sous 3 couches de vestiges à l'endroit le plus sacré du temple. Selon la tradition, elle désigne là où le Bouddha posa son pied pour la 1re fois après sa naissance. Elle est aujourd'hui protégée par une plaque de verre. De nombreux pèlerins viennent y déposer une obole.
Placée juste au-dessus, la sculpture de la nativité *(The nativity sculpture)* date, quant à elle, du IVe s apr. J.-C. Il s'agit de la sculpture la plus ancienne et la mieux conservée du subcontinent, témoignage de l'art ancien, même si l'on ne voit plus les visages, la couche supérieure de la pierre ayant disparu. Elle représente la reine Mayadevi mettant au monde Siddharta, agrippant la branche d'un arbre de sa main droite et posant sa main gauche sur sa hanche. Sa sœur, Prajapati l'aide à accoucher, tandis que Brahma et Indra, portant des couronnes coniques, adoptent une attitude de dévotion face à la reine. En bas, on distingue (à peine) le nouveau-né, debout sur une fleur de lotus, dont la tête est surmontée d'un halo.

***Le Bassin sacré*** *(Sacred Pond ; plan D1-2)* **:** selon la tradition, c'est ici que la reine Mayadevi se serait baignée alors qu'elle était prête à accoucher, et que Siddharta Gautama aurait pris son 1er bain. Derrière le bassin, magnifiques arbres entre lesquels sont étendus une kyrielle de drapeaux de prières. Entre le bassin et le temple, les vestiges de 31 stûpas et de 2 monastères témoignent de l'époque à laquelle Lumbini était un important lieu de pèlerinage et un complexe religieux actif, essentiellement entre le IIIe s av. J.-C. et le VIIIe-IXe s apr. J.-C.

## La zone des monastères

*La zone est située entre le nouveau village de Lumbini (au nord) et les jardins sacrés (au sud). Il est préférable, vu les distances, de prendre un tuk-tuk (compter 500-800 Rps en fonction du temps de visite). On se déchausse avt l'entrée de chaque monastère : prévoir donc des chaussures pratiques.*

Le canal sépare les monastères mahayanistes (Grand Véhicule), à l'est, de ceux du theravada (Petit Véhicule), à l'ouest. Il existe actuellement une quinzaine de monastères, dont plusieurs encore en construction. Parmi les plus intéressants à visiter, citons :

À l'ouest, le ***monastère allemand*** (le stûpa du Grand Lotus)

### LES POLÉMIQUES DE LUMBINI

*Le coût exorbitant du complexe religieux a fait hurler certaines personnes, sceptiques quant à l'utilité de pareilles dépenses dans une nation où la majorité des habitants ne dispose que du minimum pour vivre. D'autres reprochent à ce gigantisme de favoriser les nations les plus riches (Japon, Corée, Chine) au détriment des pays les plus pauvres (Népal, Sri Lanka). En outre, la présence évidente de puissantes sectes japonaises exaspère ceux qui prônent, au contraire, le respect et non la division entre les différentes branches et écoles du bouddhisme.*

qui se réfère au bouddhisme tibétain. Très coloré. Au centre de la pièce principale, un mandala (un cercle symbolisant l'eau, entouré de carrés – la terre – et de plusieurs cercles extérieurs), qui incite à la méditation, des dessins du Bouddha au mur. Autour du stûpa, un chemin circonvolutoire jalonné de grands moulins à prières.

Juste à côté, en continuant le tour du petit bassin vers la gauche, on arrive au ***monastère français*** (inachevé). Puis, au ***monastère népalais,*** modeste et sobre. Pas grand-chose à voir à l'intérieur.

Plus loin, le ***monastère chinois*** en impose avec son architecture propre à la dynastie Qing. Dans le 1er temple, 4 rois-gardiens du bouddhisme sino-tibétain sont postés aux 4 points cardinaux de la pièce : le gardien de l'est tient une mandoline, celui de l'ouest est représenté à côté d'un dragon, celui du nord a un parapluie pour se protéger des tempêtes, tandis que le gardien du sud, à l'air féroce, porte un précieux sabre. On pratique ici le chán, une des formes de bouddhisme les plus populaires en Chine, introduite au Japon au VIIe s pour devenir le bouddhisme zen, aujourd'hui très répandu en Occident.

À l'est, dans cette partie plus boisée, voir le ***monastère thaï,*** le plus élégant avec son architecture typique, d'une blancheur immaculée.

Celui ***du Myanmar,*** avec son stûpa doré, renferme une relique du Bouddha. La nonnerie et son petit café ombragé adjacent se trouvent dans un cadre (presque) rafraîchissant. Les nonnes enseignent dans différentes écoles de la région.

Au nord, le ***musée*** *(B1 ; tlj sauf mar 10h-17h ; entrée 100 Rps ; droit photo 100 Rps)* abrite pour l'essentiel des photos de fresques murales et de temples, des copies de statues ou des photocopies de manuscrits sacrés. Ne vaut pas une roupie (alors 100 !). Seule l'architecture tubulaire reste intéressante. Le bâtiment d'en face abrite l'*Institut international de recherches sur le bouddhisme,* financé par la secte japonaise Reiykai. Le tiers des ouvrages de la bibliothèque est en japonais.
Devant le musée, au bout du canal, une colonne rappelle que des reliques du Bouddha ont été rapatriées de Corée par 108 pèlerins.

## À l'extérieur du site

***La pagode de la Paix*** *(World Peace Pagoda ; plan A1)* **:** *au nord du complexe.* D'une blancheur immaculée, la pagode, offerte par une organisation bouddhique japonaise, a été inaugurée en 2001. Son coût : plus de 760 000 €. Elle mesure 41 m de haut, ce qui dépasse largement les 18 m réglementaires prévus pour ne pas faire ombrage à la colonne d'Ashoka et au temple de Mayadevi ! Les 4 statues du Bouddha, dorées à la feuille d'or, sont dirigées vers les 4 points cardinaux. Elles illustrent sa naissance, son Éveil, le 1er sermon et sa mort.

# LE PARC NATIONAL DE BARDIA

IND. TÉL. : 084

• Carte *p. 229*

**Situé à l'ouest du Téraï et 500 km de Kathmandu, Bardia se développe peu à peu, attirant les amateurs de safaris et/ou ceux qui trouvent Chitwan surpeuplé. Le parc, une ancienne réserve royale de chasse, se visite à pied, sur un raft ou en jeep. La faune et la flore y sont d'une grande richesse et rareté,**

**puisque c'est l'un des rares endroits du sous-continent indien où l'on a de vraies chances de voir des tigres du Bengale (dont la population – 85 individus au dernier comptage – continue de croître) et des dauphins d'eau douce, mais aussi des rhinocéros unicornes (une trentaine), des léopards, des hyènes, des ours paresseux, des éléphants, des gavials, des singes, des cerfs des marais, des chevreuils, des sangliers, des cobras, ainsi qu'une importante avifaune. À la différence de la réserve de Chitwan, les animaux, peu habitués à la présence des hommes, ont conservé un comportement un peu farouche. Impossible bien sûr de garantir l'observation d'une espèce en particulier, mais les probabilités restent bonnes. L'idéal est de prévoir au moins 3 jours de visite pour optimiser ses chances.**
**Se rendre en premier au village de Thakurdwara, à l'entrée du parc, au *Visitors Information Centre,* dans les locaux du *United Nature Guide Service* (lire les « Infos utiles » plus bas) qui propose quelques panneaux explicatifs sur le parc et sa faune, un petit élevage de crocodiles, ainsi qu'un modeste musée de la communauté tharu, majoritaire dans la région. Quant aux « écuries » des éléphants, elles se trouvent à 15 mn de là.**

## Arriver – Quitter

Pour ceux qui voyagent entre l'Inde et le Népal, Bardia peut constituer une halte entre Kathmandu et Delhi.
➢ ***En bus :*** les budgets serrés et/ou accros des transports en commun prendront le bus de Kathmandu (13h à 16h de trajet) ou de Lumbini (7h de route) en direction de Dhangadhi ou Mahendranagar (l'ouest du pays, à la frontière indienne). S'arrêter à Ambassa. De là, il reste 13 km de piste pour arriver à Thakurdwara et à l'entrée du parc de Bardia. Depuis Ambassa, peu de bus passent en soirée. Mieux vaut avoir pris contact à l'avance avec un hébergement qui s'occupera de votre transport (compter env 1 000 Rps/jeep).
➢ Le moyen le plus pratique et rapide (mais plus cher) est, depuis Kathmandu, l'***avion*** jusqu'à Nepalgunj (1 vol/j. ; durée : 1h). Pas de liaison directe depuis Pokhara. De l'aéroport, prévoir 3h de bus et quelques changements : à l'aéroport, monter dans un cyclo-pousse jusqu'à la route principale (Rajha Chowk), et de là, prendre un bus pour Ambassa (puis voir plus haut pour rejoindre Thakurdwara). Si vous avez réservé votre hébergement, on viendra vous chercher à l'aéroport (compter 2h de trajet et env 6 000 Rps pour le véhicule).

## Infos utiles

– Le parc de Bardia, qui fait tout de même 968 km², se visite toute l'année, mais la meilleure saison va de fin septembre à début juin (en été, la mousson limite les possibilités de visite), la période optimale allant de mars à mai.
– L'accès se fait du lever au coucher du soleil.
– Permis pour le parc : 1 000 Rps/j., à se procurer dans le bureau, à 20 m de l'entrée.
– À Thakurdwara, à l'entrée du parc, se trouve le ***United Nature Guide Service*** (ouvert du lever au coucher du soleil), à la fois centre d'infos *(Visitors Information Centre),* agence de voyages et association de guides. Il est interdit de s'aventurer seul dans le parc sans être accompagné d'un guide. Bien vérifier que celui-ci est titulaire d'une licence délivrée par le *Nature Trust for Conservation (NTC).* Compter 1 000 Rps la journée. Il peut être aussi plus pratique de passer par son hébergement qui se charge alors d'organiser toutes les activités. Par ailleurs, leurs guides ont généralement une grande expérience du parc.
– Pas de paiement par carte, uniquement en roupies, dollars ou euros. En dépannage, on peut changer ses devises auprès de certains hôtels.

## Où dormir ?

La vingtaine d'hébergements, situés dans le village de Thakurdwara, sont répartis sur 2 zones, au nord et au sud de l'entrée du parc. La gamme est large, du petit budget au luxe. Tous proposent des forfaits comprenant la nuit et l'excursion ou des packages incluant la pension complète et les excursions dans le parc sur plusieurs jours. Les prix dépendent des sorties et de leur durée. L'hébergement inclut rarement le petit déj.

### Bon marché (moins de 20 $ ; 17 €)



🏠 ***Jungle Base Camp :*** *au nord de l'entrée du parc.* ☎ *40-20-07.* 📱 *97-48-004-067.* • *junglehukum.blogspot.com* • Petit *lodge* rustique tenu par Hukum, un guide de jungle très expérimenté. Constructions en style tharu traditionnel, chambres simples et propres, avec salle de bains et petite véranda à l'avant. Joli jardin.

🏠 ***Bardia Wildlife Resort :*** *à 1,5 km au sud de l'entrée du parc, le long de la rivière.* ☎ *40-20-41.* • *bardiawildliferesort.com* • Chambres avec bains dans de petits bungalows de différents niveaux de confort, de style tharu, au milieu des papayers. Bien tenus. Grande salle à manger. Shankar, le propriétaire, et Hira, son épouse, seule femme guide de brousse du village, se mettent en quatre pour organiser le séjour.

🏠 ***Racy Shade Resort :*** *au nord de l'entrée du parc.* ☎ *40-20-20.* 📱 *97-48-00-40-02.* • *racyshaderesort.com* • *Petit déj inclus.* Christophe (un Français) et Shreedhar, 2 copains passionnés de voyages et de vie sauvage, ont construit ce charmant *lodge,* dans un jardin aux arbres fruitiers face à une rivière où l'on peut se baigner. Ils proposent 14 chambres dans le style local, avec salle de bains et eau chaude alimentée par des panneaux solaires. Ambiance chaleureuse et familiale dans la grande paillote où l'on se retrouve ensemble à l'apéro et pour dîner. Terrasse et hamacs. Une partie du personnel parle le français. Le *lodge,* impliqué depuis longtemps dans la vie locale et le développement durable, organise notamment des excursions de 2 jours avec nuit en camping. Guides anglophones très compétents et 4 bateaux équipés pour le rafting.

🏠 ***Mango Tree Lodge :*** *au nord de l'entrée du parc, près du village de Bhetani.* 📱 *98-68-12-69-85.* • *mangotreelodge.com* • *Jusqu'à « prix moyens » pour les plus grands cottages. Pas de CB.* Cottages au style traditionnel, tous avec bains et eau chaude, moustiquaire et ventilo, le tout tenu par un naturaliste et sa femme. Fournit les guides et toutes les prestations possibles à l'intérieur du parc. Cuisine à base de produits bio dans une vaste paillote en rotonde au milieu des bananiers.

🏠 ***Forest Hideaway :*** *au nord de l'entrée du parc.* ☎ *40-20-16.* 📱 *97-58-00-14-14. À Kathmandu : (01) 422-59-73.* • *foresthideaway.com* • *Large gamme de prix : tentes safari et chambres standards « Très bon marché » ; prix moyens pour les cottages deluxe. CB et devises (dollars et euros) acceptées.* Un des plus anciens *lodges* du coin, très populaire. Les bungalows de style tharu sont perdus dans un grand jardin. Les chambres les plus chères, dans un bâtiment récent en dur, sont plus confortables mais possèdent moins de charme. 2 tentes safaris sont également disponibles. Salles de bains rudimentaires mais impeccables. Bonne cuisine. Guides naturalistes très compétents.

## À faire

***Activités avec les éléphants :*** il existe une centaine d'éléphants domestiqués dans la réserve mais, de plus en plus, les *lodges* déconseillent aux touristes ces balades. Lire à ce sujet le texte qui leur est consacré à Chitwan (voir plus haut).

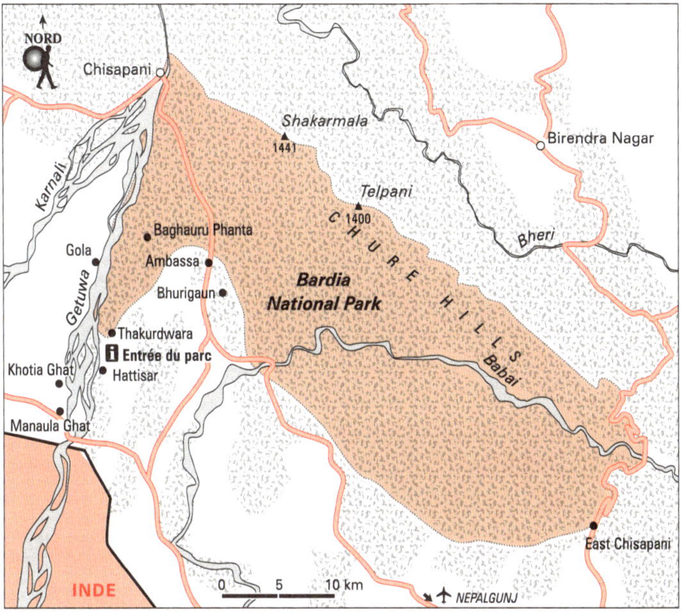


LE PARC NATIONAL DE BARDIA



**Les treks :** *sur une demi-journée (mat ou ap-m), ou une journée pleine (compter 6h).* Cette dernière formule permet bien sûr, de parcourir des étendues plus importantes : brousse, bords de rivière ou forêt, et dans ce cas un pique-nique est prévu, de préférence à un poste d'observation propice à la rencontre de la faune. Au cours de la rando dans la savane, prévoir de se couvrir les bras et les jambes et de se vêtir de couleurs neutres. Les guides ne sont armés que de bâtons, mais leur expérience et leur prudence rendent la randonnée tout à fait sécurisée. Ils vous montreront les différentes traces d'animaux (excréments, empreintes de tigres ou de rhinos dans le sable). S'ils aperçoivent des traces de petits, la prudence sera de mise et il faudra renoncer à une approche jugée à risques.

**Les safaris en jeep :** *prévoir 4h.* Ils permettent de se rendre plus loin dans la forêt, en s'épargnant la marche, sauf pour de petites incursions vers des points d'observation. On peut avoir de bonnes surprises, comme celle de suivre la trace au sol laissée par un python parti se réchauffer sur une grosse branche au soleil ou, coup de chance, de repérer (de loin) Sa Majesté le tigre du Bengale au moment où il vient s'abreuver à la rivière à la tombée du jour.

**Le rafting en eaux lentes :** *en canot de 4 pers.* Il permet d'aller à la rencontre du très rare dauphin du Gange et de croiser plus souvent le sillage du gavial, ce crocodile asiatique au curieux museau allongé. À défaut de faune aquatique, singes et oiseaux peuplent les rives.

***Pêche :*** les pêcheurs peuvent s'adonner à leur passion en espérant ferrer la carpe géante qui peut faire jusqu'à 80 kg ! Permis de pêche requis, et de toute manière, le poisson est relâché après la capture.

***Le camping*** dans la zone tampon, entre la réserve et les villages, est un autre moyen d'allier en deux jours la rencontre avec la faune et la découverte de la vie quotidienne de la population, qui vit au rythme ancestral des travaux des champs. On peut faire une promenade en chars à bœufs et se retrouver le soir autour d'un feu de camp à danser avec les locaux.

# HOMMES, CULTURE, ENVIRONNEMENT

## ACTIONS HUMANITAIRES

Le Népal est l'un des pays les plus pauvres du monde. Il a beaucoup souffert des séismes de 2015, mais il connaît d'autres problèmes chroniques qui ne font pas la une de l'actualité et notamment des inondations qui régulièrement causent de sérieux dégâts et de nombreuses victimes, comme en juillet 2016 et en août 2017. Le pays se trouve toujours dans une situation politique, économique et sociale précaire et le développement du tourisme, avec « l'industrie » du trekking, a entraîné une augmentation considérable du coût de la vie. Si certaines classes moyennes s'en sortent mieux, le niveau de vie des plus pauvres ne décolle pas.

### Une situation sociale difficile

L'exode rural alimente les bidonvilles, qui s'étirent de plus en plus le long de la rivière Bagmati, à Kathmandu, et les enfants des rues sont toujours plus nombreux. Bien sûr, il faut laisser parler son cœur, mais on conseille de ne pas céder à la ***mendicité*** « professionnelle ». Ceux qui veulent aider les enfants des rues peuvent leur acheter de la nourriture périssable qui ne sera pas revendue contre de la drogue. À ce propos, il est utile aussi de connaître le pouvoir d'achat réel des Népalais : le salaire mensuel moyen tourne autour de 10 000 Rps, et un porteur de trek gagne environ 1 200 Rps par jour. Il faut donc abandonner nos réflexes et relativiser en fonction de ces données.
Par ailleurs, le pays est marqué par une ***grande inégalité devant le droit à l'éducation,*** selon le sexe, la caste, l'ethnie ou la localisation géographique. La vallée de Kathmandu, avec ses multiples établissements d'enseignement publics et privés, fait en quelque sorte figure de « privilégiée ». Toutefois, près des trois quarts des enfants (et notamment les filles) ne fréquentent que l'enseignement primaire, et parfois de façon irrégulière. Le travail des enfants reste une réalité. Lorsqu'on visite le pays, on s'aperçoit rapidement qu'ils sont au travail dès leur plus jeune âge.
Les écoles publiques, gratuites, dites *Nepali schools,* sont très faiblement équipées, et les élèves y étudient sur des nattes. Les maoïstes ont toutefois relevé le salaire des instituteurs... Et puis, il y a les *Boarding schools,* basées sur le système anglais. Tout y est payant (jusqu'au document d'inscription), la qualité de l'enseignement y est supérieure et la langue anglaise obligatoire. La plupart des Népalais désireux d'entreprendre des études supérieures quittent le pays, notamment pour l'Inde, où le système éducatif est de meilleure qualité.
Les ***violences envers les femmes*** sont une des plaies du Népal. Leurs formes sont innombrables, depuis la privation d'éducation jusqu'à des tortures barbares comme le « *burning* » (la femme est brûlée vive) en passant par la violence ordinaire que représentent les vexations et les coups quotidiens. Les études d'ONG montrent que la quasi-totalité des femmes se sent ou s'est sentie un jour victime de violences, le plus souvent physiques.
À l'origine de celles-ci, bien sûr, la société traditionnelle, extrêmement patriarcale, mais également un système social : la pratique de la dot rend les filles coûteuses (la dot est versée aux parents du mari) et inutiles (une fois mariée, la femme s'installe dans sa belle-famille et s'occupe de ses beaux-parents). Un proverbe indien

résume bien cette réalité : « Élever une fille, c'est arroser le jardin du voisin. » Ne pas avoir de fils est considéré comme une malédiction.

Une loi sévère contre les violences faites aux femmes a été promulguée en 2009, mais elle reste méconnue et largement inappliquée.

Une situation aggravée depuis la fin de la guerre, en 2006, par les méfaits de l'exode rural. En ville, comme toujours, les plus vulnérables, femmes et enfants, sont les 1res victimes d'abus en tout genre : prostitution, travail forcé, trafics d'enfants. En 2010, une étude du gouvernement a révélé que le suicide était la 1re cause de mortalité chez les femmes. La précarité découlant des séismes de 2015 n'a rien arrangé !

## Le trafic des êtres humains

Parlons maintenant d'un douloureux problème, celui du trafic des êtres humains : de femmes, de très jeunes filles, mais aussi de jeunes garçons. Le plus insupportable est que les victimes sont parfois vendues par leurs propres parents. Des rabatteurs opèrent aussi dans les villages, promettant bien évidemment une vie meilleure, ou attendent tranquillement que leurs proies débarquent à Kathmandu ou passent la frontière népalo-indienne à la recherche d'un emploi. Les petits garçons, comme les petites filles, peuvent finir comme esclave domestique d'une famille, ou encore exploités dans des ateliers de broderie. Les filles et les femmes sont souvent vendues aux propriétaires de maisons closes, à Mumbai, à Kolkata ou New Delhi, moyennant une somme de 40 à 500 $. Leur calvaire ne s'arrête pas là, car certaines sont renvoyées au Népal après avoir contracté le sida ou d'autres MST. Par ignorance, elles sont alors rejetées de leurs villages... Les autres resteront en Inde, prostituées à vie.

Les chiffres sont monstrueux : entre 100 000 et 200 000 Népalaises « travailleraient » dans l'industrie du sexe, majoritairement en Inde, mais aussi dans la vallée de Kathmandu, où il y aurait aujourd'hui entre 20 000 et 40 000 prostituées (la prostitution est pourtant officiellement interdite au Népal).

Des dizaines de milliers d'hommes, de femmes et d'enfants continuent de passer la frontière chaque année. Quand leur périple ne s'est pas arrêté en Inde, on les retrouve en quête de l'eldorado en Malaisie, au Liban ou dans les pays du golfe Persique. Là, ils sont employés à très bas coûts sur des chantiers, ce qui s'apparente à de l'esclavage moderne. Le Qatar est ainsi montré du doigt depuis qu'il a besoin de ces ouvriers dociles pour préparer le Mondial de foot de 2022. Souvent, le passeport est lié au contrat d'embauche et confisqué par l'employeur, les empêchant de quitter le pays. Ils perçoivent un salaire bien inférieur à celui stipulé dans leur contrat, et les conditions de travail et sanitaires sont effroyables. Ils y meurent par dizaines, ramenés dans leurs villages dans des cercueils, parfois plusieurs semaines après leur décès. Le gouvernement de l'émirat a réagi en édictant une charte plus respectueuse des droits des travailleurs et que les sociétés de construction doivent signer et respecter. Dans les faits, on est encore loin du compte.

Certaines ONG nationales ou internationales *(Saathi, Maiti Nepal, Planète Enfants et Développement...)* tentent d'enrayer ce trafic. Malgré leurs appels au secours, l'Inde continue de fermer les yeux et, de son côté, le gouvernement népalais ne déborde pas d'énergie pour résoudre ce grave problème.

## ONG et « volontourisme »

Logiquement, des centaines d'associations et d'ONG ont éclos dans le pays pour apporter leur soutien aux populations en difficulté. Si vous voulez profiter de votre voyage pour vous impliquer financièrement ou collaborer au sein d'une organisation, renseignez-vous à l'avance. Par exemple, une ONG comme *Saathi,* précurseur de la lutte contre la violence faite aux femmes, se bat pour faire appliquer les lois et en 1er lieu les droits des femmes, mais la tâche est immense.

Plus délicat, car il demande un engagement sur plusieurs années, est le parrainage d'un enfant. Bien réfléchir avant de s'engager, car trop nombreux sont les touristes qui laissent tomber après 1 an de soutien. Les conséquences peuvent alors être dramatiques pour les gamins.
Nous citons plus loin des organisations sincères et compétentes, au travail efficace (voir « Avant le départ. Associations humanitaires »). Enfin, n'omettez pas de lire le paragraphe suivant pour comprendre pourquoi nous vous mettons en garde...
Par ailleurs, pour ceux qui souhaitent allier tourisme et volontariat, il existe désormais des organismes de « *volontourisme* ». Par exemple, après les séismes de 2015, de nombreux jeunes volontaires étrangers sont venus immédiatement prêter main-forte à la population au sein de l'ONG *All Hands* (● *allhandsandhearts.org* ●). Rapprochez-vous des professionnels des chantiers et congés solidaires (*SCI, Concordia, Solidarités Jeunesse, Planète Urgence,* par exemple). Recevoir un volontaire ou travailler avec des enfants en détresse ne s'improvise pas. Certaines structures d'accueil cherchent trop souvent à arrondir leur budget et exploitent les bonnes volontés, sans prendre les précautions de base pour protéger les jeunes des abus. Il existe aussi d'autres associations qui viennent en aide aux habitants de villages reculés, aux réfugiés tibétains, etc.

### La question des orphelinats

Au Népal, plus de 11 000 enfants vivent dans des orphelinats. Or, sur les 800 structures existantes, 90 % sont enregistrées dans des lieux touristiques : Kathmandu, Bhaktapur, Patan et Chitwan. D'après l'UNICEF et le CCWB *(Central Child Welfare Board),* entre 60 % et 85 % des enfants ne sont pas orphelins (au moins 1 des 2 parents est encore en vie). On peut alors s'interroger sur le nombre croissant de ces institutions « charitables ».
La réalité est encore plus sordide que celle mise en avant : la plupart des orphelinats, avec les dons qu'ils suscitent, sont devenus un véritable business. Les responsables cherchent à tout prix à attirer la sympathie des visiteurs de passage. Touchés par cette situation, certains paient pour apporter leur aide (jusqu'à 200 $ par semaine auprès d'une association ou directement auprès d'un orphelinat) et s'engagent soit à faire des dons réguliers, soit à lever des fonds au retour (parfois les 2). Les sommes en jeu peuvent être considérables. D'où ce besoin de « fournir » les orphelinats en enfants, engendrant l'effet pervers qui consiste à acheter des jeunes à des familles dans le besoin, sans qu'elles sachent qu'elles ne les reverront pas. Elles sont d'ailleurs souvent persuadées d'offrir à leur progéniture une éducation et une vie meilleure. Or, seulement 10 % des orphelinats répondent aux standards gouvernementaux sur les conditions d'accueil. De nombreux enfants sont victimes de maltraitance et d'abus, qui leur laissent de graves séquelles physiques et psychologiques. Voilà pourquoi nous vous recommandons de passer par des organismes reconnus pour leur compétence et leur honnêteté.

## BOISSONS

– Ne pas boire d'***eau*** qui n'ait été dûment bouillie ou purifiée ou l'avaler avec une paille qui filtre les bactéries, (voir la rubrique « Santé » dans « Népal utile » en début de guide). Éviter les glaçons (sauf dans les endroits chic, où ceux qui sont troués sont, en principe, sans danger), car les amibes résistent au froid. Plutôt que d'acheter de l'eau en bouteille en permanence (bouteille non recyclée, polluante et au prix variant du simple au triple selon le lieu de vente), on conseille vivement de vous munir ***d'une gourde métallique légère,*** en vente dans tous les magasins de treks à Thamel ou Phokara et de la remplir régulièrement aux fontaines à eau aujourd'hui en accès libre dans la plupart des hôtels moyens ou supérieurs. Même si vous n'y logez pas, on ne vous interdira jamais de vous servir.

– Se méfier des ***lassis*** (boissons à base de yaourt), pendant la période de la mousson. Ils doivent être préparés dans de bonnes conditions d'hygiène et sans glaçon.
– Le ***thé*** (prononcer « tchya ») est la boisson nationale. Dans les gargotes, il sera servi à l'indienne, brûlant, sucré et avec du lait. Le *nepali tea* est l'équivalent du *masala tea* indien, c'est-à-dire avec des épices comme des clous de girofle, de la cardamome, etc. Le thé tibétain est très différent ; il est salé et agrémenté d'un peu de beurre de *nak* (la femelle du yack). Dans les hôtels et restos, on ne sert que du *black tea* en sachet, sans aucun goût.
– Il faut goûter une fois au ***chang,*** cette bière tibétaine produite par la fermentation de grains d'orge, au goût de cidre fermier. Bien qu'assez peu alcoolisée, elle fait vite tourner la tête. La ***thomba,*** tibétaine également, est une bière à base de millet mais... servie chaude ! Sinon, il y a la ***bière*** classique, dont l'*Everest* (comme ça, vous pourrez dire que vous l'avez descendu...), la *Gorkha,* la *Nepal Ice,* la *Kathmandu,* ou encore les marques internationales *San Miguel, Carlsberg* et *Tuborg.* Servies dans des bouteilles de 65 cl, elles sont vendues au prix d'un plat. 1 pour 2 peut faire l'affaire.
– Le ***rhum*** de fabrication népalaise n'est pas mauvais.
– Le ***rakshi*** est l'alcool de riz népalais. Parfait pour égayer l'atmosphère... et flinguer l'estomac.
– Il existe aussi des productions locales de ***whisky*** et de ***vodka,*** ainsi que tous les alcools importés. Même commentaire que ci-dessus.
– On trouve désormais du ***vin*** dans les supermarchés, à prix abordable, ainsi que dans les grands hôtels (mais là, il est hors de prix).
– Enfin, pour les amoureux du ***café,*** on trouve majoritairement du café « bio » servi dans de petits *coffee shops* équipés de véritables percolateurs italiens. Il est absolument délicieux, puissant et plein d'arômes, mais il faut être prêt à payer votre expresso ou votre cappuccino à un prix presque européen. Ailleurs, n'attendez pas grand-chose d'autre que du café soluble. De même, celui servi dans nombre d'hôtels est souvent délayé...

## CUISINE

La cuisine népalaise est excellente, la plupart du temps à base de légumes frais. À partir de là, les cuistots font des merveilles, que ce soit dans le spectre culinaire national et international. Les cartes des restos, vous vous en apercevrez bien vite, sont d'une grande diversité.
Le plat national, servi midi et soir, est le ***dal bhat,*** qui se compose d'un plat de riz blanc *(bhat)* et d'un bouillon de lentilles *(dal),* que l'on mélange au riz pour en relever le goût. Il s'accompagne d'un petit curry de légumes *(tarkari),* souvent du chou-fleur d'ailleurs, et d'un mélange d'ingrédients divers et épicés, assez épais et appelé *achars,* assez proche de ce que l'on trouve à La Réunion. Le plus souvent végétarien, le *dal bhat* peut néanmoins être servi avec du poulet ou du mouton (plus cher). Outre que c'est souvent délicieux (surtout dans les petites cantines populaires), l'autre avantage c'est qu'il est servi à volonté (sauf pour la viande) !
Dans la ***cuisine neware,*** du nom de la communauté la plus florissante culturellement, la grande différence, c'est que le *dal bhat* est à base de pétales de riz séchés, aplatis, et de haricots secs, le tout craquant sous la dent ! Sinon, le principe est le même, avec curry de légumes, feuilles vertes et divers accompagnements. Des dizaines d'autres préparations, comme le ***alu paratha*** (galette de pommes de terre), le ***alu tama*** (pommes de terre et pousses de bambou), etc.
En gros, la cuisine népalaise (tout comme l'indienne) se divise en 2 catégories :
– ***la cuisine végétarienne*** est variée, excellente et très répandue pour des questions religieuses (les brahmanes observent un régime végétarien strict) mais aussi économiques. La viande reste un produit cher ;

– ***la cuisine non végétarienne*** se compose de poulet ou de mouton (parfois de chèvre). On ne trouve pas de bœuf, vache sacrée oblige, bien que certains intouchables en consomment. En revanche, on peut consommer du buffle, qui n'est pas sacré... Compte tenu du manque d'hygiène global des boucheries de rues, on ne peut que vous conseiller d'éviter la viande quand vous pouvez. Un petit tour sur les marchés vous fera sans doute passer l'envie de bidoche.

S'il y a une constante dans la cuisine népalaise, c'est l'utilisation des épices. Et même du « mélange des épices » (qui se dit *masala*) car chaque cuisinier compose une alchimie savante et personnelle d'épices différentes (au minimum 10), faisant ainsi le charme et la magie de sa cuisine. Attention, si vous mangez un plat dit ***garam masala,*** préparez-vous à cracher du feu ! Vous pourrez toujours vous rabattre sur la cuisine chinoise, nettement moins épicée que la cuisine indienne ou népalaise...

L'autre cuisine à découvrir est la ***cuisine tibétaine.*** Avec, au premier chef, les ***momos,*** des raviolis fourrés à la viande ou aux légumes que l'on sert à la vapeur, frits ou *kothey,* soit frits seulement d'un... côté (facile à retenir !). C'est souvent excellent, nourrissant, léger pour l'estomac et bon marché. Également des soupes de nouilles accommodées de légumes et de viande, comme le ***thukpa*** et le ***thanthuk*** (nouilles plus grosses). Pour un festin traditionnel, opter pour le ***gyacok,*** mais il n'est en général servi que sur commande et pour la table entière. Il se compose de nouilles de riz, de légumes, de champignons de montagne, de viande, le tout accompagné de riz, de pain tibétain et de *momos.*

### CHAUD DEVANT !

*Les cuisines népalaise et indienne sont généralement épicées. Le « piquant » n'est pas une saveur, car il n'agit pas sur les papilles mais sur les nerfs. La sensation est donc une douleur dont l'intensité est graduée de 1 à 10 selon l'échelle de Scoville. Le piment est très utilisé dans les cuisines tropicales, car c'est un bactéricide, qui a pour effet de réduire les infections intestinales. Un resto servant quelques plats épicés précisait avec humour sur sa carte, selon les plats :* « spicy » ; « very spicy » ; « the one that you will remember tomorrow morning ». *Au moins c'est clair !*

Dès que l'on quitte la ville, la viande se fait rare. Celle que l'on trouve en montagne est séchée et en lambeaux ***(sukuti).*** Bannissez-la en altitude car elle provient souvent de viandes avariées où les mouches aiment bien pondre...

Pour changer un peu du régime népalais et tibétain, il vous reste la variété des ***cuisines chinoise, indienne et thaïe*** servies dans les restos de Kathmandu et Pokhara, où figurent souvent aussi, sur la même carte, des ***plats internationaux*** (steak-frites, etc.), ***italiens*** (pâtes et pizzas omniprésentes, parfois au feu de bois) et même ***mexicains.***

Le manque d'hygiène suscite toujours une certaine appréhension, mais les restos à vocation touristique ont fait d'énormes progrès. Il existe aussi des supermarchés où l'on trouve un choix de plus en plus vaste de produits, y compris du vin et du fromage.

## CURIEUX, NON ?

– Le « merci » n'existe pas au Népal, ne soyez donc pas surpris !

– Les Népalais ne disent jamais « non ». Inutile de leur demander si telle adresse est bien dans cette direction, on vous répondrait invariablement oui, que vous montriez le nord ou le sud. Essayez plutôt de savoir où se trouve tel endroit, en laissant la réponse ouverte.

– Lorsqu'on vous donne quelque chose en tendant le bras, les Népalais placent leur main libre sous le coude du bras tendu. Ce geste élégant est une marque de respect. Vous n'êtes pas contraint de faire de même, mais si vous le faites, ce geste sera toujours apprécié.

– Si vous offrez un cadeau, il ne sera jamais ouvert devant vous, cela pour vous éviter une déception si ce cadeau ne plaît pas. Lors d'un mariage, tous les présents offerts sont mis en commun, pour éviter d'exposer les disparités du budget de chacun. Excellente idée dont nous pourrions nous inspirer...

– À chacun son couvert : on ne mange pas dans l'assiette ni ne boit dans le verre d'autrui. Cette pratique est considérée comme *jutho,* c'est-à-dire rituellement polluée. En revanche, dans le cas d'une bouteille commune, il est permis de boire « à la régalade », sans contact entre la bouche et le goulot (comme les Basques avec leur gourde !). Cela nécessite un peu d'entraînement si vous ne voulez pas déclencher quelques rires.

– Les étrangers ne doivent jamais pénétrer dans une cuisine, sauf s'ils y sont invités.

– Le feu est sacré, on n'y jette pas les détritus. Ce qui n'empêche pas de brûler par ailleurs tous les détritus.

– Il est discourtois de désigner quelqu'un ou même une statue du doigt... ou du pied : ainsi, mieux vaut s'asseoir en tailleur ou sur ses genoux, en évitant d'étendre ses jambes.

– Les Népalais sont très curieux et posent plein de questions. N'en soyez pas offensé.

– Ne pas oublier que, comme en Inde, un hochement de tête de gauche à droite (ou le contraire) signifie « Oui, d'accord ».

– Les *Kumari* sont des fillettes considérées comme des réincarnations de la déesse Taleju, protectrice de la cité. Il en existe plusieurs, mais celle de Kathmandu reste la plus importante. Elle passe régulièrement son minois par la fenêtre du 1er étage de son palais (modeste) pour saluer durant quelques secondes les visiteurs dans la cour. Vénérées, elles ne sortent de leur palais que lors de grandes célébrations, sans pouvoir fouler le sol impur. Elles retourneront dans leur famille une fois pubères, et ne se marieront sans doute jamais. Sacré destin !

– Comme un peu partout en Asie, l'habitude est de se lever tôt et de se coucher tôt ; même dans la grouillante Kathmandu, les soirées sont très calmes et les grasses matinées inconcevables...

## DROITS DE L'HOMME

Paradoxalement, le séisme de 2015 aura peut-être contribué à stabiliser le système politique népalais. La Constitution adoptée quelques mois après le tremblement de terre, et qui était en débat depuis près de 10 ans, a conduit aux 1res élections législatives et régionales en décembre 2017, remportées par l'alliance des anciens rebelles maoïstes et des communistes du CNP-UML. Le Népal constitue désormais une fédération de 7 provinces.

Mais si les temps troubles de la guerre civile semblent s'éloigner, les blessures du conflit peinent à se refermer. Des ONG internationales regrettent notamment la partialité des structures chargées d'établir la vérité et la justice pour les victimes de ce conflit qui a fait entre 13 000 et 17 000 victimes entre 1996 et 2006. La Commission vérité et réconciliation (CVR) et la Commission d'enquête sur les disparitions forcées (CIEDP) ont certes débuté leurs travaux, mais les commissaires nommés à la tête de ces organismes sont jugés trop proches de parties prenantes au conflit aujourd'hui au pouvoir.

Si le tourisme se porte mieux dans le pays, apportant des devises bienvenues, les dégâts générés par le tremblement de terre et ses répliques n'ont pas tous été réparés. Et en dépit de l'aide internationale de 4 milliards de dollars, gérée par le gouvernement, les Népalais n'ont pas tous retrouvé un logement. Des milliers de familles ont passé des périodes hivernales et de mousson particulièrement

pénibles, et parfois dramatiques, dans des abris de fortune. Selon les ONG, en juin 2019, moins de 30 % des logements au Népal étaient considérés comme structurellement sûrs. 50 % des victimes attendent toujours une aide de l'État pour reconstruire leur logement, bien qu'une loi en faveur des sans-abris ait été adoptée en 2018.
Les forces de l'ordre se rendent par ailleurs toujours coupables de graves exactions, et sont accusées notamment d'une violence inappropriée lors de la répression de manifestations.
Le mariage précoce des jeunes filles (10 % pour les moins de 15 ans) est encore régulièrement dénoncé, tout comme les restrictions au droit à la contraception. L'Assemblée népalaise a cependant décidé d'alourdir les sanctions contre les bannissements temporaires dans des huttes sommaires pour les « exils menstruels » *(chhaupadi).*
La pauvreté est par ailleurs toujours à l'origine d'un trafic humain important (voir plus haut dans la rubrique « Actions humanitaires »).

■ ***Fédération internationale des Droits de l'homme (FIDH) :*** ● fidh.org ●

■ ***Amnesty International*** *(section française) :* ● amnesty.fr ●

N'oublions pas qu'en France aussi, les organisations de défense des Droits de l'homme continuent de se battre contre les discriminations, le racisme et en faveur de l'intégration des plus démunis.

## ÉCONOMIE

Un quart de la population népalaise vit ***en dessous du seuil de pauvreté,*** et le Népal figure dans le peloton de tête des pays les plus pauvres de la planète. Sa forte croissance démographique (8 millions d'habitants en 1951 pour près de 30 millions aujourd'hui), associée à un faible développement économique, contribue au plafonnement sinon à la dégradation du niveau de vie d'une grande partie de sa population. À la suite des séismes de 2015, si la reconstruction des maisons et des routes, ainsi que la restauration des sites et temples, a momentanément donné du travail à de nombreux travailleurs du bâtiment, cette « embellie » s'est vite tarie et les équilibres économiques n'ont guère bougé.
Les plus pauvres n'ont pas vu leur situation s'améliorer depuis fort longtemps. Malgré une inflation qui est revenue dans une moyenne considérée comme « normale » ces dernières années (autour de 6 % en 2019), celle-ci ne permet pas de faire décoller les plus pauvres car les salaires ne suivent pas. Nombreux sont les jeunes Népalais qui émigrent, notamment vers les pays du Golfe, pour remédier à un ***chômage massif*** (environ 40 % officiellement). Sous-payés, parfois maltraités, ces émigrants envoient au pays des devises.
***Le coût de la reconstruction*** s'élèverait à 7 milliards de dollars, soit 30 % du PIB. Il faut reconstruire les bâtiments, semer les champs dans des campagnes dévastées, attirer les touristes... Si les voyageurs sont revenus assez rapidement, des dizaines de milliers de personnes sont toujours sans toit.
En tête des ***contributions étrangères*** à la fois pour l'aide humanitaire de 1re urgence et pour le développement : l'Inde, la Chine, mais aussi le Japon et le Royaume-Uni. Le Népal est plus que jamais dépendant de l'étranger pour assurer sa survie. Sans compter le fait qu'une partie de l'aide n'est sans doute jamais arrivée à destination.
L'organisation *Transparency International* plaçait en 2018 le ***Népal parmi les États les plus corrompus de la planète*** (à la 124e place sur 180). Accéder à un quelconque niveau de pouvoir permet de servir d'abord ses propres intérêts et ceux de son réseau.

## Une économie dépendante de l'Inde et de la Chine

Plus de la moitié du commerce extérieur népalais reste dépendante de l'***Inde.*** Les 2 pays sont liés par un traité de Paix et d'Amitié signé en 1950 et encore en vigueur. Mais la nouvelle Constitution népalaise, élaborée en 2015, n'est pas du goût de l'Inde, qui a aussitôt imposé la même année un blocus sur le carburant en guise de représailles...
Du coup, c'est avec la ***Chine*** que les échanges ont considérablement progressé (+ 75 % depuis 2009) dans les domaines de l'hydroélectricité, l'industrie, la santé, les infrastructures routières (nouvelles routes vers la province autonome du Tibet). Le tourisme en provenance de Chine va connaître très prochainement une forte croissance avec la construction d'un aéroport international à Pokhara, accessible aux gros porteurs. Il devrait être mis en service en 2021-2022.
***La visite du Président chinois*** Xi Jinping en octobre 2019 à Kathmandu démontre la volonté d'accélérer les relations économiques entre les 2 pays. Cette visite d'État, la 1re en 23 ans, a marqué les esprits. Des dizaines d'accords économiques ont été signés à cette occasion dans de nombreux domaines, confirmant le principe d'un rééquilibrage des alliances entre le Népal et ses 2 géants voisins.

## Les ressources naturelles

Le Népal possède des ressources naturelles en minerai (mica et lignite), mais leur exploitation demeure non rentable eu égard au relief. Les seules ressources énergétiques consistent en fuel importé d'Inde, bois de chauffage, et bouse séchée. De nouveaux projets hydroélectriques sont en cours, mais le risque sismique de la zone fait courir un risque élevé pour la construction de grands barrages. Car le Népal a le privilège d'être un pays réservoir d'eau : il détient 0,3 % des réserves mondiales. On mesure mieux les rivalités indiennes et chinoises pour l'eau et son potentiel en ***énergie hydraulique.***

## L'agriculture

L'agriculture compte pour un ⅓ dans le PIB, mais occupe près des ⅔ de la population. Cependant, vu le relief, les terres cultivées ne représentent guère plus de 17 % de la surface du sol. Il s'agit majoritairement d'une ***agriculture de subsistance,*** et seule la région du Téraï (le grenier du Népal) dégage des surplus. Si 80 % des paysans cultivent leurs propres terres, leur superficie ne dépasse que rarement l'hectare et ne leur assure pas toujours un revenu suffisant. Ils doivent souvent se « louer » à de grands propriétaires. Le système est ainsi proche d'un ***système féodal,*** marqué par la grande propriété (5 % de la population détient encore 40 % des terres) et par l'exploitation des paysans les plus pauvres. Il a été ainsi facile pour les maoïstes de faire de la réforme agraire un de leurs chevaux de bataille.
La diversité se réduit si l'on passe des régions les plus basses, productrices de riz, légumes, fruits, maïs, canne à sucre... aux régions les plus élevées, où les cultures se limitent à la pomme de terre, au sarrasin ou à l'orge, faisant la part belle à l'élevage de chèvres et de moutons. Dans les zones de collines, durant des générations, les hommes ont construit des rizières en terrasses, chaque marche étant alimentée par un ingénieux système d'irrigation.
L'absence d'une politique agricole suivie et efficace (réformes agraires, fertilisation, irrigation), les glissements de terrain, la ***pression démographique,*** l'usure des sols, puis l'insurrection maoïste, qui, en vidant les campagnes, a porté un rude coup à l'agriculture, font que le Népal, ancien exportateur de céréales jusque dans les années 1960, dépend désormais de l'***aide alimentaire*** internationale pour se nourrir. De nombreuses zones du pays connaissent encore la ***famine.*** D'autant que la mousson peut sévèrement compromettre les récoltes.

## Les autres secteurs

Le Népal compte 3 grands secteurs industriels : ***l'agroalimentaire*** (sucre, cigarettes, savon), ***les matériaux de construction*** (briqueteries) et de reconstruction suite aux séismes, et ***l'industrie textile,*** représentée par l'industrie des tapis, importée par les Tibétains en exil. Ainsi, la quasi-totalité des produits semi-manufacturés ou manufacturés vient du voisin indien et de plus en plus du voisin chinois. Du coup, la ***balance commerciale*** népalaise reste déficitaire, les importations représentant encore 5 fois la valeur des exportations. Cependant, le volume des échanges a considérablement augmenté, avec des exportations qui se déploient maintenant vers les États-Unis et l'Europe, même si l'Inde demeure le principal client.
L'un des problèmes majeurs du pays est son enclavement sans débouché sur la mer, ce qui permet à l'Inde de brandir la menace du blocus, comme ce fut le cas en 2015 avec le fuel et le gaz.
Les ***devises*** envoyées par les Népalais émigrés représentent 32 % du PIB.
***Le tourisme :*** malgré la chute du nombre de visiteurs en 2015 suite aux séismes, ce secteur a rapidement retrouvé une incroyable vigueur, et ce dès 2016. On comptait cette année-là plus de 750 000 visiteurs dans le pays. Ce chiffre a bondi à près de 1,2 million en 2018. Un record. Ce secteur représente une source de revenus essentielle pour le pays, directement par l'apport de devises, mais aussi indirectement en entraînant l'essor de la construction et de l'emploi dans l'hôtellerie, surtout dans la vallée de Kathmandu et la région de Pokhara. Il constitue aujourd'hui 8 % du PIB et a créé plus de 1 million d'emplois.
***La clientèle indienne et chinoise afflue en masse,*** et ce n'est que le commencement d'un mouvement qui va monter en puissance selon toutes les projections. Beaucoup s'en félicitent. D'autres voient d'un œil sombre cette tendance en termes de capacité d'accueil, de gestion des déchets et des eaux usées dans des régions déjà hyper saturées.

# ENVIRONNEMENT

## Déchets : n'en jetez plus !

La forte croissance démographique, l'extension de la pauvreté et les diverses méthodes employées pour tenter d'y remédier expliquent que l'environnement naturel au Népal a été soumis à une rapide dégradation. Résultat : Kathmandu est l'une des villes les plus polluées et les plus embouteillées du monde. 20 % des habitants y circulent munis d'un masque, locaux comme touristes. Mais on se dit qu'avec une vingtaine d'espaces naturels protégés (*National Parks, Wildlife Reserves* et *Conservation Areas*), soit plus de 10 % de la surface totale du pays, la pollution par le mazout ou les gaz d'échappement devrait au moins être inexistante sur les sentiers de trekking.
Pourtant, elle est omniprésente, frappante, mais apparaît sous des formes diverses : ***la déforestation*** due aux exigences de chauffage des *lodges,* ainsi que les papiers gras et bouteilles en plastique qui restent toujours la pollution favorite des touristes. Chaque année, on en ramasse près de 100 t ! Sans parler des bouteilles d'oxygène non dégradables jetées par les aspirants à l'ivresse des hauteurs. Lassés de voir des tonnes de détritus s'accumuler vers les sommets, des alpinistes ont entrepris de les nettoyer. En 2019, une ONG a récupéré *10 t* de déchets en une seule expédition sur les pentes de l'Everest. Dans cette région, les *lodges,* qui tous affichent la charte du trekkeur, doivent désormais redescendre toutes leurs bouteilles par porteurs. Cette réglementation est contrôlée très sévèrement par une association népalaise (KEEP). À noter également qu'une caution est dorénavant exigée avant toute expédition en haute montagne. Elle n'est restituée que si les participants rapportent tous leurs déchets. Mais moins de la moitié remplissent leur contrat.

Tant que cette réglementation ne s'applique pas à l'ensemble des treks, si vous partez avec une agence ou un guide, demandez à ce que les déchets soient brûlés s'ils sont combustibles ou redescendus s'ils ne le sont pas. Cela dit, assez difficile d'exiger quoi que ce soit des porteurs sans paraître arrogant et donneur de leçons. En revanche, rien ne vous empêche de montrer l'exemple. Par ailleurs, une usine de traitement des déchets devait prochainement ouvrir à 3 800 m d'altitude pour traiter et/ou recycler les déchets de l'Everest. Pour cela, elle travaillera en partenariat avec des artistes qui valoriseront les poubelles de l'Himalaya pour ensuite revendre leur production. Des hôtels de luxe et restaurants sont déjà intéressés par la démarche. Mais il faut continuer à sensibiliser les grimpeurs en amont. Les Népalais eux-mêmes ne se soucient aucunement de ce problème. Dans et sur les bords de la rivière Bagmati à Kathmandu et Seti à Phokara, les déchets s'amoncellent au milieu de bidonvilles en développement. Avec ces rives insalubres et la densité de population, les maladies transmissibles par l'eau prolifèrent : choléra, malaria, dengue. Kathmandu se dégrade plus vite que ses montagnes. Et ce n'est pas peu dire !

## Déforestation massive

Le problème de la déforestation est particulièrement aigu. 1/3 de la forêt népalaise a été rasé entre 1964 et 1975, et 840 km$^2$ ont disparu chaque année entre 1980 et 1985. Cette déforestation résulte essentiellement de 2 phénomènes : la nationalisation des forêts de 1957, qui a mis un terme à la désignation de certaines zones de forêts comme espaces communautaires ou sacrés, et la croissance démographique accompagnée de l'expansion de l'agriculture et du rythme des incinérations. La construction de barrages, de centres d'extraction miniers et de routes fait peser de sévères menaces sur l'environnement. Il en résulte une réduction notable de la biodiversité, une accélération de l'érosion, une plus grande fréquence des inondations, ainsi que des fluctuations microclimatiques anormales.

## Quelques conséquences du réchauffement climatique

La région himalayenne est en 1re ligne : sa température augmente 8 fois plus vite que partout ailleurs, occasionnant la fonte des glaciers. Sur le territoire népalais, ils ont baissé de 21 % depuis les années 1980. Or, cette vaste étendue représente une réserve vitale pour les régions arides qui ne profitent pas de la mousson. Le dégel entraîne aussi la ***formation de lacs glaciaires,*** retenus par les moraines jouant le rôle de digues. Parfois, la pression de l'eau est telle que les moraines cèdent, libérant des millions de mètres cubes d'eau et de roches qui se déversent dans les vallées, détruisant tout sur leur passage. Le Népal comptabilise au moins 20 lacs dangereux, rendus encore plus instables suite aux séismes. Il faudrait consolider ces retenues et installer des dispositifs d'alerte, mais difficile d'aménager tous les lacs. En 2016, la technique du drainage a été utilisée pour le lac Imja Tsho, formé par la fonte d'un glacier. Il menaçait de déborder et d'inonder les 60 000 habitants des villages en contrebas.

La hausse du mercure bouleverse aussi les saisons, avec ***l'apparition de phénomènes extrêmes*** lorsque les inondations alternent avec les sécheresses. Le dérèglement du phénomène des moussons n'est pas en reste. Sur le plan agricole, les récoltes deviennent moins abondantes, irrégulières tant en qualité qu'en quantité. Des villages perdent leur autosuffisance, entraînant l'exode rural. Ainsi des dizaines de milliers de familles viennent gonfler l'agglomération de Kathmandu chaque année. C'est là qu'intervient Monsanto, la très controversée firme américaine spécialiste des OGM, qui, en partenariat avec le gouvernement et USAID, a lancé un maïs hybride pour, dit-on, améliorer les rendements agricoles. Un contrat qui rend du même coup les petits producteurs dépendants des coûteuses semences de la puissante multinationale, au risque de les appauvrir (eux et leurs sols). Levée de boucliers aussi bien de la part de la population que (plus étonnant) d'une partie de la classe politique. Mais sans succès : Monsanto s'est installé, tandis que les opposants continuent de mener campagne.

## FAUNE ET FLORE

Outre le légendaire *yeti,* le Népal abrite une très grande variété de mammifères, d'oiseaux et de reptiles. Bien sûr, vous ne tomberez pas nez à nez avec un tigre du Bengale au détour de chaque chemin. ***Léopards des neiges, rhinocéros unicornes de l'Inde*** (le plus gros de tous les rhinocéros d'Asie), ***éléphants,*** 2 espèces de ***macaques, ours paresseux, loups, chacals, cervidés, crocodiles, serpents,*** mais aussi plus de 500 variétés d'***oiseaux*** peuplent ces territoires sauvages.

### SANS BOMBONNE D'OXYGÈNE !

*La seule créature ailée (avec la grue demoiselle) capable de franchir la barrière de l'Himalaya est l'oie à tête barrée, qui, lors de sa migration annuelle entre les plaines mongoles et l'Inde, vole à plus de 7 000 m. Grâce aux particularités de son hémoglobine qui fixe l'oxygène, elle peut fournir l'effort nécessaire dans un air où celui-ci est raréfié. On en a même aperçu à 10 000 m d'altitude !*

Emblème national, le ***danphe*** (ou *monal*) est une variété de faisan vivant au-dessus de 3 500 m d'altitude. C'est un spécimen superbe aux couleurs vert et rouge métalliques étincelant au soleil. Vous pourrez l'apercevoir si vous prévoyez un trek dans le parc national du Sagarmatha (Everest). Enfin, s'il vous arrive un jour, au cours d'une de vos promenades, d'entendre un hurlement suraigu et très bref, ne soyez pas surpris, il s'agit sans doute du cri d'un ***muntjac,*** encore appelé cerf aboyeur, à moins que ce ne soit celui d'un ***pika,*** ou lièvre criard.

Bien que le pays soit peu étendu, tous les climats y sont représentés, donnant naissance à une flore exubérante et une végétation exceptionnellement diversifiée, tout en renforçant le petit parfum de mystère et d'exotisme qui flotte sur le pays. ***Rhododendrons*** – *laligura* en népali – (la fleur nationale, qui atteint plus de 15 m de haut !), ***iris, orchidées, orpins, saxifrages, primevères, edelweiss***, mais aussi ***forêts d'acacias, de chênes, de pins, de sapins et d'épicéas*** : sachez que l'on ne compte pas moins de 6 500 espèces d'arbres, d'arbustes et de fleurs sauvages...

### UNE MYSTÉRIEUSE CRÉATURE

*Le* yarsagumbu *est un champignon qui pénètre le corps d'un insecte et le dévore pour se nourrir. Mi-végétal mi-animal, il est très recherché pour ralentir le vieillissement, et surtout pour ses vertus aphrodisiaques. N'existant qu'à partir de 3 500 m, ce produit mystérieux se vend en Chine à des prix extravagants.*

## GÉOGRAPHIE

### Entre 2 géants

Sur les cartes, le pays se présente comme une étroite bande de terre de 145 à 241 km de large qui s'étire d'est en ouest sur 800 km. C'est une bien mince frontière pour séparer 2 blocs aussi puissants que l'Inde et la Chine. Heureusement, l'Himalaya, ensemble montagneux unique au monde par ses sommets et par ses différences de niveau, constitue un rempart de premier ordre. Sur une distance de 25 km, l'altitude peut varier de 6 000 m. De plus, cette chaîne constitue une barrière climatique avec tout ce que cela comporte comme conséquences écologiques.

En raison de sa position géographique délicate, le Népal doit veiller avant tout sur ses frontières. Ses rapports avec l'Inde ne sont pas toujours au beau fixe. N'ayant pas d'ouverture sur la mer, le Népal se trouve lié à son voisin tandis qu'il occupe une importante fraction du glacis himalayen face à la Chine. Or, ce glacis est en partie rendu perméable depuis la construction de la route chinoise qui permet de relier Kathmandu à Lhassa puis de poursuivre jusqu'à Pékin par le train. L'Inde n'est plus qu'à 1 mois de Pékin en camion et, de ce fait, le Népal est devenu un point stratégique important sur la carte politique du monde.

## 5 régions naturelles

On a souvent comparé le Népal à un gigantesque escalier débutant au piémont de la plaine gangétique et dont le sommet forme le toit du monde. Sur une superficie de 147 180 km², un peu plus du quart de celle de la France, on observe un des phénomènes géographiques les plus curieux du globe terrestre. L'armature géologique du pays s'organise en bandes longitudinales formant 5 grandes régions naturelles correspondant à 5 paliers : le Téraï, les Siwalik, le Mahabharata Lekh, le plateau népalais et le Grand Himalaya.

– ***Le Téraï,*** ou région basse, est une terre d'alluvions formant le piémont de la grande plaine du Gange, et était considéré autrefois comme un enfer en raison du paludisme. Les terres cultivables en bordure des affluents du Gange sont régulièrement inondées, durant la mousson, où le niveau des eaux peut monter de plusieurs mètres en une seule journée. Jungle, marais et forêt vierge repaires des tigres constituaient une frontière naturelle entre l'Inde et le Népal. Aujourd'hui, elle contient les ⅔ des surfaces cultivées, la culture des céréales (maïs, colza et jute) en constituant la principale ressource. Près de 20 % de la récolte de riz sont exportés vers l'Inde, et les nouvelles entreprises traitant la canne à sucre, le riz et le bois ont attiré une bonne partie de la main-d'œuvre du pays. Du coup, 40 % de la population népalaise y sont établis. Côté industrie, Biratnagar est devenue la 2e ville du Népal.

Jadis délaissé, le Téraï redevient un enjeu important entre l'Inde et le Népal. La population, extrêmement indianisée, est au centre des récents affrontements (mortels) provoqués par la nouvelle Constitution (lire à ce sujet les rubriques « Droits de l'homme » et « Histoire »). Les grands projets d'irrigation, maintes fois retardés, risquent de gêner l'irrigation d'une partie de la plaine du Gange.

La malaria, qui y avait pratiquement disparu grâce aux efforts de l'OMS, connaît un retour en force avec l'arrivée d'un moustique particulièrement résistant.

– ***Les Siwalik,*** situés juste au-dessus du Téraï, voient l'amorce des 1ers sommets de 1 500 m environ. Cette formation montagneuse se compose de crêtes séparées par de larges vallées appelées *doon,* dans lesquelles pénètre la forêt vierge. C'est là que les plaques indiennes et tibétaines se rencontrent. Cette région est peu habitée.

– ***Le Mahabharata Lekh,*** en revanche, est une véritable chaîne de montagnes dont les sommets atteignent parfois 3 000 m et forment un rempart entre le Téraï et le plateau népalais. Des vallées transversales découpent des gorges profondes et sauvages au fond desquelles s'écoulent les eaux des rivières descendant jusqu'à la plaine du Gange.

– ***Le plateau népalais,*** le cœur du pays, constitue le 4e et plus important niveau. Cette bande de 100 km de large se trouve protégée au sud par le Mahabharata Lekh et au nord par l'Himalaya. Des fleuves transversaux viennent partager ce plateau en 9 bassins naturels. C'est la partie la plus riche du pays, et celle où se trouvent les plus grandes villes (Kathmandu, Patan, Bhaktapur et Pokhara). Quoique ne couvrant que le quart de la superficie du pays, cette région est habitée par la moitié de la population. Le climat y est tempéré.

– ***La chaîne himalayenne :*** sur les 14 sommets de la terre dépassant les 8 000 m, ***9 sont situés au Népal*** ou sur ses confins : l'Everest, de son vrai nom *Sagarmatha* en népali (8 848 m selon les Népalais, mesuré en 1954 ; 8 844 m d'après les Chinois et 8 850 m selon la *National Geographic Society* et le musée des

Sciences de Boston qui ont effectué un relevé en 1999), le Kanchenjunga (8 586 m), le Lhotsé (8 516 m), le Makalu (8 463 m), le Cho Oyu (8 201 m), le Dhaulagiri I (8 167 m), le Manaslu (8 163 m), l'Annapurna I (8 091 m) et le Shisha Pangma (8 027 m). Ils sont entourés de plus de 100 sommets de 7 000 m et plus constituant une muraille géante. Entre 60 et 70 pics de plus de 6 000 m n'ont pas reçu de nom. Cette chaîne, beaucoup plus récente que les Alpes, appartient cependant au même système montagneux. Selon le géologue suisse Toni Hagen, la plus jeune des chaînes de la terre aurait pris sa forme actuelle il y a environ 50 millions d'années, lorsque « les blocs continentaux se heurtèrent ».

### CHEMIN DE CROIX

*Au-dessus de 8 000 m, la zone vers le sommet de l'Everest devient hyper dangereuse. Manque d'oxygène, matériel déficient ou amateurisme, plus de 200 cadavres visibles jalonnent le chemin. Il est techniquement impossible de redescendre les corps dans la vallée. Certains servent de points de repère.*

L'Himalaya est formé ***de massifs bien individualisés,*** parfois reliés entre eux par des chaînes secondaires moins élevées. Le système d'écoulement des eaux est très particulier ; ce sont des torrents, comme le Kali Gandaki qui naît au Mustang et se faufile entre le Dhaulagiri et l'Annapurna, passant par une des gorges les plus profondes du monde : le Thak-Khola. Étant donné la différence de latitude par rapport aux Alpes, les neiges éternelles ne commencent qu'à 6 000 m sur les versants exposés au sud. On trouve des forêts et des cultures à 4 000 m, des pâturages à 5 000 m, et on a même pu voir des plantes à fleurs à plus de 6 000 m !

Pour les Népalais, ces montagnes sont sacrées : elles appartiennent à la mythologie populaire et sont considérées comme la demeure des dieux. L'Everest est appelé en tibétain « ***Déesse Mère du Pays*** » *(Chomo Lungma).* À noter que le gouvernement népalais refuse de reconnaître la nouvelle mesure de 8 850 m réalisée en 1999.

### AND THE WINNER IS...

*En 1849, des officiers anglais, dirigés par Sir John Everest, étudiaient les pics népalais qui ne portaient pas encore de nom. On les désignait par des chiffres romains, et l'un des sommets fut répertorié comme pic XV. En 1852, lorsque son altitude fut précisée, on découvrit qu'il était le plus élevé ; il reçut alors le nom de mont Everest.*

## La conquête des sommets

Durant des années, des hommes ont tenté de vaincre ces fantastiques blocs de pierre et de glace. Entre 1921 et 1948, les Anglais lancèrent 8 expéditions à l'assaut de l'Everest par son versant tibétain. Entre 1950 et 1951, nouvelles tentatives par le versant népalais, suivies de 2 expéditions suisses en 1952. Finalement, le toit du monde est atteint le 29 mai 1953 par 2 hommes, le Néo-Zélandais Sir Edmund Hillary et Sardar Tensing Norgay Sherpa, au cours d'une expédition dirigée par Sir John Hunt et qui dura plus de 7 semaines (voir plus haut, dans « Népal Utile », la rubrique « Livres de route », le récit de cette aventure dans *Victoire sur l'Everest).*

3 ans auparavant, les Français Herzog et Lachenal avaient réussi une 1re en atteignant le sommet de l'Annapurna de 8 091 m (voir plus loin, dans la rubrique « Livres de route », le récit de Maurice Herzog *Annapurna premier 8 000*). Aujourd'hui, la plupart des sommets ont été vaincus. Les expéditions recherchent maintenant la difficulté en empruntant des voies nouvelles ou en faisant des concours de rapidité : en 2004, le record de l'ascension de l'Everest est tombé à... 8h10 ! Toutefois, une partie de la population considère encore ces ascensions comme sacrilèges. L'expédition qui partit à

l'assaut du Machhapuchhare, en 1957, s'arrêta à 50 m du sommet pour respecter les croyances locales et ne pas profaner la demeure des dieux. La pression touristique et l'engouement pour les sommets sont tels qu'en 2018 ce sont 807 grimpeurs qui ont atteint le toit du monde. Si cette ascension reste un exploit, il n'est pas le même que celui réalisé par les « anciens ». Aujourd'hui porteurs, guides et bouteilles d'oxygène à tous les étages rend cette conquête un peu (on a bien dit un peu) moins coriace.

### DUEL AU SOMMET

*Qui a vaincu le 1er l'Everest ? Le mystère reste entier : en mai 1999, on a retrouvé, à 600 m du sommet de l'Everest, les traces d'une expédition britannique partie en 1924 qui aurait pu avoir touché au but malgré un équipement des plus dérisoire : vêtements de tweed et bouteilles à oxygène primitives. Hélas, l'appareil photo des alpinistes Mallory et Irvine, disparus dans la descente, qui aurait pu prouver le succès de la cordée, est resté introuvable. Edmund Hillary, décédé en 2008, avait déclaré qu'il reconnaîtrait de bon cœur que son expédition aurait pu n'avoir été que la 2e sur le toit du monde, belle preuve du légendaire fair-play britannique (bien qu'il fût néo-zélandais).*

## Une zone sismique majeure

Comme l'ont malheureusement démontré les séismes de l'année 2015, le Népal se situe dans une zone à risque sismique très élevé. Il faut dire que le pays se trouve sur la faille himalayenne, au point de friction entre les plaques indienne et eurasienne. Ces 2 plaques entrent régulièrement en collision depuis plus de 100 millions d'années. Entre la plaque indienne, située à l'origine à la latitude de Madagascar, et la plaque eurasienne, il existait même une mer, aujourd'hui disparue, la mer de Thétys. Les scientifiques estiment que la plaque indienne a progressé vers le nord à une vitesse d'environ 10 cm par an jusqu'à il y a 50 millions d'années. Puis elle a commencé à s'enfoncer sous la plaque eurasienne (phénomène de subduction), créant ainsi une collision majeure à l'origine de la chaîne himalayenne et du plateau tibétain. Aujourd'hui, ce chevauchement de plaques se poursuit à la vitesse d'environ 2 cm par an, ce qui explique les séismes récents.
Si l'on procède à un historique des tremblements de terre dans la région, il nous faut signaler celui de 1934, qui était de 8,4 sur l'échelle de Richter et avait fait 17 000 morts. En septembre 2011, un séisme à la frontière indo-népalaise, d'une magnitude de 6,9 sur l'échelle de Richter, a fait 53 morts en Inde, au Tibet et au Népal. Et puis, bien sûr, ceux de 2015 : magnitude de 7,8 le 25 avril (suivi d'une réplique majeure de 6,6 le même jour et d'une réplique de 6,4 le lendemain) et de 7,4 le 12 mai (réplique de 6,3 le jour même), avec un bilan de plus de 8 500 morts...
Par ailleurs, les inondations et glissements de terrain en période de mousson sont fréquents (en mai 2012, 60 personnes ont trouvé la mort dans la région de l'Annapurna). Évidemment, il s'en est produit également après les séismes de 2015.

# HISTOIRE

## De l'éclatement du royaume à sa réunification

Les 1ers envahisseurs sont les Kirats, venus de l'est de l'Himalaya en 700 av. J.-C., puis, en 300 apr. J.-C., les Licchavis, dynastie indienne chassée par les Moghols. L'ère des Licchavis est un âge d'or. Après leur chute, autour

de 700 apr. J.-C., s'ensuit une période plus confuse jusqu'à l'arrivée de la dynastie des Mallas, qui règne à partir de la fin du XIIe s.
Les querelles dynastiques, l'arrivée de princes indiens fuyant l'invasion musulmane, mais aussi la pratique du pouvoir partagé (entre le roi et ses frères, ministres, ou tout membre de sa famille) vont conduire à un morcellement du territoire en une soixantaine de petits États. À la fin du XVe s, le royaume de la vallée se divise en 3 : Bhaktapur, Lalitpur et Kantipur.
Milieu XVIIIe s, Prithivi Narayan, roi de Gorkha, se lance dans une politique de réunification. Dès 1745, ses troupes sont aux portes de la vallée, mais les 3 royaumes ne se soumettent qu'en 1769, Bhaktapur étant le dernier à se rendre. Dans le reste du pays, il procède à l'annexion en utilisant soit la ruse soit la force. Malgré leurs faibles moyens, ***Prithivi et ses successeurs réunifient plus de 60 États.*** De 1814 à 1816, une guerre avec l'Inde britannique aboutit au traité de Ségauli qui donne au Népal des frontières proches de celles actuelles, tout en imposant le tutorat d'un résident anglais à Kathmandu, sans grand pouvoir cependant.
Mais à la mort de Prithivi Narayan, il règne une ***atmosphère de complots,*** parfois émaillée de massacres. Le 1er ministre Jang Bahadur s'empare du pouvoir en 1848, écarte le roi et coupe quelques têtes au passage. ***L'oligarchie des Rana*** va durer jusqu'en 1951.

## L'ère des Rana

***Les Rana ferment le pays à toute influence extérieure,*** le considérant comme une propriété privée dont ils tirent des revenus. C'est néanmoins sous leur règne que l'indépendance du Népal est formellement reconnue, en 1923, par l'Inde britannique et la guerre définitivement écartée.
Cependant, ***le régime prend fin en 1951,*** sous la pression des opposants exilés en Inde, et soutenus par le géant voisin nouvellement indépendant. Élément déclencheur, le roi Tribhuvan, enfermé par les Rana, trompe en 1950 la surveillance de ses gardiens et se réfugie à l'ambassade indienne, qui parvient à l'exfiltrer quelques jours plus tard.
Un mouvement insurrectionnel se déclenche alors dans tout le pays. Mais l'Inde s'inquiète de l'influence des idées communistes sur la population. Elle fait rapidement signer le compromis de Delhi entre les Rana et Tribhuvan, par lequel ce dernier s'engage à instaurer une démocratie. Le roi revient triomphant à Kathmandu en février 1951. Après 1955, ses 2 successeurs, Mahendra et Birendra, soutenus par la communauté internationale, vont plutôt se focaliser sur le développement du pays que sur sa démocratisation. La manne étrangère devient très vite une source d'enrichissement pour les notables.

### UN DRAPEAU UNIQUE AU MONDE

*Adopté en 1962, c'est le seul au monde à n'être ni carré ni rectangulaire, mais composé de 2 triangles superposés, évoquant l'Himalaya et les 2 religions du pays, l'hindouisme et le bouddhisme. Les bords bleus, couleur de paix, délimitent un fond rouge, couleur de bon augure et du rhododendron (la fleur nationale). Présents dans tous les mantras, la lune et le soleil, symbolisant l'origine de la nation, font de ce drapeau un support de prières pour tous les Népalais.*

## Périodes troublées

À la fin des années 1990, sous la pression de la rue, le roi Birendra accepte l'idée d'une ***monarchie parlementaire*** sur le modèle britannique. Cette Constitution, promulguée en novembre 1990 mais rédigée à la va-vite, ignore certaines demandes comme la rédaction du texte par une assemblée constituante élue ou encore la laïcité de l'État. Quelques voix évoquent déjà une république. La période qui suit est marquée par ***l'instabilité gouvernementale, la corruption, le népotisme*** et le clientélisme. La déception est grande parmi le peuple. C'est dans ce contexte qu'éclate l'insurrection maoïste, en février 1996. Mais un autre événement obscurcit encore le ciel népalais : en juin 2001, ***le roi et 7 membres de sa famille sont assassinés*** dans leur palais à Kathmandu. Le seul rescapé est ***Gyanendra, frère du roi,*** absent la nuit du drame. Ce dernier, que les Népalais dénoncent comme l'instigateur du massacre (avec l'aide de l'Inde et des États-Unis), est à son tour intronisé. Très impopulaire, hindou orthodoxe, il n'a jamais été favorable à la démocratie. Prenant prétexte de l'insurrection maoïste pour déclarer l'état d'urgence fin 2002, il ***dissout alors l'assemblée et s'attribue les pleins pouvoirs*** en 2005.

## Le mouvement maoïste

Issu du « United People Front », le mouvement maoïste n'est qu'un petit parti d'extrême gauche crédité de quelques sièges aux 1res élections de 1991. Très vite, sa branche radicale s'en détache en rejetant le parlementarisme et en labourant le terrain des districts isolés et pauvres de l'extrême ouest, négligés par tous les gouvernements. De plus, les forêts denses conviennent aux opérations de guérilla. En 1995, le mouvement devient le *Nepal Communist Party (Maoïst).* À sa tête, Pushpa Kamal Dahal, alias Prachandra, qui commande les opérations sur le terrain, et Babu Ram Bhattarai, la tête pensante. Au programme : ***la terre aux paysans, la fin du système de castes, l'égalité entre les femmes et les hommes, la prise en compte des différentes ethnies et langues et la fin de la monarchie.*** Il faut dire que la corruption est une institution et que la « démocratie » de façade n'a rien apporté aux laissés-pour-compte, le fossé entre riches et pauvres s'étant creusé...

Le mouvement est réprimé par la police, qui massacre les populations civiles, viole les femmes et détruit les villages ; une violence qui, en réaction, favorise logiquement le recrutement des maoïstes. En 1996, le mouvement lance la « guerre du peuple », ciblant ses attaques sur la « classe ennemie » : policiers, fonctionnaires, notables et usuriers. Rackets, enrôlements forcés et exécutions sauvages s'ensuivent et la police poursuit la répression.

Dans les zones contrôlées par les maoïstes, les femmes jouent un rôle prépondérant : les « guérilleras » représentent ⅓ des troupes, que ce soit comme simples sympathisantes ou comme officiers. Les Népalaises, souvent illettrées et opprimées par la culture hindoue, très machiste, sont sensibles aux projets égalitaires des maoïstes : pas de mariage avant 18 ans, éducation, suppression de l'alcool et des jeux de cartes qui conduisent souvent les maris à la violence et à la ruine. Les femmes assurent la survie et la sécurité des familles quand les hommes ont dû s'exiler dans la jungle, dans les grandes villes ou en Inde afin d'échapper à la police ou éviter de se faire enrôler de force. Le recrutement maoïste se fait également chez les intellectuels et les jeunes diplômés privés d'emploi, et parmi les éternels sacrifiés : les ethnies et les basses castes.

En 2001, le pouvoir tente de rétablir le dialogue, mais l'espoir de conciliation est anéanti par le massacre de la famille royale. Au contraire de son prédécesseur, ***le roi Gyanendra fait intervenir l'armée,*** avec l'appui de l'Inde et des pays occidentaux (argent, armes, etc.), dont les États-Unis, qui traquent le terrorisme après les attentats du 11 Septembre. En 2002, le parti maoïste est classé, comme Al-Qaïda, sur la liste des organisations « terroristes ».

Face à une police mal équipée et mal-aimée, ***les maoïstes*** frappent de grands coups en 2004 et 2005, et ***contrôlent près de 75 % du territoire*** et en bloquant l'accès à Kathmandu. Des 2 côtés, on kidnappe, on torture et on assassine, bafouant ouvertement les Droits de l'homme. Près de ***13 000 Népalais ont trouvé***

***la mort ou ont disparu,*** mais d'après la Croix-Rouge et Amnesty International, les ⅔ des victimes sont imputables à la police et à l'armée...

## La rupture en marche

Ni les maoïstes ni l'armée népalaise ne parviennent à prendre le dessus au plan militaire. Des pourparlers conduisent néanmoins à ***un accord, en 2005,*** entre les maoïstes et les 7 partis politiques représentés au parlement. L'accord prévoit le désarmement de l'armée maoïste sous le contrôle de l'ONU, l'élection d'une assemblée constituante et l'arrêt des opérations de la police et de l'armée. Mais un dialogue de sourds s'installe et les maoïstes reprennent leurs activités. Le roi radicalise sa position, tente de contrôler les médias et le travail des ONG, réprimant des manifestations, de plus en plus fréquentes. On assiste à une mobilisation sans précédent de la rue, mais aussi de journalistes et d'avocats contre ces mesures liberticides. Dans cette ambiance insurrectionnelle, le roi organise des élections municipales en 2006. Sans véritable liberté d'expression et sous la pression des maoïstes, elles tournent à la farce avec un taux de participation de 21 %.
Face à la rue et à l'opinion internationale de plus en plus critique, le roi rétablit le parlement. Celui-ci accède à l'une des revendications des maoïstes : la convocation d'une assemblée constituante. Le nouveau pouvoir prend alors des décisions majeures. ***Le Népal devient un État laïc,*** et ***les pouvoirs du roi sont considérablement réduits.*** Il perd le commandement de l'armée, le pouvoir de promulguer les lois, et même son immunité. En 2006, le gouvernement et les maoïstes demandent officiellement l'aide de l'ONU pour désarmer et rétablir la paix.

## Le nouveau gouvernement de coalition et les élections tant attendues...

En 2006, Prachandra finalise, avec le 1er ministre Girija Prasad Koirala, un accord qui intègre les combattants maoïstes dans l'armée régulière. Fin 2007, les maoïstes remportent une victoire : la chambre intérimaire approuve majoritairement l'***abolition de la monarchie.***
En avril 2008, les élections créent la surprise : les maoïstes arrivent en tête (dont 40 % de femmes et 20 % de Dalits, les intouchables). Le parti du *Nepali Congress,* principale formation d'opposition, arrive en 2de position... Les maoïstes n'ont cependant pas la majorité absolue. En mai, ***le Népal devient une République démocratique fédérale.*** En juillet, Ram Baran Yadav, pourtant issu du *Nepali Congress,* est élu Président de la jeune République. Les maoïstes fulminent mais, au final, l'un des leurs, ***Prachandra, est élu 1er ministre.*** Mais une cohabitation instable rend d'autant plus périlleuse la mission du parlement de rédiger une constitution.
Les points de discorde sont nombreux, et le 1er ministre démissionne en mai 2009 ! Dans la foulée, une nouvelle coalition excluant les maoïstes propulse Madhav Kumar Nepal, chef historique de l'UML (Union marxiste-léniniste), au poste de 1er ministre. Les maoïstes mènent alors des actions de rue, et des ***grèves générales*** éclatent dans un contexte à nouveau explosif. La population vit des heures sombres : en août 2009, ***un barrage indo-népalais,*** en construction sur la Kosi River, ***cède.*** Plus de 300 000 personnes sont touchées par la catastrophe, 500 morts, une dizaine de milliers d'animaux emportés, des centaines de milliers d'hectares de terres fertiles sous les eaux et des habitations détruites. La population est plongée dans le noir, l'eau des puits est impropre à la consommation. Une situation d'urgence que doit gérer le gouvernement, tout en faisant face aux velléités des maos.
Au sein du parti maoïste, 2 courants se révèlent : celui de Prachandra, adepte de la voie parlementaire, et un autre plus radical, partisan de la lutte armée jusqu'à la victoire finale, qui a le vent en poupe... De plus, on note un regain de tension dans le Téraï, où prolifèrent des groupes armés soutenus par l'Inde...

Dans ce pays mosaïque aux forts sentiments identitaires, la rédaction de la Constitution s'avère difficile. Fin 2009, le gouvernement signe un accord sur la libération et la réhabilitation des combattants maoïstes, qui lèvent du coup le blocage du Parlement. Mais le pays doit faire face à une ***grave crise alimentaire*** (en raison d'une météo défavorable) ***et énergétique*** (pénurie d'essence et coupures électriques). Le pouvoir se livre à des jeux politiques de plus en plus déconnectés de la dure réalité quotidienne des ***Népalais*** qui ***poursuivent les manifestations pour exprimer leurs revendications.*** En 2010, le 1er ministre Madhav Kumar Nepal démissionne sous la pression des maoïstes.

## En attente d'une nouvelle Constitution...

Au terme d'une crise politique de plus de 1 an, le nouveau 1er ministre, le maoïste Baburam Bhattarai, s'engage dans le ***désarmement des rebelles maoïstes.*** Un accord est signé entre le gouvernement et le leader maoïste Prachanda.

Le pays attend une nouvelle Constitution, prévue pour mai 2012. Une grève générale fragilise l'Assemblée, que le 1er ministre dissout fin mai, précisément le jour prévu de la promulgation de la nouvelle Constitution. C'est reparti pour un tour ! Les institutions sont figées.

Finalement, en février 2014, à l'issue de plusieurs mois de tractations, le président du *Nepali Congress,* devenu 1er ministre, forme un gouvernement de coalition. Le 22 janvier 2015, date limite fixée pour l'établissement de la nouvelle Constitution, une bagarre générale au sein du Parlement met un terme au processus. ***C'est l'impasse totale.***

## 2014 : l'avalanche et le statut des sherpas

Tandis que les dirigeants et l'opposition s'enlisent dans une impasse politique, le 18 avril 2014 ***une terrible avalanche*** ensevelit 16 guides népalais dans le massif de l'Everest, mettant sur le devant de la scène leur statut. Un triste record dans l'histoire de l'ascension du plus haut sommet du monde.

Un ***mouvement de revendications*** voit le jour ***parmi les sherpas.*** Ces derniers menacent de ne plus gravir l'Everest faute d'un soutien financier solide du gouvernement pour les familles des sherpas tués. S'ils ne sont pas si nombreux, ils pèsent pourtant lourds sur le plan économique et tiennent dans leur hotte des dizaines de milliers d'emplois induits (hôtellerie, restauration, transports aérien et terrestres, agences de voyage...). Ils constituent un rouage indispensable de l'économie touristique. Leur situation s'améliore doucement, notamment grâce à une poignée d'agences de treks qui ont ces dernières années réévalué leur statut, tant sur le plan des salaires que sur leurs conditions de travail.

## 11h56, le 25 avril 2015...

Les scientifiques avaient prédit un « big one » pour ce début de siècle. Après celui de 1934, qui avait atteint 8,4 sur l'échelle de Richter et avait fait 17 000 morts, à la mi-avril 2015, à Kathmandu, un congrès de sismologues jouait de nouveau les oiseaux de mauvais augure.

1 semaine plus tard, le 25 avril 2015, à 11h56, ***un séisme de magnitude 7,8*** se déclenche dans la région de Gorkha, à environ 80 km au nord-ouest de Kathmandu. La secousse est ressentie dans tout le pays et même jusqu'au Bihar (Inde) et au Tibet, qui déploreront plus d'une centaine de victimes. Mais c'est la vallée de Kathmandu, la région la plus dense du Népal, qui est frappée de plein fouet par le tremblement de terre. Dans la capitale et les villes alentour, tout tremble : routes, rues, bâtiments en béton et maisons en brique, les plus fragiles s'écroulant sur leurs occupants. Certains des temples qui faisaient la fierté des superbes Durbar Square de Kathmandu (le plus touché), de Patan et de Bhaktapur s'effondrent comme des châteaux de cartes ou subissent des affaissements.

Dans le Langtang, au nord de la capitale, une région de trekking très fréquentée à cette période de l'année, c'est une avalanche de pierres et de rochers qui s'abat sur le village du même nom. Sur l'Everest, une avalanche hors normes (l'équivalent d'un immeuble de 50 étages, d'après les rescapés) dévale du mont Pumori et s'abat sur le camp de base situé à 5 500 m, où séjournent et travaillent 1 000 personnes, prenant la vie de 18 d'entre elles et coupant la communication avec les camps 1 et 2 situés plus haut.
Le bilan de la catastrophe s'élève à plus de 8 500 morts (dont 10 Français), au moins 18 000 blessés et des dizaines de milliers de sans-logis (quelque 500 000 maisons ont été détruites ou endommagées). Au total, on estime que ***8 millions de Népalais sont touchés*** de près ou de loin par la tragédie, sur un total de 29,5 millions d'habitants, ***soit plus de 25 % de la population.***

## Aide internationale et carences d'État

La communauté internationale se mobilise, notamment la Chine, Israël et l'Inde (qui n'avait jamais apporté un tel soutien à son minuscule voisin), mais paraît bien plus rapide et plus efficace que l'armée népalaise. De toutes parts, la colère monte. Le gouvernement est accusé ***d'impréparation totale*** et de ***désorganisation.*** La gestion de l'aide est mise en cause.
Une dizaine de jours après le jour J, les États-Unis entrent en scène avec avions et hélicoptères pour tenter de gagner les villages les plus reculés, toujours sans assistance.

## Un 2e séisme

Dans les semaines qui suivent le grand séisme, on comptera plus de 300 répliques de plus de 4 sur l'échelle de Richter. ***Un cauchemar au quotidien.*** Revenant à intervalle régulier, elles maintiennent les habitants à l'extérieur de leurs habitations, tous réfugiés sous des tentes et des bâches installées dans les parcs de la capitale. Une crainte malheureusement justifiée puisque le 12 mai, soit plus de 2 semaines après le 1er, ***un nouveau séisme majeur de magnitude 7,3*** se produit cette fois à l'est de Kathmandu, vers l'Everest. La catastrophe n'a pas dit son dernier mot. De nouveau des morts – même s'ils sont cette fois beaucoup moins nombreux –, des glissements de terrain et puis encore des habitations qui s'écroulent ou se fissurent. Dépassé par les événements, le gouvernement tente de coordonner l'aide depuis des abris de fortune !

## La question de la reconstruction

Depuis des années, les sismologues avaient annoncé la tragédie, et demandent que l'on impose des ***normes de construction antisismiques.*** Mais comment le gouvernement, déjà peu crédible aux yeux de la population, pourrait-il imposer de telles normes dans une vallée si densément urbanisée qu'elle semble échapper depuis longtemps à tout contrôle architectural ? Ces dernières décennies, on a construit partout et n'importe comment. N'oublions pas que le Népal est l'un des pays les plus pauvres au monde et que la corruption gangrène l'administration.
Quelque 5 ans après le séisme, les sites du patrimoine culturel du pays sont pourtant en bonne voie de restauration. Certains ont déjà retrouvé leurs plus beaux atours, d'autres sont toujours sous les échafaudages (comme une partie du Palais royal de Durbar square à Kathmandu). La plupart de ceux de Bhaktapur et Patan ont retrouvé leur panache.
Si l'Unesco a joué un rôle déterminant dans les reconstructions du patrimoine classé sous son égide, il faut noter les dons énormes réalisés par la Chine, dont on ne peut mettre en cause la générosité. Reste que cette aide est un coup de billard à 2 bandes. Il rend redevable son modeste voisin à plus long terme.

## Pendant le séisme, la politique suit son cours...

Au milieu de cette turbulente actualité de 2015, le gouvernement népalais finit par accoucher d'une ***nouvelle Constitution,*** sans doute pour apaiser politiquement les esprits. Celle-ci est ***de nature fédérale*** (avec 7 États). Le nouveau 1er ministre est communiste (et non maoïste, nuance), en attendant de nouvelles élections. La communauté madhesi du Téraï, d'origine indienne, rejette 2 points cruciaux du texte, sur l'obtention de la nationalité népalaise mais aussi sur le nouveau découpage des États qui ne leur donne pas l'autonomie souhaitée. Le géant indien fronce les sourcils avec, en toile de fond, les importants contrats portant sur l'eau et l'électricité, dont l'Inde est friande et que la Chine convoite. Résultat : des affrontements faisant plusieurs dizaines de morts et ***un blocus indien sur l'énergie.***
Dans ce contexte épineux, le 28 octobre 2015, l'ancienne ministre communiste de la Défense, ***Bidhya Bhandari, est élue 1re femme présidente du Népal.***

## Enfin des élections ! On prend les mêmes et on recommence

En 2016, le maoïste Prachendra prend la tête d'un gouvernement de coalition, avant de démissionner mi-2017 au profit du chef du parti du Congrès, ***Sher Bahadur Deuba,*** comme il en avait été convenu. Des élections sont enfin organisées, ***pour la 1re fois depuis 20 ans.*** Suite à ce scrutin législatif, ***début 2018*** c'est de nouveau ***Khadga Prasad Sharma Oli*** (surnommé K.P. Oli) qui reprend les rênes du gouvernement (il avait déjà été brièvement 1er ministre en 2015-2016).

# MÉDIAS

## Votre TV en français : TV5MONDE, la 1re chaîne culturelle francophone mondiale

Avec ses 11 chaînes et ses 14 langues de sous-titrage, TV5MONDE s'adresse à 370 millions de foyers dans 198 pays du monde par câble, satellite et sur IPTV et est présent dans plus de 3 millions de chambres d'hôtel. Vous y retrouverez de l'information, du cinéma, du divertissement, du sport, des documentaires...
Préparez votre séjour grâce à son site voyage • *voyage.tv5monde.com* •, et en voyage, restez connectés avec les applications et le site • *tv5monde.com* • Demandez à votre hôtel le canal de diffusion de TV5MONDE et contactez • *tv5monde.com/contact* • pour toutes remarques.

## Radio

La radio est très populaire au Népal, surtout dans les zones rurales où les radios privées ou communautaires sont de plus en plus écoutées. On peut citer *Kathmandu FM* (100 Mhz) et *Metro FM* (106,7 Mhz). Les Népalais sont également très fidèles aux programmes en népalais de la *BBC*. La station publique *Radio Nepal* donne des informations en anglais sur ondes moyennes et ondes courtes. Le pays compte environ 300 stations indépendantes, et 200 stations communautaires. Ces dernières ont joué un rôle primordial dans le renforcement de la liberté d'expression, de l'accès à l'information et aux services publics pour les populations défavorisées.

## Télévision

La télévision nationale *Nepal TV* offre peu d'intérêt, hormis un journal d'informations en anglais chaque soir. Mais suite au déploiement généralisé du réseau satellite et au lancement du système DTH (Direct to Home), il existe aujourd'hui une dizaine de chaînes de télévision privées telles que *Kantipur Televison* et *Image Channel,* qui proposent des programmes d'informations. Les Népalais sont aussi très friands de la *BBC World* et des chaînes de télévision indiennes.

### Presse

Vous trouverez dans les quotidiens *The Kathmandu Post, The Republica, The Himalayan Times,* ou les hebdomadaires *Nepali Times, Himal* et *Spotlight* toute l'actualité nationale et internationale, ainsi que des articles de fond sur la situation du Népal, le tourisme et l'environnement. Selon le Conseil de la presse népalais, 500 journaux et magazines sont régulièrement publiés dans le pays. À noter qu'un nombre croissant de journaux locaux sont désormais possédés par des partis politiques, en particulier les partis à tendance maoïste. En dehors de Kathmandu, la presse est bien distribuée et il existe des douzaines de journaux locaux, tous en népali.
Par ailleurs, les librairies de Kathmandu et Pokhara proposent quelques magazines internationaux, en anglais pour la plupart, mais aussi, parfois, *Le Monde* ou des hebdos en français.

### Liberté des médias

En dépit de l'augmentation du nombre de publications, les journalistes népalais considèrent qu'ils manquent d'indépendance vis-à-vis du pouvoir, à l'instar du Conseil de la presse, dont les membres sont nommés par le gouvernement. Leur liberté est entravée par la nécessité pour la presse écrite de posséder une licence. De plus, certains médias sont poussés à l'autocensure. Ils craignent en effet la suspension de leurs partenariats publicitaires fournis par l'État, en cas d'article considéré hostile au pouvoir.
Quant à l'audiovisuel, en l'absence d'autorité indépendante de régulation des médias, ces derniers sont entièrement contrôlés par l'État, qui attribue les licences de diffusion et régule leurs programmes.
Enfin, les menaces et violences à l'encontre des acteurs de l'information sont courantes, et souvent liées aux tensions politiques. Les élections locales et législatives qui ont eu lieu en plusieurs phases entre mai et décembre 2017 ont occasionné de nombreuses attaques contre les journalistes et les médias. Locaux vandalisés, reporters tabassés tour à tour par des agents de police et des manifestants, menaces dirigées contre les journalistes : l'information a été ciblée de toutes parts. Durant cette période, une vingtaine de journalistes ont été arrêtés et certains, gardés en détention pendant plusieurs mois. Près d'une quinzaine d'entre eux ont subi des attaques physiques, la plupart du temps orchestrées par des agents de police ou des militants politiques. Les cas de menaces de mort à l'encontre de journalistes et de leur famille ont été légion. Et les reporters se sont vu barrer l'accès aux bureaux de vote dans une dizaine de cas, et ce, malgré le fait qu'ils ont présenté leur carte de presse.
Ce texte a été réalisé en collaboration avec ***Reporters sans frontières.*** Pour plus d'informations sur les atteintes aux libertés de la presse, n'hésitez pas à les contacter.

■ ***Reporters sans frontières :*** • *rsf.org* •

## POPULATION

### Une mosaïque d'ethnies

Le Népal compte environ 29,5 millions d'habitants. Sa population a plus que triplé en 80 ans. Elle augmente encore de 1,5 % par an, avec de grandes disparités de densité suivant les régions : 2,4 hab./km$^2$ à Manang et 1 710 à Kathmandu. Les montagnes et les collines se dépeuplent au bénéfice de la plaine du Téraï et de la vallée de Kathmandu.

Aucun pays au monde n'offre une telle mosaïque d'ethnies (75 langues ou dialectes différents) dans un espace aussi restreint. C'est pourquoi le Népal est considéré comme la « plaque tournante ethnologique de l'Asie ». Les origines de ces ethnies sont très complexes et les spécialistes eux-mêmes ne sont pas d'accord. 2 grands groupes : le groupe « tibéto-birman-népalais » et le groupe « indo-népalais ». Ce dernier occupe surtout les plaines et la vallée du Téraï, alors que les populations de souche tibétaine sont plutôt établies dans les montagnes. Mais il est difficile d'établir une carte précise de la répartition des ethnies, tant les groupes sont mélangés. Le climat et les problèmes de nutrition liés aux cultures ont aussi contribué aux migrations ; de plus, la guerre civile, le racket maoïste et le manque de travail ont incité les ruraux à s'exiler massivement vers la capitale.
Voici les 4 ethnies les plus connues (mais pas les plus importantes) :
– ***Les Newars :*** les plus anciens habitants de la vallée de Kathmandu, divisés en 84 sous-castes (très différentes du système des castes népalais). Ils représentent autour de 5-6 % de la population et parlent une langue qui n'a rien à voir avec le népali. Doués pour l'organisation, ils sont avant tout des artistes, comme ceux qui ont rempli la vallée d'œuvres architecturales inestimables, maîtrisant la sculpture de la pierre, le travail du bois ou la fonderie du bronze avec un talent affirmé. D'ailleurs, les seules régions privées d'œuvres d'art sont justement celles où les Newars ne sont jamais allés, comme au Téraï. Une maison neware, avec ses fenêtres si délicatement sculptées, est reconnaissable entre toutes.

## CONSTRUCTION DIVINE

*Araniko (1245-1306), un artiste newar né dans la vallée de Kathmandu, est considéré comme l'inventeur de la pagode. Au Tibet, en compagnie d'autres artisans, il participa à la construction de nombreux monastères. Invité par l'empereur Kubilaï Khan, il se rendit en Chine et y édifia, entre autres, la pagode de Beijing. Le « style pagode » était né et allait se répandre dans toute l'Asie.*

Les Newars sont très attachés à leurs coutumes religieuses, célébrant leurs fêtes traditionnelles avec intensité tout au long de l'année, mais aussi à leurs traditions. Sacrifices tantriques d'animaux, profonde vénération de la *Kumari* et rites très codifiés du passage de l'enfance à l'état adulte (voir à Bhaktapur), mariage symbolique des filles prépubères avec Vishnu, etc. Ils sont aussi très superstitieux.
– ***Les Sherpas :*** à ne pas confondre avec la fonction de *sherpa* au sein d'une équipe de trek, fonction qui est d'ailleurs le plus souvent occupée par un membre d'une autre ethnie, en particulier les Gurungs (l'ethnie sherpa ayant longtemps assumé cette fonction de « sherpa de trek » a massivement émigré !). L'ethnie des Sherpas compte encore environ 150 000 membres. Ce sont des individus de type mongol venus du Tibet aux XIIIe et XIVe s. *Sher* signifie « Est », et *pa,* « peuple », d'où leur nom. Isolés dans des villages de haute montagne, leurs caractéristiques physiques et leurs traditions sont demeurées quasi intactes.
Longtemps éloignés des influences étrangères, ils ont établi entre eux des rapports basés sur la discussion, l'arbitrage des conflits et la répartition des tâches en fonction des intérêts de la communauté. L'idéal d'un Sherpa est la non-violence, marquée aussi bien par le refus de faire pleurer les enfants que de tuer les animaux. Ainsi, pour égorger les bêtes, ils ont recours à d'autres ethnies.
Par ailleurs, avant le mariage, la liberté des relations amoureuses est totale chez les Sherpas. Les femmes disposent des mêmes droits que les hommes (divorce, etc.). Mais l'adultère est interdit aux 2 membres du couple, et l'époux coupable est passible d'une amende *(dhijal).* Bien qu'excellents guides, il est rare de les voir escalader les montagnes pour eux-mêmes, car celles-ci revêtent un caractère sacré. Dans *Tragédie à l'Everest,* Jon Krakauer raconte comment une relation amoureuse entre un Sherpa et une grimpeuse pendant l'ascension du toit du monde provoque l'effroi et la superstition parmi les guides juste avant que

l'expédition ne tourne au drame... Pour les Sherpas, l'essentiel n'est pas d'acquérir des connaissances ou de l'argent, mais de garder le cœur pur et de rester sage et maître de soi (exception faite pour les Sherpas du Solo, à qui le business a fait tourner la tête). Cette recherche explique sans doute leur désintéressement, leur gaieté et leur dévouement.

– ***Les Gurungs :*** comme leurs proches cousins les Tamangs, les Gurungs sont de souche tibétaine. On en compte environ 540 000 (moins de 2 % de la population totale), installés dans les régions de Pokhara, de Gandrung et de la vallée de Kali Gandaki. Ils ont gardé leur religion d'inspiration tibétaine, malgré l'hindouisation du pays. Intéressant système de travail collectif, où toute la population d'un village s'unit pour cultiver la terre. Les groupes vont ainsi d'un champ à l'autre, mettant en commun leur force et leur enthousiasme. Moins connus que les Sherpas, ils les ont progressivement remplacés, devenant ainsi d'excellents montagnards et des guides hors pair.

– ***Les Tharus :*** c'est la population majoritaire du Téraï, avec une forte concentration dans le Centre et l'Ouest. Ils représentent 5 % de la population, soit 1,5 million de personnes (11 % d'après les Tharus eux-mêmes, avec 3,5 millions d'habitants). Écologistes et fermiers par nature, si l'on ose dire, peu d'entre eux néanmoins possèdent leur propre terre. La plupart sont encore exploités par les *zemindar* (collecteurs d'impôts) et englués pour des générations dans un système de dettes qu'ils remboursent par leur travail. Les mariages sont célébrés de manière archaïque. Les garçons sont mariés très jeunes, vers l'âge de 7 ou 8 ans. À Chitwan, il n'est pas rare que le prétendant travaille plusieurs années au service de sa belle-famille avant que le mariage ne lui soit accordé.

Les Tharus pratiquent le syncrétisme de certaines divinités hindoues avec les esprits hantant les forêts. Les hameaux d'une dizaine de maisons, en général des huttes en bambou recouvertes de glaise, de bouse et de toits de chaume, possèdent en leur centre un autel de bois ouvragé, lieu de sacrifices des animaux. Selon les castes, on enterre ou on brûle les morts. Les affaires personnelles du défunt sont alors jetées à l'extérieur du village.

Comme chez d'autres ethnies, des changements profonds apparaissent, du fait des programmes d'aide au développement et à l'éducation, bouleversant quelque peu les traditions et les coutumes religieuses.

## Les castes et leurs statuts

Il s'agit d'un système d'origine religieuse, fondamental pour le fonctionnement de la vie sociale. La société népalaise est profondément inégalitaire. Le monde y est appréhendé d'une manière « naturellement » hiérarchique en fonction de la naissance. Dans cet ordre, chacun appartient à un groupe, et ce groupe a une position bien définie sur l'échelle de la société.

Héritage des 3 ordres indo-européens (prêtres-magiciens, guerriers, paysans), 4 *varnas* (castes) composent grosso modo la société-religion hindouiste. Les prêtres ou brahmanes appartiennent à la classe la plus élevée ***(bahum),*** celle des instituteurs et des ministres du Culte, qui respectent les règles des Écritures saintes. Ils représentent environ 12,5 % de la population. La caste des guerriers et des officiels, à laquelle appartenaient, entre

### L'HABIT NE FAIT PAS LE BRAHMANE

*Les castes ne reflètent pas forcément un secteur d'activité ou un degré de richesse. On retrouve ainsi chez les brahmanes des industriels, mais aussi des agriculteurs. Un intouchable peut s'enrichir en dirigeant, par exemple, une usine de tannerie (le cuir est impur), et un brahmane rester pauvre toute sa vie en préparant la nourriture pour d'autres hindous.*

autres, les membres de la famille royale, s'appelle ***chhetri*** (ou *kshatriya* ; autour de 15,5 % de la population). Dans la classe des ***vaishya,*** on trouve les marchands et les agriculteurs. Celle des ***shudra*** regroupe les artisans, les paysans et de nombreux groupes socioprofessionnels. Les ***intouchables*** (ou parias) sont hors caste. Dans cette dernière catégorie sont rassemblés les bouchers, cordonniers, joueurs de tambours et tous ceux qui ont un contact avec la peau des animaux, considérée comme impure.

Bien qu'abolies en 1953 par le roi Tribhuvan, les castes n'ont pas disparu. Elles continuent de régir les rapports humains, la nourriture, le mariage, etc., selon des règles strictes. C'est ainsi que le riz cuit ne peut se consommer que dans la maison, de peur d'être pollué par le regard d'un membre de caste inférieure. Un brahmane (caste supérieure) ne mangera en principe que la cuisine végétarienne préparée par un autre membre de sa caste, sous peine de consommer une nourriture impure. De plus, celle-ci aura été cuisinée au *ghee* (beurre clarifié), matière supérieure à l'huile et à l'eau, du fait des notions de pureté et d'impureté qui lui sont chères. Ce qui explique pourquoi un étranger ne peut jamais, chez les gens de caste supérieure, pénétrer dans la cuisine, placée généralement dans la partie la plus inaccessible de la maison.

Il est difficile de se marier entre castes différentes, mais certains couples, en milieu urbain, le font. Il existe aussi des institutions pour former des intouchables à d'autres professions. Les choses bougent petit à petit : en 2011, ***le Parlement a voté une loi interdisant toute discrimination fondée sur les castes et « l'intouchabilité ».*** Reste à sensibiliser la population et la police à ces nouveaux rapports de société.

## L'émigration des Tibétains

L'invasion du Tibet par la République populaire de Chine, en octobre 1950, provoque un important mouvement d'exode de la population tibétaine, fuyant la « rééducation » chinoise, quand ce n'est pas tout simplement la famine, issue des désastreuses mesures économiques imposées par Pékin. Ces 1ers émigrants sont rejoints par une 2de vague après l'annexion définitive de mars 1959 et l'exil du dalaï-lama. Pendant les années qui suivent, ce sont quelque 160 000 Tibétains qui quittent leur pays, en raison de la répression chinoise. Plus de 20 000 vivent aujourd'hui au Népal.

De nombreux monastères tibétains ont été construits dans la vallée de Kathmandu, la plupart à Bodnath. Les Tibétains sont d'excellents *businessmen,* mais leur réussite dans la fabrique de tapis et le commerce suscite l'hostilité des Népalais. Les Tibétains immigrés n'ont pas tous le même statut ; certains, déjà riches chez eux, ont rapatrié leurs biens ; ceux des camps de réfugiés, en revanche, vivent dans des conditions très précaires. Même l'attitude de certains moines est parfois ambiguë : il n'est pas rare, par exemple, de croiser des moines bien en chair, portable à l'oreille, alors que des enfants affamés dorment à la porte de leurs monastères !

## Les réfugiés bhoutanais

Peu visibles, les réfugiés bhoutanais sont relégués dans des camps à l'extrême est du pays, dans le district de Jhapa, entassés dans des cabanes de fortune et dépendants de l'assistance internationale car ils n'ont pas le droit de travailler à l'extérieur. En 2007, la situation a fini par évoluer à l'initiative des États-Unis et plusieurs pays ont accepté d'accueillir les réfugiés. Mais ils sont encore nombreux à rester bloqués là, faute de visa, avec le sentiment d'être abandonnés.

Pourquoi cet exode ? En 1988, le roi du Bhoutan, Jingme Singhe Wangchuk, a édicté de nouvelles lois sur la citoyenneté, et proclamé un slogan tristement célèbre : « Une seule nation, un seul peuple. » Le port du costume national devint alors obligatoire, et il fut interdit de parler une autre langue que le bhoutanais et de pratiquer l'hindouisme. La forte communauté népalaise installée dans le sud du Bhoutan protesta, devenant l'objet d'un véritable acharnement de la part des autorités et ses manifestations pacifiques furent violemment réprimées. Une milice fut même créée pour les forcer à quitter le pays, pratiquant allègrement rapts, viols, tortures, destruction des maisons et des champs, etc. 1 an plus tard, l'exode commença.

## RELIGIONS ET CROYANCES

Les dieux occupent une place fondamentale dans la vie des Népalais. La religion principale est l'hindouisme (80 % de la population), mais le pays compte aussi des bouddhistes (10 %), quelques musulmans (4 %) et une poignée de chrétiens. L'hindouisme et le bouddhisme coexistent et parfois même se confondent, les fidèles participant souvent aux fêtes des 2 religions. Un bouddhiste népalais ne voit d'ailleurs aucune difficulté à vénérer les dieux hindous et réciproquement.

### EXIT LES PROSÉLYTES

*Le Népal est un des rares pays au monde à n'avoir jamais connu de guerre de religion. L'expulsion systématique des missionnaires n'y est certainement pas étrangère ! Début 1998, l'Église américaine des Mormons, au prétexte d'aide humanitaire, avait entrepris une conversion forcée, moyennant finances. Ses membres ont été expulsés manu militari !*

### L'hindouisme

L'hindouisme n'a ni fondateur ni clergé officiel. Il repose sur 2 principes. ***La 1re idée-clé*** est que l'univers se fonde sur un ordre, la Vérité, qui le maintient en existence. Toute transgression de l'ordre se répercute sur l'ensemble du cosmos. Si la mousson arrive en retard ou si les pluies provoquent des inondations catastrophiques, la croyance populaire attribue volontiers ces désordres à une faute, et particulièrement à la faute principale du XXe s : avoir rompu les équilibres traditionnels et donc perturbé l'ordre cosmique (le *dharma*).

***La 2de idée*** est que l'homme est fait d'un corps périssable et transitoire, et d'une âme éternelle qui se réincarne indéfiniment d'un corps à l'autre en gardant une espèce de casier judiciaire des fautes et des bonnes actions commises dans ses différentes vies : le karma. Comme la vie n'apporte, c'est bien connu, que souffrances et accablement, le but de tout bon hindou est d'en finir au plus vite avec ce cycle de réincarnations, pour atteindre enfin la *moksha*. On ne se réincarne pas au hasard : on renaît dans une caste qui correspond très exactement à son casier religieux. À chaque réincarnation, donc, chacun peut, grâce à sa conduite, se rapprocher de l'état de pureté, condition nécessaire à la délivrance finale. Les 1ers voyageurs européens s'étonnaient de ce peuple « qui ne trouve rien de plus désirable que l'anéantissement ».

Les principales croyances de l'hindouisme sont illustrées dans le ***Mahabharata*** et le ***Ramayana.*** Ces 2 épopées mettent en évidence le système des castes, en fonction desquelles s'établit le karma, somme des actions passées qui conditionne la réincarnation de l'âme *(samsara)*.

Rédigé au IIe s av. J.-C., le *Mahabharata* est la plus longue épopée de toutes les littératures. Jugez-en plutôt : 90 000 versets. Il relate le combat entre les 5 frères Pandava et leurs cousins les Kaurava, soit la lutte entre le Bien et le Mal. Dans le 6e livre, on trouve l'Évangile des hindous, la *Bhagavad-gita* : Krishna (avatar de Vishnou) encourage le chef des Pandava à obéir au devoir de sa caste, celle des guerriers, et à combattre contre ses cousins dans un but désintéressé, afin d'atteindre la récompense suprême, la délivrance *(moksha)*.

Le *Ramayana,* composé à partir du IVe s av. J.-C., conte l'histoire merveilleuse de Rama à la recherche de son épouse, Sita, enlevée par le démon Ravana.
Les ***castes*** reflètent cette conception du monde. Lire plus haut, dans la rubrique « Population », le texte consacré aux castes et à leurs statuts.

***Le temple***

Le temple est toujours la demeure d'une ou plusieurs divinités. Un dieu, par exemple, avec sa compagne, leurs montures sacrées et leurs multiples avatars, cela fait parfois du monde !
Rendez-vous au temple, au coucher du soleil, au moment de l'offrande de la lumière. Agitant une clochette de la main gauche, le « prêtre » offre à la divinité les 5 éléments : l'eau, la terre (symbolisée par une fleur), le feu (sous forme d'une lampe à huile), l'air (une queue de yack faisant éventail). Le 5e élément, « celui qui enveloppe tout », est représenté par une pièce de tissu. Dans chaque maison traditionnelle, cette cérémonie se déroule au rythme des gongs, des clochettes et des tambours, sous la responsabilité du chef de famille.
Les couleurs utilisées pour les cérémonies hindoues (dans les vêtements, sur le corps et sur le visage) sont l'orange, le rouge vermillon et le jaune safran.
Chaque jour est placé sous le signe d'une divinité et considéré comme propice ou néfaste à certains travaux. Partout, sur chaque autel, vous verrez des offrandes de riz, de fleurs, de monnaie, d'encens, de fruits, de gâteaux...

***Les principaux dieux hindous et leurs avatars***

Le panthéon offre une multiplicité assez déroutante. À chaque dieu ou déesse sont attribués plusieurs noms, dont il change, en plus, à chaque réincarnation. Sans parler de son côté féminin *(shakti)* qui possède aussi sa propre appellation. Tous ces êtres mythiques sont représentés par des images et des attributs différents. Avec des milliers de noms à retenir, difficile, même pour les fidèles, de s'y retrouver ! Nous nous contenterons de vous indiquer les principaux dieux. La triade hindoue est composée de *Brahma, Vishnu* et *Shiva.*
– ***Brahma*** est le créateur, reconnaissable à ses 4 têtes (il voit tout !) et ses 4 bras. Bien qu'essentiel dans la mythologie hindoue, il est beaucoup moins représenté que *Vishnu* ou *Shiva.* Sa forme féminine *(shakti)* est *Saraswati,* déesse des Arts, des Lettres et des Sciences. Le véhicule de Brahma est le cygne.
– ***Vishnu*** est le conservateur de la vie et du monde. Il a vécu sous 10 incarnations. Au Népal, il est surtout vénéré sous l'incarnation de *Narayan,* représenté avec de multiples bras et entouré par un cercle. Plus rarement, on le trouve sous la forme d'un homme-lion. Il est alors appelé *Narsingh.* Sous la forme d'un nain, il se nomme *Vikrantha* ou *Vamana.* Sa *shakti* est *Jaya Varahi* ou *Lakshmi,* représentée sous la forme d'une hure. Sous sa 7e réincarnation, il s'appelle *Rama,* héros principal du Ramayana. Son épouse, *Sita,* représente l'idéal de la féminité. Le roi est considéré comme l'incarnation vivante de Vishnu, dont le véhicule est le *Garuda,* oiseau mi-aigle mi-griffon. Au Népal, il a souvent un corps d'homme lorsqu'il est représenté sous la forme d'une statue. En bas-relief, c'est l'image de l'oiseau aux ailes déployées qui domine.
– ***Shiva*** est la puissance transformatrice, à la fois destructeur et créateur, immobile et changeant. C'est un dieu bivalent souvent représenté avec un trident *(trisul).* Sous sa forme destructrice et féminine *(shakti),* c'est *Kali.* Sa forme masculine et terrifiante est *Bhairav,* dieu sombre à 6 bras, yeux exorbités, crocs protubérants, cou entouré d'un collier de serpent et coiffé d'une tiare avec une guirlande de crânes. L'une de ses mains lève un glaive, l'autre une tête coupée. Il se manifeste en tant que dieu de la Danse sous le nom de *Nriteshwar.* Sous sa forme protectrice, c'est *Pashupati* (d'où le nom du village Pashupatinath). L'épouse de Shiva, qui est également sa *shakti* (vous suivez ?), s'appelle *Durga* sous sa forme redoutable, et parfois *Parvati* sous sa forme bienveillante. Le véhicule de Shiva est le taureau sacré *Nandi* considéré comme le symbole de la fécondité et présent à l'entrée de tous les temples shivaïstes.

– ***Hanuman*** est le personnage clé du *Ramayana* (conte épique) et chef de l'armée des singes. Il est vénéré au Népal comme un dieu. Il est le symbole de la loyauté et du courage. On le voit souvent à l'entrée des palais, recouvert d'une pâte orangée. Il fait l'objet d'une étonnante ferveur sur l'échelle des offrandes.
– ***Rudrayani*** ou ***Shikali Mai :*** déesse de la Nature, protectrice de la vallée de Kathmandu.
– ***Indra :*** dieu de la Guerre et de la Foudre.
– ***Surya :*** dieu du Soleil.
– ***Durga :*** divinité suprême et d'une beauté inaccessible, rattachée à la fois à Vishnu et à Shiva. Son origine est des plus étonnante : les dieux ont réuni leurs pouvoirs pour donner naissance à une divinité ayant toutes leurs caractéristiques. Incarnation de la puissance, de la force guerrière, elle est souvent représentée avec une multitude de bras, combattant le démon-buffle.
– ***Kali*** ou ***Chamunda :*** déesse de la Destruction et de la Mort, elle fréquente les champs de crémation, boit du vin et du sang, et est souvent représentée la langue pendante, un bâton orné d'une guirlande de crânes à la main. Les cheveux hirsutes, le visage émacié et grimaçant, elle piétine des jambes coupées et des restes humains : la femme idéale, quoi ! Elle est notamment vénérée à Dakshin Kali au sud de Kathmandu.
– On ne vous parlera pas de la déesse de la Variole ni du dieu des Maux de dents... Mais n'oublions pas ***Ganesh,*** le sympathique et débonnaire dieu à tête d'éléphant, rejeton de *Shiva* et de *Parvati.* Dieu de la Sagesse, de la Prospérité et de l'Intellect, car il est partout. On doit l'invoquer avant chaque épreuve. Son véhicule est le rat.

### UN ÉLÉPHANT, ÇA TROMPE...

*Selon certains mythes, Ganesh doit sa célèbre tête d'éléphant au tempérament caractériel de son père, Shiva, qui, en rentrant de voyage, trouva Parvati, son épouse, en compagnie d'un jeune homme. Sans penser une seconde que son fils pouvait avoir grandi pendant sa longue absence, il lui trancha la tête. Shiva promit de rattraper le cou(p) en remplaçant la tête de Ganesh par celle du 1er être vivant qu'il croiserait en chemin. Malheureusement pour lui, ce fut un éléphant ! En compensation, Ganesh est un dieu extrêmement vénéré et populaire.*

***Les vaches sacrées***

Les Occidentaux sont surpris de la place de la vache dans l'hindouisme... À y regarder de plus près, elle fait pourtant à peine partie du panthéon. Vous ne verrez que très peu de temples dédiés à cet animal, sous le nom de *Surabhi* ou *Kamadhenu,* à la différence du singe (Hanuman) ou du dieu-éléphant (Ganesh). Ne pas confondre la vache sacrée avec le taureau, que l'on trouve parfois à l'entrée des temples : il s'agit de Nandi, la monture de Shiva. Vous en verrez quelques-unes errer dans les rues. Elles ne sont pas abandonnées ! Leurs propriétaires ont tout simplement compris que les pelouses municipales (et les poubelles !) constituent, somme toute, un fourrage particulièrement bon marché.
Le respect de la vache est le signe de l'*ahimsa,* de l'absence de volonté de tuer. C'est aussi

### VACHEMENT IMPORTANTE

*Les économistes affirment que 60 % de ces bovins sont totalement improductifs, que les autres sont sous-productifs, et que c'est un non-sens absolu de les nourrir et les soigner jusqu'à leur mort... En fait, la vache sacrée trouve justement son origine à l'époque où les famines étaient fréquentes. Seul le lait de vache est consommé par le petit de l'homme. En lui donnant son rôle religieux, les sages ont donc assuré la survie des enfants.*

un signe de respect envers la « mère universelle », cette vache qui symbolise la maternité, la charité, la pitié. Plus pieux et plus pratique encore : la vache est l'animal qui permet au défunt de traverser le fleuve *(Vaitarani)* qui le sépare du paradis. En offrant au prêtre une vache lors des funérailles, le défunt pourrait ainsi s'accrocher à sa queue et traverser le *Vaitarani* vers la félicité.
Les Népalais ne mangent pas sa chair (la vache est sacrée), mais se nourrissent de viande de *buffalo* (buffle d'eau). Les gens de haute caste se contentent, eux, de poulet ou de chèvre, quand ils ne sont pas simplement végétariens.

***Petit lexique hindouiste***

– *Avatar :* incarnation d'un dieu ou réincarnation.
– *Brahmane :* la caste supérieure, celle des prêtres. On les reconnaît au cordon en bandoulière qu'ils portent à même le corps.
– *Chakra :* c'est la roue de Vishnu.
– *Dharma :* tout ce qui se rapporte au devoir et à l'ordre cosmique.
– *Dharmasala :* auberge pour pèlerins.
– *Ganga :* déesse incarnant le Gange.
– *Ghâts :* gradins. Mais aussi les marches d'accès aux bassins, aux lacs ou aux fleuves sacrés (par exemple, les ghâts de Varanasi ou de Pushkar, en Inde).
– *Guru :* maître spirituel.
– *Karma :* ensemble des bonnes et mauvaises actions qui décident de l'orientation de la prochaine réincarnation.
– *Lingam :* emblème phallique, symbole de Shiva, généralement encastré dans un *yoni.*
– *Paria :* intouchable.
– *Puja :* offrande régulièrement faite aux dieux hindous. Elle est composée de riz, lait, petites pièces ou pétales de fleurs et toujours de poudre rouge. L'offrande peut être faite aux temples ou dans la rue sur une pierre, ce qui explique le nombre considérable de pierres rouges à Kathmandu.
– *Sadhu :* celui qui a renoncé aux plaisirs matériels pour la prière. Ces ascètes itinérants sont nombreux à Pashupatinath. Quelques-uns se sont « reconvertis » en mannequins pour touristes.
– *Samsara :* ce n'est pas un parfum, mais le cycle de la réincarnation.
– *Sanskrit :* langue indo-européenne utilisée par quelques érudits brahmanes pour la lecture de textes religieux et à l'occasion des cérémonies hindoues. Elle daterait de 2 500 ans av. J.-C.
– *Tikka :* c'est la marque rouge qu'ont les hindous sur le front, symbole de la présence divine. Elle est composée d'une parcelle des offrandes du jour ou *puja* (pétale, riz et rouge carmin) mélangée à de la glaise.
– *Yatra :* voyage, par extension pèlerinage, rassemblement.
– *Yoni :* symbole de l'organe sexuel féminin représenté par une pierre ronde sur laquelle vient s'encastrer un *lingam.*

## Le bouddhisme

Le prince Siddharta Gautama (dit le Sage, l'Éveillé, le Bouddha) est né à Lumbini, au Népal en 623 av. J.-C. Il n'est ni prophète, ni fils de dieu, seulement un homme « normal », qui mena une vie d'ascète et fut d'abord bodhisattva, c'est-à-dire futur bouddha. Il tint tête à Mara, le démon, assis 4 jours sous un figuier, les jambes croisées dans la fameuse position que nous connaissons. Il atteignit ainsi l'Éveil et réussit à se libérer de toute souffrance. Dès lors, il parcourut tout le continent asiatique proclamant la loi du karma, loi universelle selon laquelle toute action, bonne ou mauvaise, est punie ou récompensée dans la réincarnation de l'âme.
Le bouddhisme s'inscrit dans un mouvement de réaction au brahmanisme. Il ne tient aucun compte du système des castes ni des rites, et s'appuie sur une démarche strictement individuelle, ou voie de libération.

### *La doctrine*

La pensée du Bouddha vise à se libérer de la douleur (lire son 1er sermon à Bénarès, « À l'origine de la douleur universelle est la soif d'exister »). Les Quatre Nobles Vérités éclairent bien la « mécanique bouddhique » :
- l'attachement conduit à la souffrance ;
- l'origine de l'attachement est dans les passions ;
- pour se libérer de la souffrance, il faut maîtriser les passions ;
- pour maîtriser les passions, il faut suivre une discipline.

Pas facile tout ça, mais le Bouddha a été assez précis sur la façon d'accéder au nirvana : le bouddhiste doit parcourir successivement les 8 nobles entraînements présentés dans l'Octuple Noble Sentier, seule façon d'éviter de se voir renaître en rat ou en grenouille. Les bouddhistes attendent la venue d'un 5e Bouddha (4 ont déjà été « révélés ») qui marquera la fin de ce monde et le début d'un autre. Ce peut être n'importe qui. En suivant l'enseignement du Bouddha, on peut – théoriquement – devenir bouddha à son tour.

#### MISOGYNES, LES BOUDDHISTES ?

*Pour « avancer » dans l'échelle des réincarnations, une femme devra d'abord se réincarner en... homme ! Elles ne sont pas autorisées à toucher les bouddhas sacrés ni à coller les petits carrés d'or. En général, les espaces interdits aux femmes sont indiqués par des pots de fleurs. Si vous les transgressez, mesdames, on vous le fera vite comprendre !*

Pour ceux qui voudraient essayer, nous vous donnons les clés du nirvana : contrôler sa parole, sa volonté, ses actions, son mode de vie, ses aspirations, sa pensée et sa concentration.

Attention, le nirvana n'est pas le paradis, mais plutôt le bonheur, le moment où l'esprit de l'homme se purifie des passions et atteint la fin du cycle des renaissances (samsara). En bref, le bouddhisme est une voie du bonheur spirituel.

### *Le bouddhisme theravada*

Au Népal, le bouddhisme se réclame de 3 écoles principales : les bouddhismes tibétain, newar et theravada, dits du « Petit Véhicule ». Les moines s'astreignent à suivre 227 règles contenues dans leur texte canonique : le *Vinaya.*

La doctrine du Bouddha n'existant pas sous forme écrite, les textes sacrés devaient être appris par cœur à la suite des récits faits par Ananda, le cousin du Bouddha, lors du 1er concile bouddhique. Ces textes psalmodiés et chantés en commun ne furent codifiés que vers l'an 100 de notre ère par les moines de Ceylan. Ce canon bouddhique est la base du bouddhisme theravada. C'est la doctrine la plus ancienne.

Les adeptes utilisent le pali comme langue sacrée (on dit que c'était la langue de Gautama, le prince Siddharta) et suivent un enseignement légèrement différent des paroles du Bouddha. Le theravada ne reconnaît aucun dieu créateur. C'est une doctrine non théiste qui ne nécessite pas la présence d'intermédiaire entre l'homme et son salut ; donc point de prêtre ni de brahmane. L'homme peut parvenir seul à l'état de nirvana. Pour cela, il n'a pas à transformer son environnement. La libération du désir, cause de toutes ses souffrances, s'obtiendra par des actes individuels, la discipline (mais non l'ascétisme, jugé inutile et dangereux !) et la contemplation. De plus, le fidèle ne pense pas que le bouddhisme theravada puisse expliquer tous les mystères de la nature. Pour un adepte de cette voie theravada, le repli dans la contemplation et l'abstinence demeure la voie royale de la libération.

Cette voie diffère du *bouddhisme mahayana* ou « Grand Véhicule » (du Nord), la 2e branche du bouddhisme, qui s'est propagé en Chine, au Tibet, en Mongolie,

### Bhumi-Sparsa ou « Geste de la prise de la terre à témoin »

Position assise du lotus, la main droite touche le sol, tandis que la gauche repose sur les jambes, paume tournée vers le ciel. Ce geste représente l'Éveil de Bouddha.
Appelé aussi maraisijaya-mudra (victoire sur Mara).

### Dhyana ou « Attitude de méditation »

Les deux mains reposent l'une sur l'autre, paumes vers le ciel, la main droite sur la main gauche. Les jambes sont pliées en tailleur, dans la position du lotus.

### Vitarka et Dharma-tchakra ou « Geste de tourner la roue »

Position debout ou assise, le bras droit est levé, main à demi ouverte pour que le pouce et l'index se joignent et forment un cercle (la roue, symbole de l'enseignement). Fait avec une seule main, ce geste s'appelle Vitarka ; fait des deux mains, il se nomme Dharma-tchakra. Ce geste rappelle le premier sermon de l'enseignement du Bouddha.

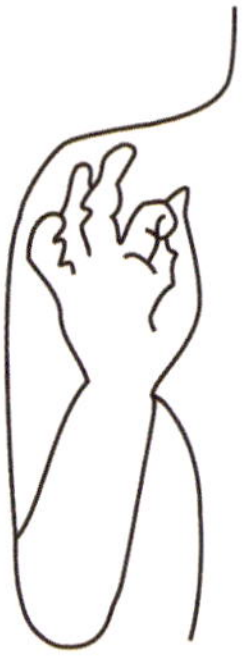

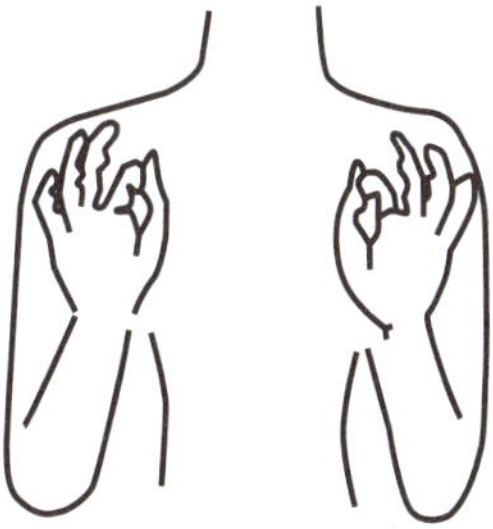

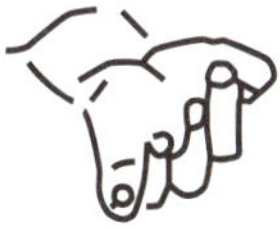

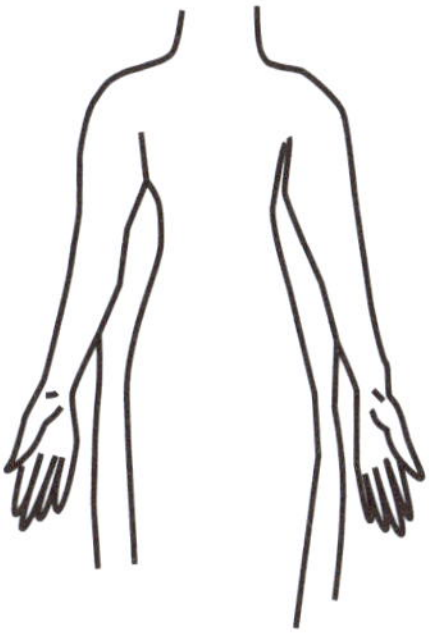

- ***Varada ou « Geste du don »***

Assis ou debout, main droite ouverte et offerte, bras allongés, ce geste est celui du don, de la charité, des faveurs répandues.

- ***Abhaya ou « Apaisant les querelles »***

Position debout ou en marche, une ou deux mains levées, paume en avant. C'est le geste de l'absence de crainte et de l'apaisement.

en Corée et au Japon, sans oublier le Vietnam et l'Indonésie. Les pratiquants utilisent le sanskrit comme langue sacrée. Au contraire du theravada, le bouddhisme mahayana cherche à transformer le monde non par l'abstention mais par l'action. Pour les adeptes du mahayana, il faut aider son prochain à parvenir à la délivrance afin de suivre les paroles du Bouddha : « Délivré, délivre. Arrivé sur l'autre rive, fais-y parvenir les autres. »

***L'iconographie du Bouddha***

Jusqu'au IIe s de notre ère, le Bouddha était surtout représenté par des symboles (en termes savant, l'aniconisme) : son siège, l'échelle de la descente du Ciel aux 33 dieux, le ficus de l'Illumination, la roue de la Loi, et les empreintes de son pied aux 108 caractères. Au fil du temps, les images et les statues firent leur apparition, régies par des règles strictes et précises dont les sculpteurs s'écartent rarement. Ces règles définissent l'apparence du Bouddha, ses vêtements et ses gestes. La liste de ces règles est mentionnée dans le canon bouddhique.

### LOTUS ET BOUCHE COUSUE

*Le lotus est emblématique du Bouddha, souvent représenté assis sur une fleur de lotus. Contrairement au nénuphar, c'est une plante aquatique dont la superbe fleur, grâce à sa longue tige, s'élève avec légèreté au-dessus de l'eau. Elle puise sa substance vitale dans la boue – qui représente les souffrances et les péchés – pour ensuite s'épanouir au-dessus de l'eau, comme l'âme doit pouvoir se détacher de ses préoccupations terrestres.*

Le Bouddha devait avoir 32 marques principales auxquelles s'ajoutaient 80 marques secondaires. Aux 13 marques concernant la tête (protubérance du crâne, excroissance des poils entre les yeux) s'ajoutent les 11 marques du corps et les 8 marques des membres, dont les doigts et les orteils, qui ont tous, pour ces derniers, la même dimension. Les lobes distendus des oreilles ne font pas partie des signes particuliers mentionnés dans le canon bouddhique. Ils sont un rappel de son appartenance princière. Quant aux cheveux bouclés et au drapé de sa tunique, leur origine aurait pour source l'influence de la statuaire grecque auprès de l'école de sculpture bouddhique du Gandhara (ancienne région couvrant une partie de l'Inde, du Pakistan et de l'Afghanistan). Les vêtements sont également codifiés, ainsi que les positions des membres (voir les dessins des positions méditatives). Après la fabrication, une cérémonie spéciale consacre les statues, qui deviennent « sacrées ».

***Petit lexique bouddhique***

– *Bahal :* monastère bouddhique.
– *Bahil :* idem mais plus petit.
– *Bodhisattva :* dans le bouddhisme mahayana, c'est celui qui renonce à la félicité nirvanique pour aider ses semblables.
– *Chaitya :* petit stûpa contenant des *mantras.*
– *Chhorten :* stûpa contenant des statuettes en forme de bouddhas.
– *Gompa :* un complexe bouddhiste (un monastère, par exemple).
– *Lama :* prêtre bouddhiste.
– *Mandala :* diagramme sacré de forme circulaire, pour la méditation.
– *Mantra :* syllabes sacrées psalmodiées pendant les prières.
– *Moulin à prières :* instrument rituel contenant le mantra « Om mani padme hum ». *Om* et *hum* sont 2 syllabes à signification mystique. *Om* en son ininterrompu représente l'idée d'éternité. Il symbolise les 3 mondes (le Ciel, la Terre et l'Espace intermédiaire). *Mani* et *padme* désignent, quant à eux, le joyau (notre nature de bouddha, que nous avons tous en nous) et le lotus (qui naît de la boue mais reste pur et beau).

- *Mudra :* gestes des mains lors des cérémonies bouddhiques et des danses.
- *Nirvana :* libération lors de la sortie du cycle des réincarnations.
- *Stûpa :* monument commémoratif en forme de dôme, contenant parfois une relique de Bouddha.

## SAVOIR-VIVRE ET COUTUMES

Quelques règles de savoir-vivre local :
- Pour dire bonjour, joignez les mains à la hauteur de la poitrine, inclinez doucement le buste et dites « Namaste » avec un grand sourire.
- Se déchausser avant d'entrer dans tous les monuments religieux et dans les maisons, en prenant soin de placer ses semelles sur la terre.
- Tourner autour des stûpas dans le sens des aiguilles d'une montre (et non dans l'autre sens).
- Pour ceux qui décident de suivre la coutume locale en mangeant le plat national *(dal bhat)* avec la main, utiliser la droite (la gauche est impure).
- Les hommes peuvent se déplacer en short et tee-shirt, mais jamais torse nu. Les routardes éviteront les tenues trop sexy et les shorts courts. Dans les temples, même si ce n'est pas exigé, on peut se couvrir les épaules. Il y a des bermudas très sympas et des pantalons légers. La population ne comprend pas toujours notre tenue débraillée.
- Pour un couple, les démonstrations d'affection en public ne sont pas de mise.
- Enfin, une habitude assez gênante : le crachement bruyant, avec le raclement de gorge qui précède. Ne vous sentez pas obligé de la suivre.
- Dans les endroits touristiques et sur certains itinéraires de trek, les enfants échangent leur sourire contre « *one roupie* » ou « *a school pen* ». La mendicité s'accroît avec le tourisme, écartant certains enfants de l'école. Si vous donnez, faites-le dans le cadre d'une association.

## SITES INSCRITS AU PATRIMOINE MONDIAL DE L'UNESCO

Organisation des Nations Unies pour l'éducation, la science et la culture

En coopération avec le Centre du patrimoine mondial

Pour figurer sur la liste du Patrimoine mondial, les sites doivent avoir une valeur universelle exceptionnelle et satisfaire à au moins 1 des 10 critères de sélection. La protection, la gestion, l'authenticité et l'intégrité des biens sont également des considérations importantes. Le patrimoine est l'héritage du passé dont nous profitons aujourd'hui et que nous transmettons aux générations à venir. Nos patrimoines culturel et naturel sont 2 sources irremplaçables de vie et d'inspiration. Ces sites appartiennent à tous les peuples du monde, sans tenir compte du territoire sur lequel ils sont situés. Pour plus d'informations : • *whc.unesco.org* •
- Au Népal, sont inscrits : ***la vallée de Kathmandu*** (1979, étendu en 2006, soit Durbar Square à Kathmandu, Patan et Bhaktapur, les stûpas bouddhistes de Swayambunath et Bodhnath, ainsi que les temples hindous de Pashupatinath et Changu Narayan), ***le parc national de Chitwan*** (1984), ***le parc national de Sagarmatha*** (Everest ; 1979), sans oublier ***Lumbini,*** lieu de naissance du Bouddha (1997).

# les ROUTARDS sur la FRANCE 2020-2021

(dates de parution sur • routard.com •)

## Découpage de la FRANCE par le ROUTARD

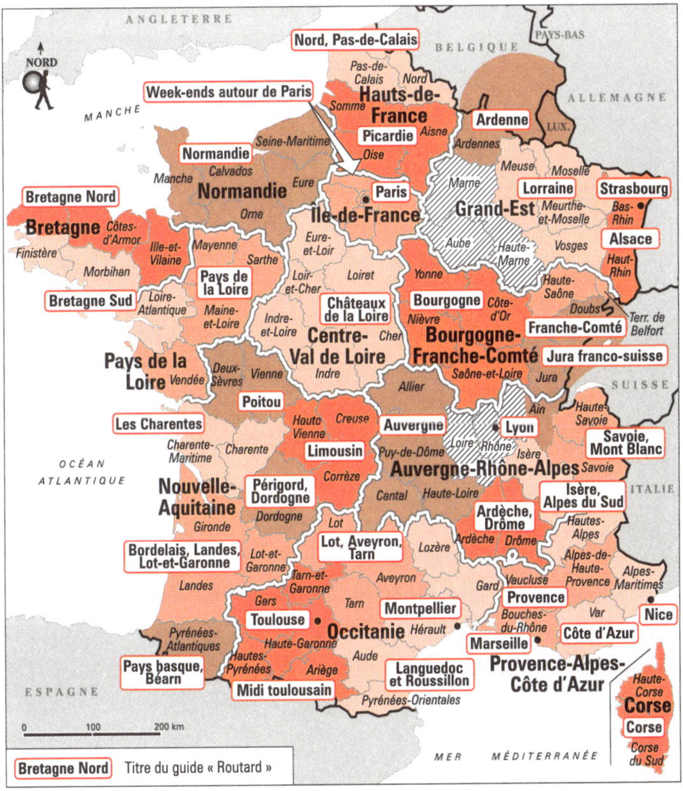


### Autres guides sur la France

- Hébergements insolites en France
- Nos meilleurs campings en France
- Nos meilleures chambres d'hôtes en France

### Autres guides sur Paris

- Paris
- Paris balades
- Paris exotique
- Restos et bistrots de Paris
- Le Routard des amoureux à Paris
- Week-ends autour de Paris

### Le Routard à vélo

- EuroVelo6
- La Bourgogne du Sud à vélo
- La Loire à Vélo
- La Vélodyssée (Roscoff-Hendaye)
- Le Canal des 2 mers à vélo
- Paris Île-de-France à vélo
- ViaRhôna

# les ROUTARDS sur l'ÉTRANGER 2020-2021

(dates de parution sur • *routard.com* •)

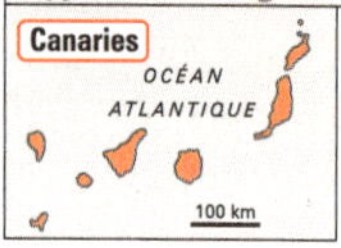


**Découpage de l'ESPAGNE par le ROUTARD**

**Découpage de l'ITALIE par le ROUTARD**

## Autres pays européens

- Allemagne
- Angleterre, Pays de Galles
- Autriche
- Belgique
- Bulgarie
- Crète
- Croatie
- Danemark, Suède
- Écosse
- Finlande
- Grèce continentale
- Hongrie
- Îles grecques et Athènes
- Irlande
- Islande
- Madère
- Malte
- Norvège
- Pays baltes : Tallinn, Riga, Vilnius
- Pologne
- Portugal
- République tchèque, Slovaquie
- Roumanie
- Suisse

## Villes européennes

- Amsterdam
- Berlin
- Bruxelles
- Budapest
- Copenhague
- Dublin
- Lisbonne
- Londres
- Moscou
- Naples
- Porto
- Prague
- Saint-Pétersbourg
- Stockholm
- Vienne

# les ROUTARDS sur l'ÉTRANGER 2020-2021

(dates de parution sur • *routard.com* •)

## Découpage des ÉTATS-UNIS par le ROUTARD

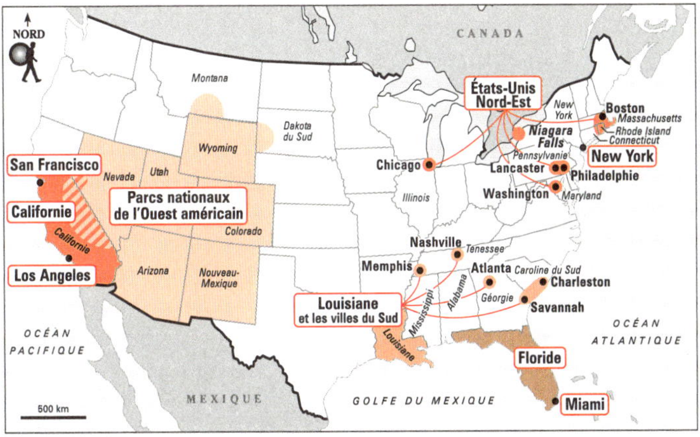


## Autres pays d'Amérique

- Argentine
- Brésil
- Canada Ouest
- Chili et île de Pâques
- Colombie
- Costa Rica
- Équateur et les îles Galápagos
- Guatemala, Belize
- Mexique
- Montréal
- Pérou, Bolivie
- Québec et Ontario

## Asie et Océanie

- Australie côte est + Red Centre
- Bali, Lombok
- Bangkok
- Birmanie (Myanmar)
- Cambodge, Laos
- Chine
- Hong Kong, Macao, Canton
- Inde du Nord
- Inde du Sud
- Israël et Palestine
- Istanbul
- Jordanie
- Malaisie, Singapour
- Népal
- Shanghai
- Sri Lanka (Ceylan)
- Thaïlande
- Tokyo, Kyoto et environs
- Turquie
- Vietnam

## Afrique

- Afrique du Sud
- Égypte
- Kenya, Tanzanie et Zanzibar
- Maroc
- Marrakech
- Sénégal
- Tunisie

## Îles Caraïbes et océan Indien

- Cuba
- Guadeloupe, Saint-Martin, Saint-Barth
- Île Maurice, Rodrigues
- Madagascar
- Martinique
- République dominicaine (Saint-Domingue)
- Réunion

## Guides de conversation

- Allemand
- Anglais
- Arabe du Maghreb
- Arabe du Proche-Orient
- Chinois
- Croate
- Espagnol
- Grec
- Italien
- Japonais
- Portugais
- Russe
- G'palémo (conversation par l'image)

## Livres-photos/Livres-cadeaux

- Voyages
- Voyages : États-Unis (nouveauté)
- Voyages : France (nouveauté)
- Voyages : Italie
- Road Trips (40 itinéraires sur les plus belles routes du monde)
- Nos 120 coins secrets en Europe
- Les 50 voyages à faire dans sa vie
- 1 200 coups de cœur dans le monde
- 1 200 coups de cœur en France
- Nos 52 week-ends dans les plus belles villes d'Europe
- Nos 52 week-ends coups de cœur en France
- Cahier de vacances du Routard

**Nous tenons à remercier tout particulièrement Loup-Maëlle Besançon, Thierry Bessou, Gérard Bouchu, François Chauvin, Grégory Dalex, Fabrice Doumergue, Cédric Fischer, Carole Fouque, Nicolas George, Michelle Georget, David Giason, Claude Hervé-Bazin, Emmanuel Juste, Dimitri Lefèvre, Fabrice de Lestang, Romain Meynier, Éric Milet, Pierre Mitrano, Jean-Sébastien Petitdemange, Thomas Rivallain et Jean Tiffon pour leur collaboration régulière.**

Brice Andlauer
Jean-Jacques Bordier-Chêne
Agnès Debiage
Coralie Delvigne
Jérôme Denoix
Tovi et Ahmet Diler
Clélie Dudon
Sophie Duval
Alain Fisch
Bérénice Glanger
Adrien et Clément Gloaguen
Sébastien Jauffret
Alexia Kaffès
Augustin Langlade
Jacques Lemoine
Aline Morand
Louis Nagot
Caroline Ollion
Martine Partrat
Odile Paugam et Didier Jehanno
Céline Ruaux
Prakit Saiporn
Nejma Tahri Hassani
Alice Tonasso
Caroline Vallano

**Direction:** Sidonie Chollet
**Direction éditoriale:** Élise Ernest
**Édition:** Matthieu Devaux, Olga Krokhina, Gia-Quy Tran, Julie Dupré, Emmanuelle Michon, Pauline Janssens, Amélie Ramond, Margaux Lefebvre, Aurore Grandière, Astrid Richard, Lisa Pujol, Camille Lenglet et Anne Le Marois
**Ont également collaboré:** Muriel Lucas, Clémence Toublanc, Hélène Meurice et Aurélie Gaillot
**Cartographie:** Frédéric Clémençon et Aurélie Huot
**Contrôle de gestion:** Jérôme Boulingre et Yannis Villeneuve
**Secrétariat:** Catherine Maîtrepierre
**Fabrication:** Nathalie Lautout et Audrey Detournay
**Relations presse:** COM'PROD, Fred Papet. ☎ 01-70-69-04-69.
• *info@comprod.fr* •, Martine Levens (Belgique) et Maureen Browne (Suisse)
**Direction marketing:** Stéphanie Parisot, Élodie Darty et Charlotte Brou
**Couverture :** le-bureau-des-affaires-graphiques.com
**Silhouette du Routard :** Clément Gloaguen (d'après Solé)
**Maquette intérieure:** le-bureau-des-affaires-graphiques.com, Thibault Reumaux et npeg.fr
**Direction partenariats :** Jérôme Denoix
**Contact Partenariats et régie publicitaire:** Florence Brunel-Jars
• *fbrunel@hachette-livre.fr* •

# INDEX GÉNÉRAL


ABC du Népal ..... 51
Achats ..... 58
Actions humanitaires ..... 231
Annapurna (camp de base de l') ..... 89
Argent, banques, change ..... 56
ASTAM ..... 196
Australian Camp ..... 206
Avant le départ ..... 51

Balade du Namo Buddha ..... 176
BANDIPUR ..... 183
BANEPA (temple de Chandeswori) ..... 179
BARDIA (parc national de) ..... 226
BAUDA (BODHNATH) ..... 134
Begnas (lac de) ..... 205
BHADAURE ..... 206
BHAKTAPUR (BHADGAON) ..... 156
BHANJYANG (PANCHASE) ..... 206
BHATTIDANDA-KAVRE ..... 179
BHUMDI ..... 206
BODHNATH (BAUDA) ..... 134
Boissons ..... 233
BUDDHA NILKANTHA ..... 141
Budget ..... 60
BUNGAMATI ..... 151

Calendrier ..... 61
Camp de base de l'Annapurna (le) ..... 89
CHAME ..... 206
CHANGU NARAYAN ..... 170
CHITWAN (parc national de) ..... 208
Climat ..... 61
Coups de cœur (nos) ..... 12
Cuisine ..... 234
Curieux, non ? ..... 235

DAKSHIN KALI ..... 155
Dangers et enquiquinements ..... 63
Décalage horaire ..... 65
DHAMPU ..... 205
DHULIKHEL ..... 178
Dolpo (le) ..... 92
Drogue ..... 65
Droits de l'homme ..... 236

Économie ..... 237
Électricité ..... 65
Environnement ..... 239
Everest (treks de l') ..... 90

Faune et flore ..... 241
Fêtes et jours fériés ..... 65

Géographie ..... 241
GHACHOK ..... 196
GHANDRUK ..... 205, 206
GHASA ..... 206
GHOREPANI ..... 205, 206
GODAWARI ..... 152
GORKHA ..... 181

Histoire ..... 244
HUMDE ..... 206

Interview #experienceroutard ..... 33
Itinéraires conseillés ..... 28

JHINUDANDA ..... 205
JOMSOM ..... 206
JUMLA ..... 92

KANGCHENJUNGA (parc national de) ..... 92
KANODADA ..... 177
KAGBENI ..... 206
Karnali (rivière) ..... 92
KASARA ..... 219
KATHMANDU ..... 94

KATHMANDU
- Asan Tole ..... 119
- Ashok Vinayak (ou Maru-Ganesh) ★ ..... 122
- Asta Yogini, temple de Shiva et Parvati ★★ ..... 122
- Bangemuda Tole ..... 125
- Bhagwati Temple ★★★ ..... 122
- Bhedasing Tole ..... 125
- Chusya Bahal ..... 124
- Durbar Marg (quartier de) ..... 111, 116
- Durbar Square ★★★ ..... 121
- Fenêtres d'ivoire (les) ★★★ ..... 123
- Freak Street (quartier de) ..... 116
- Garden of Dreams ★ ..... 126
- Garuda du temple de Narayan ★ ..... 122
- Gros tambours (les) ★ ..... 123
- Indra Chowk ..... 120

KATHMANDU
Jagannath Temple ★★★ ............... 123
Kala Bhairava (statue noire de) ★★ ...123
Katheshimbu ................................. 124
Kilagal Tole .................................... 125
Kumari Ghar ★★★ ........................ 121
Lazimpat (quartier de) .... 111, 116, 119
Machendranath Bahal ★★★ ......... 125
Makhan Tole.................................. 125
Maru-Ganesh
(ou Ashok Vinayak) ★ ............... 122
Naghal Tole .................................. 124
Narayanhiti Palace Museum ★ ..... 126
Nasal Devta Temple
(ou Nasal Devata) ★★ ................ 122
Pashupatinath (quartier de).... 112, 117
Ratna Park ★ ............................... 126
Royal Palace et Hanuman
Dhoka Durbar Museum ★★ ...... 123
Seto Bhairav ★ ............................ 123
Singha Satal ★ ............................ 122
Swayambunath (sur la route de) .... 112
Tāgo Gan (la grande cloche) ★★ ....123
Taleju Temple ★★★ ..................... 123
Thahity Tole .................................. 124
Thamel (quartier de)...107, 113, 117, 118
Yetkha Bahal ................................. 126
Yitym Bahal .................................. 125
KATHMANDU (vallée de) ........... 94
KHOKANA ................................ 152
KIRTIPUR ................................. 152
KOLPANI .................................. 206

Lac de Begnas..................... 205
Lac de Rupa.......................... 205
LALITPUR (PATAN) ................ 141
LANDRUK................................ 205
LANAGOL................................ 153
Langues.................................... 67
Lexique..................................... 69
Livres de route.......................... 70
Lumbasumba (le)...................... 92
LUMBINI.................................. 220

MAGARSALU ..................... 178
Manakamana (temple de)........ 183
MANANG.................................. 206
MARPHA .................................. 206
MAULA..................................... 205
Médias...................................... 250
MEGHAULI ............................... 219
MUKTINATH ............................ 206
Mustang (le)............................... 92

NAGARKOT........................ 171
Namo Buddha (balade du) ...... 176
NAUDANDA.............................. 205
NAYAPUL (NEW BRIDGE) ....... 205
NEW BRIDGE (NAYAPUL) ....... 205
NIRMAL POKHARI .................. 205

PANAUTI ............................ 175
PANCHASE (BHANJYANG) ..... 206
PARC NATIONAL
DE BARDIA........................... 226
PARC NATIONAL
DE CHITWAN ....................... 208
PARC NATIONAL
DE KANGCHENJUNGA.......... 92
PASHUPATINATH .................. 132
PATAN (LALITPUR) ................ 141
PHARPING ............................. 154
PHEDI ............................ 205, 206
PISANG .................................. 206
POKHARA ............... 186, 205, 206
Poon Hill ................................. 206
Population .............................. 251
Poste ......................................... 71
Pourboire et taxes .................... 72

Questions qu'on se pose
avant le départ (les) ............... 34

Rafting et canyoning .............. 72
Religions et croyances ............ 255
Rupa (lac de) ........................... 205

Santé ...................................... 74
SARANGKOT............................ 205
SAURAHA................................ 210
Savoir-vivre et coutumes......... 263
SIMIKOT .................................... 92
Sites inscrits au patrimoine
mondial de l'Unesco ............ 263
SWAYAMBUNATH
(SWAYAMBU) ....................... 128

TALLOKOT........................... 183
TARSHI PALKHIEL................... 204
TATOPANI ........................ 205, 206
Téléphone et télécoms .............. 77
TÉRAÏ (le)................................ 207
THIMI ....................................... 170
THRUNGLA PHEDI.................. 206
TOLKA ..................................... 205
Tour des Annapurnas (le)........... 88
Transports intérieurs.................. 78
Trek d'Helambu (le).................... 91
Trek de Langtang (le) ................. 91
Trek de la vallée
de la Tsum (le)........................ 91
Trek du Manaslu (le)................... 91

Trekking ... 81
Treks de l'Everest (les) ... 90

ULLERI ... 205
Urgences ... 92

VALLÉE DE KATHMANDU ... 94

YAK KHARKA ... 206

## LISTE DES CARTES ET DES PLANS

- Annapurna (les treks des) ... 89
- Bardia (le parc national de) .. 229
- Bhaktapur ... 158-159
- Bodhnath ... 137
- Chitwan (le parc national de) .. 209
- Coups de cœur (nos) ... 12
- Distances par la route ... 2
- Itinéraires 1 semaine ... 28
- Itinéraires 13 jours et 3 semaines ... 30
- Kathmandu – plan d'ensemble ... 96-97
- Kathmandu – Thamel (zoom I) ... 99
- Kathmandu – Durbar Square (zoom II) ... 101
- Kathmandu (la vallée de) ... 130-131
- Lumbini ... 222-223
- Népal (le) ... 8-9
- Parc national de Bardia (le) ... 229
- Parc national de Chitwan (le) ... 209
- Patan ... 143
- Pokhara – plan d'ensemble ... 187
- Pokhara – Lakeside (zoom) ... 191
- Sauraha ... 211
- Treks des Annapurna (les) ... 89
- Vallée de Kathmandu (la) ... 130-131

**« OSONS LE PAS DE CÔTÉ »**

**Le surtourisme ?** Tous concernés. Et pourtant, à l'écart des grands flux touristiques, il existe plein de pépites méconnues, souvent oubliées des circuits trop encombrés. Ici un site ignoré ; là un quartier secret ; plus loin un village caché au charme discret, avec un troquet d'une autre époque... Il existe une infinité de lieux peinards que l'on a envie de mettre en avant avec ce pictogramme. Un vagabondage enfin calme favorisé aussi par les **visites aux heures creuses**. Vive le *slow trip* !

**#osonslepasdecote**

**IMPORTANT : DERNIÈRE MINUTE**

Sauf rare exception, le *Routard* bénéficie d'une parution annuelle à date fixe. Entre deux dates, des événements fortuits (formalités, taux de change, catastrophes naturelles, conditions d'accès aux sites, fermetures inopinées, etc.) peuvent intervenir et modifier vos projets de voyage. Pour éviter les déconvenues, nous vous recommandons de consulter la rubrique « Guide » par pays de notre site • ***routard.com*** • et plus particulièrement les dernières ***Actus voyageurs.***

## Remarque importante aux hôteliers et restaurateurs

Les enquêteurs du *Routard* travaillent dans le plus strict anonymat. Aucune réduction, aucun avantage quelconque, aucune rétribution n'est jamais demandé en contrepartie. Face aux aigrefins, la loi autorise les hôteliers et restaurateurs à porter plainte.

## Avis aux lecteurs

*Le Routard,* ce n'est pas comme le bon vin, il vieillit mal. On ne veut pas pousser à la consommation, mais évitez de partir avec une édition ancienne. Les modifications sont souvent importantes.

Les réductions accordées à nos lecteurs ne sont jamais demandées par nos rédacteurs afin de préserver leur indépendance. Les hôteliers et restaurateurs sont sollicités par une société de mailing, totalement indépendante de la rédaction, qui reste donc libre de ses choix. De même pour les autocollants et plaques émaillées.

## Avec routard.com, choisissez, organisez, réservez et partagez vos voyages !

✓ Rejoignez la plus grande communauté francophone de voyageurs : **plusieurs millions d'internautes.**

✓ Échangez avec les routarnautes : forums, photos, avis d'hôtels.

✓ Retrouvez aussi toutes les informations actualisées pour choisir et préparer vos voyages : plus de 300 guides destinations, une centaine de dossiers pratiques et un magazine en ligne pour découvrir tous l3es secrets de votre destination.

✓ Enfin, comparez les offres pour organiser et réserver votre voyage au meilleur prix.

## *Les* **Routards** *parlent aux* **Routards**

Faites-nous part de vos expériences, de vos découvertes, de vos tuyaux et de vos coups de cœur. Aidez-nous à remettre l'ouvrage à jour. Indiquez-nous les renseignements périmés. Faites profiter les autres de vos adresses nouvelles, combines géniales... On adresse un exemplaire gratuit de la prochaine édition à ceux qui nous envoient les meilleurs courriers, pour la qualité et la pertinence des informations.

Quelques conseils cependant :

- Envoyez-nous votre courrier le plus tôt possible afin que l'on puisse insérer vos tuyaux sur la prochaine édition.
- N'oubliez pas de préciser l'ouvrage que vous désirez recevoir, ainsi que votre adresse postale.
- Vérifiez que vos remarques concernent l'édition en cours et notez les pages du guide concernées par vos observations.
- Quand vous indiquez des hôtels ou des restaurants, pensez à signaler leur adresse précise et, pour les grandes villes, les moyens de transport pour y aller. Si vous le pouvez, joignez la carte de visite de l'hôtel ou du resto décrit.

En tout état de cause, merci pour vos nombreux mails.

**122, rue du Moulin-des-Prés, 75013 Paris**

*• guide@routard.com • routard.com •*

## **Routard Assurance** *2020*

Enrichie au fil des années par les retours des lecteurs, *Routard Assurance* est devenue une assurance voyage référence des globes-trotters. Tout est inclus : frais médicaux, assistance rapatriement, bagages, responsabilité civile... Avant votre départ, appelez *AVI* pour un conseil personnalisé. Besoin d'un médecin, d'un avis médical, d'une prise en charge dans un hôpital ? Téléchargez l'appli mobile *AVI international* pour garder le contact avec *AVI Assistance* et disposez de l'un des meilleurs réseaux médicaux à travers le monde. *AVI Assistance* est disponible 24h/24 pour une réponse en temps réel. De simples frais de santé en voyage ? Envoyez les factures à votre retour, *AVI* vous rembourse sous une semaine. *40, rue Washington, 75008 Paris. ☎ 01-44-63-51-00. • avi-international.com • Ⓜ George-V.*

Édité par Hachette Livre (58, rue Jean-Bleuzen, CS 70007, 92178 Vanves Cedex, France)
Photocomposé par Jouve (rue de Monbary, 45140 Ormes, France)
Imprimé par Lego SPA Plant Lavis (via Galileo Galilei, 11, 38015 Lavis, Italie)
Achevé d'imprimer le 9 avril 2020
Collection n° 13 - Édition n° 01
74/3911/9
I.S.B.N. 978-2-01-787065-4
Dépôt légal : avril 2020

PAPIER À BASE DE FIBRES CERTIFIÉES